中華禮藏編纂委員會

學術委員會

主　任　安平秋　王　寧

委　員　陳戌國　林慶彰　劉曉東　彭　林
　　　　單周堯

指導委員會

主　任　任少波

副主任　羅衛東　邵　清

委　員　黃華新　樓含松　楊建新
　　　　余遜達　袁亞春

編纂委員會

主　編　王雲路

副主編　杜澤遜　關長龍　賈海生　許建平

委　員　崔富章　竇懷永　馮國棟　龔延明
　　　　束景南　朱大星　祖　慧

中華禮藏 禮術卷

相術之屬

人物志

（外十種）

[魏] 劉 邵 等撰

關長龍 牟 玄 點校

浙江大學出版社 · 杭州

ZHEJIANG UNIVERSITY PRESS

國家古籍工作規劃重點出版項目（二〇二一至二〇三五年）

本書受浙江大學『中華優秀傳統文化傳承與創新專項』資助

總　序

　　中華民族的禮義傳統積澱了人與人、人與社會、人與自然和諧相處的經驗與秩序,從而形成了一種"標誌着中國的特殊性"(錢穆語)的生存方式。《禮記·曲禮上》對此有概括的説明:"道德仁義,非禮不成;教訓正俗,非禮不備;分争辨訟,非禮不決;君臣上下,父子兄弟,非禮不定;宦學事師,非禮不親;班朝治軍,涖官行法,非禮威嚴不行;禱祠祭祀,供給鬼神,非禮不誠不莊。"千百年來,正因爲中華民族各個階層對"禮"的認同與踐行,不僅構建了中華民族的精神家園,彰顯了民族文化的獨特面貌,也爲人類社會樹立了一個"禮義之邦"的文化典範。實際上,對"禮"的認同,體現了對文化的認同,對民族的認同,對國家的認同。

　　在不同文化交流日益頻繁的今天,弘揚傳統文化,提升文化實力,强化精神歸屬,增强民族自信,已是社會各界的共識,也是刻不容緩的要務。温故籍以融新知,繼傳統而闡新夢,大型專業古籍叢書的整理與編纂,分科别脈,各有專擅,蔚然已成大觀。然而對於當今社會有重要意義的禮學文獻的整理與編纂,至今仍付之闕如。即使偶有禮學文獻被整理出版,因未形成規模而不成系統,在傳統觀念的影響下往往還被視爲經學典籍,既不能反映中華禮學幾千年的總體面貌與發展軌迹,也直接影響了在弘揚優秀傳統文化的前提下重建體現民族精神的禮儀規範。醽澄莫饗,孰慰饑渴。浙江大學古籍研究所全體同仁爲順應時代要求,發揮學科特色與優勢,在學校的大力支持下,願精心整理、編纂傳統禮學文獻,謹修《中華禮藏》。

　　自從歷史上分科治學以來,作爲傳統體用之學之致用部分的禮學就失去了學科的獨立性。漢代獨尊儒術，視記載禮制、禮典、禮義的《周禮》《儀禮》《禮記》爲儒家的經學典籍。《漢書·藝文志》著録禮學文獻十三家，隸屬於六藝，與《易》《書》《詩》、《樂》《春秋》《論語》《孝經》相提並論。迄至清修《四庫全書》，采用經、史、子、集四分法，將禮學原典及歷代研究禮學原典的文獻悉數歸於經學，設《周禮》之屬、《儀禮》之屬、《禮記》之屬、三禮總義之屬、通禮之屬、雜禮之屬六個門類著録纂輯禮學文獻，又於史部政書類下設典禮之屬著録纂輯本屬於禮學範疇的文獻，至於記載區域、家族、個人禮儀實踐的文獻則又散見於多處。自《漢書·藝文志》至於《四庫全書》，著録纂輯浩如煙海的禮學文獻，不僅使禮學失去了學科的獨立性，而且還使禮學本身變得支離破碎。因此，編纂《中華禮藏》，既以專門之學爲標幟，除了裒輯、點校等方面的艱苦工作外，還面臨着如何在現代學術語境中界定禮學文獻範圍的難題。

《説文》云："禮，履也，所以事神致福也。"事神以禮，即履行種種威儀以表達敬畏之義而得百順之福。禮本是先民用來提撕終極關懷的生存方式，由此衍生出了在政治生活和社會生活中表達尊讓、孝悌、仁慈、敬畏等禮義的行爲規範。《禮記·禮器》云："禮器，是故大備。"以禮爲器而求成人至道，與儒學亞聖孟子的"禮門義路"之論頗相一致。然而踐履之禮、大備之禮的具體結構又是怎樣的呢？《禮記·樂記》云："簠簋俎豆、制度文章，禮之器也；升降上下、周還裼襲，禮之文也。故知禮樂之情者能作，識禮樂之文者能述。作者之謂聖，述者之謂明。明聖者，述作之謂也。"根據黄侃《禮學略説》及沈文倬《略論禮典的實行和〈儀禮〉書本的撰作》的論述，所謂"禮之文"、"禮之情"又被稱爲"禮儀"和"禮意"。禮器、禮儀用以呈現和表達禮意，此即所謂"器以藏禮，禮以行義"（《左傳·成公二年》）。三者之中，禮儀和禮意的内容相對明確，而禮器的内容則比較複雜，具目則可略依《樂記》所論分爲三種：物器（簠簋俎豆之類）、名器（制度之類）和文器（文章之類）。基於這樣的理解，參考歷代分門別類著録匯輯專業文獻的經驗，可以將歷史上遺留下來的全部傳統禮學文獻析分爲如下三個部分。

第一部分是作爲源頭的禮學原典和歷代研究禮學的論著。根據文獻的性質，又可細分爲兩類。

1. 禮經類。《四庫提要》經部總序所謂"經稟聖裁，垂型萬世"，乃"天下之公理"之所，爲後世明體達用、返本開新的源頭活水。又經部禮類序云："三《禮》並立，一從古本，無可疑也。鄭康成註，賈公彦、孔穎達疏，於名物度數特詳。宋儒攻擊，僅摭其好引讖緯一失，至其訓詁則弗能逾越。……本漢唐之註疏，而佐以宋儒之義理，亦無可疑也。"《周禮》是制度之書，《儀禮》主要記載了士大夫曾經踐行過的各種典禮儀式，《禮記》主要是七十子後學闡發禮義的匯編。雖然三《禮》被列爲儒家研習的典籍之後變成了經學，然而從禮學的角度來看，於《周禮》可考名物典章制度，於《儀禮》可見儀式典禮的主要儀節及揖讓周旋、坐興起跪的威儀，於《禮記》可知儀式典禮及日常行爲的種種威儀皆有意義可尋。若再從更加廣泛的禮學角度審視先秦兩漢的文獻，七十子後學闡釋禮義的文獻匯編還有《大戴禮記》，漢代出現的禮緯也蘊藏着不見於其他文獻記載的禮學內容。因此，禮經類除三《禮》之外還應該包括《大戴禮記》與禮緯。至於後人綜合研究禮經原典而又不便歸入任何一部經典之下的文獻，宜倣《四庫全書》設通論之屬、雜論之屬分別纂輯。

2. 禮論類。此類文獻特指歷代綜合禮學原典與其他文獻，突破以禮學原典爲經學典籍的傳統觀念，自擬論題，自定體例，結合禮儀實踐、禮學原典與禮學理念等進行研究而撰作的文獻，如朱熹的《儀禮經傳通解》、任啓運的《天子肆獻祼饋食禮纂》、秦蕙田的《五禮通考》等都宜歸入禮論類。此類文獻與禮經類中綜論性質的文獻容易混淆,最大的區別就在於禮經類中綜論性質的文獻是對禮學原典的闡釋,而禮論類文獻則是對各類文獻所記禮儀實踐與理念的綜合探索,二者研究的問題、對象,特別是研究目的皆有所不同。

第二部分是基於對禮儀結構的觀察而針對某一方面進行獨立研究而撰作的文獻。根據文獻關注的焦點,又可分爲三類。

3.禮器類。根據前引《禮記・樂記》的說明,禮器包括物器、名器和文器。物器爲禮器之代表形態,自來皆無疑議。名器所涉及之制度、樂舞、數術,因逐漸發展而略具專業特點,有相對的獨立性,固當別爲門類。就制度、樂舞、數術本屬於禮儀實踐活動而言,可分別以禮法、禮樂、禮術概之。又文器亦皆因器而顯,故宜附於禮器類中。因此,凡專門涉及輿服、宮室、器物的禮學文獻,如聶崇義的《新定三禮圖》、張惠言的《冕弁冠服圖》和《冕弁冠服表》、程瑤田的《釋宮小記》、俞樾的《玉佩考》等都屬禮器類文獻。

4.禮樂類。據《禮記・樂記》所言"樂統同,禮辨異,禮樂之說,管乎人情矣",可知禮與樂本是關乎人情的兩個方面。因此,禮之所至,樂必從之。考察歷代各個階層踐行過的許多儀式典禮,若不借助於禮樂則無以行禮。《通志・樂略第一》云:"禮樂相須以爲用,禮非樂不行,樂非禮不舉。"禮與樂既相將爲用,則凡涉及禮樂的文獻,皆當歸入禮樂類。然而歷史上因囿於經學爲學科正宗、樂有雅俗之分的觀念,故有將涉及禮樂的文獻一分爲二分別纂輯的方法。《四庫提要》樂類云:"大抵樂之綱目具於《禮》,其歌詞具於《詩》,其鏗鏘鼓舞則傳在伶官。漢初制氏所記,蓋其遺譜,非別有一經爲聖人手定也。特以宣豫導和,感神人而通天地,厥用至大,厥義至精,故尊其教得配於經。而後代鐘律之書亦遂得著録於經部,不與藝術同科。顧自漢代以來,兼陳雅俗,豔歌側調,並隸《雲》、《韶》。於是諸史所登,雖細至等琶,亦附於經末。循是以往,將小説稗官未嘗不記言記事,亦附之《書》與《春秋》乎? 悖理傷教,於斯爲甚。今區別諸書,惟以辨律吕、明雅樂者仍列於經,其謳歌末技,弦管繁聲,均退列雜藝、詞曲兩類中。用以見大樂元音,道侔天地,非鄭聲所得而奸也。"此乃傳統文獻學之舊旨,今則據行禮時禮樂相將的事實,凡涉及禮樂的文獻不分雅俗兼而存之,一並歸於禮樂類。

　　5. 禮術類。《禮記·表記》載孔子之語云:"昔三代明王,皆事天地之神明,無非卜筮之用。"卜筮之用在於"決嫌疑,定猶與"(《禮記·曲禮上》)。歷代踐行的各種儀式典禮,正式行禮之前往往都有卜筮的儀節,用於判斷時空、賓客、牲牢等的吉凶,本是整個儀式典禮的組成部分。《儀禮》於《士冠禮》、《士喪禮》、《既夕禮》、《特牲饋食禮》、《少牢饋食禮》皆記卜筮的儀節,而於其他儀式典禮如《士婚禮》等皆略而不具。沈文倬先生已指出,《儀禮》一書,互文見義,其實每一個儀式典禮都有卜筮的儀節。因儀式典禮所用數術方法有相對的獨立性,故歷代禮書多有專論。秦蕙田《五禮通考》立"觀象授時"之目,黄以周《禮書通故》設"卜筮通故"之卷。自《漢書·藝文志》數術略分數術爲六類:天文、曆譜、五行、蓍龜、雜占、形法,又於諸子略中收有與數術相關的陰陽家及兵陰陽文獻之目,至清修《四庫全書》子部術數類分爲六目:數學(三易及擬易書)、占候、相宅相墓、占卜、命書相書、陰陽五行(栻占曆數),分類著録纂輯數術文獻,各有錯綜,亦因時爲變以求其通耳。因此,就歷代各個階層踐行的儀式典禮皆有卜筮的儀節而言,凡涉及卜筮的文獻宜收入禮術類。

　　第三部分是基於對歷代禮儀實踐的規模、等級、性質的考察而撰作的文獻,又可以分爲如下四類。

　　6. 禮制類。《左傳·桓公二年》載晉大夫師服之語云:"禮以體政,政以正民,是以政成而民聽,易則生亂。"《國語·晉語四》記寧莊子之語云:"夫禮,國之紀也,……國無紀不可以終。"凡此皆説明禮在政治生活和社會生活中有重要的主導作用，故自春秋戰國之際禮崩樂壞之後，歷代皆有制禮作樂的舉措。《隋書·經籍志》云："儀註之興，其所由來久矣。自君臣父子，六親九族，各有上下親疏之别，養生送死、弔恤賀慶則有進止威儀之數，唐虞已上分之爲三，在周因而爲五，《周官》宗伯所掌吉、凶、賓、軍、嘉，以佐王安邦國，親萬民，而太史執書以協事之類是也。是時典章皆具，可履而行。周衰，諸侯削除其籍；至秦，又焚而去之；漢興，叔孫通定朝儀，武帝時始祀汾陰后土，成帝時初定南北之郊，節文漸具；後漢又使曹褒定漢儀，是後相承，世有制作。"歷代踐行的禮，不僅僅是進止威儀之數，而是對文明制度的實踐。因此，歷代官方頒行的儀註典禮皆可稱爲禮制，是朝野實現認同的文化紐帶，涉及禮制的文獻世有撰作。漢代以後，此類文獻也往往被稱爲儀註，傳統目録學多歸入史部。今則正本清源，一並歸入禮制類。

　　7. 禮俗類。從人類學的角度來看，禮俗的産生先於禮制並成爲歷代制禮作樂的基礎。所謂"禮失而求諸野"，正説了俗先於禮、禮本於俗。實際上，歷代踐行的禮制，根基都在於風俗，長期流行於民間的風俗若得到官方認可並制度化就是禮制。因此，禮俗者，禮儀之於風俗也，特指在民間習慣上形成而具備禮儀特點的習俗，其特點是以民間生活爲基礎、以禮儀制度爲主導，在一定程度上兼具形式的自發性和内容的複雜性。早在先秦時代，荀子就曾説："儒者在本朝則美政，在下位則美俗。"又説："遇君則修臣下之義，遇鄉則修長幼之義，遇長則修子弟之義，遇友則修禮節辭讓之義，遇賤而少者則修告導寬容之義。無不愛也，無不敬也，無與人争也，恢然如天地之苞萬物。如是則賢者貴之，不肖者親之。"因此，自漢代應劭《風俗通義》以來，歷代有識之士往往述其所聞、條其所遇之禮俗，或筆記偶及，或著述專論，數量之多，可汗馬牛，以爲美俗、修義之資糧，故立禮俗類以集其精華,以見禮儀風俗具有强大的生命力且早已滲透到民族精神之中。此類文獻在傳統的文獻學中分佈較廣,史部的方志、譜牒,子部的儒家、農家、雜家乃至小説家,集部中的部分著作,皆有涉及禮俗的篇章,固當集腋成裘,匯編爲册,歸於禮俗類中。

8.家禮類。《左傳·隱公十一年》云:"禮,經國家、定社稷、序民人、利後嗣者也。"禮之於國,則爲國家禮制;禮之於家,則爲家禮。家禮一詞,最早見於先秦禮書。《周禮·春官》云:"家宗人掌家祭祀之禮,凡祭祀致福。國有大故,則令禱祠,反命,祭亦如之。掌家禮,與其衣服、宫室、車旗之禁令。"自古以來,家禮就是卿大夫以下至於庶人修身、齊家的要器,上至孝悌謹信等倫理觀念,下至婚喪嫁娶之居家禮儀,無不涵蓋於其中。家禮包括家庭内部的禮儀規範和倫理觀念:禮儀規範主要涉及冠婚喪祭等吉凶禮儀以及居家雜儀;倫理觀念則包括父慈子孝、兄友弟恭、夫義婦順等綱常。涉及家禮的文獻源於《周禮》,經《孔子家語》、《顔氏家訓》的發展,定型於司馬光的《書儀》、《家範》和朱熹的《朱子家禮》,其中《朱子家禮》成了宋代以來傳統家禮的範本。因國家禮制的"宏闊"和民間禮俗的"偏狹",故素負修身、齊家、治國、平天下之理想的有識之士,往往博稽文獻、出入民俗而備陳家禮儀節之曲目與要義,以爲齊家之據、易俗之本。家禮類文獻中以此種撰作爲代表形態,延伸則至於鄉約、學規之類的文獻。

9.方外類。中華民族是一個多種文化相互融合的共同體,整理、編纂《中華禮藏》不能不涉及佛、道兩家有關儀軌的文獻。佛教儀軌是規範僧尼、居士日常生活與行爲之戒律清規以及用於各種節日與法事活動之科儀,雖然源於印度,與中華本土文化長期互動交融,固已成爲中華禮樂文明不可分割的一部分。佛教儀軌與儒家禮儀相互影響,在一定程度上改變、重塑了中華傳統的禮樂文明。道教是中國的本土宗教，深深根植於中國的現實社會，具有鮮明的中國特色與社會調節功能。魯迅曾指出："中國根柢全在道教。"道教儀軌有其特定的從教規範，體現了道教的思想信仰，規範着教徒的生活方式，體現了儀式典禮的特點。另外，佛教儀軌和道教儀軌保存相對完整，也是重建中華禮樂文明制度的重要參考。因此，凡涉及佛教儀軌和道教儀軌的文獻分別歸入方外佛教類和方外道教類。

綜上所述，《中華禮藏》的編纂是因類設卷，卷内酌分子目，子目内的文獻依時代順序分册纂輯（其中同書異註者則以類相從），目的是爲了充分展示中華禮儀實踐和禮學研究的全貌以及發展變化的軌迹。

編纂《中華禮藏》不僅僅是爲了完成一項學術事業，更重要的現實意義是爲了通過整理、編纂傳統禮學文獻，從中提煉出滲透了民族精神的價值觀和價值體系，爲民族國家認同提供思想資源，爲制度文明建設提供借鑒，爲構建和諧社會提供禮儀典範。

《中華禮藏》編委會

二〇一六年

凡　例

一、整理工作包括題解、録文和校勘等項。

二、題解除揭示書名、卷數、内容及著者生平事迹、版本流變等情況外，亦須交代已有的重要校勘研究成果，其具有創見性的校勘意見則别於校記中加以采納。

三、底本原文中明確的錯誤（訛奪衍乙）一般皆直接改正，並用校記加以説明。其不影響文意表達的兩可之異文，則酌情忽略不校。至於文意不通或懷疑有誤之處，則適當以校記形式提出疑問或給出可能的詮釋理路。

四、録文一依底本，個别生僻的異體字、俗體字等改作通行字，然不甚生僻而爲古籍通用者，保留底本文字原樣。鑒於俗寫"扌"旁與"木"旁，"巾"旁與"忄"旁，"衤"旁與"礻"旁以及"己"與"已"、"巳"，"瓜"與"爪"，"曰"與"日"之類相混無别，一般皆徑據文意録定，其不影響文意的則不别爲出校説明。

五、避諱字一律改爲通行繁體字，但須在題解或首見條下説明。

六、底本所用省代符等一律改爲相應的本字。

七、底本缺字用"□"號表示，缺幾字用幾個"□"號，不能確定者用長條形符號（長度爲三個空格字，其中原文一行的上部或前部殘缺用"▭"，中部殘缺用"▭"，下部或後部殘缺用"▭"）表示。模糊不清無法録出者用"▨"號表示，有幾個字不清楚就用幾個"▨"號。

八、文本的段落格式一依今日之文意理解重行設計，不必盡依原書之舊貌。

九、底本圖片如果可以重繪者，則自行改繪，以便觀覽。

1

目　録

相書（一）

相書（二）

新集相書

月波洞中記

太清神鑑

人倫大統賦

回谷先生人倫廣鑑集説

人　物　志

劉　邵　撰著

牟　玄　點校

【題解】

《四庫全書總目》云："《人物志》三卷，魏劉邵撰。邵字孔才，邯鄲人。黃初中，官散騎常侍。正始中，賜爵關内侯。事迹具《三國·魏志》。別本或作劉劭，或作劉邵。此書末有宋庠跋云：'據今官書《魏志》作勉劭之劭，從力。他本或從邑者，晉邑之名。案字書此二訓外別無他釋，然俱不協孔才之義。《說文》則爲邵，音同上。但召旁從卩耳，訓高也。李舟《切韻》訓美也。高美又與孔才義符。揚子《法言》曰"周公之才之邵"是也。'所辨精核，今從之。其註爲劉昞所作。昞字延明，燉煌人。舊本名上結銜，題凉儒林祭酒。蓋李暠時嘗授是官。然《十六國春秋》稱沮渠蒙遜平酒泉，以昞爲秘書郎，專管註記。魏太武時，又以昞爲樂平王從事中郎，則昞歷事三主，惟署凉官者誤矣。邵書凡十二篇，首尾完具。晁公武《讀書志》作十六篇，疑傳寫之誤。其書主於論辨人才，以外見之符驗内藏之器。分別流品，研析疑似。故《隋志》以下皆著録於名家。然所言究悉物情而精核、近理，視尹文之說兼陳黄老，申韓公孫龍之説惟析堅白同異者，迥乎不同。蓋其學雖出於名家，其理則弗乖於儒者也。昞註不涉訓詁，惟疏通大意而文詞簡古，猶有魏晉之遺。"

《人物志》先可見版本比較多：

1. 明嘉靖八年（1529）顧定芳刻本。

2. 明隆慶六年（1572）梁夢龍刻本。

3. 明萬曆五年（1577）刻本。

4. 明萬曆間新安程氏刻本。

5.《四庫全書》本。

6.《四部叢刊》本①。

7.《兩京遺編》本。

8.《漢魏叢書》(三十八種)本。

9.《漢魏叢書》(七十六種)本。

10.《增訂漢魏叢書》本。

11.《畿輔叢書》本。

12.《玲瓏山館叢書》本。

13.《益雅堂叢書》本。

14.《墨海金壺》本。

15.漢魏六十名家本。

16.《補守山閣叢書》本。

17.《全上古三代秦漢三國六朝文》所收本。

18.《意林》所引本(僅一句)。

19.《龍谿精舍叢書》本。

中國國家圖書館另藏有若干明刻本、清刻本及清抄本。

郭模《人物志及註校證》云:"考今存人物志刻本有十,鈔本有二。各本最優爲藍格鈔本、梁夢龍刊本,其次爲《四庫全書》本、《四部叢刊》本,再次爲顧定芳刊本、明刻本、葉刊點評本,其他各本模雖曾取以校讎,但可取者甚少,尤以《兩京遺編》本,中卷一册亡佚,下卷墨釘甚多,李氏思益軒刊本字迹模糊,時有缺文,《四部備要》本係本之金臺本,然已白圍累累,錯訛屢見,皆已大失原書神皃矣。《長短經》所引疏漏者多,精審者少,難以爲據,故不用也。人皆云《四庫》本較別本差,通過比對,余以爲不然,《四庫》

---

① 李崇智《人物志校箋》(巴蜀書社 2001 年版)謂其底本爲《四部叢刊》影印明隆慶刊本,然而郭模《人物志及註校證》(文史哲出版社 1987 年版)則云《四部叢刊》本係出於涵芬樓明正德刊本。《四部叢刊》自云所據爲正德刊本,伏俊璉《人物志版本源流考》(《圖書與情報》1995 年第 3 期)云《四部叢刊》乃據明隆慶刻本印出,原題記誤。蓋《人物志及註校證》略有失檢。

本自有其好處。若《四部叢刊》本則多俗字，知其出於坊間。《四部叢刊》本較《四庫》本多阮逸序及宋庠後記。至於正文文字則不若《四庫》本善。"故本書亦以《四庫全書》本爲底本，參校以《四部叢刊》本、《補守山閣叢書》本、《龍谿精舍叢書》本、《漢魏叢書》本、《畿輔叢書》本、《益雅堂叢書》本、《墨海金壺》本、《益雅堂叢書》本等諸版本，并參孫人和《人物志舉正》（載《國立北平圖書館月刊》第 3 卷第 1 號，1929 年）、岡村繁《人物志校箋》（載岡村繁著，陸曉光譯，《漢魏六朝的思想和文學》，上海古籍出版社 2009 年版）、郭模《人物志及註校證》（載《文史哲學集成》第 164 册，文史哲出版社 1987 年版）、李崇智《人物志校箋》（巴蜀出版社 2002 年版）等點校於後。

卷　上

原序

　　夫聖賢之所美，莫美乎聰明。天以三光著其象，人以聰明昭其度。聰明之所貴，莫貴乎知人。聰於書計者，六藝之一術。明於人物者，官材之總司。知人誠智，則衆材得其序，而庶績之業興矣。是以聖人著爻象，則立君子、小人之辭；君子者小人之師，小人者君子之資。師資相成，其來尚矣。叙詩志，則別風俗雅正之業；九土殊風，五方異俗，是以聖人立其教不易其方，制其政不改其俗。制禮樂，則考六藝祗庸之德；雖不易其方，常以詩禮爲首；雖不改其俗，常以孝友爲本。躬南面，則援俊逸輔相之材。皆所以達衆善而成天功也。繼天成物，其任至重。故求賢舉善，常若不及。天功既成，則並受名譽。忠臣竭力而效能，明君得賢而高枕。上下忠愛，謗毀何從生哉！是以堯以克明俊德爲稱，舜以登庸二八爲功，湯以拔有莘之賢爲名，文王以舉渭濱之叟爲貴①。由此論之，聖人興德，孰不勞聰明於求人，獲安逸於任使者哉！采士飯牛，秦穆所以霸西戎。一相仲父，齊桓所以成九合。是故仲尼不試，無所援升。猶序門人以爲四科，泛論衆材以辨三等。舉德行爲四科之首，叙生知爲三等之上。明德行者道義之門，質志氣者材智之根也。又歎中庸以殊聖人之德。中庸之德其至矣乎，人鮮久矣，唯聖人能之也。尚德以勸庶幾之論。顏氏之子，其殆庶幾乎！三月不違

---

　　①　王，原無，據《四部叢刊》本補。

仁,乃窺德行之門。若非志士仁人,希邁之性,日月至焉者,豈能終之。訓六蔽以戒偏材之失。仁者愛物,蔽在無斷;信者露誠,蔽在無隱。此偏材之常失也。思狂獧以通拘抗之材。或進趨於道義,或潔己而無爲。在上者兩順其所能,則拘抗並用。疾悾悾而無信,以明爲似之難保。厚貌深情,聖人難之。聽其言而觀其所爲,則似託不得逃矣。又曰:察其所安,觀其所由,以知居止之行。言必契始以要終,行必睹初以求卒,則中外之精粗可見矣。人物之察也,如此其詳。不詳察則官材失其序,而庶政之業荒矣。是以敢依聖訓,志序人物,庶以補綴遺忘。惟博識君子,裁覽其義焉。魏劉劭序。

九徵第一人物情性志氣不同,徵神見貌,形驗有九。

蓋人物之本,出乎情性。性質稟之自然,情變由於染習。是以觀人察物,當尋其性質也。情性之理,甚微而玄,非聖人之察,其孰能究之哉。知無形狀,故常人不能睹,惟聖人目擊而照之。凡有血氣者,莫不含元一以爲質,質不至,則不能涉寒暑,歷四時。稟陰陽以立性,性資於陰陽,故剛柔之意別矣。體五行而著形。骨勁筋柔,皆稟精於金木。苟有形質,猶可即而求之。由氣色外著,故相者得其情素也。凡人之質量,中和最貴矣。質白受采,味甘受和。中和者,百行之根本,人情之良田也。中和之質,必平淡無味。惟淡也,故五味得和焉。若苦,則不能甘矣。若酸①,則不能鹹矣。故能調成五材,變化應節。平淡無偏,群材必御。致用有宜,通變無滯。是故觀人察質,必先察其平淡,而後求其聰明。譬之驥騄,雖超逸絕群,若氣性不和,必有毀衡碎首決胸之禍也。聰明者,陰陽之精。離目、坎耳視聽之所由也。陰陽清和,則中叡外明。聖人淳耀,能兼二美,知微知章。耳目兼

---

① "酸"字下原有"也"字,蓋涉上文而衍,今刪去。

察，通幽達微。官材授方，舉無遺失。自非聖人，莫能兩遂。雖得之於目，或失之於耳。故明白之士達動之機，而暗於玄慮。達於進趨，而暗於止靜。以之進趨，則欲速而成疾；以之深慮，則抗奪而不入也。玄慮之人識靜之原，而困於速捷。性安沉默，而智乏應機。以之閒靜，則玄微之道搆；以之濟世，則勁捷而無成。猶火日外照，不能內見；金水內暎，不能外光。人各有能，物各有性。是以聖人任明白以進趨，委守成於玄慮，然後動止得節，出處應宜矣。二者之義蓋陰陽之別也。陽動陰靜乃天地之定性，況人物乎！若量其材質，稽諸五物，五物之徵亦各著於厥體矣。筋勇色青，血勇色赤。中動外形，豈可匿也。其在體也，木骨、金筋、火氣、土肌、水血，五物之象也。五性者，成形之具。五物爲母，故氣色從之而具。五物之實，各有所濟。五性不同，各有所稟。稟性多者則偏性生也。是故骨植而柔者，謂之弘毅。弘毅也者，仁之質也。木則垂蔭，爲仁之質。質不弘毅，不能成仁。氣清而朗者，謂之文理。文理也者，禮之本也。火則照察，爲禮之本。本無文理，不能成禮。體端而實者，謂之貞固。貞固也者，信之基也。土必吐生，爲信之基也。基不貞固，不能成信。筋勁而精者，謂之勇敢。勇敢也者，義之決也。金能斷割，爲義之決。決不勇敢，不能成義。色平而暢者，謂之通微。通微也者，智之原也。水流疏達，爲智之原。原不通微，不能成智。五質恒性，故謂之五常矣。五物，天地之常氣。五德，人物之常行。五常之別，列爲五德。是故溫直而擾毅，木之德也。溫而不直則懦，擾而不毅則剉。剛塞而弘毅，金之德也。剛而不塞則決，弘而不毅則缺。愿恭而理敬，水之德也。愿而不恭則悖，理而不敬則亂。寬栗而柔立，土之德也。寬而不栗則慢，柔而不立則散。簡暢而明砭，火之德也。簡而不暢則滯，明而不砭則翳。雖體變無窮，猶依乎五質。人情萬化，不可勝極。尋常竟源，常在於五。故其剛柔明暢，貞固之徵，著乎形容，見乎聲色，發乎情味，各如其象。自然之理，神動形色。誠發於中，德輝外耀。故心質亮直，其儀勁固。心質休決，其儀進猛。心質平理，其儀安閒。夫儀動成容，各有態度。直容之動，矯矯行行。休容之動，業業蹌蹌。德容之動，顒顒卬卬。夫容之動作，發乎心氣。心氣於內，容見於外。心氣之徵，則聲變是也。心不繫一，聲和乃變。夫氣合成聲，聲應律呂。清而亮者律，和而平者呂。有和平之聲，有清暢之聲，有回衍之聲。心氣不同，故聲發亦異也。夫聲暢於氣，則實存貌色。非氣無以成聲，聲成則貌應。故誠仁，必有溫柔之色；誠勇，必有矜奮之色；誠智，必有明達之色。聲既殊管，故色亦異狀。夫色見於貌，所謂徵神。貌色徐疾，爲神之徵驗。徵神見貌，則情發於目。目爲心候，故應心而發。故仁，目之精，愨然以端；心不傾倚，則視不回邪。勇，膽之精，曄然以強[1]；志不怯懦，則視不衰悴。然皆偏至之材，以勝體爲質者也。未能不厲而威，不怒而嚴。故勝質不精，則其事不遂。能勇而不能怯，動必悔吝隨之。是故直而不柔則木，木強激訐，失其正直。勁而不精則力，負鼎絕臏，失其正功[2]。固而不端則愚，專己自是，陷於愚戇。氣而不清則越，辭不清順，發越無成。暢而不平則蕩。好智無涯，蕩然失紀。是故中庸之質，異於此類。勇而能怯，仁而能決，其體兩兼，故爲衆材之主。五常既備，包以澹味。既體鹹酸之量，而以無味爲御。五質內充，五精外章。五質澹凝，淳耀外麗。是以目彩五暉之光也[3]。心清目朗，粲然自耀。故曰物生有形，形有神精。不問賢愚，皆受氣質之稟性陰陽，但智有精粗，形有淺深耳。尋其精色，視其儀象，下至皂隸牧圉，皆可想而得之也。能知精神，則窮理盡性。聖人有以見天下之動而擬諸形容，故能窮理盡性以至於命。性之所盡，九質之徵也。陰陽相生，數不過九。故性情之變，質亦同之。然則平陂之質在於神，神者，質之主也。故神平則質平，神

---

[1] 曄，原作“煜”，蓋避清聖祖諱，今據《四部叢刊》本改。

[2] 功，《四部叢刊》本作“勁”。

[3] 李崇智以爲此句義未安，疑當作“目暉五彩之光”。可參。

陂則質陂。明暗之實在於精，精者，實之本。故精惠則實明，精濁則實暗。勇怯之勢在於筋，筋者，勢之用。故筋勁則勢勇，筋弱則勢怯。強弱之植在於骨，骨者，植之基。故骨剛則植強，骨柔則植弱。躁靜之決在於氣，氣者，決之地也。氣盛決於躁，氣冲決於靜矣。慘懌之情在於色，色者，情之候也。故色悴由情慘，色悦由情懌。衰正之形在於儀，儀者，形之表也。故儀衰由形殆，儀正由形肅。態度之動在於容，容者，動之符也。故邪動則容態，正動則容度。緩急之狀在於言。言者，心之狀也。故心恕則言緩，心褊則言急。其爲人也，質素平淡，中叡外朗，筋勁植固，聲清色懌，儀正容直，則九徵皆至，則純粹之德也。非至德大人，其孰能與於此。九徵有違，違謂乖戾也。則偏雜之材也。或聲清色懌，而質不平淡。或筋勁植固，而儀不正直①。三度不同，其德異稱。偏材苟一至之名，兼材居德儀之目。兼德體中庸之度。故偏至之材以材自名，猶百工衆伎，各有其名也。兼材之人以德爲目，仁義禮智，得其一目②。兼德之人更爲美號。道不可以一體説，德不可以一方待。育萬物而不爲仁③，齊衆形而不爲德。凝然平淡，與物無際，誰知其名也。是故兼德而至，謂之中庸。居中履常，故謂之中庸。中庸也者，聖人之目也。大仁不可親，大義不可報，無德而稱，寄名於聖人也。具體而微，謂之德行。德行也者，大雅之稱也。施仁以親物，立義以利仁，失道而成德，抑亦其次也。一至謂之偏材。偏材，小雅之質也。徒仁而無義，徒義而無仁，未能兼濟，各守一行，是以名不及大雅也。一徵謂之依似。依似，亂德之類也。純訐似直而非直，純宕似通而非通。一至一違，謂之間雜。間雜，無恒之人也。善惡參渾，心無定是。無恒之操，胡可擬議。無恒、依似，皆風人末流。其心

---

① 正，《四部叢刊》本作“崇”。

② 《四庫》本無“兼材”句及下八字註文，據《四部叢刊》本補。

③ 萬，原無，《墨海金壺》本、守山閣本、《畿輔叢書》本、龍谿精舍本皆有。“育萬物”與“齊衆形”對應，據補。

孔艱者，乃有教化之所不受也。末流之質，不可勝論，是以略而不概也。蕃徒成群，豈可數哉！

體別第二 <small>禀氣陰陽，性有剛柔。拘抗文質，體越各別。</small>

夫中庸之德，其質無名。<small>汎然不繫一貌，人無得而稱焉。</small>故鹹而不鹻，<small>謂之鹹耶，無鹻可容。公漸切^①，鹵也。與鹻同。</small>淡而不䐃，<small>謂之淡耶，味復不䐃。</small>質而不縵，<small>謂之質耶，理不縵素。</small>文而不繢，<small>謂之文耶，采不畫繢。</small>能威能懷，能辨能訥，<small>居鹹淡之和，處質文之際。</small>是以望之儼然，即之而文，言滿天下無辭費。變化無方，以達爲節。<small>應變適化，期於通物。</small>是以抗者過之，<small>勵然抗奮於進趨之途。</small>而拘者不逮。<small>屯然無爲於拘抗之外。</small>夫拘抗違中，故善有所章，而理有所失。<small>養形至甚，則虎食其外。高門懸薄，則病攻其內。</small>是故厲直剛毅，材在矯正，失在激訐。<small>訐刺生於剛厲。</small>柔順安恕，每在寬容^②，失在少決。<small>多疑生於恕懦^③。</small>雄悍傑健，任在膽烈，失在不忌^④。<small>慢法生於桀悍。</small>精良畏慎，善在恭謹，失在多疑。<small>疑難生於畏慎。</small>强楷堅勁，用在楨幹，失在專固。<small>專己生於堅勁。</small>論辨理繹，能在釋結，失在流宕。<small>傲宕生於機辨。</small>普博周給，弘在覆裕，失在溷濁。<small>溷濁生於周普。</small>清介廉潔，節在儉固，失在拘局。<small>拘局生於廉潔。</small>休動磊落，業在攀躋，失在疏越。<small>疏越生於磊落。</small>沉静機密，精在玄微，失在遲緩。<small>遲緩生於沉静。</small>樸露徑盡，質在中誠，失在不微。<small>漏露生於徑盡。</small>

---

① 公漸切，諸本皆作“公成百”，於義不通。《人物志校箋》以爲蓋因《玉篇》鹻字改，頁 42。可參。

② 《四部叢刊》本同《四庫》本作“每”，《長短經》德表篇及其他《人物志》版本皆作“美”，於義不同，可參。

③ 伏俊璉《人物志研究》以爲此句釋正文語意不合，與下文“疑難”誤换，可參。

④ 不忌，原作“多忌”。岡村繁以爲於義不合，伏俊璉以爲當爲“不忌”，是，據改。

多智韜情,權在譎略,失在依違。隱違生於韜情。及其進德之日,不止揆中庸以戒其材之拘抗①,抗者自是以奮勵,拘者自是以守局。而指人之所短以益其失。拘者愈拘,抗者愈抗。或負石沉軀,或抱木燋死。猶晉楚帶劍,遞相詭反也。自晉視楚,則笑其在左;自楚視晉,則笑其在右。左右雖殊,各以其用,而不達理者橫相誹謗。拘抗相反,皆不異此。是故强毅之人狠剛不和,不戒其强之搪突,而以順爲撓,屬其抗。以柔順爲撓弱,抗其搪突之心。是故可以立法,難與入微。狠强剛戾,何機微之能入。柔順之人緩心寬斷,不戒其事之不攝,而以抗爲劓,安其舒。以猛抗爲劓傷,安其恕忍之心。是故可與循常,難與權疑。緩心寡斷,何疑事之能權。雄悍之人氣奮勇決,不戒其勇之毀跌,而以順爲恇,竭其勢。以順忍爲恇怯,而竭其毀跌之勢。是故可與涉難,難與居約。奮悍毀跌,何約之能居。懼慎之人畏患多忌,不戒其懦於爲義,而以勇爲狎,增其疑。以勇戀爲輕侮,而增其疑畏之心。是故可與保全,難與立節。畏患多忌,何節義之能立。凌楷之人秉意勁特,不戒其情之固護,而以辨爲僞,强其專。以辨博爲浮虛,而强其專一之心。是故可以持正,難與附衆。執意堅持,何人衆之能附。辨博之人論理贍給,不戒其辭之汎濫,而以楷爲繫,遂其流。以楷正爲繫礙,而遂其流宕之心。是故可與汎序,難與立約。辨博汎濫,何質約之能立。弘普之人意愛周洽,不戒其交之溷雜,而以介爲狷,廣其濁。以拘介爲狷戾,而廣其溷雜之心。是故可與撫衆,難與厲俗。周洽溷雜,何風俗之能厲。狷介之人砭甫廉反。清激濁,不戒其道之隘狹,而以普爲穢,益其拘。以弘普爲穢雜,而益其拘局之心。是故可與守節,難以變通。道狹津隘,何通途之能涉。休動之人志慕超越,不戒其意之大猥,而以静爲滯,果其銳。以沉静爲滯屈,而增果銳之心。是故

---

① 不止,岡村繁以爲此於義欠妥,當爲"不肯"。

可以進趨，難與持後。志在超越，何謙後之能持。沉静之人道思迴復，不戒其静之遲後，而以動爲疏，美其懦。以躁動爲粗疏，而美其懦弱之心。是故可與深慮，難與捷速。思慮迴復，何機速之能及。樸露之人中疑實硌①，不戒其實之野直，而以譎爲誕，露其誠。以權譎爲浮誕，而露其誠信之心。是故可與立信，難與消息。實硌野直，何輕重之能量。韜譎之人原度取容，不戒其術之離正，而以盡爲愚，貴其虛。以款盡爲愚直，而貴其浮虛之心。是故可與讚善，難與矯違。韜譎離正，何違邪之能矯。夫學，所以成材也；强毅静其抗，柔順厲其懦。恕，所以推情也；推己之情，通物之性。偏材之性不可移轉矣。固守性分，聞義不徙。雖教之以學，材成而隨之以失。剛毅之性已成，激訐之心彌篤。雖訓之以恕，推情各從其心。意之所非，不肯是之於人。信者逆信，推己之信，謂人皆信，而詐者得容爲僞也。詐者逆詐，推己之詐，謂人皆詐，則信者或受其疑也。故學不入道，恕不周物，偏材之人各是己能，何道之能入，何物能周也。此偏材之益失也。材不能兼，教之愈失。是以宰物者用人之仁去其貪，用人之智去其詐，然後群材畢集，而道周萬物也矣。

流業第三<small>三材爲源，習者爲流。流漸失源，其業各異。</small>

蓋人流之業，十有二焉。性既不同，染習又異。枝流條別，各有志業。有清節家，行爲物範。有法家，立憲垂制。有術家，智慮無方。有國體，三材純備。有器能，三材而微。有臧否，分別是非。有伎倆，錯意工巧。有智意，能決衆疑。有文章，屬辭比事。有儒學，道藝深明。有口辨，應對給捷。有雄傑，膽略過人。若夫德行高妙，容止可法，是謂清節之家，

---

① 疑，伏俊璉以爲意思不貼，當爲"款"字。

延陵、晏嬰是也。建法立制，強國富人，是謂法家，管仲、商鞅是也。思通道化，策謀奇妙，是謂術家，范蠡、張良是也。兼有三材，<small>三材皆備，德與法、術皆純備也。</small>其德足以厲風俗，其法足以正天下，其術足以謀廟勝，是謂國體，伊尹、呂望是也。兼有三材，三材皆微，<small>不純備也。</small>其德足以率一國，其法足以正鄉邑，其術足以權事宜，是謂器能，子產、西門豹是也。兼有三材之別，各有一流。<small>三材爲源，則習者爲流也。</small>清節之流，不能弘恕，<small>以清爲理，何能寬恕。</small>好尚譏訶，分別是非，<small>己不寬恕，則是非生。</small>是謂臧否，子夏之徒是也。法家之流，不能創思遠圖，<small>法制於近，思不及遠。</small>而能受一官之任。錯意施巧，<small>務在功成，故巧意生。</small>是謂伎倆，張敞、趙廣漢是也。術家之流，不能創制垂則，<small>以術求功，故不垂則。</small>而能遭變用權，權智有餘，公正不足，<small>長於權者，必短於正。</small>是謂智意，陳平、韓安國是也。凡此八業，皆以三材爲本，<small>非德無以正法，非法無以興術。是以八業之建，常以三材爲本。</small>故雖波流分別，皆爲經事之材也①。<small>耳目殊官，其用同功。群材雖異，成務一致。</small>能屬文著述，是謂文章，司馬遷、班固是也。能傳聖人之業，而不能幹事施政，是謂儒學，毛公、貫公是也。辯不入道，而應對資給，是謂口辯，樂毅、曹丘生是也。膽力絕衆，才略過人，是謂驍雄，白起、韓信是也。凡此十二材，皆人臣之任也，<small>各抗其材，不能兼備，保守一官，故爲人臣之任也。</small>主德不預焉。主德者，聰明平淡，達衆材②，而不以事自任者也。<small>目不求視，耳不參聽，各司其官，則衆材達。衆材既達，則人主垂拱無爲而理。</small>是故主道立，則十二材各得其任也。<small>上無爲，則下當任也。</small>清節之德，師氏之任也。<small>掌以道德，教道胄子。</small>

---

① 經，原作"輕"。孫人和以爲"輕"字當作"經"，是，據改。
② 《四部叢刊》本"達"字前有"總"字。

法家之材,司寇之任也。掌以刑法,禁止姦暴①。術家之材,三孤之任也。掌以廟謨,佐公論政②。三材純備,三公之任也。位於三槐,坐而論道。三材而微,冢宰之任也③。天官之卿,總御百官。臧否之材,師氏之佐也。分別是非,以佐師氏。智意之材,冢宰之佐也。師事制宜,以佐天官。伎俩之材,司空之任也。錯意施巧,故掌冬官。儒學之材,安民之任也。掌以德藝,保安其人。文章之材,國史之任也。憲章紀述,垂之後代。辩給之材,行人之任也。掌之應答,送迎道路。驍雄之材,將帥之任也。掌轄師旅,討平不順。是謂主道得而臣道序,官不易方,而太平用成。太平之所以成,由官人之不易方。若使足操物,手求行,四體何由寧,理道何由平?若道不平淡,與一材同用好④,譬大匠善規,惟規之用。則一材處權,而衆材失任矣。惟規之用,則矩不得立其方,繩不得經其直,雖目運⑤,規矩無由成矣。

材理第四材既殊塗,理亦異趣。故講群材,至理乃定。

　　夫建事立義,莫不須理而定。言前定則不惑,事前定則不蹟。及其論難,鮮能定之。夫何故哉?蓋理多品而人材異也⑥。事有萬端,人情舛駁,誰能定之。夫理多品則難通,人材異則情詭。情詭難通,則理失而事違也。情詭理多,何由而得。夫理有四部,道義事情,各有部也。

---

① 止,《四部叢刊》本作“制”。
② 政,《四部叢刊》本作“正”。
③ 冢,原作“家”,李崇智以爲當作“冢”,是,據改。
④ 岡村繁以爲不當有“用”字,蓋涉註文而衍。可參。
⑤ 目,原作“日”。《四部叢刊》本作“目”。李崇智以爲作“日”形近而誤,是,據改。
⑥ 人材,原作“人”。李崇智以爲“人”字下當有“材”字,是,據補。

明有四家，明通四部，各有其家。情有九偏，以情犯明，得失有九。流有七似，似是而非，其流有七。說有三失，辭勝理滯，所失者三。難有六構，强良競氣，忿構有六。通有八能。聰思明達，能通者八。若夫天地氣化，盈虚損益，道之理也。以道化人，與時消息。法制正事，事之理也。以法理人，務在憲制。禮教宜適，義之理也。以禮教人^①，進止得宜。人情樞機，情之理也。觀物之情，在於言語。四理不同，其於才也，須明而章，明待質而行。是故質於理合，合而有明，明足見理，理足成家。道義與事情，各有家。是故質性平淡，思心玄微，容不躁擾，其心詳密。能通自然，道理之家也。以道爲理，故能通自然也。質性警徹，權略機捷，容不遲鈍，則其心機速。能理煩速，事理之家也。以事爲理，故審於理煩也。質性和平，能論禮教，容不失適，則禮教得中。辯其得失，義理之家也^②。以義爲禮，故明於得失也。質性機解，推情原意，容不妄動，則原物得意。能適其變，情理之家也。以情爲理，故能極物之變。四家之明既異，而有九偏之情。以情犯明^③，各有得失。明出於真，情動於性。情勝明則蔽，故雖得而必喪也。剛略之人，不能理微。用意粗疏^④，意不玄微。故其論大體，則弘博而高遠；性剛則志遠。歷纖理，則宕往而疏越。志遠故疏越。抗厲之人，不能迴撓。用意猛奮，志不旋屈。論法直，則括處而公正；性厲則理毅。説變通，則否戾而不入。理毅則滯礙。堅勁之人，好攻其事實。用意端確，言不虚徐。指機理，則穎灼而徹盡；性確則言盡。涉大道，則徑露而單持。言切則義少。辯給之人，辭煩而意銳。用意疾急，志不在退挫。推人事，則精識而窮理；性銳則窮理。即大義，則恢愕而不

---

① 禮，原作"理"。李崇智以爲涉正文而誤，是，據改。
② 理，原作"禮"。李崇智以爲此與上下文意不合，是，據改。
③ 情，原作"性"。孫人和以爲當依下註文改，是，據改。
④ 粗疏，《四部叢刊》本作"粗粗"。

周。理細故遺大。浮沉之人,不能沉思。用意虚廓,志不淵密。序疏數,則豁達而傲博;性浮則志傲[①]。立事要,則爁炎而不定。志傲則理疏[②]。淺解之人,不能深難。用意淺近[③],思不深熟。聽辯説,則擬鍔而愉悦;性淺則易悦。審精理,則掉轉而無根。易悦故無根。寬恕之人,不能速捷。用意徐緩,思不速疾[④]。論仁義,則弘詳而長雅;性恕則理雅。趨時務,則遲緩而不及。徐雅故遲緩。温柔之人,力不休强。用意温潤,志不美悦。味道理,則順適而和暢;性和則理順。擬疑難,則濡懦而不盡。理順故依違。好奇之人,横逸而求異。用意奇特,志不同物。造權譎,則倜儻而瓌壯。性奇則尚麗。案清道,則詭常而恢迂。奇逸故恢詭。此所謂性有九偏[⑤],各從其心之所可以爲理。心之所可以爲理,是非相蔽,終無休已。若乃性不精暢,則流有七似。有漫談陳説,似若流行者[⑥]。浮漫流雅,似若可行。有理少多端,似若博意者。辭繁喻博,似若弘廣。有迴説合意,似若讚解者。外佯稱善,内實不知。有處後持長,從衆所安,似能聽斷者。實自無知而不言,觀察衆談,讚其所安。有避難不應,似若有餘,而實不知者。實不能知而佯不應,似有所知而不答者。有慕通口解,似悦而不懌者。聞言即説,有似於解者,心中漫漫不能悟。有因勝情失,窮而稱妙,辭已窮矣,自以爲妙而未盡。跌則掎蹠,理已跌矣,而强牵據。實求兩解,似理不可屈者。辭窮理屈,心樂兩解,而言猶不止,聽者謂之未屈。凡此七似,衆人之所惑也。非明鏡焉能鑑之。夫辯有理勝,理至不可動。有辭勝。辭巧不可屈。理勝者,正白黑以廣論,釋微妙而

① 傲,原作“微”。李崇智以爲依註文當爲“傲”,是,據改。

② 志,原作“性”。《四部叢刊》本作“志”,依上下文意作“志”是,據改。

③ 近,《四部叢刊》本作“脕”。

④ 速疾,原作“速捷”,諸本皆作“速疾”,蓋涉正文而誤,據改。

⑤ 性,李崇智以爲當作“情”,以與開篇“情有九偏”句相應。

⑥ 若,原作“有”。孫人和以爲依上下文及註文當作“若”,是,據改。

通之。说事分明，有如粉黛。朗然區別，辭不潰雜。辭勝者，破正理以求異，求異則正失矣。以白馬非白馬，一朝而服千人。及其至關必賦①，直而後過也。夫九偏之材，有同，有反，有雜。同則相解，譬水流於水。反則相非，猶火滅於水。雜則相恢。亦不必同，又不必異，所以恢達。故善接論者，度所長而論之。因其所能，則其言易曉。歷之不動，則不說也。彼意在狗，馬俟他日。傍無聽達，則不難也。凡相難講，爲達者聽。不善接論者，説之以雜反。彼意在狗，而説以馬；彼意大同，而説以小異。説之以雜反，則不入矣。以方入圓，理終不可。善喻者，以一言明數事。辭附於理，則言寡而事明。不善喻者，百言不明一意。辭遠乎理，雖汎濫多言，己不自明，況他人乎。百言不明一意，則不聽也。自意不明，誰聽之。是説之三失也。善難者，務釋事本。每得理而止住。不善難者，舍本而理末。逐其言而接之。舍本而理末，則辭構矣。不尋其本理，而以煩辭相文。善攻强者，下其盛鋭，對家强梁，始氣必盛。故善攻强者，避其初鼓也。扶其本指，以漸攻之。三鼓氣勝，衰則攻易。不善攻强者，引其誤辭，以挫其鋭意。强者意鋭，辭或暫誤，擊誤挫鋭，理之難也。挫其鋭意，則氣構矣。非徒群言交錯，遂至動其聲色。善躡失者，指其所跌。彼有跌失，暫指不逼。不善躡失者，因屈而抵其性。陵其屈跌而抵挫之。因屈而抵其性，則怨構矣。非徒聲色而已，怨恨逆結於心。或常所思求，久乃得之。倉卒諭人，人不速知，則以爲難諭。己自久思而不恕人。以爲難諭，則忿構矣。非徒怨恨，遂生忿争。夫盛難之時，其誤難迫。氣盛辭誤，且當避之。故善難者，徵之使還。氣折意還，自相應接。不善難者，凌而激之，雖欲顧藉，其勢無由。棄誤顧藉，不聽其言。其勢無由，則妄構矣。妄言非訾，縱橫恣口。

---

① 必賦，《四部叢刊》本作"禁錮"。

凡人心有所思，則耳且不能聽①。思心一至，不聞雷霆。是故並思俱說，競相制止，欲人之聽己。止他人之言，欲使聽己。人亦以其方思之故，不了己意，則以爲不解。非不解也，當己出言，由彼方思，故人不解。人情莫不諱不解，謂其不解，則性諱怒。諱不解，則怒構矣。不顧道理是非，於其凶怒忿肆。凡此六構，變之所由興也。然雖有變構，猶有所得。造事立義，當須理定。故雖有變說小故，終於理定功立。若說而不難，各陳所見，則莫知所由矣。人人競說，若不難質，則不知何者可用也。由此論之，談而定理者眇矣。理多端，人情異，故發言盈庭，莫肯執其咎。必也聰能聽序，登高能賦，作器能銘。如顏回聽哭，蒼舒量象。思能造端，子展謀侵晉，乃得諸侯之盟。明能見機，臾駢睹目動，即知秦師退。辭能辯意，伊藉答吳王曰②：一拜一起，未足爲勞。捷能攝失，郭淮答魏帝曰：自知必免防風之誅。守能待攻，墨子謂楚人，吾弟子已待之於宋。攻能奪守，毛遂進曰：今日從爲楚不爲趙也，楚王從而謝之。奪能易予，以子之矛，掩子之盾，則物主辭窮。兼此八者，然後乃能通於天下之理；通於天下之理，則能通人矣。不能兼有八美，適有一能，所謂偏材之人。則所達者偏，而所有異目矣。各以所通，而立其名。是故聰能聽序，謂之名物之材。思能造端，謂之構架之材。明能見機，謂之達識之材。辭能辯意，謂之贍給之材。捷能攝失，謂之權捷之材。守能待攻，謂之持論之材。攻能奪守，謂之推徹之材。奪能易予，謂之貿說之材。通材之人，既兼此八材，行之以道，與通人言，則同解而心喻；同即相是，是以心相喻。與眾人言，則察色而順性。下有盛色③，避其所短。雖明包眾理，不以尚人。恒懷謙下，故處物上。聰叡資給，不以先人。常懷退後，故在物先。善言出

---

① 且，原作"目"，《四部叢刊》本作"目"是，據改。
② 曰，原無。岡村繁、李崇智皆以爲當補，是，據補。
③ 有，李崇智以爲當爲"其"。

己，理足則止。通理則止，不務煩辭。鄙誤在人，過而不迫。見人過跌，輒當歷避。寫人之所懷，扶人之所能。扶贊人之所能，則人人自任矣。不以事類犯人之所媢，胡故反。與盲人言，不諱眇瞎之類。不以言例及己之所長。己有武力，不舉虓虎之倫。説直説變，無所畏惡。通材平釋，信而後諫。雖觸龍鱗，物無害者。采蟲聲之善音，不以聲醜，棄其善曲。贊愚人之偶得。不以人愚，廢其嘉言。奪與有宜，去就不留。方其盛氣，折謝不吝。歷避銳跌，不惜屈撓。方其勝難，勝而不矜。理自勝耳，何所矜也。心平志諭，無適無莫，付是非於道理，不貪勝於求名。期於得道而已矣。是可與論經世而理物也。曠然無懷，委之至當。是以世務自經，萬物自理。

卷　中

材能第五<small>材能大小，其準不同。量力而任①，所任乃濟。</small>

　　或曰：人材有能大而不能小，猶函牛之鼎不可以烹鷄。愚以爲此非名也。<small>夫人材猶器，大小異。或者以大鼎不能烹鷄，喻大材不能治小，失其名也。</small>夫能之爲言，已定之稱。<small>先有定質，而後能名生焉。</small>豈有能大而不能小乎？凡所謂能大而不能小，其語出於性有寬急。<small>寬者弘裕，急者急切。</small>性有寬急，故宜有大小。<small>寬弘宜治大，急切宜治小。</small>寬弘之人，宜爲郡國，使下得施其功，而總成其事。<small>急切則煩碎，事不成。</small>急小之人，宜理百里，使事辦於己。<small>弘裕則網漏，庶事荒矣。</small>然則郡之與縣，異體之大小者也。<small>明能治大郡，則能治小郡②。能治大縣，亦能治小縣。</small>以實理寬急論辨之，則當言大小異宜，不當言能大不能小也。<small>若能大而不能小，仲尼豈不爲季氏臣。</small>若夫鷄之與牛，亦異體之小大也。<small>鼎能烹牛，亦能烹鷄。銚能烹鷄，不能烹犢。</small>故鼎亦宜有大小。<small>若以烹犢，則豈不能烹鷄乎！但有宜與不宜，豈有能與不能。</small>故能治大郡，則亦能治小郡矣。推此論之，人材各有所宜，非獨大小之謂也。<small>文者理百官，武者治軍旅。</small>夫人材不同，能各有異。有自任之能，<small>脩己潔身，總御百官。</small>有立法使人從之之能，<small>法懸人懼，無敢犯也。</small>有消息辨護之能，<small>智</small>

<small>①　任，《四部叢刊》本作“授”。</small>
<small>②　孫人和以爲“則”字後脱“亦”字。</small>

意辨護,周旋得節。有德教師人之能,道術深明,動爲物教。有行事使人譴讓之能,云爲得理,義和於時。有司察糾摘之能,督察是非,無不區別。有權奇之能,務以奇計,成事立功。有威猛之能。猛毅昭著,振威敵國。夫能出於材,材不同量。材能既殊,任政亦異。是故自任之能,清節之材也。故在朝也,則冢宰之任,爲國則矯直之政。其身正,故掌天官而總百揆。立法之能,法家之材也①。故在朝也,則司寇之任,爲國則公正之政。法無私,故掌秋官而詰姦暴。計策之能,術家之材也。故在朝也,則三孤之任,爲國則變化之政。計慮明,故輔三槐而助論道。人事之能,智意之材也。故在朝也,則冢宰之佐,爲國則諧合之政。智意審,故佐天官而諧内外。行事之能,譴讓之材也。故在朝也,則司寇之佐,爲國則督責之政。辨衆事,故佐秋官而督傲慢。權奇之能,伎倆之材也。故在朝也,則司空之任,爲國則藝事之政。伎倆巧,故任冬官而成藝事。司察之能,臧否之材也。故在朝也,則師氏之佐,爲國則刻削之政。是非章,故佐師氏而察善否。威猛之能,豪傑之材也。故在朝也,則將帥之任,爲國則嚴厲之政。體果毅,故總六師而振威武。凡偏材之人,皆一味之美。譬飴以甘爲名,酒以苦爲實。故長於辦一官,弓工揉材,而有餘力。而短於爲一國。兼掌陶冶,器不成矣。何者?夫一官之任,以一味協五味;鹽人調鹽,醢人調醢,則五味成矣。譬梓里治材,土官治墙,則厦屋成。一國之政,以無味和五味。水以無味,故五味得其和。猶君體平淡,則百官施其用。又國有俗化,民有劇易,五方不同,風俗各異。土有剛柔,民有劇易。而人材不同,故政有得失。以簡治易則得,治煩則失。是以王化之政宜於統大,易簡而天下之理得矣。以之治小,則迂。網疏而吞舟之姦漏。辨護之政宜於治煩,事皆辨護,煩亂乃理。以之

---

① 法,原作"治"。岡村繁以爲依文意當爲"法",是,據改。

治易，則無易。甚於督促，民不便也。策術之政宜於治難，權略無方，解釋患難。以之治平，則無奇。術數煩衆，民不安矣。矯抗之政宜於治侈，矯枉過正，以厲侈靡。以之治弊，則殘。俗弊治嚴，則民殘矣。諧和之政宜於治新，國新禮殺，苟合而已。以之治舊，則虛。苟合之教，非禮實也。公刻之政宜於糾姦，刻削不深，姦亂不止。以之治邊，則失衆。衆民憚法，易逃叛矣。威猛之政宜於討亂，亂民桀逆，非威不服。以之治善，則暴。政猛民殘，濫良善矣。伎倆之政宜於治富，以國強民，以使富饒。以之治貧，則勞而下困。易貨改鑄，民失業矣。故量能授官，不可不審也。凡此之能，皆偏材之人也。故或能言而不能行，或能行而不能言。智勝則能言，材勝則能行。至於國體之人，能言能行，故爲衆材之雋也。人君之能，異於此。平淡無爲，以任衆能。故臣以自任爲能，竭力致功，以取爵位。君以用人爲能。任賢使能，國家自理。臣以能言爲能，各言其能，而受其官。君以能聽爲能。聽言觀行，而授其官。臣以能行爲能，必行其所言。君以能賞罰爲能。必當其功過也。所能不同，君無爲而臣有事。故能君衆材也。若君以有爲，代大匠斲，則衆能失巧，功不成矣。

利害第六建法陳術，以利國家。及其弊也，害歸於己。

蓋人業之流①，各有利害。流漸失源，故利害生。夫清節之業②，著於儀容，發於德行，心清意正，則德儀外著。未用而章，其道順而有化。德輝昭著，故不試而效。效理於人，故物無不化。故其未達也，爲衆人之所進。理順則衆人樂進之。既達也，爲上下之所敬。德和理順，誰能慢之。

---

① 人業之流，孫人和以爲當據《流業篇》作“人流之業”。
② 清節，原作“節清”。孫人和以爲當據《流業》、《材能》兩篇改，又《墨海金壺》等本亦作“清節”，據改。

其功足以激濁揚清,師範僚友。其爲業也,無弊而常顯。非徒不弊,存而有顯。故爲世之所貴。德信有常,人不能賤。法家之業,本於制度,待乎成功而效。法以禁姦,姦止乃效。其道前苦而後治,嚴而爲衆。初布威嚴①,是以勞苦。終以道化,是以民治。故其未達也,爲衆人之所忌。姦黨樂亂,忌法者衆。已試也,爲上下之所憚。憲防肅然②,内外振悚。其功足以立法成治,民不爲非,治道乃成。其弊也爲群枉之所讐。法行寵貴,終受其害。其爲業也有敝而不常用,明君乃能用之强,明不繼世,故法不常用。故功大而不終。是以商君車裂,吳起支解。術家之業,出於聰明③,待於謀得而章。斷於未行,人無信者。功成事效,而後乃章也。其道先微而後著,精而且玄。計謀微妙,其始至精,終始合符,是以道著。其未達也,爲衆人之所不識。謀在功前,衆何由識。其用也,爲明主之所珍。暗主昧然,豈能貴之。其功足以運籌通變。變以求通,故能成其功。其退也藏於隱微。計出微密,是以不露。其爲業也奇而希用,主計神奇,用之者希也。故或沈微而不章。世希能用,道何由章。智意之業,本於原度,其道順而不忤。將順時宜,何忤之有。故其未達也,爲衆人之所容④。庶事不逆,善者來親。已達也,爲寵愛之所嘉。與衆同和,内外美之。其功足以讚明計慮,媚順於時,言計是信也。其敝也知進而不退⑤,不見忌害,是以慕進也。或離正以自全。用心多媚,故違於正。其爲業也諂而難持,韜情譎智,非雅正之倫也。故或先利而後害。知進忘退,取悔之道。臧否之

---

① 布,《墨海金壺》、《補守山閣叢書》、《畿輔叢書》、《龍谿精舍叢書》諸本皆作"以"。

② 防,《墨海金壺》、《補守山閣叢書》、《畿輔叢書》、《龍谿精舍丛书》諸本皆作"綱"。

③ 明,《四部叢刊》本作"思"。

④ "容"字後原有"矣"字。李崇智以爲依上下文例當去之,又《墨海金壺》、《補守山閣叢書》、《畿輔叢書》、《龍谿精舍》諸本皆無此字,據删。

⑤ 李崇智以爲"退"字上當有"知"字,可參。

業，本乎是非，其道廉而且砭。清而不雜，砭去纖芥。故其未達也，爲衆人之所識。清潔不汙，在幽而明。已達也，爲衆人之所稱。業常明白，出則受譽。其功足以變察是非。理清道潔，是非不亂。其蔽也爲詆訶之所怨。詆訶之徒，不樂聞過。其爲業也峭而不裕，峭察於物，何能寬裕。故或先得而後離衆。清亮爲時所稱，理峭爲衆所憚。伎倆之業，本於事能，其道辨而且速。伎計如神，是以速辨。其未達也，爲衆人之所異。伎能出衆，故雖微而顯。已達也，爲官司之所任。遂事成功，政之所務。其功足以理煩糾邪。釋煩理邪，亦須伎倆。其蔽也民勞而下困。上不端而下困。其爲業也細而不泰，故爲治之末也。道不平弘，其能大乎。

接識第七推己接物，俱識同體。兼能之士，乃達群材。

夫人初甚難知，貌厚情深，難得知也。而士無衆寡，皆自以爲知人。故以己觀人，則以爲可知也。己尚清節，則凡清節者皆己之所知。觀人之察人，則以爲不識也。夫何哉？由己之所尚在於清節，人之所好在於利欲。曲直不同於他，便謂人不識物也。是故能識同體之善，性長思謀，則善策略之士。而或失異量之美。遵法者雖美，乃思謀之所不取。何以論其然？夫清節之人以正直爲度，故其歷衆材也，能識性行之常，度在正直，故悅有恒之人。而或疑法術之詭。謂守正足以致治，何以法術爲也。法制之人以分數爲度，故能識較方直之量，度在法分，故悅方直之人。而不貴變化之術。謂法分足以濟業[1]，何以術謀爲也。術謀之人以思謨爲度，故能識策略之奇[2]，度在思謨，故貴策略之人。而不識遵法之良。謂

---

[1]　業，《墨海金壺》、《補守山閣叢書》、《畿輔叢書》、《龍谿精舍》諸本皆作“時”。

[2]　識，原作“成”。李崇智以爲依上下文例應作“識”，又《長短經》引文亦作“識”，據改。

思謨足以化民，何以法制爲也。器能之人以辨護爲度，故能職方略之規①，度在辨護，故悅方計之人。而不知制度之原。謂方計足以立功，何以制度爲也。智意之人以原意爲度，故能識韜諝之權，度在原意，故悅韜諝之人。而不貴法教之常。謂原意足以爲正，何以法理爲也。伎倆之人以邀功爲度，故能識進趣之功，度在邀功，故悅功能之人。而不通道德之化。謂伎能足以成事，何以道德爲也。臧否之人以伺察爲度，故能識訶砭之明，度在伺察，故悅譴訶之人。而不暢倜儻之異。謂譴訶乃成教，何以寬弘爲也。言語之人以辨析爲度，故能識捷給之惠。度在剖析，故悅敏給之人。而不知含章之美。謂辨論事乃理②，何以含章爲也。是以互相非駁，莫肯相是。人皆自以爲是，誰肯道人之是。取同體也，則接諝而相得。性能苟同，則雖胡越，接響而情通。取異體也，雖歷久而不知。性能苟異，則雖比肩，歷年而逾疏矣。凡此之類，皆謂一流之材也。故同體則親，異體則疏。若二至已上，亦隨其所兼，以及異數。法家兼術，故能以術輔法。故一流之人，能識一流之善。以法治者，所以舉不過法。二流之人，能識二流之美。體法術者，法術兼行。盡有諸流，則亦能兼達衆材。體通八流，則八材當位，物無不理。故兼材之人與國體同。謂八材之人始進陳言，冢宰之官察其所以。欲觀其一隅，則終朝足以識之。將究其詳，則三日而後足。何謂三日而後足？夫國體之人兼有三材，故談不三日不足以盡之。一以論道德，二以論法制，三以論策術，然後乃能竭其所長，而舉之不疑。在上者兼明八材，然後乃能盡其所進，用而無疑矣。然則何以知其兼偏，而與之言乎？察言之時，何以識其偏材，何以識其兼材也。

---

① 識，原作職，依上下文例改。

② 岡村繁以爲此句當依上註文例作“謂辯論乃理事”，郭模以爲此句當作“謂辯論乃事理”。

其爲人也，務以流數杼人之所長①，而爲之名目，如是者兼也②。每因事類，杼盡人之所能，爲之名目，言不容口。如陳己美，欲人稱之，己之有善，因事自說，又欲令人言常稱己。不欲知人之所有③，如是者偏也。人之有善，耳不樂聞。人稱之，口不和也。不欲知人，則言無不疑。聞法則疑其刻削，聞術則疑其詭詐。是故以深說淺，益深益異。淺者意近，故聞深理而心逾衒。是以商君說帝王之道不入，則以強兵之義示之。異則相返，反則相非。聞深則心衒④，焉得而相是。是以李兌塞耳而不聽蘇秦之說。是故多陳處直，則以爲見美。以其多方，疑似見美也。靜聽不言，則以爲虛空。待時來語，疑其無實。抗爲高談，則爲不遜。辭護理高，疑其凌己。遜讓不盡，則以爲淺陋。卑言寡氣，疑其淺薄。言稱一善，則以爲不博。未敢多陳，疑其陋狹。歷發衆奇，則以爲多端。偏舉事類，則欲以釋之，復以爲多端。先意而言，則以爲分美。言合其意，疑分己美。因失難之，則以爲不喻。欲補其失，反不喻也。說以對反，則以爲較己。欲反其事而明言，乃疑其較己。博以異雜，則以爲無要。控盡所懷，謂之無要。論以同體，然後乃悅。弟兄忿肆，爲陳管蔡之事，則欣暢而和悅。於是乎有親愛之情，稱舉之譽。苟言之同，非徒親愛而已，乃至譽而舉之。此偏材之常失。意常姻護，欲人同己，己不必得，何由常得⑤。

---

① 杼，依文義似當作"抒"。

② 者，原無，李崇智以爲下文有"如是者偏也"，又《長短經》引文有"者"字，據補。

③ 不欲知人之所有，原作"不欲人之有"，《四部叢刊》本作"不欲知人之所有"，又依下文"不欲知人"句，知《四部叢刊》本是，據補。

④ 心，原作"相"。《四部叢刊》本作"心"，又上文有"心逾衒"，《四部叢刊》本是，據改。

⑤ 常，《四部叢刊》本作"暫"。

英雄第八<small>自非平淡，能各有名。英爲文昌，雄爲武稱。</small>

夫草之精秀者爲英，獸之特群者爲雄。<small>物尚有之，況於人乎。</small>故人之文武茂異，取名於此。<small>文以英爲名，武以雄爲號。</small>是故聰明秀出謂之英，膽力過人謂之雄，此其大體之別名也。若校其分數，則互相須，<small>英得雄分，然後成章。雄得英分，然後成剛。</small>各以二分，取彼一分，然後乃成。<small>膽者雄之分，智者英之分。英有聰明，須膽而後成。雄有膽力，須知而後立。</small>何以論其然？夫聰明者英之分也，不得雄之膽，則說不行。<small>智而無膽，不能正言。</small>膽力者雄之分也，不得英之智，則事不立。<small>勇而無謀，不能立事。</small>是故英以其聰謀始，以其明見機，<small>智以謀事之始，明以見事之機。</small>待雄之膽行之。<small>不決則不能行。</small>雄以其力服衆，以其勇排難，<small>非力衆不服，非勇難不排。</small>待英之智成之。<small>智以制宜，功乃可成①。</small>然後乃能各濟其所長也。<small>譬金待水而成利功，物得水然後成養功。</small>若聰能謀始，而明不見機，可以坐論②，而不可以處事。<small>智能坐論，而明不見機，何事務之能處。</small>聰能謀始，明能見機，而勇不能行，可以循常，而不可以慮變。<small>明能循常，勇不能行，何應變之能爲。</small>若力能過人，而勇不能行，可以爲力人，未可以爲先登。<small>力雖絕群，膽雄不決，何先鋒之能爲。</small>力能過人，勇能行之，而智不能斷事，可以爲先登，未足以爲將帥。<small>力能先登，臨事無謀，何將帥之能爲。</small>必聰能謀始，明能見機，膽能決之，然後可以爲英，張良是也。氣力過人，勇能行之，智足斷事，乃可以爲雄，韓信是也。體分不同，以多爲目，故英雄異名。<small>張良英智多，韓信雄膽</small>

---

① 功，原作“巧”。郭模以爲明藍格鈔本作“功”，依文意是，據改。

② “可以”前原有“乃”字，孫人和、李崇智皆以爲依上下文例，及《長短經》所引當刪，是，據刪。

勝。然皆偏至之材，人臣之任也。故英可以爲相，制勝於近。雄可以爲將。揚威於遠。若一人之身兼有英雄，則能長世，高祖、項羽是也。然英之分以多於雄，而英不可以少也。英以致智，智能役雄，何可少也。英分少，則智者去之。故項羽氣力蓋世，明能合變，膽烈無前，濟江焚糧。而不能聽采奇異，有一范增不用，是以陳平之徒皆亡歸高祖。英分多，故群雄服之，英材歸之，兩得其用。雄既服矣，英又歸之。故能吞秦破楚①，宅有天下。然則英雄多少，能自勝之數也。勝在於身，則能勝物。徒英而不雄，則雄材不服也。内無主於中，外物何由入。徒雄而不英，則智者不歸往也。無明以接之，智者何由往。故雄能得雄，不能得英。兒虎自成群也。英能得英，不能得雄。鸞鳳自相親也。故一人之身，兼有英雄，乃能役英與雄，故能成大業也②。武以服之，文以綏之，則業隆當年，福流後世。

八觀第九群材異品，志各異歸。觀其通否，所格者八。

八觀者，一曰觀其奪救，以明間雜；或慈欲濟恤而吝奪其仁，或救濟廣厚而乞醯爲惠。二曰觀其感變，以審常度；觀其愠作，則常度可審。三曰觀其至質③，以知其名；徵質相應，睹色知名。四曰觀其所由，以辨依似；依訐似直，倉卒難明。察其所安，昭然可辨。五曰觀其愛敬，以知通塞；純愛則物親而情通，純敬則理疏而情塞。六曰觀其情機，以辨恕惑；得其所欲則恕，違其所欲則惑。七曰觀其所短，以知其長。訐刺雖短，而長於爲直。八曰觀其聰明，以知所達。雖體衆材，而材不聰明，事事蔽塞，其何能達。何

---

① 李崇智以爲依上文例，“故”字前當有“高祖”，可參。頁152。

② 《四部叢刊》本此句前有“能役英與雄”。

③ 至，原作“至”。岡村繁疑當作“至”，後文有“何謂觀其至質”句，據改。

謂觀其奪救，以明間雜？夫質有至有違。剛質無欲，所以爲至。貪情或勝，所以爲違。若違勝至①，則惡情奪正，若然而不然。以欲勝剛，以此似剛而不剛。故仁出於慈，有慈而不仁者。仁必有恤，有仁而不恤者。厲必有剛，有厲而不剛者。若夫見可憐則流涕，慈心發於中。將分與則吝嗇，是慈而不仁者。爲仁者必濟恤。睹危急則惻隱，仁情動於内。將赴救則畏患，是仁而不恤者。爲恤者必赴危。處虛義則色厲，精厲見於貌。顧利慾則内荏，是厲而不剛者。爲剛者必無慾。然則慈而不仁者，則吝奪之也。愛財傷於慈。仁而不恤者，則懼奪之也。恇怯損於仁。厲而不剛者，則慾奪之也。利慾害於剛。故曰慈不能勝吝，無必其能仁也。愛而不施予②，何仁之能爲。仁不能勝懼，無必其能恤也。畏懦不果，何恤之能行。厲不能勝慾，無必其能剛也。情存利慾，何剛之能成。是故不仁之質勝，則伎力爲害器。仁質既弱而有伎力，此害己之器也。貪之性勝③，則强猛爲禍梯。廉質既負而性强猛，此禍己之梯也。亦有善情救惡，不至爲害，惡物宜剪而除，純善之人憐而救之，此稠厚之人④，非大害也。愛惠分篤，雖傲狎不離，平生結交，情厚分深，雖原壤夷俟而不相棄，無大過也。助善著明，雖疾惡無害也。如殺無道以就有道，疾惡雖甚，無大非也。救濟過厚，雖取人不貪也。取人之物以有救濟，雖譏在乞醯，非大貪也。是故觀其奪救，而明間雜之情可得知也。或畏吝奪慈仁，或救過濟其分，而平淡之主順而恕。何謂觀其感變，以審常度？夫人厚貌深情，將欲求之，必觀其辭旨，察其應贊，視發言之旨趣，觀應和之當否⑤。夫

---

① 若違勝至，原作"若至勝違"，李崇智以爲依文意當爲"若違勝至"，是，據改。

② 《四部叢刊》本無"予"字。

③ 《四部叢刊》本"貪"字下有"悖"字。

④ 人，《兩京遺編》本、《畿輔叢書》本作"仁"。

⑤ 當否，《墨海金壺》、《补守山閣叢書》、《畿輔叢書》、《龍谿精舍》諸本皆作"能否"。

觀其辭旨,猶聽音之善醜,音唱而善醜別。察其應贊,猶視知之能否也。聲和而能否別。故觀辭察應,足以互相別識。彼唱此和,是非相舉。然則論顯揚正,白也。辭顯唱正,是曰明白。不善言應,玄也。默而識之,是曰玄也。經緯玄白,通也。明辨是非,可謂通理。移易無正,雜也。理不一據,言意混雜。先識未然,聖也。追思玄事,叡也。見事過人,明也。以明爲晦,智也。心雖明之,常若不足。微忽必識,妙也。理雖至微,而能察之。美妙不昧,疏也。心致昭然,是曰疏朗。測之益深,實也。心有實智,探之愈精,猶泉滋中出,測之益深也。假合炫耀,虛也。道聽塗說,久而無實,猶池水無源,泄而虛竭。自見其美,不足也。智不贍足,恐人不知以自伐。不伐其能,有餘也。不畏不知。故曰:凡事不度,必有其故。色貌失實,必有憂喜之故。憂患之色,乏而且荒。憂患在心,故形色荒。疾疢之色,亂而垢雜①。黃黑色雜,理多塵垢。喜色愉然以懌,慍色厲然以揚,妒惑之色冒昧無常。粗白粗赤,憤憤在面。及其動作,蓋並言辭。色既發揚,言亦從之。是故其言甚懌,而精色不從者,中有違也。心恨而言強和,色貌終不相從。其言有違,而精色可信者,辭不敏也。言不自盡,故辭雖違而色貌可信。言未發,而怒色先見者,意憤溢也。憤怒填胸者,未言而色貌已作。言將發而怒氣送之者②,強所不然也。欲強行不然之事,故怒氣助言。凡此之類,微見於外,不可奄違。心歡而怒容,意恨而和貌。雖欲違之,精色不從。心動貌從。感愕以明,雖變可知。情雖在內③,感愕發外。千形萬貌,粗可知矣。是故觀其感變,而常度之情可知④。觀人辭色而知其心,物有常度,然後審矣。何謂觀其至質,以知其名?凡偏

---

① 雜,孫人和據《長短經》所引以爲當作"理"。
② 將,李崇智據《長短經》所引以爲當作"已"。
③ 情,《墨海金壺》、《補守山閣叢書》、《畿輔叢書》、《龍谿精舍》諸本皆作"慎"。
④ 李崇智以爲依句例,"知"字後當有"也"字。

材之性，二至以上，則至質相發，而令名生矣。二至，質氣之謂也。質直氣清，則善名生矣。是故骨直氣清，則休名生焉。骨氣相應，名是以美。氣清力勁，則烈名生焉。氣既清矣，力勁則烈。勁智精理，則能名生焉。智既勁矣，精理則能稱。智理強愨，則任名生焉。直而又美，是以見任。集於端質，則令德濟焉。質徵端和，善德乃成。加之學，則文理灼焉。圭玉有質，瑩則成文。是故觀其所至之多少，而異名之所生可知也。尋其質氣，覽其清濁，雖有多少之異，異狀之名，斷可知之。何謂觀其所由，以辨依似？夫純訐性違，不能公正。質氣俱訐，何正之有。依訐似直，以訐善。似直之訐①，訐及良善。純宕似流，不能通道。質氣俱宕，何道能通。依宕似通，行傲過節。似通之宕，容傲無節。故曰：直者亦訐，訐者亦訐，其訐則同，其所以為訐則異。直人之訐，訐惡瘴非。純訐之訐，訐善刺是。通者亦宕，宕者亦宕，其宕則同，其所以為宕則異。通人之宕，簡而達道。純宕傲僻以自恣。然則何以別之？直而能溫者，德也。溫和為直，所以為德。直而好訐者，偏也。性直過訐，所以為偏。訐而不直者，依也。純訐似直，所以為依。道而能節者，通也。以道自節，所以為通。通而時過者，偏也。性通時過，所以為偏。宕而不節者，依也。純宕似通，所以為依。偏之與依，志同質違，所謂似是而非也。質同通直，或偏或依。是故輕諾似烈而寡信，不量己力，輕許死人。臨難畏怯，不能殉命。多易似能而無效。不顧材能，自謂能辨，受事狷獧，作無效驗②。進銳似精而去速，情躁之人，不能久任。訶者似察而事煩，譴訶之人，每多煩亂。訐施似惠而無成③，當時似給，終無所成。面從似忠而退違，阿順目前，却則自是。此似

---

① 似，原作"以"，孫人和以為依文意當為"似"，是，據改。

② 作，《墨海金壺》本、《補守山閣叢書》本、《畿輔叢書》本、《龍溪精舍》本皆作"皆"。

③ 訐，《長短經》引作"許"。成，《長短經》引作"終"。

31

是而非者也。紫色亂朱，聖人惡之。亦有似非而是者。事同於非，其功實則是。大權似姦而有功，伊去太甲，以成其功。大智似愚而内明，終日不違，内實分别①。博愛似虛而實厚，汎愛無私，似虛而實。正言似訐而情忠。譬帝桀紂，至誠忠愛。夫察似明非，御情之反。欲察似類，審則是非，御取人情，反覆明之。有似理訟，其實難别也。故聖人參訊廣訪，與衆共之。非天下之至精，其孰能得其實。若其實可得，何憂乎驩兜，何遷乎有苗。是以昧旦晨興，揚明側陋②，語之三槐，詢之九棘。故聽言信貌，或失其真。言訥貌惡，仲尼失之子羽。詭情御反，或失其賢。疑非人情，公孫失之卜式。賢否之察，實在所依。雖其難知，即當尋其所依而察之。是故觀其所依，而似類之質可知也。雖其不盡得其實，然察其所依似，則其體氣粗可幾矣。何謂觀其愛敬，以知通塞？蓋人道之極，莫過愛敬。愛生於父子，敬立於君臣。是故孝經以愛爲至德，起父子之親，故爲至德。以敬爲要道。終君臣之義，故爲道之要。易以感爲德，氣通生物，人得之以利養。以謙爲道。尊卑殊别，道之次序。老子以無爲德，施化無方，德之則也。以虛爲道。寂寞無爲，道之倫也。禮以敬爲本，禮由陰作，肅然清净。樂以愛爲主。樂由陽来，歡然親愛。然則人情之質，有愛敬之誠，方在哺乳，愛敬生矣。則與道德同體，動獲人心，而道無不通也。體道修德，故物順理通。然愛不可少於敬，少於敬，則廉節者歸之，廉人好敬，是以歸之。而衆人不與。衆人樂愛，愛少，是以不與。愛多於敬，則雖廉節者不悦，而愛接者死之。廉人寡，常人衆。衆人樂愛致其死，則事成業濟。是故愛之爲道，不可少矣。何則？敬之爲道也，嚴而相離，其勢難久。動必肅容，過之不及。逆旅之人，不及温和而歸也。愛之爲道也，情親意厚，深而感物。煦嫗篤密③，感物甚深。

---

① 别，《墨海金壺》本、《補守山閣叢書》本、《龍谿精舍》本皆作“明”。

② 據《尚書》語及《效難》註文似當作“明揚側陋”。

③ 嫗，《四部叢刊》本作“渝”，《畿輔叢書》本作“喻”。

是以翳桑之人，倒戈報德。是故觀其愛敬之誠，而通塞之理可得而知也。篤於慈愛，則温和而上下之情通。務在禮敬，則嚴肅而外内之情塞。然必愛敬相須，不可一時而無。然行其二義者，常當務令愛多敬少，然後肅穆之風可得希矣。

何謂觀其情機，以辨恕惑？夫人之情有六機：抒其所欲則喜；爲有力者譽烏獲，其心莫不欣焉。不抒其所能則怨；爲辨給者稱三緘，其心莫不忿然。以自伐歷之則惡；抗己所能，以歷衆人，衆人所惡。以謙損下之則悦；卑損下人，人皆喜悦。犯其所乏則媢；人皆悦己所長，惡己所短。故稱其所短，則媢戾忿肆。以惡犯媢則妒。自伐其能，人所惡也。稱人之短，人所媢也。今伐其所能，犯人所媢，則妒害生也。此人性之六機也①。夫人情莫不欲遂其志，志之所欲，欲遂已成。故烈士樂奮力之功，遭難而力士奮。善士樂督政之訓，政修而善士用。能士樂治亂之事，治亂而求賢能。術士樂計策之謀，廣算而求其策。辨士樂陵訊之辭，賓贊而求辨給。貪者樂貨財之積，貨財積，則貪者容其求。幸者樂權勢之尤。權勢之尤，則幸者竊其柄。苟贊其志，則莫不欣然。是所謂抒②其所欲則喜也。所欲之心抒盡，復何怨乎。若不抒其所能，則不獲其志，不獲其志則戚。憂己才之不展。是故功力不建，則烈士奮。奮，憤不能盡其材也。德行不訓，則正人哀。哀不得行其化。政亂不治，則能者歎。歎不得用其能。敵未能弭，則術人思。思不得運其奇。貨財不積，則貪者憂。憂無所收其利。權勢不尤，則幸者悲。悲不得弄其權。是所謂不抒其能則怨也。所能不抒，其能悦乎。人情莫不欲處前，故惡人之自伐。皆欲居物先，故惡人之自伐也。自伐，皆欲勝之類也。是故自伐其善，則莫不惡也。惡其有勝己之心。是所謂自伐歷之則惡也。是以達者終不自伐。人情皆欲求勝，

① 性，《四部叢刊》本同，《墨海金壺》本、《補守山閣叢書》本、《畿輔叢書》本、《龍谿精舍》本皆作“情”。

② 抒，原作“杼”，依文義改。

故悦人之謙。謙所以下之，下有推與之意。是故人無賢愚，接之以謙，則無不色懌。不問能否，皆欲勝人。是所謂以謙下之則悦也。是以君子終日謙謙。人情皆欲掩其所短，見其所長。稱其所長則悦，稱其所短則愠。是故人駁其所短，似若物冒之。情之憤悶，有若覆冒。是所謂駁其所乏則姻也。覆冒純塞，其心姻戾。人情陵上者也，見人勝己，皆欲陵之。陵犯其所惡，雖見憎，未害也。雖惡我自伐，未甚疾害也。若以長駁短，是所謂以惡犯姻，則妒惡生矣。以己之長，駁人之短[1]，而取其害，是以達者不爲之也。凡此六機，其歸皆欲處上。物之自大，人人皆爾。是以君子接物，犯而不校。知物情好勝，雖或以小犯己，終不較拒也。不校則無不敬下，所以避其害也。務行謙敬，誰害之哉。小人則不然，既不見機，不達妒害之機。而欲人之順己，謂欲人無違己。以佯愛敬爲見異，孔光逡巡，董賢欣喜。以偶邀會爲輕己[2]，謂非本心，忿其輕己。苟犯其機，則深以爲怨。小人易悦而難事。是故觀其情機，而賢鄙之志可得而知也。賢明志在退下，鄙劣志在陵上。是以平淡之主，御之以正，訓貪者之所憂，戒幸者之所悲，然後物不自伐，下不陵上，賢否當位，治道有序。何謂觀其所短，以知所長？夫偏材之人，皆有所短。智不能周也。故直之失也訐，訐訐傷於義，故其父攘羊，其子證之。剛之失也厲，剛切傷於理，故諫君不從，承之以劍。和之失也懦，懦弱不及道，故宮之奇爲人懦，不能强諫。介之失也拘，拘愚不達事，尾生守信，死於橋下。夫直者不訐，無以成其直。既悦其直，不可非其訐。用人之直，恕其訐也。訐也者，直之徵也。非訐不能爲直。剛者不厲，無以濟其剛。既悦其剛，不可非其厲。用人之剛，恕其厲也。厲也者，剛之徵也。非厲不能爲剛。和者不懦，無以保其和。既悦其和，不可非其懦。用人之和，恕其懦也。懦也者，和之徵也。非懦不能爲

---

① 駁，原作“校”，《四部叢刊》本作“駁”，又據正文文意當作“駁”，據改。

② 己，原無，據註文及上下文例補。

和。介者不拘，無以守其介。既悦其介，不可非其拘。用人之介，恕其拘也。拘也者，介之徵也。非拘不能爲介。然有短者，未必能長也。純訐之人，未能正直。有長者，必以短爲徵。純和之人，徵必懦弱。是故觀其徵之所短，而其材之所長可知也。欲用其剛，必采之於屬。何謂觀其聰明①，以知所達？夫仁者，德之基也。載德而行。義者，德之節也。制德之所宜也。禮者，德之文也。禮，德之文理也。信者，德之固也。固，德之所執也。智者，德之帥也。非智不成德。夫智出於明，明達乃成智。明之於人，猶晝之待白日，夜之待燭火。火日所以照晝夜，智達所以明物理。其明益盛者，所見及遠。火日愈明，所照愈遠。智達彌明，理通彌深。及遠之明難，聖人猶有不及。是故守業勤學，未必及材。生知者上，學能者次。材藝精巧，未必及理。因習成巧，淺於至理。理義辨給，未必及智。理成事業，昧於玄智。智能經事，未必及道。役智經務，去道遠矣。道思玄遠，然後乃周。道無不載，故無不周。是謂學不及材，材不及理，理不及智，智不及道。道智玄微，故四變而後及。道也者，回覆變通②。理不繫一，故變通之。是故別而論之，各自獨行，則仁爲勝。仁者濟物之資，明者見物而已③。合而俱用，則明爲將。仁者待明，其功乃成。故以明將仁，則無不懷。威以使之，仁以恤之。以明將義，則無不勝。示以斷割之宜。以明將理，則無不通。理若明練，萬事乃達。然則苟無聰明，無以能遂。暗者昧時，何能成務成遂。故好聲而實不充則恢，恢迂遠於實。好辯而理不至則煩，辭煩而無正理。好法而思不深則刻，刻過於理。好術而計不足則僞。僞誣詐也。是故鈞材而好學，明者爲師。比力而爭，智者爲雄。等德而齊，達者稱聖。聖之爲稱，明智之

---

① 明，原作“則”。《四部叢刊》本作“明”，依上下文，是，據改。

② 覆，《四部叢刊》本作“復”。

③ 物，《四部叢刊》本作“理”。

極名也。是以動而爲天下法，言而爲萬世範，居上位而不亢，在下位而不悶。是以觀其聰明，而所達之材可知也。

卷下

七繆第十<small>人物之理，妙而難明。以情鑑察，繆猶有七。</small>

七繆：一曰察譽有偏頗之繆，<small>徵質不明，故聽有偏頗也。</small>二曰接物有愛惡之惑，<small>或情同忘其惡，或意異違其善也。</small>三曰度心有大小之誤，<small>或小知而大無成，或小暗而大無明。</small>四曰品質有早晚之疑，<small>有早智而速成者，有晚智而晚成者。</small>五曰變類有同體之嫌，<small>材同勢均則相競，材同勢傾則相敬。</small>六曰論材有申壓之詭，<small>藉富貴則惠施而名申，處貧賤則乞求而名壓。</small>七曰觀奇有二尤之失。<small>妙尤含藏，直尤虛瑰，故察難中也。</small>夫采訪之要，不在多少。<small>事無巨細，要在得正。</small>然徵質不明者，信耳而不敢信目。<small>目不能察，而信於耳。</small>故人以爲是，則心隨而明之。人以爲非，則意轉而化之。<small>信人毀譽，故向之所是，化而爲非。</small>雖無所嫌，意若不疑。<small>信毀譽者，心雖無嫌，意固疑矣。</small>且人察物，亦自有誤。愛憎兼之，其情萬原。<small>明既不察，加之愛惡是非，是疑豈可勝計。</small>不暢其本，胡可必信。<small>去愛憎之情，則實理得矣。</small>是故知人者，以目正耳。<small>雖聽人言，常正之以目。</small>不知人者，以耳敗目。<small>親見其誠，猶信毀而棄之。</small>故州閭之士，皆譽皆毀，未可爲正也。<small>或衆附阿黨，或獨立不群。</small>交遊之人，譽不三周，未必信是也。<small>交結致譽不三周，色貌取人而行違之。</small>夫實厚之士，交遊之間，必每所在肩稱。<small>言忠信，行篤敬，雖蠻貊之邦行矣。</small>上等援之，下等推之。<small>蠻貊推之，況</small>

州里乎。苟不能周，必有咎毀。行不篤敬者，或諂諛得上而失於下①，或阿黨得下而失於上。故偏上失下，則其終有毀。非之者多，故不能終。偏下失上，則其進不傑。衆雖推之，上不信異。故誠能三周，則爲國所利，此正直之交也。由其正直，故名有利。故皆合而是，亦有違比。或違正阿黨，故合而是之。皆合而非，或在其中。或特立不群，故合而非之。若有奇異之材，則非衆所見。奇逸絕衆，衆何由識。而耳所聽采，以多爲信，不能審查其材，但信衆人言也。是繆於察譽者也。信言察物，必多繆失。是以聖人如有所譽，必有所試。夫愛善疾惡，人情所常。不問賢愚，情皆同之也。苟不明質，或疏善善非。非者見善，善者見疏，豈故然哉，由意不明。何以論之？夫善非者，雖非猶有所是。既有百非，必有一是。以其所是，順己所長，惡人一是，與己所長同也。則不自覺情通意親，忽忘其惡。以與己同，忘其百非。謂矯駕爲至孝，殘桃爲至忠。善人雖善，猶有所乏。雖有百善，或有一短。以其所乏，不明己長。善人一短，與己所長異也。以其所長，輕己所短，則不自知志乖氣違，忽忘其善。以與己異，百善皆棄，謂曲杖爲匕首，葬栖爲反具耶。是惑於愛惡者也。微質暗昧者，其於接物常以愛惡惑異其正。夫精欲深微，質欲懿重，志欲弘大，心欲嗛小。精微，所以入神妙也。粗則失神。質重②，所以崇德宇也。躁則失身。志大，所以戡物任也③。小則不勝。心小，所以慎咎悔也。大則驕陵。故詩詠文王；小心翼翼，不大聲以色，心小也④。言不貪求大名聲見於顏色。王赫斯怒，以對於天下，志大也。故能誅紂，定天下，以致太平。由此論之，心小志大者，聖賢之倫也。心小，故以服事殷。志大，故三分天下有其

---

① 諂，依文義似當作"諂"。
② 質，原作"懿"，據上下文例改。
③ 戡，依文義似當作"堪"。
④ 心小，原作"小心"，據上下文例及《長短經》所引改。

二。心大志大者,豪傑之儁也。志大而心又大,故名豪儁。心大志小者,傲蕩之類也。志小而心闊遠,故爲傲蕩之流也。心小志小者,拘懦之人也。心近志短,豈能弘大。衆人之察,或陋其心小,見沛公燒絕棧道,謂其不能定天下。或壯其志大,見項羽號稱强楚,便謂足以匡諸侯。是誤於小大者也。由智不能察其度,心常誤於小大。夫人材不同,成有早晚。有早智而速成者,質清氣朗,生則秀異,故童烏蒼舒,總角曜奇也。有晚智而晚成者,質重氣遲,則久乃成器,故公孫含道^①,老而後章。有少無智而終無所成者,質濁氣暗,終老無成,故原壤年老,聖人叩脛而不能化。有少有令材遂爲儁器者,幼而通理,長則愈明,故常林發奇於應賓^②,效德於公相。四者之理,不可不察。當察其早晚,隨時而用之。夫幼智之人,材智精達,然其在童髦皆有端緒。仲尼戲陳俎豆,鄧艾指圖軍旅。故文本辭繁,幼辭繁者^③,長必文麗。辯始給口,幼給口者,長必辯論也。仁出慈恤,幼慈恤者,長必矜人。施發過與,幼過與者,長必好施。慎生畏懼,幼多畏者,長必謹慎。廉起不取,幼不妄取,長必清廉。早智者淺惠而見速,見小事則達其形容。晚成者奇識而舒遲,智雖舒緩,能識其妙。終暗者並困於不足,事務難易,意皆昧然。遂務者周達而有餘。事無大小,皆能極之。而衆人之察,不慮其變,常以一概,責於終始。是疑於早晚者也。或以早成而疑晚智,或以晚智而疑早成,故於品質,常有所失也。夫人情莫不趣名利,避損害。名利之路,在於是得。是得在己,名利與之。損害之源,在於非失。非失在己,損害攻之。故人無賢愚,皆欲使是得在己。賢者尚然,況愚者乎!能明己是,莫過同體。體同於我,則能明己。是以偏材之人,交遊進趨之類,

---

① 含,原作“弘”,別本皆作“含”,於義爲勝,據改。

② 常林,原作“異材”,別本皆作“常材”,義皆不通。岡村繁以爲當作“常林”,是,據改。

③ 幼,原作“初”,《墨海金壺》本、《補守山閣叢書》本、《畿輔叢書》本、《龍谿精舍》本皆作“幼”,審上下文意“幼”是,據改。

皆親愛同體而譽之，同體能明己，是以親而譽之。憎惡對反而毀之，與己體反，是以惡而疏之。序異雜而不尚也。不與己同，不與己異，則雖不憎，亦不尚之。推而論之，無他故焉。夫譽同體，毀對反，所以證彼非而著己是也。由與己同體，故證彼非而著己是也。至於異雜之人，於彼無益，於己無害，則序而不尚。不以彼爲是，不以己爲非，都無損益，何所尚之。是故同體之人，常患於過譽，譬俱爲力人，則力小者慕大，力大者提小，故其相譽常失其實也。及其名敵，則鮮能相下。若俱能負鼎，則爭勝之心生，故不能相下。是故直者性奮，好人行直於人，見人正直，則心好之。而不能受人之訐。刺己之非，則訐而不受。盡者情露，好人行盡於人，見人穎露，則心好之。而不能納人之徑。説己徑盡，則違之不納。務名者樂人之進趨過人，見人乘人，則悦其進趨。而不能出陵己之後。人陵於己，則忿而不服。是故性同而材傾，則相援而相賴也。並有旅力，則大能獎小。性同而勢均，則相競而相害也。恐彼勝己①，則妒善之心生②。此又同體之變也。故或助直而毀直，人直過於己直，則非毀之心生。或與明而毀明，人明過於己明，則妒害之心動。而衆人之察，不辨其律理，是嫌於體同也③。體同尚然，況異體乎！夫人所處異勢，勢有申壓。富貴遂達，勢之申也。身處富貴，物不能屈，是以佩六國之印，父母迎於百里之外。貧賤窮匱，勢之壓也。身在貧賤，志何申展，是以黑貂之裘敝，妻嫂慢於閨門之内。上材之人，能行人所不能行。凡云爲動靜，固非衆人之所及。是故達有勞謙之稱，窮有著明之節。材出於衆，其進則哀多益寡，勞謙濟世；退則履道坦坦，幽人貞吉。中材之人，則隨世損益。守常之智，申壓在時，故勢來則益，勢去則損。是故藉富貴則貨財充於内，施惠周於外。貲財有餘，恣意周濟。

---

① 恐，《墨海金壺》本及《補守山閣叢書》本作"忿"。
② 善，《墨海金壺》本、《補守山閣叢書》本、《畿輔叢書》本、《龍谿精舍》本作"害"。
③ 體同，《龍谿精舍》本作"同體"。

見贍者，求可稱而譽之。感其恩紀，匡救其惡，是以朱建受金，而爲食其畫計。見援者，闡小美而大之。感其引援，將順其美，是以曹邱見接，爲季布揚名。雖無異材，猶行成而名立。夫富與貴可不欣哉，乃至無善而行成，無智而名立。是以富貴妻嫂恭，況他人乎！處貧賤，則欲施而無財，欲援而無勢。有慈心而無以拯，識奇材而不能援。親戚不能恤，朋友不見濟。内無蔬食之饋，外無緼袍之贈。分義不復立，恩愛浸以離。意氣皆空薄，分意何由立。怨望者並至，歸非者日多①。非徒薄己，遂生怨謗之言。雖無罪尤，猶無故而廢也。夫貧與賤可不懼哉！乃至無由而生謗②，無罪而見廢，是故貧賤妻子慢，況他人乎！故世有俀儉，名由進退。行雖在我，而名稱在世。是以良農能稼，未必能穡。天下皆富，則清貧者雖苦，必無委頓之憂。家給人足，路人皆饋之。且有辭施之高，以獲榮名之利。得辭施之高名，受餘光之善利。皆貧，則求假無所告，家貧户乏，粟成珠玉。而有窮乏之患，且生鄙吝之訟。乞假無遺與，嫂叔爭糟糠。是故鈞材而進有與之者，則體益而茂遂。己既自足，復須給賜，則名美行成，所爲遂達。私理卑抑有累之者，己既不足，親戚並困。則微降而稍退。上等不援，下等不推。而衆人之觀，不理其本，各指其所在。謂申達者爲材能，屈壓者爲愚短。是疑於申壓者也。材智雖鈞，貴賤殊塗。申壓之變，在乎貧富。夫清雅之美，著乎形質，察之寡失。形色外著，故可得而察之。失繆之由，恒在二尤。二尤之生，與物異列。是故非常人之所見。故尤妙之人，含精於内，外無飾姿。譬金水内明而不外朗，故馮唐白首，屈於郎署。尤虛之人，碩言瑰姿，内實乖反。猶燭火外照，灰燼内暗，故主父偃辭麗，一歲四遷。而人之求奇，不可以精微測其玄機，明異希。其尤奇異，非精不察。或以貌少爲不足，睹靦

---

① 非，原作“罪”。別本皆作“非”，審文意是，據改。

② 由，《墨海金壺》本、《補守山閣叢書》本、《畿輔叢書》本、《龍谿精舍》本皆作“尤”。

蔑貌惡,便疑其淺陋。或以瑰姿爲巨偉,見江充貌麗,便謂其巨偉。或以直露爲虛華,以其款盡,疑無厚實。或以巧飾爲真實。巧言如流,悦而睹之。或以早拔多誤①,不如順次。或以甘羅爲早成,而用之於早歲,或誤復欲順次也②。夫順次,常度也。苟不察其實,亦焉往而不失。微質不明,不能識奇,故使順次,亦不能得。故遺賢而賢有濟,則恨在不早拔。故鄭伯謝之於燭武。拔奇而奇有敗,則患在不素别。故光武悔之於朱浮。任意而獨繆,則悔在不廣問。秦穆不從蹇叔,雖追誓而無及。廣問而誤己,則怨己不自信。隗囂心存於漢,而爲王元所誤。是以驥子發足,衆士乃誤③。韓信立功,淮陰乃震。夫豈惡奇而好疑哉!乃尤物不世見,而奇逸美異也。故非常人之所識也。是以張良體弱而精强,爲衆智之雋也。不以質弱而傷於智。荆叔色平而神勇,爲衆勇之傑也。不以色和而傷於勇。然則雋傑者,衆人之尤也。奇逸過於衆人,故衆人不能及。聖人者,衆尤之尤也。通達過於衆奇,故衆奇不能逮。其尤彌出者,其道彌遠。非天下之至精,其孰能與於此。故一國之雋,於州爲輩,未得爲第也。郡國之所雋異,比於州郡,未及其第目。一州之第,於天下爲根。州郡之所第目,以比天下之雋根而不可及。根,一回反④,樞也。天下之根,世有優劣。英人不世繼,是以伊召管晏⑤,應運乃出。是故衆人之所貴,各貴其出己之尤,智材勝己⑥,則以爲貴。而不貴尤之所尤。尤之尤者,非衆人之所識。是故衆人之明,能知輩士之數,衆人明者,粗知郡國出輩之士而已。

---

① 或,原作"是",李崇智以爲依文意當作"或",是,據改。

② 誤,《四部叢刊》本作"訣"。

③ 誤,李崇智以爲當依《龍谿精舍》本作"寤"。

④ 一回反,《墨海金壺》本、《補守山閣叢書》本、《畿輔叢書》本、《龍谿精舍》本皆作"烏魁反"。

⑤ 伊召管晏,《四部叢刊》本作"伊召管齊",《龍谿精舍》本作"伊吕管樂"。

⑥ 材,《墨海金壺》本、《補守山閣叢書》本作"謀"。

而不能知第目之度，乃未識郡國品第之雋。輩士之明，能知第目之度，出輩明者，粗知郡國第目之良。不能識出尤之良也。未識出尤奇異之理。出尤之人，能知聖人之教，瞻之在前，忽焉在後。不能究入室之奧也①。如有所立卓爾，雖欲從之，末由也已。由是論之，人物之理，妙不可得而窮已。爲當擬諸形容，象其物宜，觀其會通，舉其一隅而已。

效難第十一 人材精微，實自難知。知之難審，效薦之難。

蓋知人之效有二難，有難知之難，尤奇遊雜②，是以難知。有知之而無由得效之難。己雖知之，無由得薦。何謂難知之難？人物精微，智無形狀，奇逸精妙。能神而明，欲入其神，而明其智。其道甚難，固難知之難也。知人則哲，惟帝難之，況常人乎！是以衆人之察不能盡備，各守其一方而已。故各自立度，以相觀采。以己所能，歷觀衆才。或相其形容，以貌狀取人。或候其動作，以進趨取人。或揆其終始，以發止取人。或揆其儗象，以旨意取人。或推其細微，以情理取人。或恐其過誤③，以簡恕取人。或循其所言，以辭旨取人。或稽其行事。以功效取人。八者遊雜，各以意之所可爲準，是以雜而無紀。故其得者少，所失者多。但取其同於己，而失其異於己，己不必兼，故失者多。是故必有草創信形之誤，或色貌取人而行違。又有居止變化之謬。或身在江海，心存魏闕。故其接遇觀人也，隨行信名，失其中情。是以聖人聽言觀行，如有所譽，必有所試。故淺美揚露，則以爲有異。智淺易見，狀似異美。深明沉漠，則以爲空虛。智深內明，狀似無實。分別妙理，則以爲離婁。研精至理，狀似離婁。

---

① "入室"前原有"之"字，孫人和以爲當刪，是，據刪。

② 尤，《補守山閣叢書》本作"才"。

③ 恐，李崇智以爲據註文當作"恕"。

口傳甲乙，則以爲義理。強指物類，狀似有理。好説是非，則以爲臧否。妄説是非，似明善否。講目成名，則以爲人物。強議賢愚，似明人物。平道政事，則以爲國體。妄論時事，似識國體。猶聽有聲之類，名隨其音。七者不能明，物皆隨行而爲之名。猶聽貓音而謂之貓，聽雀音而謂之雀，不知二蟲竟謂何名也。世之疑惑，皆此類也。是以魯國儒服者，衆人皆謂之儒，立而問之，一人而已。夫名非實，用之不效。南箕不可以簸揚，北斗不可挹酒漿。故曰：名由口進，而實從事退。衆睹形而名之，故用而不驗也。中情之人，名不副實，用之有效。真智在中，衆不能見，故無外名而有内實。故名由衆退，而實從事章，效立則名章。此草創之常失也。淺智無終，深智無始，故衆人之察物，常失之於初。故必待居止，然後識之。視其所止，觀其所居，而爲不知。故居，視其所安。安其舊者，敦於仁。達，視其所舉。舉剛直者，厚於義。富，視其所與。與嚴莊者，明於禮。窮，視其所爲。爲經術者，勤於智。貧，視其所取。取其分者，存於信。然後乃能知賢否。行此者賢，反此者否。此又已試，非始相也。試而知之①，豈相也哉。所以知質，未足以知其略。略在變通，不可常準。且天下之人，不可得皆與遊處。故視其外狀，可以得一，未足盡知。或志趣變易，隨物而化。是以世祖失之龐萌，曹公失之董卓。或未至而懸欲，或已至而易顧，李軼始專心於光武，終改顧於聖公。或窮約而力行，或得志而從欲。王莽初則布衣折節，卒則窮奢極侈。此又居止之所失也。情變如此②，誰能定之。由是論之，能兩得其要，是難知之難。既知其情，又察其變，故非常人之所審。何謂無由得效之難？上材已莫知，已難識知。或所識者在幼賤之中，未達而喪；未及進達，其人已喪。或所識者未拔而先没；未及拔舉，已先没世。或曲高和寡，唱不見讚；公叔痤薦商鞅，而魏王不能用。或身卑力微，言不見亮；禽息舉百

---

① 知，原作"行"，《四部叢刊》本作"知"，依文意是，據改。
② 變，原作"愛"，《四部叢刊》本作"變"，依文意是，據改。

里奚，首足皆碎。或器非時好，不見信貴；竇后方好黃老，儒者何由見進。或不在其位，無由得拔；卞和非大匠，所以抱璞泣。或在其位，以有所屈迫。何武舉公孫録，而爲王氏所推。是以良材識真，萬不一遇也。材能雖良，當遇知己。知己雖遇，當值明王。三者之遭，萬不一會。須識真在位，誠百不一有也。雖識己真，或不在位。以位勢值可薦致之宜，十不一合也。識己須在位，智達復須宜。或明足識真，有所妨奪，不欲貢薦。雖識辨賢愚而屈於妨奪，故有不欲。或好貢薦，而不能識真。在位之人，雖心好賢善，而明不能識。是故知與不知，相與紛亂於總猥之中。或好賢而不識，或知賢而心妒。故用與不用，同於衆總，紛然淆亂。實知者，患於不得達效。身無位次，無由效達。不知者，亦自以爲未識。身雖在位，而不能識。所謂無由得效之難也，故曰知人之效有二難。是以人主常當運其聰智，廣其視聽，明揚側陋，旁求俊乂，舉能不避仇讐，拔賢不棄幽隱，然後國家可得而治，功業可得而濟也。

釋爭第十二　賢善不伐，況小事乎！釋忿去爭，必荷榮福。

蓋善以不伐爲大，爲善而自伐其能，衆人之所小。賢以自矜爲損。行賢而去自賢之心，何往而不益哉！是故舜讓於德，而顯義登聞。湯降不遲，而聖敬日躋。彼二帝雖天挺聖德，生而上哲，猶懷勞謙，疾行退下，然後信義登聞，光宅天位。郤至上人，而抑下滋甚。王叔好爭，而終於出奔。此二大夫矜功陵物，或宗夷族滅，或逃禍出奔。由此觀之，爭讓之道，豈不懸歟。然則卑讓降下者，茂進之遂路也。江海所以爲百谷王，以其處下也。矜奮侵陵者，毀塞之險途也。兕虎所以攖牢檻，以其性猛噬也。是以君子舉不敢越儀準，志不敢凌軌等。足不苟蹈，常懷退下。内勤己以自濟，外謙讓以敬懼。獨處不敢爲非，出門如見大賓。是以怨難不在於身，而榮福通於長久也。外物不見傷，子孫賴以免。彼小人則不然，矜功伐能，好以陵人。初無巨細，心發揚以陵物。是以在前者人害之，矜能奔縱，人情所害。有功者人毀之，恃功驕盈，人情所毀。毀敗者人幸之，及其覆敗，人情所幸。是故並轡爭先，而不能相奪。小人競進，智不相過。並驅爭險，更相蹈籍。兩頓俱折，而爲後者所趨。中道而斃，後者乘之。譬兔殛犬疲，而田父收其功。由是論之，爭讓之途，其別明矣。君子尚讓，故涉萬里而塗清。小人好爭，足未動而路塞。然好勝之人，猶謂不然。貪則好勝，雖聞德讓之風，意猶昧然，乃云古人讓以得，今人讓以失，心之所是，起而爭之。以在前爲速銳，以處後爲留滯；故行坐汲汲，不暇脂車。以下衆爲卑屈，以躡等爲異傑；苟矜越等，不羞負乘。以讓敵爲迴辱，以陵上爲高厲。故趙穿不顧元帥，豦子以偏師陷。是故抗奮遂往，不能自反也。譬虎狼食生物，遂有殺人之怒。夫以抗遇賢，必見遜下。相如爲廉頗逡巡，兩得其利。以抗遇暴，必搆敵難。灌夫不爲田蚡持下，兩得其尤。敵難既搆，則是非之理必溷而難明。俱自是而非彼，誰明之耶。溷而難明，則其與自毀何以異哉！兩虎共鬥，小者死，大者傷，焉得而兩全。且人之毀己，皆發怨憾而變生釁也。若本無憾恨，遭事際會，亦不致毀害。必依託於事，飾成端末。凡相毀謗，必因事類而飾成之。其餘聽者[1]，雖不盡信[2]，猶半以爲然也。由言有端角，故信之者半。己之校報，亦又如之。復當報謗，爲生翅尾。終其所歸，亦各有半信，著於遠近也。俱有形狀，不知其實，是以近遠之聽，皆半信於此，半信於彼。然則交氣疾爭者，爲易口而自毀也。己說人之瑕，人亦說己之穢，雖詈人，自取其詈也。並辭競說者，爲貸手以自毆。辭忿則力爭，己既毆人，人亦毆己，此其爲借手以自毆。爲惑繆豈不甚哉！借手自毆，

---

① 餘，《四部叢刊》本作"於"。
② 盡，《龍谿精舍》本作"見"。

借口自誣，非惑如何。然原其所由，豈有躬自厚責，以致變訟者乎。己能自責，人亦自責，兩不言競，變訟何由生哉！皆由內恕不足，外望不已。所以爭者，由內不能恕己自責，而外望於人不已也。或怨彼輕我，或疾彼勝己。是故心爭，終無休已。夫我薄而彼輕之，則由我曲而彼直也。曲而見輕，固其宜矣。我賢而彼不知，則見輕非我咎也。親反傷也[1]，固其宜矣。若彼賢而處我前，則我德之未至也。德輕在彼，固所宜也。若德鈞而彼先我，則我德之近次也。德鈞年次，固其常矣。夫何怨哉？且兩賢未別，則能讓者爲雋矣。材鈞而不爭優劣，眾人善其讓。爭雋未別，則用力者爲憊矣。雋等而名未別，眾人惡其鬥。是故藺相如以回車決勝於廉頗，寇恂以不鬥取賢於賈復。此二賢者，知爭途不可由，故回車退避，或酒炙迎送，故廉賈肉袒，爭尚泯矣。物勢之反，乃君子所謂道也。龍蛇之蟄以存身，尺蠖之屈以求伸。蟲微物耳，尚知蟠屈，況於人乎！是故君子知屈之可以爲伸，故含辱而不辭。韓信屈於跨下之辱。知卑讓之可以勝敵，故下之而不疑。展喜犒齊師之謂也。及其終極，乃轉禍而爲福，晉文避楚三舍，而有城濮之勳。屈讐而爲友，相如下廉頗，而爲刎頸之交。使怨讐不延於後嗣，而美名宣於無窮。子孫荷其榮蔭，竹帛紀其高義。君子之道，豈不裕乎！若偏急好爭，則身危當年，何後來之能福。且君子能受纖微之小嫌，故無變鬥之大訟。大訟起於纖芥，故君子慎其小。小人不能忍小忿之故，終有赫赫之敗辱。小人以小惡爲無傷而不去，故罪大不可解，惡積不可救。怨在微而下之，猶可以爲謙德也。怨在纖微，則謙德可以除之。變在萌而爭之，則禍成而不救矣。涓涓不息，遂成江河，水漏覆舟，胡可救哉！是故陳餘以張耳之變，卒受離身之害。思復須臾之忿，忘終身之惡，是以身滅而嗣絕也。彭寵以朱浮之郤，終有覆亡之禍。恨督責之小故，違終始

---

[1]　親，李崇智以爲依文意當作"輕"。

之大計，是以宗夷而族滅也。**禍福之機，可不慎哉！**二女爭桑，吳楚之難作；季郈鬥雞，魯國之釁作。可不畏歟，可不畏歟！**是故君子之求勝也，以推讓爲利銳，**推讓所往，前無堅敵。**以自修爲棚櫓。**修己以敬，物無害者。**静則閉默泯之玄門，動則由恭順之通路。**時可以静，則重閉而玄默。時可以動，則履正而後進。**是以戰勝而爭不形，**動静得節，故勝無與争。争不以力，故勝功見耳。**敵服而怨不搆。**干戈不用，何怨搆之有。**若然者悔吝不存於聲色，夫何顯爭之有哉！**色貌猶不動，況力爭乎！**彼顯爭者，必自以爲賢人，而人以爲險詖者。**以己爲賢，專固自是，是己非人，人得不争乎！**實無險德，則無可毀之義。若信有險德，又何可與訟乎！險而與之訟，是柙兕而攖虎，其可乎？**怒而害人，亦必矣。**《易》曰：險而違者訟，訟必有衆起。**言險而行違，必起衆而成訟矣。**老子曰：夫惟不争，故天下莫能與之争。**以謙讓爲務者，所往而無争。**是故君子以争途之不可由也。**由於争途者，必覆輪而致禍。**是以越俗乘高，獨行於三等之上。何謂三等？本無功而自矜①，一等；**空虛自矜，故爲下等②。**有功而伐之，二等；**自伐其能，故爲中等。**功大而不伐，三等。**推功於物，故爲上等。**愚而好勝，一等；**不自量度，故爲下等。**賢而尚人，二等；**自美其能，故爲中等。**賢而能讓，三等。**歸善於物，故爲上等。**緩己急人，一等；**性不恕人，故爲下等。**急己急人，二等；**褊戾峭刻，故爲中等。**急己寬人，三等。**謹身恕物，故爲上等。**凡此數者，皆道之奇，物之變也。**心不純一，是謂奇變。**三變而後得之，故人莫能及也。**小人安其下等，何由能及哉。**夫惟知道通變者，然後能處之。**處上等而不失者也。**是故孟之反以不伐，獲聖人之譽。**不伐其功，美譽自生。**管叔以辭賞，受嘉重之賜。**不貪其

---

① 本，原作“大”。李崇智據《墨海金壺》本、《補守山閣叢書》本、《畿輔叢書》本、《龍谿精舍》本以爲當爲“本”，是，據改。

② “等”字後原有“也”字，李崇智以爲依上下文例“也”字衍，是，據删。

賞,嘉賜自致。夫豈詭遇以求之哉,乃純德自然之所合也。豈故不伐辭賞,詭情求名耶?乃至直發於中,自與理會也。彼君子知自損之爲益,故功一而美二。自損而行成名立。小人不知自益之爲損,故一伐而並失。自伐而行毁名喪。由此論之,則不伐者,伐之也。不爭者,爭之也。不伐而名章,不爭而理得。讓敵者,勝之也。下衆者,上之也。退讓而敵服,謙尊而德光。君子誠能睹爭途之召險,獨乘高於玄路,則光輝焕而日新,德聲倫於古人矣。避忿肆之險途,獨逍遙於上等。遠燕雀於啁啾,匹鳴鳳於玄曠。然後德輝耀於来今,清光侔於往代。

後序

余嘗三復《人物志》,而竊有感焉。夫人德性資之繼成,初未始有異也,而終之相去懸絶者,醇駁較於材,隆污判諸習。曰三品,曰五儀,胥是焉,而賢不肖殊途矣。是以知人之哲,古人難之。言貌而取人者,聖人弗是也。兹劉卲氏之所以志人物也乎!修己者得之以自觀,用人者持之以照物,焉可廢諸?

然用舍之際,人材之趨向由之,可不慎乎!精於擇而庸適其能,篤於任而弗貳以私,則真材獲用,大猷允升矣。其或偏聽眩志,而用不以道,動曰才難。吾恐蕭艾弗擇,魚目混珠也。

左馮翊王三省識

右《人物志》三卷十二篇,魏劉卲撰。案隋、唐《經籍志》篇第皆與今同,列於名家。十六國時,燉煌劉昞重其書,始作註解。然世所傳本多謬誤,今合官私書校之,去其複重附益之文,爲定本。内或疑字無書可證者,今據衆本皆相承傳,疑難輒意改云。卲之叙五行曰:"簡暢而明砭,火之德也。"徧檢書傳,無明砭之證。案字書，砭者以石刺病，此外更無他訓。然自魏晉以後，轉相傳寫，豕亥之變，莫能究知。不爾則卲當別有異聞，今則亡矣。愚謂明砭都無意義，自東晉諸公草書"啟"字爲然。疑爲"簡暢而明啟"耳。

文寬夫題

相書(一)

佚　名　撰著
關長龍　點校

【題解】

底卷編號爲英印八七，存一紙，單面抄，首全尾殘。有字九十二行，行抄約二十五字左右，各條間留有一字空格，篇題接抄，未單獨佔行。内容起卷題"相書一部"，迄額文第廿八之"名龍角文，男生八子，封侯"句。

甲卷編號爲伯三五八九背，存一紙，首全尾殘。其字行因中有插圖（部分文字分抄於圖之上下）而不能確計，若依下部計之，則有文字約七十五行，行抄約三十字左右，各條間留有一字空格，篇題多單獨佔行。内容起卷題"相書一卷"，迄"脚掌文第卅"之"足下有此文者，勇決，將帥相"句。中有圖八幅（其中頭三幅，全身正背各一幅，手一幅，足二幅），中多抄寫脫漏訛亂，其特別者若子目位序之訛亂尤令人費解，十二至十九目内容全脫，另如第廿三目末條抄於廿二目尾，而二目間又插入其他六目内容；廿八目無目名而存尾部四條文字，等等，蓋爲學童抄寫練習之餘者。甲卷正面抄有七曜利害吉凶徵星占内容。

乙卷編號爲斯五九六九，存一紙（中有斷裂，然依内容及斷緣知其可拼接無損），上下及前後皆有殘泐。有字三十行，依文例推之，行抄約三十字左右，各條間留有一字空格。篇題接抄。字拙墨淡。起卷題行之"□（相）書一卷"，迄耳頰第十一目之"耳輪郭成"句。

丙卷編號爲伯二七九七 A，存一紙，有字六十二行，起"齒第十五"目之"□□□（卅六齒），貴"條殘字，迄"脚掌文第卅"目之"足下〔有此文者〕，勇決，將帥相"條文字。上有朱筆圈閱及少許校勘文字，在卷末有殘存的朱筆記事文字"二月廿寫校記"，其前之紀年則殘泐僅存右側少許筆畫（其中地支疑爲"卯"字之殘）。丙卷後接伯二七九七 B，黃正建《敦煌占卜文書與唐五代占卜研究》指出二者"可能是雜抄或後來雜貼成的一份卷子"（學苑出版社二〇〇一年版，頁五九）。王晶波《敦煌寫本相書研究》亦指出二者之不同："這不僅從其前後筆迹之不同可以看出，而且也從其前後篇名上的不同可以得到佐證。"（民族出版社二〇一〇年版，頁三五），故今以後者爲《相書》(二)之參校本。

底卷有題名作"相書",其下有署作者云"漢朝許負等一十三人撰",並具列十三人姓名爲許負、李陵、東方朔、管公明、陶侃、耿恭、朱雲、黔婁先生、張良、鹿先生、神農、李固、張禹。黃正建認爲《宋志》所載"《十七家集衆相書》的性質可能與敦煌本相書類似"(《敦煌占卜文書與唐五代占卜研究》,頁六二),王晶波則進而考論以爲:"敦煌許負相書,實際上就是《通志·藝文略》中載錄的《十三家相書》一卷。"(《敦煌寫本相書研究》,頁四五)又底卷序稱卅六篇,而準尾全之《相書》(二)的内容視之,則計僅卅五篇,王晶波以爲:"敦煌許負系統相書並非如序中所稱有 36 篇,而是僅有 35 篇,這種情況説明,許負相書在長期的流傳過程中,其内容篇目已有佚失,唐五代時敦煌所流傳的已不是全本。"(《敦煌寫本相書研究》,頁二七)疑底卷所在的《相書》内容本有卅六目,而《相書》(二)所錄目名或有删略,如鄭炳林即認爲錄有"婦人背卅六"字樣的伯二八二九 B"疑是許負《相書》第三十六篇"(鄭炳林、羊萍《敦煌本夢書》,世界文化出版社一九九五年版,頁 137-138)。又黃正建亦指出伯二八二九 B"或是許負《相書》卅六篇之一"(《敦煌占卜文書與唐五代占卜研究》,頁 60),此説與底卷卷首所載之"許負相書及身面諸文麤合卅六篇"之"身面諸文麤"合,是蓋與《新集相圖》(一)中省略圖形的情況相似——抄手嫌其複雜遂省略以求補繪而未能也。今依題名定作《相書》(一)。

底卷抄寫清麗工整,與其他諸卷比較,訛脱衍乙最少。鄭炳林、王晶波《敦煌寫本相書校錄研究》(民族出版社二〇〇四年版,以下簡稱鄭王書)認爲:"從内容看,此書的成書年代在唐以前是没有問題的。抄錄的時代,從與藏文歷史傳説同抄一卷的情況來看,當在唐中期吐蕃統治敦煌以後。"(頁二六)。甲卷則抄寫拙劣混亂,鄭王書參考正面内容抄寫於唐初或唐前的研究成果,認爲"它的抄寫時代也不應早於唐初"(頁六二),而與底卷一樣,"大致在吐蕃佔領敦煌期間至唐代晚期"(《敦煌寫本相書研究》,頁三五)。乙卷書法雖不若底卷之俊逸,然亦較爲清麗整飾,但因殘損過甚,故其抄寫時間亦較難估測。丙卷抄寫亦不甚工,字距較密,其後抄有"己酉年曆日",鄧文寬以爲此即唐大和三年(829)(《敦煌天文曆法文獻輯校》,江蘇古籍出版社一九九六年版,頁一三七),王書認爲丙卷正背書法一致,爲同一個人所抄,是其抄寫時間當亦在八二九年前後(頁一一)。

底卷及諸參校寫卷的校録最早見於鄭王書,今以《英藏》爲底本,諸參校本亦分別據《英藏》及《法藏》比勘,並參見鄭王書及其他相關寫卷内容校録於下。

相書一卷①

漢朝許負等一十三人撰②

許負、李陵、東方朔、管公明、陶侃、耿恭、朱雲、黔婁先生③、張良、鹿先生、神農、李固、張禹。

許負相書及身面諸文麤合卅六篇。許負撰,凡卅六篇④,并序。

序曰

夫積善餘慶,則衆相自然;積惡顯揚⑤,表其深現。凡相官府部,難得骨肉相⑥。夫陽光潤澤,細髮有殊⑦,眉峻黑,眼目鮮明。陽中開闊,陰中太平⑧。龍精鳳目,闕上毫生。面如滿月,方斷天亭。鼻筒懸膽,溝瀆深零⑨,口上四字,斷噚峰貞⑩,齒白如玉,舌似花生。言談清朗,折挫龍鳴。耳傅腦,輪郭環成⑪。妳闊尺

---

① "卷"字底卷作"部",《相書》(二)尾題同,甲卷、乙卷皆作"卷",義長,茲從校改。

② "三"字下部及"人"字因底卷紙張皺褶而未能顯示,此據甲卷、乙卷補録。又"撰"字甲卷、乙卷作"集",王晶波考云:"'集'當然是指纂集、匯集,'撰'除了撰寫、著述的意思之外,也有'纂集'之義,……二者在這裏所表達的意思都是一致的,即'纂集'。"《敦煌寫本相書研究》,民族出版社二〇一〇年版,頁四三。

③ "黔"字因底卷紙張皺褶而未能顯示,此據甲卷、乙卷補録。

④ 此句甲卷無,乙卷則並"許負撰,凡卅六篇"皆無,義長,俟考。

⑤ "顯"字底卷作"頭",不辭,此據甲卷改録。

⑥ "官"字甲卷、乙卷無,蓋脱。

⑦ "有"字甲卷作"皆",以底卷所作義長。

⑧ "太"字甲卷、乙卷作"大",義長。

⑨ "零"字甲卷同,乙卷作"令",並通"淩"字。

⑩ "斷"字甲卷、乙卷同,王書以爲當是"斷"字形訛,甚有理致,按古音二字相近,謂之通假可也。

⑪ "成"字乙卷同,甲卷作"城",以底卷所作義長。

二^①,宿幽清。手足紫色,甲像紅櫻,指爪無節^②,喍血文成^③,五策入掌,龍虎鳳行。

軀兒第二

許負曰:八尺之軀,不如一尺之面;一尺之面,不如三寸之鼻;三寸之鼻,不如三寸之耳;三寸之耳,不如一寸之目。凡相人官禄田宅,視上部。謂額、眉、目、頰等是也。相壽命^④,看鼻、音、聲。相苦樂,看手足^⑤。此等皆須完全^⑥、平博、潤澤,大吉^⑦。相身及妻子、兄弟、姊妹,視中部。謂陰中權勢是也。

⑧

---

① "妳","奶"之俗字,後同。

② "爪"字底卷作"尖",甲卷作"爪",義長,兹從校改,底卷形訛。

③ "喍",今多寫作"嘆"。

④ 本句甲卷同,乙卷作"命有長短"。

⑤ "手足"下《相書》(二)有"是也"二字。按與底卷相較,《相書》(二)多補足此類語氣詞,如不影響文義及文例,則後不一一出校説明之。

⑥ "完"字底卷作似"先"形,甲卷同,然"先"字置此不辭,故今參《相書》(二)録定。

⑦ 斷語《相書》(二)作"富",可參。

⑧ 相圖底卷無,乙卷、丙卷及《相書》(二)同,此據甲卷補録,後同。圖註:〔1〕殘字下部底卷殘渺,存上部似"十"形筆畫。〔2〕殘字中部因底卷有豎條褶皺而不能辨識,其中間一字鄭王書録作"出",恐亦不足爲據,俟考。〔3〕殘字底卷僅存下部似"一"形筆畫。又鄭王書指出:"從内容與標註位置看,當是對面部黑痣的命禄解説。"可參。

五官第三①

目爲一官②，眉爲二官，鼻爲三官，口爲四官，耳爲五官。

六府第四

額爲一府，左頰爲二府③，右頰爲三府，頭（頤）爲四府④，髮爲五府，骨爲六府。右已上官府全好⑤，富十年。若五官六府總好，至老富貴。

面第五

凡人面如滿月，潤澤，富⑥。面不風而似有塵，不粉而似有粉

---

① 目名《相書》（二）作"相五官部第三"。後諸目名《相書》（二）亦多加"相"、"部"字，蓋彼抄者因習語用例而有所增益，於内容占法無涉，後不一一出校説明之。

② 句前《相書》（二）有"相曰"二字，不詳。

③ "左"字《相書》（二）同，甲卷作"右"，後"右"字甲卷作"左"，按本句當以"左"字爲是。

④ "頭"字甲卷、乙卷同，《相書》（二）作"頤"，義長，《麻衣相法》卷一六府三才三停云："六府者，兩輔骨、兩顴骨、兩頤骨。"兹從校改，底卷形訛。

⑤ 本句甲卷同，《相書》（二）作"右已上一官一府好"，按《相書》（二）之義蓋不能排除一官一府之外有數官府爲殘疾者，似於理有不安；而底卷之"全好"則可理解爲完好無損傷之義，與後之"總好"不盡相同。

⑥ 斷語《相書》（二）同，甲卷作"主富貴"。

者,短命①。面上多理文,病多②。面上多靨子③,男妨婦④,女妨夫。面如黃瓜色,貴⑤。面如青瓜色,賢貴⑥。

髮第六

凡人髮長,烏細潤澤,富⑦。髮厚者⑧,苦⑨。腦後髮下垂者⑩,男苦,女妨夫⑪。髮中赤靨子⑫,主兵死⑬。

---

① 斷語甲卷同,《相書》(二)下有一"凶"字。
② 斷語甲卷作"主多病",《相書》(二)作"足病","足"蓋"多"字形訛。
③ "面上"前乙卷贅有"凡人"二字,然其下又脱抄"多"字。
④ "妨"字甲卷、乙卷同,《相書》(二)作"煞"。
⑤ "貴"字下甲卷有"得人敬"三字。
⑥ 斷語甲卷作"賢財貴",《相書》(二)作"大富"。
⑦ "富"字下甲卷有"富足財"三字,《相書》(二)與底卷同。
⑧ 本句甲卷同,《相書》(二)作"黃髮粗,不潤"。
⑨ "苦"字下甲卷贅補一"相"字。
⑩ "下垂者"甲卷作"垂下者"。
⑪ "女"字下甲卷贅補一"人"字,《相書》(二)則作"婦人"二字。
⑫ "中"字乙卷、《相書》(二)同,甲卷作"上",俟考。又"子"字底卷無,乙卷同,甲卷有之,義長,兹從補録。
⑬ "主"字甲卷、乙卷同,《相書》(二)作"合"。又此條下《相書》(二)尚有"髮下垂蓋額,薄相;後貧。髮厚,合苦。髮如青絲者,貴。"三條文字,不知是底卷所脱抑是《相書》(二)所補,俟考。

額第七

凡人額得方如田字①，封侯。額似龜形者②，貴③。額中多斷文，男妨婦，女妨夫④。額中多毛生⑤，賤⑥。與眉相近，少失父⑦。額上立文入髮⑧，封侯。額亞者，貧相⑨。塠額平腦⑩，貴財⑪。額折、陽中陷，廿厄、卅厄。兩額多理文，男一理文煞一婦，女一理文煞一夫。

---

① "田字者"底卷作"甲子字"，甲卷作"田字者"，《相書》（二）作"田"字，義長，茲從改録。又甲卷凡述諸形相句後皆加"者"字，今遵底卷之叙述風格舍之，後甲卷加"者"處不一一出校説明。又"得"字前《相書》（二）有一"欲"字，甲卷與底卷同。

② "形"字甲卷同，《相書》（二）作"文"。

③ "貴"字前甲卷有一"亦"字，"貴"字下甲卷有一"吉"字；《相書》（二）則於"貴"前有一"大"字。

④ 句下《相書》（二）有一"主"字，蓋爲誤衍；甲卷、乙卷與底卷同。

⑤ "生"字甲卷同，《相書》（二）作"者"。

⑥ 斷語甲卷作"賤人"，《相書》（二）作"註（主）貧"。

⑦ "父"字下《相書》（二）有"母"字，甲卷與底卷同。

⑧ 本句甲卷同，《相書》（二）作"額中立理文直豎入鬢髮者"，似於義更爲明確。

⑨ 此句底卷及甲卷並無，乙卷依行款推之亦當不載，《相書》（二）有之，接於前句，而爲本目内容的最後一條文字，其意實與後文"額折、陽中陷"等意近似，姑補録於此，以備參證。

⑩ "塠"字底卷及甲卷作"槌"，乙卷作"塠"，爲"堆"之異體字，義長，茲從校改。又本句甲卷作"槌頭者及平腦"。

⑪ "貴財"義晦，疑"貴"爲"費"字形訛或"匱"字誤作，俟考。

眉第八

　　凡人眉黑①，過兩目，有道術，貴。眉頭連②，孤③。眉淺希，少交友。眉希豎，惡性。眉逆生，雖有功④，不孝⑤。眉中黑靨子，男妨婦，女妨夫。眉下垂，有水厄。眉上骨高⑥，名九丈（反）骨⑦，爲子不孝，爲臣不忠⑧。眉白毫生⑨，貴子⑩。

眼第九

　　凡人眼黑白分明，貴。眼中有人光或如星電⑪，長命。眼開

---

　　① 本句前甲卷有"看人眉"三字，然其子目脱抄，故疑彼或爲其所據抄之底本補示子目之字，而抄者誤録入正文；《相書》（二）與底卷同，唯脱抄"黑"字。

　　② 本句甲卷同，《相書》（二）作"眉頭相連"，更契語感。

　　③ 斷語甲卷作"主孤獨"，《相書》（二）作"孤單"，疑底卷"孤"字下有脱文，俟考。又甲卷於斷語前多加"主"字提領，後不一一出校説明之。

　　④ "有功"下甲卷有"無名"二字。

　　⑤ "不孝"前甲卷有"亦主"二字，蓋與前"無名"之斷語相呼應。又《相書》（二）此前二句録文有脱省不通處，蓋因其所據抄本有殘泐之故，然"不孝"句作"終（中）心生不孝"。

　　⑥ "上"字甲卷、《相書》（二）同，乙卷作"下"。

　　⑦ "丈"字乙卷略同，甲卷脱録，《相書》（二）作"反"，義長，兹從校改，底卷形訛。又"名"字下《相書》（二）有"曰"字。

　　⑧ 此句下甲卷有"於家不吉"四字，《相書》（二）同底卷。

　　⑨ 本句《相書》（二）作"眉上白毫毛生"，甲卷同底卷。

　　⑩ 斷語甲卷作"有貴子"，《相書》（二）作"貴相"，疑底卷"子"爲"相"字之訛，俟考。

　　⑪ "眼中有人"《相書》（二）作"眼中有童子人"，義更明確，甲卷同底卷，按"人"字後來多寫作"仁"。又"或"字《相書》（二）同，甲卷無，義小别。

（闊）一寸①，分明，富貴。眼豎黑②，男惡性，女妨夫。如豺狼眼者，賤惡，不可近。眼如虎眼（狼）③，爲將帥④。眼如龍精鳳目，富貴。似像眼者⑤，貴。眼愛盜視，奸猾人⑥。蜂目者，侍臣。眼視左右後盼⑦，賤人也⑧。

鼻第十

凡人鼻長，長命。鼻如截筒，三公。鼻曲不直，大賤，陵遲⑨。鼻左曲妨父，右曲妨母⑩。鼻頭晃晃如老蠶，富。鼻孔中毛出，好

---

① "開"字甲卷同，《相書》（二）作"闊"，義長，兹從校改。

② "黑"字甲卷無，義別；《相書》（二）同底卷，唯此下至"眼如虎眼"間文字《相書》（二）脱抄。

③ "狼"字底卷作"眼"，甲卷、《相書》（二）"虎"字下皆有"狼"字，唯前者下無"眼"字而後者有之，故底卷"眼"爲"狼"字誤録，兹從校改。

④ "帥"字甲卷作"軍"。

⑤ "像"字甲卷同，通"象"；乙卷作"竉"，蓋"象"字形訛。

⑥ 斷語甲卷略同，唯"猾"字誤作似"爲"形，《相書》（二）作"婦人好淫，男子姦猾"。

⑦ "後"字《相書》（二）無，甲卷同底卷。

⑧ 斷語甲卷、乙卷同，《相書》（二）作"必作賊"，義長，疑"賤"爲"賊"字形訛，俟考。

⑨ 斷語甲卷同，《相書》（二）唯作"失職"一語。又"陵遲"謂漸衰也。

⑩ 此下《相書》（二）有"鼻上陷，多病"一條文字，甲卷、乙卷同底卷，不知是底卷所脱抑是《相書》（二）所增，俟考。

説人。鼻薄、孔大、毛出，貧。鼻褰露孔，貧死①。孔方，富②。鼻上橫理文，害夫失子。鼻孔小，主樂③。鼻如鷹觜④，好説人，不可近⑤。鼻孔垂孔，富。

耳頰第十一

女（凡）人左頰高⑥，妨父，右頰高，妨母；女人煞五夫⑦。耳輪郭成就如刀環，富貴。耳門狹⑧，長命。耳如骨者，長命，貴。耳孔中毛出，長二寸，富貴。耳㖃無骨，短命⑨。耳輪郭不成，賤。耳後有黑子⑩，婦人產死。

① “死”字甲卷同，乙卷漫滅或脱抄，《相書》（二）作“相”，義長。
② 斷語甲卷同，《相書》（二）“富”下有一“貴”字。
③ 斷語甲卷同，乙卷該行上部存“樂”字下部少許筆畫，是亦當與底卷同，《相書》（二）作“合樂，富”。
④ “如”字底卷作“孔”，甲卷、乙卷同，《相書》（二）作“如”，義長，“孔”當爲“如”字草寫形訛，茲從校改。
⑤ 斷語甲卷、乙卷同，《相書》（二）作“不可與交”。
⑥ “凡”字底卷作“女”，甲卷同，《相書》（二）作“凡”，義長，“女”當爲“凡”字形訛，茲從校改。
⑦ “女人”二字底卷無，甲卷、乙卷同，《相書》（二）有之，義長，茲從補録。
⑧ “門”字下底卷有一代字符，甲卷同，《相書》（二）無，義長，茲從刪之。
⑨ 斷語甲卷同，《相書》（二）於“短命”下複益一“富”字。
⑩ “黑”字甲卷同，《相書》（二）作“厭（靨）”。

鼻人中第十二

人中深①，長命。人中長一寸者，長命②。一分十年，年次爲準。上大下小，不宜子孫。人中左僻，先生男；右僻，先生女。人中有黑靨子，長命③。平無文④，生子不得力。人中雙黑子，婦人雙生。人中耶理，生六指兒。

唇第十三

凡人唇如紫色，斷嘽成⑤，富。唇如噀血者，富貴不絕。唇常濕，有遠行。唇緊，好歌舞。下唇有黑子，費財⑥。唇黑，病。唇青，薄食。唇長似鳥觜，好説是非⑦。唇四睞，多誇。

口第十四

凡人口方赤，富貴。口容側手四指，貴。口不合，餓死。口未説出舌，好説人。口似吹火，至老獨坐⑧。口兩邊理文直豎，長

---

① 本句前《相書》（二）贅有“凡人”二字。
② 斷語“長命”下《相書》（二）有一“富”字。
③ “命”字《相書》（二）作“病”，俟考。
④ 句前《相書》（二）有“人中”二字，義長。
⑤ “斷”，通“斳”。
⑥ “費財”下《相書》（二）有“之相”二字。
⑦ “是非”《相書》（二）作一字“人”。
⑧ “獨坐”《相書》（二）作“孤貧”。

二寸者①,封侯。口似腫者,賤。

齒第十五

凡人齒細短、青白色,好食,長命。前後板齒白大,聰明。齒黑歷②,賤。未滿卅而齒落,短命③。卅六齒,貴④。卅四齒,州牧、縣宰⑤。卅二齒,富貴⑥。卅齒,自如。廿八齒,富貴(貧相)⑦。青歷⑧,貴。

舌第十六⑨

凡人舌滿、口方,言語捷利⑩。舌赤厚,得好飲食。吐舌及鼻,三公。舌上立理文上下通達,三公。舌黃,賤。舌上三豎文,二千石。舌紫色,好食。舌平無文,恒菜食⑪。舌上有文,封三

---

① "二"字《相書》(二)作"一",蓋誤。

② "黑"字《相書》(二)作"黃",俟考。又"歷"字王書註云:"分明,清晰。"是謂此"歷"字爲"歷歷"之省,按疑"歷"通"厲"字,乃尖厲之義,俟考。

③ 此下《相書》(二)有"卅八,國相"一條文字,疑或爲底卷所脫,俟考。

④ 斷語丙卷與底卷同,《相書》(二)作"九卿"。

⑤ 斷語《相書》(二)作"州縣長令"。

⑥ 斷語《相書》(二)作"大富"。

⑦ "富貴"字與前文例不合,《相書》(二)作"貧相",義長,茲從校改。

⑧ "歷"字疑通"厲",參前"齒黑歷"條校記。

⑨ 目名《相書》(二)初作"相舌部第十六",後又於"舌"字右側改書一"聲"字,蓋因其下之內容誤録"相聲部第十七"而致,後於下目複作"相舌部第十六",又於"六"字上重墨改書作"七",故知其原目次序當與底卷相同。

⑩ "語"字《相書》(二)作"説"。

⑪ 斷語《相書》(二)作"恒食菜飯"。之下二條文字《相書》(二)脫録,丙卷存者與底卷同。

附。舌上横文，常離別。

聲第十七

凡人聲如鍾鳴，多智，富。如雷鳴①，男妨婦，女妨夫②。雌聲，賤；雄聲，女妨夫。聲散嘶，少子、短命。聲如豺狼者，賤，貪心。聲似鬭，惡性、短壽。聲如深室中語者，富；女妨夫。

頤頷第十八

凡人頤方頷厚，富貴，好田宅，多子孫。頤狹小，無田宅，少子[□]③。燕頷，封侯。髭赤，好鬭④。髭青者，富。凡人有唯⑤，好道術。鶴素，性剛。露咽高大，貴（貧）⑥。黑子落喉，衣輕裘。頤有横文理，失妻子。

項玉枕第十九

凡人玉枕成字⑦，貴。項如師子項，封侯。雙枕者，貴。三威

---

① "鳴"字《相書》（二）同，丙卷作"聲"。
② 斷語丙卷同，《相書》（二）作"男妨父，女煞夫"，蓋有誤作。
③ "子"下《相書》（二）有一"孫"字，義長，兹從擬補一個脱字符。
④ "好鬭"下至後文"性剛"間《相書》（二）脱録，遂致"性剛"二字似爲"髭赤"相的斷語之一。
⑤ "唯"字不詳，俟考。
⑥ 斷語底卷作"貴"，丙卷同，《相書》（二）作"貧相"，鄭王書引後世相書云："喉結大之相，後世相書多以貧困迍邅爲主。"是底卷"貴"字當爲"貧"字形訛，兹從校改。
⑦ "成"字《相書》（二）作"如"。

枕，富。玉枕横大，富①。玉枕玄露，兵死。項細長，心性高。項粗而短，長命。項如衣袖，貴。項無骨，細，短命。筋侯②，賤。項方而粗，［□］力③，貴。項兩圓筋粗④，長命。如馳頭⑤，懶⑥。

背第廿⑦

凡人背似龜形，甲骨高，長命。背如圓扇，長命⑧。胸長，長智⑨。胸短，短智。胸方廣大⑩，貴⑪。臆如師子臆，封侯。背有黑子，恒善。

---

① 斷語丙卷同，《相書》（二）作"貴"。

② "侯"，通"喉"。

③ "力"字前《相書》（二）有一"有"字，義長，底卷蓋脱，兹從擬補一個脱字符。

④ "圓"字《相書》（二）作"邊"，義長。

⑤ "如"字前《相書》（二）有"項"字，義長，丙卷與底卷同。又"馳"字《相書》（二）同，丙卷作似"縣"形，然可知其爲"馳"字形訛。又"頭"字丙卷同，《相書》（二）作"項"，疑底卷形訛，俟考。

⑥ 斷語"懶"字下《相書》（二）有"乖慵之相"四字。

⑦ "背"字下《相書》（二）有"胸臆"二字，義長，甲卷、丙卷同與底卷同。又甲卷本目誤作"背第廿六"。

⑧ 本條下《相書》（二）有"三甲起，長命，富"一條，不知是底卷所脱抑是《相書》（二）所增，俟考。又本句下《相書》（二）接"背有黑子"條，疑底卷初脱後補録於文末。

⑨ "命"字《相書》（二）作"智"，合於前後文例，兹從校改，甲卷、丙卷與底卷蓋同（甲卷字誤作"合"，丙卷字略有漫漶），底卷蓋承前句所作而誤。

⑩ "廣"字《相書》（二）作"寬"，以底卷所作義長。

⑪ "貴"字前《相書》（二）有"富"字，甲卷與底卷同。

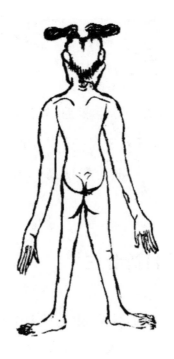

心脇第廿一①

　　凡人心深，深智。心淺，淺智。心骨豎而長，健。心似鵄，
賤。心賴（軟）②，和柔。鵄腹③，賤。如牛羊腹，短命。脇上毛
生④，貴。

①　"脅"字下《相書》（二）有"腹"字，義長，甲卷、丙卷與底卷同。
②　"賴"字甲卷、丙卷同，不辭，《相書》（二）作"軟"，當是，茲從校改，底卷形訛。
③　"鵄"字丙卷同，《相書》（二）作"亞"，義長，底卷用借字，前條"鵄"字同。
④　"脅"字《相書》（二）同，甲卷作"腹"，然如此則本目下即無與"脅"相關之內容，
故當以底卷所作爲是。

妳[□]臍第廿二[①]

妳如黑爛棋色[②]，貴。妳上多毛，貴。毛三莖共一孔，帶綬。妳如婦人妳，富[③]。妳相去一尺三(二)寸[④]，貴[⑤]。相近者，賤。臍深者，富[⑥]。臍中毛生[⑦]，貴。臍跌高[⑧]，賤。肚大向下，貴。肚近上，賤[⑨]。

玉莖大起(袋器)第廿三[⑩]

凡人玉莖如馬陰藏而不見，生毛匝囊，如爛棋色，多智，富。玉莖頭上有黑子，貴。傍有黶子，妨子孫[⑪]。大起(袋器)處方，貴。大起(袋器)處毛匝，多衣食。婦人玉泉毛匝孔，宜子孫。

---

① "臍"前疑有"肚"字，底卷無，甲卷同，《相書》(二)有之，義長，茲從擬補一個脫字符。

② 本句甲卷同，《相書》(二)作"凡人妳黑如爛[棋]色"，蓋有依例改作者。

③ 斷語"富"字甲卷、丙卷同，《相書》(二)作"貴"。

④ "二"字底卷作"三"，甲卷同，《相書》(二)作"二"，與序中所述合，義長，茲從校改。

⑤ "貴"字前《相書》(二)有"大"字，甲卷同底卷。

⑥ "富"字下《相書》(二)有"相"字，甲卷同底卷。

⑦ "毛生"底卷作"生毛"，甲卷、《相書》(二)、丙卷並作"毛生"，更契當時用法，茲從乙正。

⑧ "跌"字甲卷作"夫"、丙卷作"昳"，《相書》(二)作"亞"(蓋"凸"字形訛)，按當以底卷所作義長，"跌"通"胅"。

⑨ "賤"字下《相書》(二)有"貧"字，甲卷同底卷。

⑩ "大起"丙卷同，《相書》(二)作"袋器"，與其所指睾丸相涉，當是，茲從校改，底卷音訛。

⑪ 本條下《相書》(二)有"玉門上有黶子，起夫"一條，爲本目之末句，其下文字蓋有缺錄，丙卷同底卷。

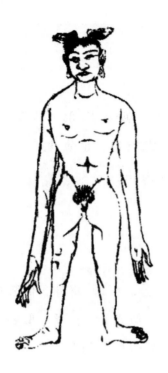

脽膝第廿四

　　凡人脽膝長[1]、麄大，貴；細者，賤。[□□□□，□][2]；膝上皮厚，貴。膝如山字，賤。膝如象頭（額）[3]，富。脛長麄圓[4]，貴[5]。脛短細者，賤。脾脛膝潤澤[6]，貴[7]。

---

　　[1]　"脽"字甲卷、丙卷同，《相書》（二）作"脾"，按本目末條底卷亦用"脾"字，"脾"、"脽"二字皆"髀"（或作"䏶"形）之借字。

　　[2]　"膝上皮厚"條前《相書》（二）有"膝上皮薄，下賤"句，於例爲安，疑底卷脱抄，兹參文例擬補五個脱字符，甲卷、丙卷與底卷同。

　　[3]　"頭"字甲卷、丙卷同，《相書》（二）作"額"，義長，疑底卷形訛，兹從校改。

　　[4]　"麄"字，粗的異體字，《相書》（二）、丙卷同，甲卷作"方"，疑或爲"麄"省訛。

　　[5]　"貴"字前《相書》（二）有一"富"字，甲卷、丙卷同底卷。

　　[6]　本句甲卷、丙卷同，《相書》（二）句末有"者"字，似更契語感和文例。又"脾"與前"脽"並通"髀"字。

　　[7]　此下《相書》（二）尚有"膝曲者，無官之位"一條文字。

踝脚第廿五①

凡人踝烏紫色，貴。踝重者，賤。内踝大，貴。足如喙血，富貴。足厚多肉，十指齊，富貴。足薄，賤②。十指赤③，貴。十甲黄青，中長，賤。薄長無肉，賤。

行步第廿六

凡人如龍行④，三公。虎行，將帥。似鵝行⑤，大夫。似龜行，三公。似小兒行，貴。似雀行，下賤。似蛇行，女妨夫⑥。似蟹行⑦，妨夫，賤⑧。似鵲行，爲人賤⑨。

---

①　"踝脚"甲卷、丙卷同，《相書》（二）作"脚踝"，似更契語感和文例。

②　"賤"字甲卷、丙卷同，《相書》（二）作"貧"。

③　"赤"字下《相書》（二）有一"色"字，然後句"黄青"下則無"色"字，甲卷、丙卷與底卷同。

④　"凡人"下《相書》（二）有一"行"字，甲卷、丙卷本句僅作"凡人龍行"。

⑤　"鵝"字甲卷同，《相書》（二）作"鴨"，甲卷、丙卷同底卷。

⑥　此下《相書》（二）有一"貧"字，甲卷、丙卷同底卷。

⑦　"蟹"字底卷作"解虫"，甲卷同，丙卷則僅作"解"字，《相書》（二）作"蟹"，義長，王書已揭此，兹從校改。又"行"字底卷亦無，甲卷同，《相書》（二）、丙卷有之，與前後文例合，兹從補録。

⑧　"賤"字前甲卷有"亦主"二字，《相書》（二）則並"賤"字亦無，而前"妨夫"又作"煞夫"，丙卷同底卷。

⑨　此條《相書》（二）無，而代之以"馬行，多伎"一條文字，甲卷、丙卷同底卷。

臂手第廿七

凡人手上毛[①]，多筋脈，短命。人臂欲得無節骨，潤澤，富。十指有三約，坐樂[②]。十指密，富。十指無節潤澤，富[③]。手紫色，富。手如綿囊，富。掌欲得厚，富。掌中薄，賤。手掌如喺血，富。十指尖如錐，貴。腕前理文，女煞夫；三理文，三夫。

額文第廿八[④]

〔圖〕眉間兩豎文，男取三婦，女再嫁，不成居。

〔圖〕名又理文，男逢禍殃[⑤]，饒口舌，獄死；女産死，短命，煞父母[⑥]。

〔圖〕[⑦]名眉平文，男孝順，女貞良[⑧]。

〔圖〕名乾理文，男先富後貴；女無子，富。

---

① 本句甲卷作"凡人手長，上有毛"，《相書》(二)作"凡人臂上"，丙卷作"凡人手長，上毛"，俟考。

② "坐"字甲卷、丙卷同，《相書》(二)作"註"，疑並爲"主"字之訛，俟考。

③ "富"字前《相書》(二)有"大"字，甲卷、丙卷同底卷。

④ "額文"二字底卷僅存右側少許筆畫，此據《相書》(二)、丙卷補録。又丙卷第卅目之後有殘泐，而《相書》(二)則以"相額文"列第卅二目。

⑤ "逢"字底卷僅存右下角少許筆畫，行首至"逢"字間底卷殘泐，此據丙卷補録。

⑥ "煞"字丙卷作"妨"。

⑦ 相圖丙卷作"一"形，疑當以底卷所作爲是。

⑧ 前"眉平"二字居前行末，本行行首至"良"字間殘泐，其中"孝順女貞"四字存左側少許筆畫，此並據丙卷補録。

（圖）名偃月文①，男二千石，女生四子②。

（圖）③名地田文，女道路死，煞夫；男必他鄉貧④。

（圖）名三偃月文，男封公侯⑤，長命；女長命，生貴子。

（圖）⑥名七理文，男孝順，富。女貞良，生五子⑦。

（圖）名龍角文⑧，男生八子，封侯⑨，二千石；女生五子⑩。

（圖）名盤理文，男無財，老孤無子。

（圖）名水文，男富，四婦八子；女廿六厄，六十八。

（圖）名二長一短文，男老貧；女絕代，貧。

（圖）名軌（軏）文，男六百石，女生子得力。

① "偃"字底卷存下部筆畫，行首至"偃"字間殘渺，此並據丙卷補錄。
② "女生四子"所在位置底卷殘渺，此據丙卷補錄。
③ 相圖所在處底卷殘渺，此據丙卷補錄。
④ "他"字居底卷前行末，行首至下文"長命"間殘渺，此據丙卷補錄。
⑤ 行首至後"長命"間底卷殘渺，約可抄十二字左右，除前條"鄉貧"二字外，另有兩條間留空一字，則丙卷所存文字與底卷所殘空間吻合，茲從補錄。
⑥ 相圖底卷有漫漶，此從丙卷改錄。
⑦ "七理文"居底卷前行末，本行僅存下條"龍"字右下角殘畫、"角文男"三字及其後三字右側少許筆畫，行首至殘字"龍"間底卷殘渺約十三字空間，此據丙卷補錄。又"理"字底卷誤誤作"里"，此據丙卷改錄。
⑧ "龍"字底卷存右下角少許筆畫，可據丙卷錄定。又行首至"龍"字間底卷殘渺，參前條校記，本條相圖及"名"字據丙卷補錄。
⑨ "龍"字下底卷殘存有四字的右側少許筆畫，與丙卷本句所作的"二千石"右側行間朱筆所補"生八子，封侯"中的"生八子"、"侯"四字右側合，故疑底卷原脫抄"封"字。底卷內容至此，後殘，以下至"腳掌文第卅"內容據丙卷補錄。
⑩ "女"字丙卷原爲朱筆補錄於右側行間。

名連壁文，近髮，位至二千石，女生子得力①。

名立柱文，眉上，男多婚；女再嫁。

眉間童（重）文，男有四婦；女有三夫。

名山角理文，男富；女煞夫相，富。

名左二右三文，男必餓他鄉；女被煞。

名九理文，男乞他子；女孤貧絕代。

名覆千文，男二千石，大富；女生四子。

名亂乳文，橫絕代②；女孝，孤。

名覆月理文，男二千石，生五子。

名此水文，男富，女生六子。

名殿文，男四婦，眉間有逆毛，巧。

名[□□]③，有此文者，豐財富，無官位。

---

① "子"字底卷作"十二"，殊怪，疑爲"子"字誤分而作之形訛字，兹從校改。
② "橫"，通"恒"。
③ "名"字下依文例當脱抄相圖名及"文"字，兹從擬補二個脱字符。

右二左一文，男有是相①，九十死；女有是相，驚死。

有此文者，封公侯，三千石。

□ □▨（文）②，▨▨（大富）貴③，二千石。

左右月文，男二千石，女生得力④。

名霍龍角文，▨▨▨（男封侯），▨（女）大富貴⑤。

名雙角四枝文，男二千［□］⑥；女俠四夫，名聞千里。

左右軍鬑子，男兵死；女老孤獨。

名捲羊文，男得侯伯；女生五子。

名卯文⑦，男位將軍⑧；女生七子。

----

① "相"字底卷作"相"，上有朱筆塗改似作"畔"形，然"是畔"、"足畔"皆有不辭之感，王書録作"相"，義長，或丙卷本有形訛，姑從之，俟考。後"女有是相"同。

② 殘字丙卷存右側少許横畫，兹依文例校補作"文"字。行首至殘字"文"間底卷殘泐，據空間及文例，除相圖外，約可抄一字，兹從擬補一個缺字符。

③ 殘字前者丙卷存右側上部少許横形筆畫，後者存右側及下部筆畫，其中"田"形可辨，兹依文例校補作"大富"二字。

④ "女生"下依例疑脱"子"字，俟考。

⑤ 殘字底卷皆存左側少許筆畫，鄭王書依文例校補作"男封侯，女"四字，甚契殘形，兹從校補。

⑥ "二千"下依文例丙卷脱抄一"石"字，兹從擬補一個脱字符。

⑦ 此下四條甲卷書於"手掌文"目的相圖上部，且於本條"卯文"前臆補"手中"二字，因其"額文第廿八"目名缺失，遂致此四條文字亦被誤解爲"手掌文第廿九"目的内容。

⑧ "位"字下甲卷有"至"字。

①名達里文，富貴；女富，至老足衣食。

名正文，男封侯，女生五子。

名利王璧文②，男二千石，女生五子。

手掌文第廿九

掌中有豎策文③，男封公侯，女大富。

掌中三井文，男富；女人富貴④，一井及夫，二井及父母。

掌中有三卯文，男女大富貴⑤。

掌中有黑子文，男二千石；女俠夫。

掌中有田字文，刺使；女郡君⑥。

掌中有偃月文，男富；女貴。

---

① 相圖右下部丙卷蓋因破損黏合而有錯位，此參甲卷修正録定。
② "王璧"甲卷同，疑爲"玉璧"二字之誤省，俟考。
③ "策"字丙卷無，甲卷有之，義長，兹從補録。又本條丙卷、甲卷皆不載相圖。
④ "男富；女人富貴"丙卷作"男女並富"，與後文不協，甲卷作如此，義長，兹從校改。
⑤ 本句斷辭甲卷作"男富女貴"。
⑥ "女"字前丙卷有"文"字，甲卷斷語作"女人郡君"，雖丙卷"文女"容或爲"女人"形訛，然稱"女人"似亦與前後文例不合，故不據校，姑依文例逕刪之，丙卷蓋承前條"文"字衍録。

掌中有此龜文①，大富貴；女貴。

掌中有此文者，食地狹小，貧。

掌中有交文，富貴。

掌中有三偃月文，男富②；女富，生四子。

掌中有此文者，大富貴。

③掌中有五策文，女富，生四子。

掌中有雙文上下通達，二千石。

掌中有三弓④，位二千石。

掌中五綴文，三公相。

掌中有斫錯文，富貴，二千石。

掌中有此文，二千石。

掌中有三人文，公侯伯。

---

① "龜"字前底卷有"文者食地"四字，乃蒙下條誤作，其上有朱筆豎劃綫以示删除。

② "富"字下底卷有一"大"字，上有朱點示删。

③ 相圖右上角底卷略有殘泐，此依例補足之。

④ "弓"字丙卷作"弓"形，王書錄作"彎"，不確。又"弓"形字右側有朱筆註"絲文"二字。

魚 掌中有魚刑（形）者，富貴。

申 掌中有申字，大富貴。

囚 掌中有囚者，大富。

日 掌中有日文，男富，女俠四夫。

脚掌文第卅

足心下有龍口文①，位至丞相，大吉。

足心下有二筴文橫達，位至二千石②。

足心下有一橫文③，位至二千石④。

足心下有立豎文三寸⑤，位至六千石。

足下無文，賤。

---

① "文"字丙卷無，甲卷有之，義長，兹從補録。
② "位至"二字丙卷無，甲卷有之，義長，兹從補録。
③ "一"字丙卷無，甲卷有之，義長，兹從補録。
④ "位至"二字丙卷無，甲卷有之，義長，兹從補録。
⑤ "有立豎"甲卷作"豎筴"，可參。

足下一横兩豎，二達，二千石。

足下有此文，大富貧（貴）。

足下有錯文，大富，二千石①。

足下有此文，征戰相②。

足下有龍角文③，豐衣食④。

足下有此文⑤，勇決，將帥相。

（後缺）⑥

---

① 此條甲卷置於相圖上部（甲卷二相圖分別橫置於紙面的偏上和偏下部），依例似當爲“脚掌文第卅”目首條，然據此丙卷知其當爲二相圖中間部分抄滿後，再抄於上一相圖上部，然後再轉而接抄於下一相圖下部。

② “征”字甲卷作“男”。

③ “角文”二字丙卷無，甲卷有之，義長，茲從補録。

④ “衣食”前甲卷有一“財”字。

⑤ “有此文”三字丙卷脱録，此從甲卷補録。

⑥ 紙末丙卷有朱筆記事文字一行，前有殘泐，存字爲“二月廿日寫校記”，其前有數字存右側少許筆畫，其中後二殘形依文例推測疑爲“卯年”二字。又甲卷亦至丙卷之末條而後斷裂，其後殘缺。

相書(二)

佚　名　撰著

關長龍　點校

【題解】

底卷編號爲伯二五七二 A,首殘尾全,存一紙,有字一百八十四行,行抄約二十四字左右。子目題名獨立佔行,目内諸條接抄,各條間留有一字空格,唯後有圖文諸條獨立成行。内容起"相軀貌部第二"之"□□(不如)三寸之鼻",迄尾題"相書一部"。其後接抄另三種數術文獻。

甲卷編號爲伯二七九七 B,存一紙,有字五十八行,行抄約二十四字左右。其抄寫體式與底卷略同。内容起"相額文第卅二"之"ጊጊ額上有此文,富"句,迄"相脚足下文第卅四"尾句"不成字者,依此文看"句,其後紙有空白而字則缺而未抄。其前爲《相書》(一)内容。

底卷的内容與《相書》(一)基本一致,唯子目題名前皆增補"相"字,而諸題名亦據内容而有所增補文字,如"背第廿"底卷作"相胸背臆第廿"等。其内容雖或有出入,然卅篇以前之個別差異蓋出於抄寫之脱略爲多,然廿八以後諸篇次序與《相書》(一)有所不同,且内容亦頗有損益改動。鄭炳林、王晶波《敦煌寫本相書校録研究》(民族出版社二〇〇四年版,以下簡稱鄭王書)指出:"這個底本在流傳的過程中,經過了後世相學家的改造。"(頁七八)唯與《相書》(一)序稱的"卅六篇"相較,底卷所示的全書内容似僅有卅五篇,疑其間有抄寫删略之目(參《相書》一題解)。諸家皆定其名作"相書一部",今承例定作《相書》(二)。

底卷抄寫疏朗,書體稍拙,黄正建以爲"應是五代時抄本(《唐五代占卜文書研究》頁五九)。甲卷之書法體式與底卷略同,蓋亦爲相同時代的抄本。

　　底卷及甲卷的録校文字最早見於鄭王書,今並依《法藏》録文,另參《相書》(一)及鄭王書録校於下。

（前缺）

　　▭▭▨（三）寸之鼻①；三寸之鼻，不如▭▭▭▭；▭▭▭▭▭ ▭▭▭▭▭。▭▭▭▭禄②、田宅，是（視）上部③，所謂▭、▭、▭、▭▭▭▭。▭▭▨（命）④，看鼻、音、聲。相苦樂，看手足是也。此等皆須完全、平博、潤澤，富。

相五官部第三

　　相曰⑤：目爲一官，眉爲二官，鼻爲三官，口爲四官，耳爲五官。

相六府部第四

　　額爲一府，左頰爲二府，右頰爲三府，頤爲四府，髮爲五府，骨爲六府。已上一官一府好，富十年。若五官六府總好，貴。

---

　　①　殘字底卷存左側少許筆畫，兹參《相書》（一）校補作“三”字。行首至殘字“三”間底卷殘泐約十五字左右的空間。

　　②　行首至“禄”字間底卷殘泐約十六字左右的空間，《相書》（一）相關内容作“三寸之耳；三寸之耳不如一寸之目。凡相人官禄”，與底卷所殘空間略合，當可據補，兹從擬補十八個缺字符。

　　③　“是”字置此不辭，兹據《相書》（一）校改作“視”字，底卷音訛，鄭王書已揭此。

　　④　殘字底卷存左側一“丿”形筆畫，兹據《相書》（一）校補作“命”字。行首至殘字“命”間底卷殘泐約十一字左右的空間，《相書》（一）相關内容作“額、眉、目、頰等是也。相壽命”，與底卷所殘空間略合，當可據補，兹從擬補九個缺字符。

　　⑤　“相曰”二字《相書》（一）無，鄭王書校云：“‘相’後疑有脱文。此處當指前代不知名《相經》或《相書》。”可參。

相面部第五

凡人面如滿月，潤澤，富。面不風而似塵，不粉而似粉者，短命，凶。面上多理文，足（多）病①。多黔子②，□□□③，男煞妇。面似黄瓜色，貴。面似青瓜色，大富。

相髮部第六

凡人髮長，烏細潤［□］④，富。黄髮粗，不潤，苦。腦後髮下垂者，［□］苦⑤，婦人妨夫。髮中赤厭（魘）子，合兵死。髮下垂蓋額，薄相；後貧。髮厚，合苦。髮如青絲者，貴。

相額部第七

凡人額欲得方如田字，封侯。額似龜文，大貴。額中多毛者，註（主）貧。與額（眉）相近⑥，少失父母。額中多斷文，男妨

---

① "足"字《相書》（一）作"多"，義長，疑底卷形訛，兹從校改。
② "黔"字《相書》（一）作"魘"。
③ 缺字處底卷殘泐約三字大的空間，可據《相書》（一）補作"女妨夫"，然《相書》（一）本斷語作"男妨婦，女妨夫"，故疑底卷所殘句亦或作"女煞夫"，兹從擬補三個缺字符。
④ "潤"字下《相書》（一）有一"澤"字，義長，底卷誤脱，兹從擬補一個脱字符。
⑤ "苦"字前《相書》（一）有一"男"字，義長，底卷誤脱，兹從擬補一個脱字符。
⑥ "額"字置此不辭，兹從《相書》（一）校改作"眉"字，底卷蓋承蒙前後"額中"云云而訛。

婦,女妨夫①。額中立理文直豎入鬢髮者,封侯。額亞者,貧相。

相眉[□]第八②

凡人眉過兩目者,有道術,貴。眉頭相連,孤單。眉淺者,少交友③。眉□生④,有功,終心生不孝⑤。眉中黑靨(黶)子,男妨婦,夫(女)妨夫⑥。眉下垂,有水厄。眉上骨高,名曰九反骨,爲子不孝,爲臣不忠。眉上白毫毛生,貴相。

相眼部第九

凡人眼黑白分明,貴。眼中有童子人光或如星電,長命。眼闊一寸,分明,富貴。眼豎黑如虎狼眼,爲將帥。眼愛盜視人,婦人好淫;男子姦猾。眼視左右盼者,必作賊。

相鼻部第十

凡人鼻長,長命。鼻如截筒,三公。鼻曲不直,失職。鼻左曲妨父,右曲妨母。鼻上陷,多病。鼻頭恍恍如老蠶,富。鼻孔

---

① 句下底卷有一"主"字,不辭,《相書》(一)本處亦無另外斷語,故據徑刪,底卷衍抄。

② "眉"字下依文例當有一"部"字,此脱,兹從擬補一個脱字符。

③ "交友"底卷作"友交",不合文例,此據《相書》(一)乙正。

④ "眉"字下底卷留有一字大的空格,蓋其所據底本有殘泐所致,《相書》(一)相關文字作"逆",可據補,兹從擬補一個缺字符。

⑤ "終",通"中"。

⑥ 前一"夫"字置此不辭,此據《相書》(一)及文例校改作"女"字。

中毛出，好説人。鼻薄、孔大、毛出孔，貧。鼻塞露孔，貧相。孔方，富貴。鼻孔小，合樂，富。鼻如鷹觜者，好説人，不可與交。

相耳頰部第十一

凡人左頰高，妨父，右高，妨母；女人煞五夫。耳輪郭成就如刀環，富貴。耳門狹，長命。耳如骨者，長命。耳孔中毛出，長二寸者，富。耳耎無骨，短命，富①。耳後厭（靨）子，婦人産死。

相鼻人中第十二

凡人人中深，長命。人中長一寸草（者）②，長命，富。人中高（上）大一（下）小者③，不宜子孫。人中左僻，先生男；右僻，先生女。人中黑子，長病④。人中平無文，生子不得力。

相脣部第十三

凡人脣如紫色，斷嘄成者⑤，富。脣如喋血者⑥，富。脣常濕，

① 本條下底卷有"人中高下大小"六字，蓋誤蒙下目首條竄入，《相書》（一）本目亦無相關文字，王書已揭此，兹從刪之。
② "草"字置此不辭，《相書》（一）相關文字作"者"，底卷形訛，王書已揭此，兹從校改。
③ "高大一小"不辭，《相書》（一）相關文字作"上大下小"，是底卷"高"、"一"當爲"上"、"下"二字誤作，兹從校改。
④ "病"字《相書》（一）作"命"，俟考。
⑤ "斷"，通"斷"。
⑥ "喋"字《相書》（一）作"噤"，按"喋"即"噤"之異體字。

有遠行。唇黑,病。唇青,薄命。唇長似鳥觜,好説人。唇緊,好歌舞。唇下厭(壓)子,費財之相。

相口部第十四

凡人口方亦(赤)①,富貴。口容側手,貴。口不合,餓死。口未説出舌,好説人。口如吹火,至老孤貧。口兩傍文直緊(豎)②,長一(二)寸③,封侯。口似腫者,賤。

相齒部第十五

凡人齒細短、青白色,好食,命長。前後板齒白大,聰明;黃歷④,賤。未滿卅而[□]落⑤,短命死。卅八,國相。卅六,九卿。卅四,州縣長令。卅二齒,大富。卅齒,自如。廿八,貧相。

相聲部第十六⑥

凡人聲如鍾明(鳴)⑦,多智,富。如雷鳴,男妨父(婦)⑧,女煞

---

① "亦"字《相書》(一)作"赤",義長,兹從校改,底卷形訛。
② "緊"字《相書》(一)作"豎",義長,兹從校改,底卷形訛。
③ "一"字《相書》(一)作"二",王書以爲當以二寸爲是,兹從校改,底卷形訛。
④ "黃"字《相書》(一)作"黑",俟考。又"歷"蓋通"厲"字,俟考。
⑤ "落"字前《相書》(一)有一"齒"字,義長,底卷誤脱,兹從擬補一個脱字符。
⑥ "聲"字底卷初作"舌",後於右側行間書一"聲"字,其下亦皆爲聲部内容,蓋抄者誤竄而改之,因移舌部爲第十七,《相書》(一)舌部爲第十六,而聲部叙第十七。
⑦ "明"字《相書》(一)作"鳴",義長,兹從校改,底卷音訛。
⑧ "父"字《相書》(一)作"婦",義長,兹從校改,底卷音訛。

夫。雌聲，□①；雄聲，女妨夫。聲散嘶，少子、短命。聲如豺狼者，貪心。聲似鬭，惡性。聲如深室中語，富；女妨夫。

相舌部第十七②

凡人舌滿口方，言説捷利。舌赤厚，得好飲食。吐舌及鼻，三公。舌上立里（理）文上下通達，三公。舌黄，賤。舌上三豎文，二千石。舌紫色，好食飲。舌平無文，恒食蔡（菜）飯③。

相頤頷部第十八

凡人頤頷方，富貴，多子孫，好田宅。頤狹小，無田宅，少子孫。燕頷，封侯。髪（髭）赤④，好鬭，性剛。露咽高大，貧相。

相玉枕項第十九

凡人玉枕如字，貴。雙枕，貴。三威者⑤，富。玉枕横大，貴。玉枕玄露，兵死。項如師子項，封侯。項細長者，心高。項粗而短者，長命。項如衣袖，貴。項方而粗，有力，富。項如馳項，懶，

---

① 缺字居底卷行末，殘泐，可據《相書》（一）補作“賤”字。

② “七”字底卷初作“六”，後於“六”上塗改作“七”字，是知此日本應作“第十六”，詳參前“相聲部第十六”目校記。

③ “蔡”字《相書》（一）作“菜”，義長，兹從校改，底卷形訛。

④ “髪”字《相書》（一）作“髭”，與此部目題合，義長，底卷形訛，王書已揭此，兹從校改。

⑤ “三威”不詳，王書註以爲“指腦後三塊枕骨突起”，可參。

乖慵之相。項無骨，細，短命。項兩邊筋粗，長命。

相背胸臆第廿

凡人背如龜形，甲骨高，長命。背如圓扇，長命。三甲起，長命，富。背有黑子，恒喜①。胸長，長智；胸短，短智。胸方寬大②，富貴。臆如師子臆，封侯。

相心脇腹第廿一

凡人心深，深智；心淺，淺智。心骨豎而長，健。心軟，和柔。心似□者③，賤。亞腹者，賤。如牛羊腹者，短命。脇上毛生者，貴。

相妳肚臍第廿二

凡人妳黑如爛[□]色④，貴。妳上多毛，貴。毛三莖共一孔，貴。妳如婦人妳，貴。妳相去一尺二寸，大貴。相近者，賤。臍深者，富相。臍中毛生，貴。臍亞高⑤，賤。肚大向下，貴；肚近上

---

① “喜”字《相書》（一）作“善”，義長，疑底卷形訛，俟考。

② “寬”字《相書》（一）作“廣”，疑“寬”爲“廣”字形訛，俟考。

③ 缺字底卷殘泐，《相書》（一）作“鴉”，然底卷下文“亞腹”字作“亞”，其字《相書》（一）亦作“鴉”，故疑此缺字底卷亦當作“亞”形，“鴉”亦通“亞”字。

④ “爛色”不辭，二字間《相書》（一）有一“椹”字，底卷脫抄，王書已揭此，茲從擬補一個脫字符。

⑤ “亞”字《相書》（一）作“趺”（通“柎”），依文例，則“亞”疑爲“凸”字形訛，俟考。

者，賤，貧。

相玉莖袋器第廿三

凡人玉莖如馬［□□］而不見①，生毛匝囊，如爛椹色，多智，富。玉莖頭有黑子者，貴。傍有厭（靨）子，妨子孫。玉門上有厭（靨）子，起夫。

相脾膝第廿四②

凡人脾膝長、粗大，貴；細者，賤。膝上皮薄，下賤；膝上皮厚，□③。膝如山字，賤。膝如象額，富。脛長粗圓，富貴。膝脛短▨（者）④，□⑤。脾膝脛潤澤，貴。膝曲者，無官之位。

相脚踝第廿五

凡人踝烏紫色，貴。踝重者，賤。內踝大者，貴。▨（足）□□ □，□□⑥。足厚多肉，十指齊，富貴。足薄，貧。拾甲赤色，貴。拾指青，中長，賤。薄長無肉，賤。

---

① "馬"字下《相書》（一）有"陰藏"二字，義通，底卷誤脱，茲從擬補二個脱字符。
② "脾"字《相書》（一）作"脛"，並通"髀"字，後同。
③ 缺字底卷殘泐，《相書》（一）作"貴"字，可據補。
④ 殘字底卷存上部少許筆畫，此據《相書》（一）校補作"者"字。
⑤ 缺字底卷殘泐，可依《相書》（一）補作"賤"字。
⑥ 殘字底卷存上部"口"形筆畫，此據《相書》（一）校補作"足"字。又其下至行末底卷殘泐，據空間，約可抄四字左右，《相書》（一）相關文字作"如喋血，富貴"，當可據補，茲從擬補五個缺字符。

相行步第廿六

凡人行如龍行,三公。虎行,將帥。鴨行①,大夫。龜行,三公。似小兒行,貴。雀行者,貧。蛇行,妨夫,貧。蟹行,煞夫。馬行,多伎。

相臂手第廿七

凡人臂上多筋,短命。拾指有三約,註(主)樂。拾指密,富。拾指▨(無)□②,潤澤,大富。毛(手)如紫色③,富。手如綿囊,富。掌欲得厚,富。掌中薄者,賤。手掌如孫(喙)血,富。拾指尖如錐,大富。

相毫毛第廿八④

凡人額上[□]毫毛者⑤,高官,二□□⑥。面上生毫毛者,富,妨妻。耳上生毫毛者,大富。項上生毫毛,大富,宜父母。胸前

---

① "鴨"字《相書》(一)作"鵝"。

② 殘字底卷存上部少許筆畫,茲從《相書》(一)校補作"無"字。缺字底卷殘泐,可依《相書》(一)補作"節"字。

③ "毛"字《相書》(一)作"手",義長,茲從校改,底卷形訛。

④ 第廿八目《相書》(一)作"額文",底卷"相額文"序第卅二。

⑤ "毫毛"前依下條例當有"生"字,此誤脱,茲從擬補一個脱字符。

⑥ 缺字底卷殘泐,可依文例補作"千石"二字。

生毫毛,猛,性健,富父母①。兩臂生毫毛,宜武士。背及肚上生毫[□]者②,長命,慈心。兩乳生毫毛者,富,生貴子。兩脇生毫毛者,多財;[□]云不宜兄弟③。兩眉生毫毛,富。腰下生毫毛,凶。

相人面部三亭第廿九④

凡人面上三亭,從天至眉爲上亭,從眉至鼻爲中亭,從鼻至頤爲下亭。上亭長者,必得官;中亭長者,足財;下亭長,至老衣食不自如。量之▨亭⑤,必公卿之位。

相男子第卅⑥

一曰羊目,二曰露齒,三曰結喉,四曰癃瘦,五曰鼻[□]高⑦,六曰安行如走。羊目,短命。露齒,傳言。結喉者,癡賤。癃瘦者,短命。鼻不高者,忿爭不止,失財。安行如走者,貧。右男子有此六惡者,不中交友、婚姻。

---

① "父母"前底卷有一字,上有塗改,側有一似"卜"形符號,蓋示删除,故不從録,王書録之作"樂",且脱其下"父母"二字,非是。

② "毫"字下依文例底卷脱抄"毛"字,兹從擬補一個脱字符。

③ "云"字前依文例當脱"一"字,兹從擬補一個脱字符。

④ 第廿九目《相書》(一)作"手掌文",底卷"相手掌文"序第卅三。又"三亭"字後來多寫作"三停"。

⑤ 殘字中部有殘,上下兩部分殘畫且有些錯位,今稍爲移正,略似"𢍰"形,王書録作"爲",非是,俟考。

⑥ 第卅目《相書》(一)作"脚掌文",底卷"相脚足下文"序第卅四。

⑦ "高"字前依下文例當脱"不"字,王書已揭此,兹從擬補一個脱字符。

相女人九惡第卅一

一曰蛇面，二曰頸（頭）傾[①]，三曰蛇行，四曰雀趨，五曰鼻不高，六曰目白，七曰額上八文，八曰生髮（髭）[②]，九曰雄聲。蛇面、頭傾，共鬼語。蛇行、雀趨，無財。鼻不高、目白，庫倉虛。額上八文、生額（髭）[③]，不自如，凶。雄聲，煞夫，難共居。右女人有九惡，不堪娶，大凶。

相額文第卅二

川 額上有兩豎文，取三婦；女再嫁。

一 額上有平文，富，孝順；女貧良。

双 額上有此文，逢殃禍；女產死。

凵 額上有偃月文，二千石；女生四子。

川 額上有此文，富，煞妻；女人貧。

三 額上有此文，大富貴；女長命。

---

① "頸"字依下文例當作"頭"，王書已揭此，茲從校改。
② "生髮"非異相，王書疑"髮"當作"髭"，並引前"相頤頷第十八"的"髮"當爲"髭"之訛爲證，當是，茲從校改，底卷形訛。
③ "額"字置此非是，依前文例當爲"髭"字誤作，茲從校改。

一 額上有此文，二千石；［女］年八十①，生八子。

卌 額上有此文，將軍之位；女爲郡君。

山 眉上有此文，富貴；女孤無子。

亞 眉上有此文，美童之相。

仙 眉上有此文，定爲丞相。

凡 眉上有此文，公侯之相。

仙 眉上有此文，合出家念善。

三 眉上有此文，大富相。

北 眉上有此文，得富貴，終餓死②。

三 眉上有九理文③，合乞他子養。

北 眉上有此文，三公之相，命九十④。

三 ⑤眉上有此文，餓死；女被人煞。

水 眉上有水理文，封侯伯。

---

① "女"字底卷無，此據甲卷補録。
② "終"字下甲卷有"不"字，如此則意義相反，俟考。
③ "有"字下甲卷有"此"字，蓋因前後文例而衍。
④ "命"字底卷存似二"人"形筆畫，此據甲卷補録。
⑤ 相圖右部底卷殘泐，此參《相書》（一）"左二右三文"例補足。

眉上有通天文，大貴，九卿之位。

眉上有此文，六百石之相。

眉上有此文，位至二千石。

眉上有此文，公卿之位。

眉上有此文，長命，富。

眉上有此文，大富。

眉上有此文，多才，爲帝王師。

眉上有此文，定爲國相。

相手掌文第卅三

掌中有豎策文，封公侯之相。

掌中有此文，封公侯之位；女挾四夫。

掌中有雙黑子，二千石；女煞四夫。

掌中有三卯文，封公侯；女生四子，富。

掌中食地狹者，少衣食。

掌中有田文,封刺史;女爲郡君。

掌中有龜文,大富貴,三品。

掌中有此文,大富相。

掌中有五絲文,三公相。

掌中有此文,大貴相①。

掌中有三人,位至三品②。

掌中有此文,煞人不上市。

掌中有此文,公侯之相。

掌中有此文,宜田蠶、六畜。

③掌中有此文,大富,煞人不償死。

掌中有黑子④,至老不貧。

五指頭有蚤文⑤,足衣食。

---

① "貴"字前甲卷有一"富"字。
② "至"字甲卷作"爲"。
③ 相圖中間底卷有殘裂,存"⌄⌄"形部分,此參《相書》(一)該圖補定。
④ "黑子"前甲卷有"此文"二字,蓋承前文誤衍。
⑤ "蚤"爲"蠢"之俗字,蓋因葫瓢義引申而指渦文,爲"梨渦"之"梨"的本字。

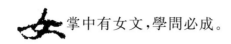掌中有女文，學問必成。

掌中有虵文，十指如錐無節，大富。

相脚足下文第卅四

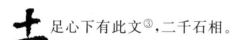足心下有此文，位至公侯①。

足心下有此文，位至二千石②。

足心有此文三寸，二千石相。

足心下有黑子，大貴，三公。

足心下有此文③，二千石相。

足心下有斫錯文④，公侯之相。

足心下有此文，大富。

足心有此文，短命。

足心有此文，終身被人使。

---

① "至"字甲卷作"爲"。

② "至"字甲卷作"爲"。

③ "下"字底卷無，此據甲卷補録。

④ "有"字下甲卷有"此文"二字，蓋承前文誤衍。

足心下有三田文，封公侯。

足心下有女文，大富。

足心下有此文，丞相位。

足心下有此文，位至二千石相。

凡人額、手、脚足文成字者，皆是上相；不成字者，依此文看。

相人面色氣第卅五

凡人相，氣色皆象四時，青色註（主）春。

赤色發眉間，一道入髮，必被人謀，慎之大吉。

兩眉頭肉色白者，註（主）哀事起；若赤色發者，必有人入獄事。

凡面上所有顏色發者，皆有部名。眼下紫色發者，貴，妻妾至。眼下□▨（色）發者①，憂男女婚娶之事。氣色卒發者②，非其時，註（主）凶事。

《相書》一部。

---

① 殘字底卷存右下角筆畫，可依文例補作“色”字，王書已揭此，玆從校補。缺字底卷殘渺，俟考。

② “卒”字底卷作“㐀”形，是爲“卒”之俗字，參張涌泉《敦煌俗字研究》十部“卒”字條考證，王書録作“平”，非是。

新集相書

佚　名　撰著

關長龍　點校

【題解】

底一編號爲斯三三九五 B，存一紙，單面抄，首尾殘泐，有文字一一四行，行抄約三十三字左右（其中第五十九行至六十七行計九行下部行約五六字左右殘斷作一片，《英藏》貼於卷下空白處，"國際敦煌項目"在綫圖版已作綴合，故不别論）。底二編號爲斯九九八七背 B1，爲底一最後十二行上部的殘斷，鄭炳林、王晶波《敦煌寫本相書校録研究》（民族出版社 2004 年版，後簡稱鄭王書）已作綴合，甚是。與底卷同抄而裂作兩片的 A 片較小，上抄藥方，其文字似爲同人所書；底卷背面爲郭象《莊子註》抄摘，書體與正面不同。

底一《索引》、《索引新編》皆擬名作《相書》，菅原信海於《講座敦煌・敦煌漢文文獻》（日本大東出版 1992 年版）之"占筮書"中曾有簡單介紹，亦用"相書"之名。黄正建以爲此雖與許負等《相書》不同，但占辭形式一樣，且其中又有"許負曰"字樣，"故應亦是許負相書系統"。（《敦煌占卜文書與唐五代占卜研究》，學苑出版社 2001 年版，頁 59）鄭王書則通過對底卷的篇目排列、語言形式、内容等的仔細比較和研究，認爲底卷"與許負系統相書有著很大的差异"，"此卷相書是在許負等傳統相書基础上，匯録當時的各種相書及流行相法，重新編纂而成的一部新的相書"，故擬其名作"相書殘卷"（頁 123）。因此，結合敦煌其他部類占筮書的性質，姑爲底卷擬名作"新集相書"。

鄭王書據王冀青《英國圖書館藏〈備急單驗藥方卷〉（S.9987）的整理復原》（《敦煌研究》1991 年第 4 期）的研究成果，認爲底卷當與此藥方抄於同一時期，即公元 8 至 9 世紀間，爲"唐睿宗及其以後的時代"産物（頁 123），可參。

　　底卷鄭王書最早録文，且爲校註，然其與底一斷片未作綴合，而直接依《英藏》所貼對行録入，實爲疏誤。今據國際敦煌項目在綫圖版及《英藏》録文，並參鄭王書及《相書》（一）等校録於下。

（前缺）

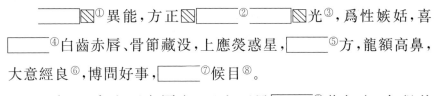

□□□□□▨①異能，方正▨□□□□□②□□□□▨光③，爲性嫉妬，喜□□□□□④白齒赤唇、骨節藏没，上應熒惑星，□□□□□⑤方，龍額高鼻，大意經良⑥，博問好事，□□□□□⑦候目⑧。

五行曰：商人面白圓方，羽人面黑□□□□⑨莽如方，各得其體，大吉。

占額□□

□□□□□⑩一女有名，聞萬里，富貴，俠四夫⑪，年九十五。□□□□⑫石，封侯王。

額有山文，封侯王，年百歲。

---

① 殘字底一存左側少許筆畫，行首至殘字間底一殘泐約七字左右。又此下所存内容依後文例疑屬“面部第二”之目。

② 殘字底一存上部少許筆畫，其下至行末殘泐。按底一文字抄寫不甚規範，故行抄文字數量亦不甚確定，要之約在三十四字左右，以此爲基準（後同），則此下所缺字數約在二十字左右。

③ 殘字底卷存左部大略，似“老”形，或爲“走”旁草作，鄭王書録其字作“惡”，非是。行首至殘字間底一殘泐約六字左右。

④ “喜”字下至行末底一殘泐約二十字左右。

⑤ “星”字下至行末底一殘泐約二十字左右。

⑥ 此句文字明確，然其語義不明，疑或有訛誤，俟考。

⑦ “事”字下至行末底一殘泐約二十字左右。

⑧ “候”字王書徑録作“猴”，義長，底一形訛。

⑨ “黑”字下至行末底一殘泐約二十字左右。

⑩ “額”字下至行末底一殘泐約十八字左右。鄭王書據後文例指出此“占額”當爲“第三”目内容，甚是，爲清眉目，故爲提行排版，兹從擬補兩個缺字符。

⑪ “俠”字鄭王書謂“通挾，護、輔義”，可參。

⑫ “五”字下至行末底一殘泐約二十字左右。

　　□①年九十，女爲右保，子十二。

　　角如龍角，□②□有五理文③，封侯，年百歲。

　　▨□④右月，三公；在辅角，一云左日右月，▨□⑤□▨⑥大憂。

　　玄犀眉，千石。交角，二千石。□⑦□□□▨⑧。方角，男榮至老。無文者，□⑨□□□□▨入髮際⑩。

　　●●雙卯角，二□⑪□□□二千石⑫。明經通達，資財五□⑬□□▨龍理⑭，不及髮際。

　　此理□⑮□□⑯。

---

① “歲”字下至行末底一殘泐約二十字左右。

② “角”字下至行末底一殘泐約二十字左右。

③ 缺字居底一行首，殘泐。

④ 殘字底一存外框似“口”形筆畫，其下至行末底一殘泐約二十一字左右。

⑤ 殘字底一存上部筆畫，其下至行末底一殘泐約二十字左右。

⑥ 缺字居底一行首，殘泐。殘字存下部筆畫。

⑦ “石”字下部底一殘泐，鄭王書依文例録正，兹從之。又“石”字下至行末底一殘泐約二十字左右。

⑧ 缺字居底一行首，殘泐。殘字底一存下部筆畫，疑或爲“石”字之殘。

⑨ “者”字下至行末底一殘泐約二十字左右。

⑩ 缺字居底一行首，殘泐。殘字底一存下部“一”形筆畫。

⑪ “二”字下至行末底一殘泐約二十字左右。

⑫ 缺字居底一行首，殘泐。

⑬ “五”字下至行末底一殘泐約二十字左右。

⑭ 缺字居底一行首，殘泐。殘字底一存下部少許筆畫，疑或爲“有”字之殘形。

⑮ “理”字下至行末底一殘泐約二十字左右。

⑯ 缺字居底一行首，殘泐。

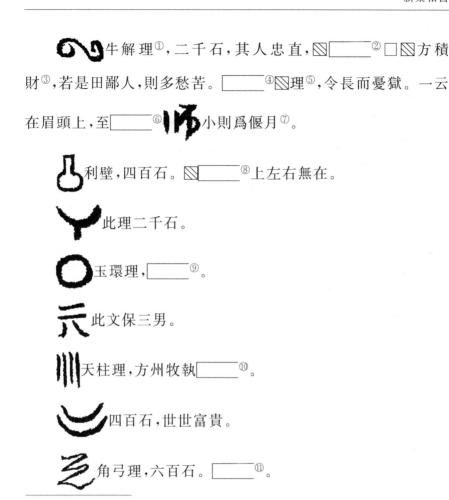

牛解理①，二千石，其人忠直，◨□□□□②□◪方積財③，若是田鄙人，則多愁苦。□□□□④◪理⑤，令長而憂獄。一云在眉頭上，至□□□⑥师小則爲偃月⑦。

利壁，四百石。◨□□□⑧上左右無在。

此理二千石。

玉環理，□□□⑨。

此文保三男。

天柱理，方州牧執□□□⑩。

四百石，世世富貴。

角弓理，六百石。□□□⑪。

① "牛解理"費解，鄭王書據《神相全編》十二所載"牛角理"，"'解'疑當作'角'"，可參。

② 殘字底一存上部似"干"形筆畫，其下至行末底一殘泐約二十字左右。

③ 缺字居底一行首，殘泐。殘字底一存下部似"老"下部形筆畫。

④ "苦"字下至行末底一殘泐約二十字左右。

⑤ 殘字居底一行首，存左側筆畫。

⑥ "至"字下至行末底一殘泐約二十字左右。

⑦ "师"字不能辨其正形，鄭王書錄作"逦"，爲"匜"或"迎"之俗字，恐不足據，俟考。

⑧ 殘字底一存上部似"丁"形筆畫，其下至行末底一殘泐約二十字左右。

⑨ "理"字下至行末底一殘泐約二十字左右。

⑩ "執"字下至行末底一殘泐約二十字左右。

⑪ "石"字下至行末底一殘泐約二十字左右。

角理,丞相;從鼻至天中,三公非命▭[1]。

貧,至老無子,多病。

焦口理,貧▨官[2],並▨▭[3]無子。

常貧賤,額上天中偏歧短狹,及頞却陷決▭[4]四分始,一年半、百日,三分過,二三年,四分過,三四年,▨▭[5]皆終身災重顯,四者陷徵而四獄皃[6],失官而已。陷▭[7]▨▨□▨[8]陷▨▨皃[9],其理至儉也。

五達理,大富。▭[10]十四▨理[11],貧。

眉部第四

眉欲得直而昂,▭[12]滿腹巧藝,若太過,五不壽[13]。

---

① “命”字下部底一有殘泐,鄭王書録如此,姑從之。又“命”字下至行末底一殘泐約二十字左右。

② 殘字底一存左側上下各一“一”形殘畫。

③ 殘字底一存上部似“似”或“創”上部之形,鄭王書録作“餓”字,恐不足據。又殘字下至行末底一殘泐約十五字左右。

④ “決”字下至行末底一殘泐約十五字左右。

⑤ 殘字底一存上部似“若”字上部形筆畫,其下至行末底一殘泐約十五字左右。

⑥ “皃”字鄭王書録作“白”,不確,然疑其字爲“白”之訛作,俟考。

⑦ “陷”字下至行末底一殘泐約十五字左右。

⑧ 殘字第一字居底一行首,後相接續,漫漶,皆僅存字形大略,缺字漫滅。

⑨ 殘字前者存似“北”形大略,後者存似“終”形大略。

⑩ “富”字下至行末底一殘泐約十五字左右。

⑪ 殘字底一略有漫漶,存似“燥”或“癝”形大略。

⑫ “昂”字下至行末底一殘泐約十五字左右。

⑬ “五”字原文如此,置此似有不辭之感,俟考。

眉頭交通,厄相逢 ☐☐☐①壽百年。

眉黑長,主王公②。

兩眉皆闊,得死人 ☐☐☐③親反。

眉連,嫉妬。

眉小上大,好惡少子。

眉淺 ☐☐☐④

眉反而厚,富。

眉多缺,少信行。

眉直昂,世世 ☐☐☐⑤不識親疏。

許負曰:何以知之人之苦多樂少? ☐☐☐⑥女煞四夫。

凡人眉生毫毛⑦,富貴長▨人也⑧,皆▨☐☐☐⑨。

☐☐☐⑩。

凡人眉平直,富貴,孝子 ☐☐☐⑪☐☐☐⑫事。

---

① "逢"字下至行末底一殘泐約十五字左右。
② "王公"底一作"公王",不辭,姑依文法乙正。
③ "人"字下至行末底一殘泐約十五字左右。又"得死人"下疑或爲"助"字,俟考。
④ "淺"字下至行末底一殘泐約十五字左右。
⑤ "世世"字下至行末底一殘泐約十五字左右。
⑥ "少"字下至行末底一殘泐約十五字左右。
⑦ "凡人"二字左側底一殘泐,鄭王書録作如此,推考當是,兹從録定。
⑧ 殘字底一略有漫漶,存似"暑"、"罱"形字。
⑨ 殘字底一存上部似"大"形筆畫,其下至行末底一殘泐約十五字左右。
⑩ 行首至下文"凡人"間底一殘泐約九字左右。
⑪ "子"字下部底一僅存上部少許筆畫,姑依文意録定。又"子"下至行末底一殘泐約十五字左右。
⑫ 行首至下文"事"字間底一殘泐約七字左右。

眉毛黑長,行義得▨①,若[⎕⎕⎕②⎕⎕⎕▨③。

右眉上有黑子,二千石。

眉左[⎕⎕⎕④⎕⎕⎕]⑤

眼部第五

經曰:左目爲日,右目[⎕⎕⑥⎕⎕]面⑦,□□□面不如三寸之鼻⑧,三寸之鼻不如三寸之▨(耳)⑨,三寸之耳[⎕⎕⎕⑩⎕⎕]⑪分別青白,知吉凶矣。

目有重童,[⎕⎕⎕⑫⎕⎕]⑬,平懷溫良。

目正黑,信人也。

---

① 殘字底一略有漫漶,存似"淋"形之大略。

② "若"字下至行末底一殘漶約十四字左右。

③ 殘字底一存下部少許似"別"下部形筆畫。又行首至殘字間底一殘漶約七字左右。

④ "左"字下至行末底一殘漶約十七字左右。

⑤ 行首至下文"眼部"間底一殘漶約七字左右。

⑥ "目"字下至行末底一殘漶約十四字左右。又鄭王書據文意及後世相書所載補"右目"下二字爲"爲月",可參。

⑦ 行首至"面"字間底一殘漶約七字左右。

⑧ 缺字底一殘漶,依文例推知當有此三字。又《相書》(一)軀貌第二引許負語有云:"八尺之軀不如一尺之面,一尺之面不如三寸之鼻,三寸之鼻不如三寸之耳,三寸之耳不如一寸之目。"則知所缺三字可據補作"一尺之"。

⑨ 殘字底一存上部少許筆畫,此依文例及前條校記所引許負語校補作"耳"字。

⑩ "耳"字下至行末底一殘漶約十七字左右。

⑪ 行首至下文"分別"間底一殘漶約七字左右。

⑫ "童"字下至行末底一殘漶約十七字左右。

⑬ 行首至下文"平"字間底一殘漶約六字左右。

目有赤▢▢▢①▢▢▢②,▨(目)匡赤③,好喜怒,數被刑。

目盼睛數,▢▢▢④,皆奸惡,却盜兵死。

黑脈入童人中,虎狼所食。▢▢▢⑤,貪如犲狼,亦兵死。

目直視 ,性剛强,亦兵死。

目數▢▢▢⑥。

目缺多理⑦,至老無子。

目下有卧蠶,視子如金。

目下有▢▢▢⑧少男,男不臣女不孝⑨。

目擁捲頭,不作常偷。

目有光▨▢▢▢⑩目鷄精,命不久停,亦兵死。

目急少子孫,目如水浮漚,命▢▢▢⑪得父母力,後亦畏人。左目小亦畏人,婦人右目小畏夫,目▢▢▢⑫多白少黑、視瞻不傾側者,行低頭,忠義深廣,此人情性▢▢▢⑬畏人,數顧多詐,直視性剛。

---

① "赤"字下至行末底一殘泐約十七字左右。
② 行首至下文殘字間底一殘泐約六字左右。
③ 殘字底一存右下角少許筆畫,兹依文例校補作"目"字。
④ "數"字下至行末底一殘泐約十七字左右。
⑤ "食"字下至行末底一殘泐約十七字左右。
⑥ "數"字下至行末底一殘泐約十七字左右。
⑦ "缺"字底一作俗字"𡙇"形,目缺亦作眼闕,當指眼角。
⑧ "有"字下至行末底一殘泐約十六字左右。
⑨ "男"字底一作代字符形。
⑩ 殘字底一存上部筆畫,其中右側略似"罒"形,鄭王書校補"澤"字,可參。又殘字下至行末底一殘泐約十五字左右。
⑪ "命"字下至行末底一殘泐約十六字左右。
⑫ "目"字下至行末底一殘泐約十六字左右。
⑬ "性"字右下部底一略殘,鄭王書錄作"性",兹從錄定。又"性"字下至行末底一殘泐約十五字左右。

女右目小畏夫。

凡人右目大者□□□①童人小者亦小，見事淺。

目童子上有黑子，忠信。目赤▨(脈)□□□②▨視如百日小兒視者③，富貴人也。

鷄視者，鬭怒人也。□□□④

牛視，富貴。

馬視，勇。

虎視，惡。

龍視，姤。

猴視，無志。□□□⑤

▨視⑥，淫，煞夫及長子。

《經》曰：龍目，貴，昂夫。

馬目，勇，煞□□□⑦與交，煞害人，不可親近。

耳部第六

耳長□□□⑧。

---

① "者"字下至行末底一殘泐約十五字左右。

② 殘字底一存上及右側少許筆畫，鄭王書擬補作"脈"字，當是，姑從補。又殘字下至行末底一殘泐約十四字左右。

③ 殘字底一作代字符形，居底一行首，依文意推之，疑爲"目"或"眼"字。

④ "也"字下至行末底一殘泐約十五字左右。

⑤ "志"字下至行末底一殘泐約十五字左右。

⑥ 殘字居底一行首，存右側少許似"木"字右半形筆畫，鄭王書據文獻義理推尋以爲可補作"羊"字，可參。

⑦ "煞"字下至行末底一殘泐約十五字左右。

⑧ "長"字下至行末底一殘泐約十五字左右。

□厚無輪郭①,不長壽。

耳門黃,喜鬪争。

耳郭厚,□□□②。

耳圓如珠,死而更蘇。

耳缺,無子。

耳門成③,百歲。

耳前□□□④。

耳中毛生,富貴長命。

耳好,生貴子。

耳赤,貴而壽。

□□□⑤。

耳前後皆有綿骨,壽九十四,財十万。

耳困骨長一寸,□□□⑥卷者,貧苦至老。

耳無潤澤,不得自足,無可依□□□⑦

耳如佩環,遷綬無呕。

耳上卷,獄死。

耳下与口齊,資□□□⑧下垂,無子害夫。

許負曰:耳小短命。

---

① 缺字居底一行首,依文意推知可補作"耳"字。

② "厚"字下至行末底一殘泐約十五字左右。

③ "成"字通"城"。又"門成百歲"四字所在《英藏》作一殘片(計有約四字乘九行)附於底一下部殘泐處中央而未作綴合,國際敦煌項目(IDP)已作綴合,今從錄。

④ "前"字下至行末底一殘泐約十五字左右。

⑤ "壽"字下至行末底一殘泐約十七字左右。

⑥ "寸"字下至行末底一殘泐約十七字左右。

⑦ "依"字下至行末底一殘泐約十七字左右。

⑧ "資"字下至行末底一殘泐約十七字左右。

耳高於眉①，長□□□□②劫。

耳垂者，不利官。

耳如端者，朝病暮死。孔▨□□□③外繼子。

耳中黑子，逆人少信。

耳圓方者，壽百▨（歲）。

　□□□□

　□□□□□墜死④。

鼻頭小而臨孔大者，此貪通犲狼。

鼻▨▨（如懸）□□□⑤。

鼻有雙柱，老壽、聰明，宜士宦，富貴。

□□□⑥。

鼻小而下臨，計謀不成。

───────────

① "耳"字下鄭王書據《英藏》録有殘文"陽成百歲"云云，乃《英藏》圖版中有一殘片（存字約四字乘九行）置於底一下部殘泐中央而未加綴合，國際敦煌項目（IDP）所附圖版已作綴合（見前"耳門成，百歲"句），故從録，後八行同王書所録殘文同，不一一説明之。

② "長"字下至行末底一殘泐約十七字左右。

③ 殘字底一上部少許似"丁"形筆畫。又殘字下至行末底一殘泐約十六字左右。

④ 殘字底一上部少許筆畫，依文例疑或爲"歲"字之殘形。又殘字下至行末底一殘泐約十六字左右。依文例推知"百歲"下當爲"鼻部第七"的内容，而目録文字前後底一多各空二字和一字格，爲清眉目，此間所缺爲擬補十個缺字符。又"墜"字底一書於行首版心外，蓋後補之字。

⑤ 殘字底一皆存右側筆畫，其中後者之"系"形可辨，鄭王書校補作"如懸"，似可據信，姑從校補。又殘字下至行末底一殘泐約十七字左右。

⑥ "貴"字下至行末底一殘泐約二十字左右。

鼻洪直傅▨▢①。

鼻左右橫起,錢財散,仕宦少功。

鼻▢②無光,至老貧苦。

鼻孔薄大亦窮夫▢③火燒死。

鼻柱東委,目男④;西委,目女,▨▢⑤賈衣不裳。

鼻平長,終樂。

鼻頭▢⑥嫉貪。

鼻準上不正,多病。

鼻高▢⑦。

鼻大人中正⑧,長命。

許負曰:凡人鼻柱▢⑨。

鼻上文交者,必無父母。

鼻中高,厄車▢⑩人中曲,墮井。

---

① 殘字底一存上部似"天"上部形,疑或即"天"字殘形。又殘字下至行末底一殘泐約二十字左右。

② "鼻"字下至行末底一殘泐約二十字左右。

③ "夫"字下至行末底一殘泐約二十字左右。

④ "目男"、"目女"云云,鄭王書據相關相書謂指"鼻梁不端正,東委向左偏,西委向右偏。鼻不正爲惡相,故目男、目女當指妨剋父母而言",可參。

⑤ 殘字底一存上部少許似"白"字殘形部分,因其上無朱筆點斷,故疑非"鼻"字之殘。又殘字下至行末底一殘泐約十九字左右。

⑥ "頭"字下至行末底一殘泐約二十字左右。

⑦ "高"字下至行末底一殘泐約二十字左右。

⑧ "正"字底一作"𤲒"形,此雖與前文"正"字規範的寫法不同,然似當爲"正"字的俗寫之形,後文"人中正"之"正"字亦作此形,茲從録定。

⑨ "柱"字下至行末底一殘泐約二十字左右。

⑩ "車"字下至行末底一殘泐約二十字左右。又此處所殘二十字中當有"人中部第八"及其前後所留之二字空格,則殘泐部分實殘十三字左右,約爲兩條文字,唯此究爲鼻部一條、人中一條,還是兩條都屬鼻部或人中部,則不能斷,故不爲擬補子目缺符。

左慈曰：人中廣長一寸，壽☐☐①。

人中橫理，必老孤獨。

人中正，性端長（良）②。

人▨☐☐③並斜理文入口，餓死子。

人中深長，子孫滿堂。

人中立理☐☐④。

唇部第九

唇赤如丹，不叩豎門，少病，貴。

唇▨（厚）☐☐⑤理，貴。

唇大斷慢⑥，少信、行假⑦。

斷▨如似刀環者⑧，▨☐☐⑨。

唇青於面，恒常貧賤貪濁。

唇上厚下薄，其人▨☐☐⑩盜作劫；下覆上唇，亦劫誦記⑪。

---

① "壽"字下至行末底一殘泐約二十字左右。

② "長"字置此不辭，依文義疑爲"良"字形訛，底一形訛。

③ 殘字底一存上部少許似"、"形筆畫，依文例疑或即"中"字殘形。又殘字下至行末底一殘泐約十九字左右。

④ "理"字下至行末底一殘泐約十三字左右。

⑤ 殘字底一存上部筆畫，鄭王書校補作"厚"，當是，兹從校補。又殘字下至行末底一殘泐約十三字左右。

⑥ "斷慢"置此略有費解之感，然其字明了無誤，如以"斷慢"爲斷絕傲慢之義而屬下讀，則似又不應与"少信"相伍，頗疑"斷"爲"斷"字形訛，俟考。

⑦ 又"假"字底一作"_饭"形，姑參文意録作如此。

⑧ 殘字右上角底一有殘泐，大部有存，殘形亦略與前"斷"字相近，俟考。

⑨ 殘字底一存上部筆畫。又殘字下至行末底一殘泐約十三字左右。

⑩ 殘字底一存左上角少許筆畫。又殘字下至行末底一殘泐約十二字左右。

⑪ "誦記"置此費解，俟考。

兩唇平舉，步擔▨□□□①。

唇短著齒，百歲。

上唇當中央有出異物現起者，其人▨□有異趍②，其人不慈。

▨□□□③，不壽。

下唇長，不噉好食。

唇口不短自不接，是見相惡。

言語未發舌先見者，道他善惡。

許負曰：凡人薄唇疏齒者，多戲言語，不中信任，大事多反覆。

女人重頤者，無子孫，寡。

唇有缺，遠方死。

下唇薄，不善人也。

下唇厚者，其婦不處畜必不忠直。

許負曰：凡人唇青，上奄下者，貧賤相。

青唇黃齒，見人不喜。

唇無根堮，食飲恒惡。

唇內有黑子，眈酒。

口部第十

口小舌長，壽，反覆言語。

唇厚薄口不正者，難與信。

---

① 殘字底一存右部筆畫。又殘字下至行末底一殘泐約十三字左右。
② 殘字底一存左部筆畫。又缺字底一殘泐。
③ 殘字底一存上部似"丨"形殘畫，缺字居底一行末，殘泐。

□▨者①,性行端直。

口開欲令大,閉欲令小,飲食當豐飽。

口大方,富貴難當。

口開欲令上□□▨四指②,富貴。

口如縮囊,飢無粮,寄他鄉。

口如撮聚,步擔隨後。

口如吹火,至⬚⬚⬚少信③。

口恒開露齒,不壽。

口有縱理文入口,餓死不久④。

⬚⬚⬚⑤。

口中白氣,賤人。

口中黑氣,**𤓴少扣**⑥,子孫多少巧,爲使奴婢。

⬚⬚⬚言不安⑦。

《經》云:口大如海百川歸,不容諸穢善自來。口如

⬚⬚▨⑧。

口小如方,常食天倉。

口平厚如閣,問無不答。

---

① 缺字居底一行首,依文意可補作"口"字。又殘字底一存右下角少許筆畫。

② 缺字居底一行首,殘泐。又殘字存下部似"間"字下部形筆畫。

③ 行首至"少"字間底一殘泐約十五字左右。

④ "不久"二字居底一行末,有些漫漶,兹參《神相全編》四載許負《相口篇》"縱理入口,餓死不久"錄定。

⑤ 行首至下句首字"口"間底一殘泐約十五字左右。

⑥ 圖片所示二字底一所書略草,未能識讀。

⑦ 行首至"言"字間底一殘泐約十五字左右。

⑧ 殘字底一存下部少許筆畫,行首至殘字間底一殘泐約十五字左右。

左慈曰：☐①。

☒(齒)部第十一②

卅六齒者，方白齊正，豪貴人。

卅四者、卅二☐命③，貧賤，爲人所使，多病，無子孫。

齒青歷、黑歷者，富☐期信④。

齒短，壽而賤。

卅三者，齒短内入者，訥言畏事。

☐⑤，其人☒☒⑥，不噉惡食，常噉粮酒肉，封侯。

齒齊，☐⑦，共兄弟争語。

男卅六齒，封侯；女有之，封郡☐⑧。

齒如鋸齒，肉食。

齒生一前一後，多厄難。

☐。

---

① 行首至下句首殘字“齒”間底一殘泐約十五字左右。
② 殘字底一存下部少許筆畫，兹參下文内容校補作“齒”字。
③ 行首至“命”字間底一殘泐約十六字左右。
④ 行首至“期”字間底一殘泐約十六字左右。
⑤ 行首至下句“其”字間底一殘泐約十六字左右。
⑥ 殘字前者底一存右上角少許筆畫，後者存上部少許筆畫。
⑦ 行首至下句“共”字間底一殘泐約二十字左右。
⑧ 行首至下句“齒”字間底一殘泐約二十字左右。

□□□□▨（二）①

吐舌及鼻者，三公。一云非命。

舌上▨□□□者②，三公。

舌厚而方，貴。

舌長下正，貴。

舌無文理，一□□□③。

▨（舌）欲得如鎧甲文④，大富貴。

舌短，語不自達。

舌有亂□□□⑤。

凡人舌薄而水者，喜歌舞。

項部第十三

□□□□者⑥，富。

頸連頷車者、方大者，善。

項博平，富貴。

---

① 殘字底一存下部“一”形筆畫，行首至殘字間底一殘泐約十九字左右。依文例此下當爲“舌部第十二”内容，故疑殘字即“二”字之殘形，姑據校補，並依文例擬補四個缺字符以别作標題，以清眉目。

② 殘字居底一行末，漫漶不能辨。又者字居底二行首，其上部有殘泐，此因殘形及文意録定。又行首至“者”字間殘泐約十五字左右。

③ 行首至下行殘字間殘泐約十五字左右。

④ 殘字底二存下部筆畫，兹依殘形及文例校補作“舌”字。

⑤ 行首至下行首字“凡”間殘泐約十五字左右。

⑥ 行首至“者”字間殘泐約十五字左右。

▨①，子子爲三公。

頸後方直與項②，名曰虎頸，▨③。

項長，喜失財甚▨廣者④，貧。

項小者，常貧苦。

項如罋壺腰，▨▨縣。⑤

▨⑥。

頷車廣而項小，貧。

胸臆部第十四

胸臆▨▨⑦，多謀。

▨後⑧。

胸色與體色同，善。若特赤爽爽者，形▨▨▨▨▨上尺⑨，二千石；不滿，令長。

心厭起而大塠塠者⑩，膽勇；小而不見者，▨▨▨勢不可⑪，獨出折衝。

---

① 殘字底二存下部少許筆畫。行首至殘字間殘泐約十四字左右。
② 本句意有扞格，鄭王書校云："'項'字後疑有脱文。"
③ 相形後當有斷語，此蓋脱，鄭王書引《神相全編》四《論頸項》曰："圓粗如虎頸者，善而福薄。"可參，兹從擬補一個多字缺字符。
④ 殘字底二存下部似"八"形筆畫。行首至殘字間殘泐約十四字左右。
⑤ 殘字底一皆漫漶，而存其字形大略。
⑥ 行首至下行首字"頷"間底卷殘泐約十四字左右。
⑦ 殘字底一皆漫漶，而存其字形大略。
⑧ 殘字底二存下部似"儿"形筆畫。行首至殘字間底卷殘泐約十五字左右。
⑨ 殘字居底個行末，皆有漫漶，其中前三者存字形大略。又次行行首至"上"字間底卷殘泐約十五字左右。
⑩ "厭"，通"黶"。
⑪ 殘字底二皆存左側筆畫，不可辨識。行首至殘字間底卷殘泐約九字左右。

臂部第十五

臂方,有財;短粗者則勞苦。▭①,至高官。

臂長,貴。垂及膝,大貴。

肘上爲龍,下爲虎,通則富貴。

許負曰:▭▨方伯封侯②,大富貴;年九十一,女人爲王妃,奴婢數百,年九十八。

相人面及身上豪毛十六

(後缺)

---

① 行首至下句"至"字間底卷殘泐約九字左右。
② 殘字底二存下部少許筆畫。行首至殘字間底卷殘泐約七字左右。

月波洞中記

佚　名　撰著

牟　玄　點校

【題解】

《四庫全書總目》云：“《月波洞中記》見於宋·鄭樵《通志·藝文略》者一卷，稱老君記於太白山月波洞，凡九篇。晁公武《讀書志》亦載此書二卷，序稱唐任逍遥得之於太白山月波洞石壁上，凡九篇，相形術也。與《藝文略》所記並合。《宋史·藝文志》載《月波洞中龜鑑》一卷，又《月波洞中記》一卷，皆無撰人姓氏。其爲一書異名①，抑或兩本別行，已無可考。自來術家罕有徵引，惟《永樂大典》所載尚存。核其體例，蓋猶據宋時刊本録入。並有原序一篇，稱老君題在太白山鴻靈溪月波洞中七星南龕石壁間，其説與《藝文略》相符，而序中不及任逍遥之名，則亦非晁氏所見之舊矣。序末又題赤烏二十年七月二十三日。案相術自《左傳》已載，而序中乃獨稱鍾、吕二真人。鍾離權生於漢代，其事已屬渺茫。吕則唐之洞賓，傳記鑿然，何由三國時人得以預知名姓？且赤烏紀號盡十三年，又安得有二十年？明爲不學之徒依托附會，其妄殆不足與辨。特以其所論相法，視後來俗本較爲精晰，當必有所傳授。篇目自“仙濟”至“玉枕”九章②，其詞亦頗古奥，蓋即鄭樵、晁公武所言之九篇。疑原本止此，故諸家著録皆稱九篇。以下或爲後人所附益，亦未可知也。然相傳已久，今亦不復删汰。以篇頁稍多，析爲二卷。以便循覽，且徵③示原本與續入之別焉。”

李裕民《四庫提要訂誤》中以爲“此書的流傳關係是鍾吕一

---

① 一，原無，《述古叢鈔》本有，據補。
② 目，原作首，於意未安，據《述古叢鈔》本改。
③ 徵，《芋園叢書》本作“微”。

陳仲文—張仲遠—余。從託名鍾吕及傳授關係看,當在北宋晚期",又云"此書真正作者當是這位潘時竦"。（中華書局二〇〇五年版,頁二〇二）,可備一説。是書前九篇與後面諸篇不相連屬,又第九篇後題有"政和四年六月,將仕郎充高郵軍學教授潘時竦校正"字樣,疑前後並非一書。前九篇中時有"老君之歌"、"老君歌"出現,而原書序文稱老君題在太白山鴻靈溪月波洞中七星南龕石壁間,筆者懷疑《月波洞中記》原來或許僅有"老君之歌"、"老君歌"。至於其中内容,也與其他相法頗異。如四維八方説,面部二百三十五位説皆僅見於是書。今傳本《玉管照神局》"體骨"篇註文云:"與《月波洞中記》同。"而今《四庫》本《月波洞中記》却無"體骨"篇所説之内容。又諸相書所引《月波洞中記》語句,亦多不見於今傳本《月波洞中記》中,可見今傳本《月波洞中記》並非足本。

此書見録於《崇文總目》子部五行類、《宋史·藝文志》五行類、《郡齋讀書志》子部五行類、《通志·藝文略》五行類相法小類及《文獻通考》經籍考子部形法類,皆記爲一卷。《文淵閣書目》列字號陰陽下記此書爲"一部一册,闕",《國史經籍志》子部五行相法類據録,《清史·藝文志》子部術數類相書命書之屬記爲兩卷,云"舊題周老子",《竹崦盦傳抄書目》子部術數類記有此書一卷,《問源樓書目初編》子部術數類命書相書之屬記有此書兩卷,云爲李氏刊本,而李調元《函海》本只有一卷,或者即同嘉業堂所藏,爲李雨村刊本。《宜稼堂書目》記有此書兩本。《持静齋書目》子部命書相書之屬記有此書兩卷,云爲《函海》本。《八千卷樓書目》子部術數類命書相書之屬記有此書兩卷。《嘉業藏書樓書目》子部術數類記有此書一册,云爲李雨村刊本。《邵亭知見傳本書録》子部術數類命書相書之屬記有此書《函海》本一卷。

此書現在可見的版本主要有：《四庫全書》本、《函海》本、《述古叢鈔》本、《藏修堂叢書》本、《抱經樓匯鈔》本、《翠琅玕館叢書》本、《芋園叢書》本。其中《四庫全書》本出於《永樂大典》，當爲各本之祖。此本正文、註文時有不分，尤以前九篇之後爲甚，有些地方幾乎無法通讀。然而這種情況很可能是《永樂大典》中既已如此。《函海》本模糊不清，脱漏甚多，但爲全本，《叢書集成》即據此本影印。《述古叢鈔》及《藏修堂叢書》本皆出自劉晚榮手，據筆者考察，其所用似爲同一版，然《述古叢鈔》本較藏修堂本多一"四庫提要"。《芋園叢書》本云所據爲《永樂大典》本，前有"四庫提要"。然據筆者所見，《述古叢鈔》本、《藏修堂叢書》本、《芋園叢書》本皆九行，行二十字，單魚尾，又皆僅有前九篇，當非全本，疑此三者同爲一版。本書即以諸書祖本《四庫全書》本爲底本，參校以《函海》本、《述古叢鈔》本、《藏修堂叢書》本及《芋園叢書》本。

月波洞中記原序

醫卜者，皆術也。醫而不驗，非所謂良醫也。卜而不應，非所謂善卜也。愚之神術，非敢稱善，謂無所不應矣。素非伎者，昨因求士，假術以講道。夫相者，先相出氣。重者爲貴，輕者爲賤。若人内心神有千尺之索是行也。穿滿者，爲大貴。取盡者，爲大殺。此索係鍾、吕二真人爲證也。穿滿者，眉有曲鈎者，積行人也。取盡者，眉毛散逆，及斷者，粗硬者，爲有災無德。夫相者，天地之玄機，聖賢之蘊奧。取禍福而無差，定生死而有則。遇之於相師①，始之鍾、吕之太白山石室中②，有逸人陳仲文傳之三卿張仲遠③。余因得之而不敢隱，故傳於世。斯誠神異術也！又云：相術九篇，乃老君題在太白山鴻靈溪月波洞中七星南龕石壁間，如有志人念得斯九章，精通其象，廣拜道術。赤烏二十年七月二十三日序。

---

① 師，原無，意不同，據《述古叢鈔》本補。
② 之，《述古叢鈔》本、《芋園叢書》本皆作“自”。
③ 卿，《述古叢鈔》本、《芋園叢書》本皆作“鄉”。

月波洞中記卷上

仙濟

燕雀之志，嘗思爪下之食，腸不盈於百粒，聲不遠於五畦，翶翔藩籬之下，其氣量亦自足矣。鸞鳳之志，一舉千里，非梧桐而不棲，非竹實而不食，鳴於朝陽，天下稱其慶，志度氣象固自有殊也。是知有衝天之翼者，必不肯棲托桑榆。有方外之材者，必不肯貪求名利。志之所向取舍①，以此觀之。志趣遠近，氣量深淺，自可見矣。

九天玄微

凡欲相人，先視其首。頭者，五臟之主，百體之宗，四維八方並須停正。左耳爲東方，右耳爲西方，鼻爲南方，玉枕爲北方，左頰爲東南角，右頰爲西南角，左壽堂爲東北角，右壽堂爲西北角。方維既正，乃視其骨。骨法九般，皆貴相也。無異骨終難入貴。所謂九骨者：一曰顴骨，二曰驛馬骨，三曰將軍，四曰日角，五曰月角，六曰龍宮，七曰伏犀，八曰巨鰲，九曰龍角。東西兩嶽高成爲顴骨，勢入天倉爲驛馬，耳齊爲將軍骨，左眉上隱隱而起者名

---

① 取，《述古叢鈔》本、《芋園叢書》本作“趣”。

曰日角骨，右眉上隱隱而起者名曰月角骨，繞眼圓起者名龍宮
骨，鼻上一骨起者至腦名曰伏犀骨，耳兩畔溝䐈骨高者名曰巨鰲
骨，兩眉毛入邊地稍高似角者名龍角骨，亦名輔角骨①。已上九
骨，皆三品之相。人額上骨圓大，名天成骨。顴勢入耳，名壽骨。
兩耳後骨起，名玉堂骨，亦曰玉階骨。項後骨起如鷄子者，名天
柱骨，亦貴相也。

冥度

尺宅從髮際至地部一十三部位，左右東西共二百三十五位。
其部分衆多，其象類參雜。若定取紋理黑子，則吉凶之理森然難
見。要其大，只在於骨法、神氣。但先相其骨法，觀其神氣，則貴
賤自明矣。凡骨形已見，以手揣而識之者，名爲骨法。骨形未
見，以眼看而識之者，名爲骨氣。骨法則止知見定之形，骨氣則
可見未來之事。是知能辨骨氣者，玄於法也。神有餘者，形或不
足。形有餘者，神或不足。或俱有餘，或俱不足。視其骨，察其
心，則神形可見。蓋形麗於骨，而神宅於心，此是其主，不必廣尋
也。經云：心者形之主，形者心之器也。神主其心，心主其形。
形體端足，魂魄自全②。四體屈伸，神精荒散③。君臣相合，四支
相助，自然之理也。能知神在於心，心能清净，則福自生矣。是
故神稍清，形稍緊者，必爲富貴人也。神稍濁，形稍慢者，必知其
貧賤也。老君之歌曰：百劫廣修異骨生，骨肉不合神非靈。嶽牧

① 輔，《函海》本、《述古叢鈔》本皆作“補”。
② 自，《述古叢鈔》本、《芋園叢書》本皆作“周”。
③ 荒，《芋園叢書》本作“不”。

旌旗骨上生,先看骨肉不聽聲。玉柱相成千萬兵,次看食地廣能平。天倉地庫連滿城,龍宮日月應天庭。神形清潔君呼名,審神察形自有程。有此骨者身必榮,録在天府仙洞經。天地之内人最靈,直見一生推豪英。

靈嶽

凡人受氣懷胎,皆稟五行。隻曰男,雙曰女。得其偏者,形骨必俗①。稟其粹者,神氣必全。形有厚薄,故福有淺深。神有明暗,故識有智愚。雖吉凶貴賤紛綸不齊,而神見於動作,形備於骨法,善惡有相,可得而知。今以精神、氣色、才智、骨法次第考核,設九成之術,以觀之。一曰精神,二魂魄,三形貌,四氣色,五動止,六行藏,七瞻視,八才智,九德行。凡精彩分明,爲一成。魂神慷慨,爲二成。形貌停穩②,爲三成。氣色明净,爲四成。動止安詳,爲五成。行藏合義,爲六成。瞻視澄正,爲七成。才智應速,爲八成。德行可法,爲九成。又有九骨:一曰顴骨,二驛馬,三將軍,四日角,五月角,六龍宮,七伏犀,八巨鰲,九龍角。已上九骨,凡有一骨起者,亦爲一成。老君歌曰:顴骨成權合主兵,驛馬分茅列土人。將軍骨起將軍位,日角月角佐明君。龍骨清明好官勳,伏犀刺史隱衡門③。巨鰲繞朏尚書榮,龍角玉枕三台臣。九成八成臣中尊,五成六成臣中臣。三成四成五品人,一成二成有微勳。有之不成不白身,無成無骨永沉淪。三品貴者

---

① 俗,《述古叢鈔》本、《芋園叢書》本皆作“濁”。
② 停穩,《函海》本、《述古叢鈔》本、《芋園叢書》本皆作“端凝”。
③ 衡,原作“衝”,《函海》本、《述古叢鈔》本皆作“衡”,於義妥帖,據改。

皆識人，識人必貴自通神。神魂清净貴人親，君須識覽洞中文。

幽隱

凡人氣血之成，出於毛髮。毫白者，主壽。黑子上生毫者，主貴相。若頭髮老來勝者，不宜壽。髭髮少白，不宜壽。眉耳生長毫者，至壽。眉生白毛，玉堂骨起，仙人之相。胸上生毛，主學道術。背上生毛，凶惡之人。兩肩上或臂上生毛，主慈孝有禄。腹上生毛，大富。膝上生毛者①，少官禄。足下生毛者，極仙品人。若足下生黑子，有禄之人。一孔三毫，富貴之身。圓面豐頂，後連山勢起，髮少者，富貴之相也。

河嶽

凡相人面，五嶽欲其相朝，四瀆欲其不混，形神備足，富貴之相。所謂五嶽者，頤爲恒嶽，額爲衡嶽，鼻爲嵩嶽，左顴爲泰嶽，右顴爲華嶽。所謂四瀆者，眼爲淮，耳爲江，口爲河，鼻爲濟。高成曰嶽，深厚曰瀆。嶽欲成而瀆欲清。若更精彩自足，有威有媚②，接對無僞，信行不欺，此乃形神備足矣。凡人言辭審正，聲音安詳，瞻視尊貴，舉止沉隱③，折旋俯仰，諸凡安貼，使人見之不覺悚然生敬者，蔡澤云：第一上相之人有此威儀。老君歌曰：五嶽阜成終不貧，圓頭項短足珠珍。耳有垂珠度百春，驛馬骨成主

---

① 上，《函海》本、《述古叢鈔》本、《芋園叢書》本皆作“下”。

② 媚，《述古叢鈔》本、《芋園叢書》本皆作“儀”。

③ 隱，依文意似當作“穩”。

萬人。巨鰲骨圓尚書身,虎頭燕頷主騎兵。鳳頭千里受其榮,從少至老不識貧。如同靈鶴在凡群。又歌曰:江淮河濟湛然清,四海之中必振聲。五嶽並無一嶽毀,一年福盡一年生。五嶽成來四瀆濁,其人不富有官榮。法_{原缺三字}各分明,爲文位列三台貴,爲武權持萬騎兵。

心隱

夫欲相之,必先試之。性行相外,乃得其真。欲知其性行者,察之於眼,驗之於口,則可見矣。心者,神明之舍,目其竅也。其神內守而其明外鑑,故觀其眼可以知其心矣。心主於火,目主於木,火木相生,乃分輪理。心有五輪,故目有五等。所謂五等:水、火、木、金、土之精也。目如初月者,屬水。如懸鈴者,屬火。如破梯者,屬木。如臥弓者,屬金。如圓杏者,屬土。初月之目,壬癸之精,水流不遠,無信之相也。懸鈴之目,丙丁之精,禮樂情懷,似火之德也。破梯之目,甲乙之精,瞻視瞬息,似木之性直,其間亦有虛妄不實者。蓋木身雖直,而果味不同故也。臥弓之目,庚辛之精,弑君弑父,陣亡兵死,天生露睛是也。圓杏之目,戊己之精,忠孝信行,似土之德。言者,心之聲也。靈氣漏露,發而成響,神靜則辭寡,神躁則辭多。是以既察之於目,又驗之於口。多言數窮,不如守中。周廟金人,三緘其口。君子欲訥於言而敏於行。故知多言無益,最減人相。凡人言語無統緒,好摭人短處,自恃己長處,此人也輕薄無行[①],衆所共惡,摧挫失志,禍從

---

① 行,《函海》本、《述古叢鈔》本、《芋園叢書》本皆作"德"。

斯起矣。夫聰明豁達者，少迍。執迷勾留者，多滯。是以君子之性通而不執，小人之性執而不通。君子有將來，不期身貴而自貴，雖不徼福而福自至焉。小人無此去，自望身榮而多得禍焉。故曰：凡欲相之，必先試之。凡閱人必詳察其骨狀，似載棟梁者，貴人也。眼有蓋①，而魚尾遠者，主有大禄。天勢圓大，旗亭廣博，心目分明，品位自崇。瞬息不定，瞻視不常，心性不定之人也。羊眼四白，死於道路。蜂目豬眼，毒而多淫。大小不等，眉頭屈曲若下視者，皆壽短之相。精神不定，目急者，無信。瞳子微小，赤脈亂侵者，並主惡死。目下小者，爲善相。四大猖狂，目不自斂，衣食必破。經云：重瞳者，未必爲貴。眇目者，未必爲賤。仔細觀察，相可知矣。

貫德

金毛五色，是鸞鳳之衣。紫綬金章，是朝天之服。故知神不貴者，其形不永期也。人受天地五行之正氣，一月精血凝，二月胚胎成，三月統血脈，四月形體就，五月能動轉，六月毛髮生，七月筋脈至，八月臟腑具，九月穀②氣在胃，十月百神修具，出於子亥之門，然後成人。蘊胚胎之真粹，稟靈骨於幽冥。情欲既萌，遂生禍福。事雖未兆，神已先知。發於五神，是爲五色。布在面部，吉凶可知。青憂，白哭，黑病，赤災，惟有黃氣獨主喜慶。更須紀四時瞻察，隨本相以相生，則災福之理昭然自見。夫貴人

---

① 蓋，《函海》本、《述古叢鈔》本、《芋園叢書》本皆作“神”。

② 穀，原作“穀”，依文意當爲“穀”。

者，含靈受氣，稟之於天和，血脈形神降之於精髓。山有玉而草木鮮，水懷珠而波瀾媚。人有貴氣者，形神骨肉自然異於常倫，無藝無才，亦有大禄，雖處貧賤之中，人自欽仰，此貴人之苗①也。但看禮度接對，行步笑語，精神自在，異於衆人，貴人一見，便加愛重保護，願其顯達者是也。老君之歌曰：三品貴者皆識人。此其象也。賤人者，雖能語而無神，雖有形而無骨，視其氣則不潤，察其色則無光，手足失墜，筋節不續，舉措悚懾，作事乖違，其精神語笑，禮度接對，一見可知，更不在相也。經云：頑石投於江湖，雖千年而不潤。白玉投於沙泥，至劫盡而轉明。形薄者，不可以任重。神濁者，必難以當禄。元氣失者，視之不遥。元氣勝者，望之愈遠。氣貴者，望之如雲霄。氣賤者，望之如糞土。其根本深淺亦可知矣。經曰：莽蒼無色終年貧，黄髮亂垂乞爲伶。腹淺尻薄無屋薪，忽行視後多孤辛。腦髮半垂少失親，鶴頂結露不用論。區區終日没精神，肉多口大蟣蟶身，縱得公卿命早迍。更有掉腰蛇行人，雖年百歲守孤貧。

玉枕

　　兩耳上平爲百會。前爲額，後爲腦。前爲星堂，後爲玉枕。枕之骨，凡一十八般，皆公侯富貴之相也。今具骨法如後。◦車軸◟仰月◝覆月▢方枕━一字メ背月╬十字╱╲八字◎玉環◜右撒◟左撒〓三關◐鷄子⌣山字◞連枕◠品字▽垂針▽懸針。經云：凡人有此骨者，皆貴相。如作僧道，雖不貴，有此玉枕者，皆主壽。凡

人稍有玉枕，但有骨微起者，皆主禄壽旺①。平仄無者②，禄壽難逢③。婦人有之，皆亦主貴矣。時政和四年六月，將仕郎充高郵軍學教授潘時竦校正。

耳限十五年

耳若無珠者，不貴。若有珠者，不貴何也？難得正垂而生④，謂不得地也。珠若生正垂，謂得地也。向外貼者，爲失地也。若正月十五夜珠，係青白珠⑤，最爲上也。若青白色，光潤是也。如豌豆大，帶五顆者，必建節。若八月夜珠者，次也，四五品官也。若帶三顆者，合取一品，係磁白珠也。白瑩潤，六七品官也。帶兩顆者，有官無職。若五月十五夜珠者，下也，係粉紅者是也。如豌豆大，帶五顆者，四五品官也。若帶三顆者，如豌豆大，七八品官也。如三四顆者，八九品官，亦有官無職⑥。如兩顆者，無官而有權。若粉紅者，不光澤而圓者，如五月珠者，多饒限弱反覆。此已上三等珠，都要顆圓者貴，不圓者減半，取富貴輕。向外貼者，自立也。若向裏貼者，長富。要耳貼輪而厚，取富貴準也。左耳不牢，妨父。右耳不牢，妨母。不牢者，無根也，薄而無垂也。

---

① 皆，《函海》本、《述古叢鈔》本、《芋園叢書》本皆作"貴"。
② 仄，《述古叢鈔》本、《芋園叢書》本皆作"下"。
③ 逢，《述古叢鈔》本、《芋園叢書》本皆作"遠"。
④ 垂，《函海》本作"舍"。
⑤ 《函海》本無"青"字。
⑥ 官無，《函海》本作"無官"。

額限十年

若重額者，爲人多樂也。若天庭骨正者，入廟堂。又爲天頂者，承以蔭，爲白色，光潤明也。上至髮際，下至眉齊。若額不似熨者，不貴。熨者，是明也。如兩重額者，合取二齊。鬢生向前者，初年多滯。及犯了額者，堪一齊也。婦人有重額者，多饒貧賤也。重額者，額上有附肉者是也，必食離合之財。左額上有痣者，陽人多不在家，亡也。若陽人有三骨者，額上身邊骨起是也，必過長上之基。若有天倉，是富人之根本。若滿者，富貴也。不滿者，反是，夭短。髮際下者，必夭壽。若山源不正，平生三破。左壁好者，食祖基。右壁好者，食其妻。禄合立外財[①]。

眉限四年

若眉細長稀疏，正平有彩者，貴。黑濃粗無光者，不貴。若陰人得正陰眉者，平生多樂也。若陽人得陽眉，平生亦多樂也。陰人得陽眉者，敗。陽人得陰眉者，濫。陽人有聖眉者，必食陰人重疊之財。若眉重者，是眉上有肉附高也。若男子眉不停者，出子於衆母也。如眉散逆者，必棄前妻，後就富妻，此人命短及絕嗣，有大德者減半。若有勾者，小背向下曲者，是積行人也。陽人陰眉散者，必定妨妻多也。散在小背者，妨兩三個也。散在大背者，妨三五個也。若陰人得正陽眉者及散者，妨五七夫。若

---

① 《函海》本“立”字前有“自”字。

陽眉不正及散者，妨兩三夫。若十分陽眉散者，必落娼。陽人眉有角者，是眉毛三五根成縷也，必見兩三個妻也。眉生四角者，必見三五個妻也。眉角盛者，妻多也。若眉眼相近者，不宜初子也。註異有聖眉者，合得陰人之財。眉上有附肉高者是也。

眼限六年

眼中有神者，貴。無神者，不貴，必爲人昏暗。若七分内神者，及第。十分内神，狀元取一齊。眼裏有學神旺者，爲樂。有才神者，小貴。夫剛骨有肉者，積財巨萬。剛骨不正者，亦積財巨萬。額上有若指甲潤者，是剛骨也。若正者，三品官也。不正者，五六品官也。婦人有剛骨者，多妨夫，及出子於衆父也。三品以上，貴能兼富。四品以下，富能兼貴。眼裏無學神者，或不秀者，不高貴也。視低無學神，如無目，人覷其三鼎。婦人眼内有神者，下也。目斜視，好殺也。目正視者，平也。疊睛平視者，平安，多遭冤枉之事。眼神散者，多發疾。眼屬南方，日月之宫，是神之所舍，外照萬物，或開或閉，灼然不見，或秀或媚，或威或惡。長守黑白分明，視物有力，回顧有常，掌三公之位，不可逃也。睛有三角，睛外露，赤縷貫睛，區區覓食，相之下也。眼中有三點神者，必建節。有兩點神者，五品官。若左眼下有卧蠶者，目下光潤如卧蠶之狀，必主食僧道之禄。若右眼下有卧蠶者，必食陰人之禄。若左眼下胞匀硬，主三子之數。右眼下胞匀硬，主六子之數。左右視高及神明者，係子多也，於内有顯子也。夫則覷其妻，妻則覷其夫。行業者爲先，謂如夫帶三子，妻帶七八子者，夫有行也。左眼有層紋者，一個兄弟。兩層紋者，是兩個兄弟。若層紋在裏者，兄弟不得力。有義紋者，兄弟父子不到頭①。上胞爲父，下胞爲子。父宮胞硬，則父送其子。子宮胞硬，則子送其父。眼若悲啼，兩角白仁多者，兄弟多饒衆母也。若眼瞼②下迎上，不過月餘。上迎下，不過百日。兩相併者，是早亡者。有殺人難，殺在眼，若疊睛垂視，及斜視下視，爲殺不散者。澄湛爲上也。

鼻限十年

若鼻不直聳者，不貴。有節，必兩姓也。若鼻近上有節者，祖姓不真。近下有節者，自姓不真。鼻不藏竅，不富。如富者，必側近有庫也。若鼻寋③，四十五大破也。聳者，貴。有庫者，足。鼻肥，兩端紅潤者，是也。若有仙庫者，足富貴。有俗庫者，足財。庫在仙庫之下，單庫者下半，雙庫者雙也。若鼻懸紋者，多移落他鄉。鼻小及人中寋者，平生多動搖也。眉過目，人富也④。如狼目虎視，全者，富貴，不全者，富而不貴也，只可同憂，不可同樂。

上、下唇二十年

若口不方者，不貴。是一齊之齒，四海之方圓。合要方，開

---

① 父，原無，《函海》本有，於意爲長，據補。
② 瞼，原作“臉”，據文意改。
③ 寋，《函海》本作“蹇”。
④ 人，《函海》本作“大”。

要圓。齒齊密者，取富貴準也。若齒有三十六個者，大貴。如稀少者，及唇掀者，賤。如四海方圓，高得助也。唇紅齒白，富貴之苗也。

頦限五年

髮疏鬢美者，富貴得助。頦下有成臍肉者，足富。頦中有靨者，限外有餘，壽命七十有三。勒腰靨者，七十八，不固①，減三年。八九十者，看餘限豐滿也。頦下旋生臍肉在頦骨下，必主近有權也。

---

① 固，《函海》本作“過”。

月波洞中記卷下

論八限

　　眉、耳、額限初主。耳限八限之先，不欲焦黑，及有粥衣，主腎臟有疾，而不貴。如猴人有者，不妨。世人只知無珠者不貴，如貴者何也？輪廓分明，紅潤有刀環也。大抵耳不欲向前，不欲低於眉，謂耳低於眉。不要反輪，必破祖也。風門不欲小，無學之人也。不欲上廣下狹，父母早亡也。虎形上尖下濶，猴形人亦上尖，熊形人上下匀停，獸形下狹上正也。如反輪不破祖，下狹早亡父母[1]。風門小而有學者何也？看其高於眉，紅潤有氣也，主初年駁雜，當細辨之。如行運，男左女右，交生日後起。有缺者，在襁褓中有疾驗也。十五生日交額，十年之限也。額有長理，主早年不遂心。有亂紋如波者，小貴。前三日不似熨者，不貴也。如貴者何也？必是日、月角分明，及伏犀高顯，天倉骨入兩府，邊地、吊庭、輔角此數骨爲之剛骨，有一於此，限至亦貴重。額正者，入廟堂。陽人有三骨，額上、面邊有者是也。川字骨正者，五品人。如有剋陷及瘢疵黑痣者，八九品官，須自立，謂早年無可得之勢。婦人額有骨者，賤。天中有圓骨，主棄前夫就後夫。此乃無德，主殘疾於老年。要日、月角分明。陽人若兩眉角

----

① 早，原作“遲”，《函海》本作“早”是，據改。

上有山林字者，主二千石禄。婦人有者，國夫人。有山水字者，主少年榮顯，年邁必有求道之志。大抵要廣平有骨，不欲鬢侵於馬，主初年多滯。山林缺者，子孫稀，婦人亦如此。子孫多者，老年亦不得力也。陽人兩額角有立紋，主殺婦。婦人有者，主殺夫。天庭遠無紋，黃老之徒也。天庭短者，主夭。《清鑑》云：有天者貴，頭是。有人者壽，鼻是。主富貴兩全。有地者富，頦是。豐滿重者，亦富貴兩全。二十六生日後交眉限。眉者，左爲紫氣，右爲月孛，不欲相敗。如小角散者，男妨婦①，女妨夫。如一字者，主有學。豎立者，不善終。兩眉如八字，男客亡，女不正。如斷者，及不光澤粗破者，不等者，有瘢痣者，謂之眉殺，斯人也無德。陽眉者，疏而秀，有彩。若男子得之，平生多樂也。陰眉者，黑濃細者。女人得之，爲正妻。婦人得陽眉，爲正妻者何也？必是墻壁平正，及額好者爲貴。男子得陰眉，平生多樂者何也？必是有青彩之色。男有陽眉而覆眼者，主榮。婦人有陰眉極濃厚散者，主身不榮，此賤相也。有角者，是正妻。如無應驗者何也？必是峻高山林缺也。以上三限者，是初主。眉上輔，附馬高②，食外財禄。重眉者，主身閒有財帛。婦人有者，必伶俐。

　　眼限、鼻限上爲中主。眼者，人之瞻視。欲藏神而白睛少者，貴。三點神者，及餘限有力者，主建節。眼神忽然出散者，七日內身亡。上下瞼相逆而塌者③，四七日亡也。如定者，不妨，止於大病。如有紅絲貫睛者，不善終，正虎形人不妨。下視、斜視、偷視者，多陰賊，女不貞烈，孤淫之婦也。男子眉眼相近，顏色黑

① 《函海》本無“男妨婦”句。
② 附，據文意疑當作“驛”。
③ 瞼，原作“臉”，據文意改。

者，嫉妒奸猾之人，不可與交。婦人如眼有烏及濕者，謂之寡婦，守空牀之象。婦人若神光不散，顧盼有常，精神不亂視淫邪，主貴，有夫人之稱。眼偷視、斜視、下視看人不休者，及言語多笑而媚者，主娼妓之材也。眼不欲露，印不欲深，臥蠶要明潤，此全相也。若臥蠶無光，塵土色者，更亂紋交侵者，不貴，孤獨之人也。男子龍視、虎望、鷹視，富貴兩全。交三十六生日後鼻限，山根爲始。鼻梁平正，準圓者，貴也。如不聳直貴者何也？必有明潤之氣。梁曲者，男女俱淫①。山根若有紋者，初年遭苦，主三十六有災也。年上紋者，主門户成敗。壽上有紋者，身多臨災。準頭有，主作事無成。年上白者忽而見，主傷財。壽上忽而見者，主獄亡。準上有白色者，主人相鬥有傷損。虎形人鼻露竅者，不妨。鷹、鶴形人準尖，年高壽低。其餘露竅者，四十五大破也。如兩郡有庫者，不妨。臨年亦傷財。有仙庫者，富貴雙全。蘭臺紅潤者是也。淨庫者，減半。右廷尉是也。俗庫者，蘭臺、廷尉如潤，似見不見紋者，傷子，雖有亦不孝。四十六生日後交上唇。欲得方樣，人中欲深長者，主衣禄不缺。人中上廣，主初年得子。下廣，晚年得子。人中勻停深長者，主生貴子，發祖②。人中下濶者，少閒。上濶者，老鰥。許負云：人中深長，一世吉昌。人中廣平，養子不成。人中漫漫，無子可憐。如不正，及瘢痣者，有妨。此乃上唇之輔助也。上唇紅潤者，貴。及紋理缺者③，定有災。掀露齒者，不睦六親，好說是非，無德之人也。欲得下唇相應有氣，不掀露爲貴相。唇紅齒白，富貴之苗。若不言而自動者，是

---

① 《函海》本此句作“男婦主淫”。
② 祖，《函海》本作“達”。
③ 缺，《函海》本作“曲”。

非之人也。婦人亦如此,爲人不和。此二限爲中主。

下唇頦爲末限。下唇欲紅西瓜子,上下相應,無缺陷亂紋者。上唇爲君,下唇爲臣,相得爲潔淨。言四海方圓者是也。開要圓,合要方。承漿潤者,衣食不缺。世人只知齒露不貴,露齒貴者何也?必是人中深長,齒白唇紅故。舉一隅不以三隅反,斯之謂也。頦者,地也。豐滿及兩倉不陷,主莊田奴僕金帛成家之象也。若尖薄者,主末年貧賤也。無倉庫奴僕者,不全相也。若有亂紋侵者,主失所移落也。此二限爲末主,共十五年也。

耳起不倒,高如眉,鼻不昂,準頭齊,三處皆應,少年名播天下[1]。詩曰:金木雙全廓與輪,風門容指主聰明[2]。端圓聳準朝羅計,富貴榮華判令名[3]。金木生衣一世貧,輪飛廓散主艱辛。於中亦有爲官者,終是區區不出群[4]。

耳珠朝口,貴。詩曰:輪廓分明分外奇,耳珠朝口禄無虧。常常紅潤主清貴,年少登科衆共知。

耳內生毫,貴。詩曰:耳白觀來勝面容,多才飽學禄盈豐。當爲扶助朝中相,孔內生毫貴不同。

圓耳,損壽。詩曰:耳聳圓環有數般,若然輪薄不須觀。極嫌輪廓無分曉,六月炎天也道寒。

耳反無珠,孤獨。詩曰:耳反無珠福禄慳,更加鷁黑禍綿綿。木星若得無凶陷,却許將來壽數堅。

耳輪枯淡。詩曰:枯淡輪翻貼肉生,耳珠無墜少精神。一生

---

① 《函海》本云:"此下原本脱落"。
② 《函海》本以此二句爲富貴詩。
③ 《函海》本以此二句爲榮華詩。
④ 《函海》本以此四句爲輪飛廓散賤詩。

作事無成就，雖有文章未顯榮。

兔耳聳起，無禄。詩曰：兔耳常高卓且舒①，上尖下大薄皮膚。妻兒兄弟多無力，財禄宮中不至餘。

平坦耳，壽富。詩曰：耳如平坦喜非常，家道興隆有吉昌。可與石崇彭祖並，富而必壽壽而康。

齊眉耳，壽福禄。詩曰：耳生輪廓聳齊眉，此相如逢總不虧。實利虛名皆有分，一生福禄享耆頤。

小墜耳，無禄，孤。詩曰：耳珠小墜又何如，東奔西走百事無。命淺可憐福禄薄，刑妻害子一身孤。

反珠耳，末主好。詩曰：人如兩耳反生珠，歷盡風波沒坦途。富貴少年誰敢許，老來佳景屬桑榆。

墜輪耳，有福。詩曰：耳若珠垂號墜輪，更兼氣色與精神。一生衣食長温飽，便是安閒享福人。

佛耳，性善。詩曰：耳名佛耳不堪言，性善心慈極好閒。一炷名香經一卷，自然清福樂平安。

反輪，少福。詩曰：凡人有此反輪耳，平生勞碌無休止。因何心地不安閒，招得相刑能若是②。

小珠，中平。詩曰：小珠耳相本風流，也有歡娛也有愁。終是喜多愁却少，知機平穩老來休。

方耳。詩曰：方耳元來相貌奇，聳白生毫壽不虧。細小色黳命短薄，若還堅厚足豐衣。

額其峻如立壁，其廣如覆盂，明而澤，方而長者，貴壽之兆。

---

① 耳，原作“且”，《函海》本作“耳”，於意爲長，據改。
② 刑，原作“形”，《函海》本作“刑”，於意爲長，據改。

左側者，損父。右側者，損母，其上欲得不蹋不尖，無亂紋，無凹凸。反此者，迍蹇日月。棱角而起者，二千石。印堂至天庭有骨隱然而見者，少年榮達。又云：二十八歲。邊地、山林皆欲豐廣。坑陷者，貧賤。

郭林宗觀人有四學堂：一曰眼爲官學堂，爲長而清，有官而壽。二曰額爲禄學堂，其圓而正，主忠信，疏缺而小，主狂妄。四曰耳門之前爲外學堂。耳前豐滿，光潤，主文學聲譽。反此者愚下之相。按：此條第三學堂缺。

額有黑氣顯者，橫災於旬日内。面若塗膏，主獄亡兩地。倉有黑氣者，噎食病死。承漿地閣有黑氣者①，主酒食有毒，傷死七日内。顯青色在承漿者，主酒食而鬥争。青合有紅色者，主七日内有遺災。奸門有白氣者，主妻有私通，及傷害自身也。有青紅色者，主有祟。日、月角忽然紅色起者，主十日内得財也。似紅不紅者，主百日内得財。

鼻直有白氣色者，主孝服。井部有黑氣者，主犯災。金匱有青黑色者，主傷財。門閣有青色者，主凶事入宅。有黑色起於兩頰者，四十日身亡。羅計星位。

眉欲疏而秀，平而濶，主智信仁義。秀而長者，性聰敏。眉過眼者，豐富。眉不覆眼者，乏財。左有旋紋者，妨父。右有旋紋者，妨母。粗濃者，愚賤。下壓眼者，貧賤。斜卓者，性豪急。頭起尾下者，懦弱。眉頭交者，貧薄，少兄弟，不得力。生毫長一二寸者，主壽。眉促而愁者，孤獨。骨棱起，多迍否。眉毛短骨起者，性剛。一眉，爲人無信義。眉心有旋毛，兄弟隻居，自卓立，稍得縱有妻兒，氣不合。又兩合，恰如一字之狀，又得鼻孔不

---

① 漿，原作"槳"，據文意改。

昂,耳孔容指,此乃三處皆應,此人有行義,但執性剛强,中年大發。人之有行也,積於心而行於眉。眉小角有似曲鈎者,父母積德也,自身多有行也。故曰:行在眉。取盡者,爲大煞。或二眉等而促,及短破斷者,孛與紫氣有缺者,爲取盡。臨事當細辨之。

印堂名紫氣星。印堂潤而平,二眉不相連,更得蘭臺、廷尉之處皆朝,大貴矣,主子孫顯達。若狹而連,主賤,不習好人,專習小輩,祖業破盡,妻子難爲,又無實學,碌碌人也。

鼻爲中嶽,其形如木。云云。黯黑仄薄者,不賤則夭。隆高有梁者,主壽。弱而小者,夭賤。山根不得蹙折。勾紋者,苦窮忙碌。

山根不折,鼻梁不曲,常常明朗,晚年有禄,主妻賢淑。若是無肉,與人不足,可宜善守,不可與人交接。

人中立理,及有黑子,主養他子。光明潤澤,富貴來逼。縱横理者,不利子孫。其小如綫,貧寒下賤。

五嶽及有小氣所管屬者,衡如滿月南嶽,泰如鷄卵東嶽,華若方銀西嶽,嵩若高發中嶽,恒如倒提北嶽。五嶽全者,及餘皆好,無剋陷者,食禄,主貴。乾雍州陷者,無地宅。艮兖州陷者,無食禄。震青州陷者,少仁德。巽徐州陷者,闕信義。離揚州陷者,多官災。坤荆州陷者,妨妻。兑梁州陷者,孤苦。戊豫州陷者,無田土。此九州如有缺陷者,限至必應。雍州白色,常潤。冀州青黑色,主酒色上亡。兖州青紅色,主吉昌。青州青色吉。豫州黄色吉。其次常改。青憂,黑横,白凶,赤官事,黄吉,隨四季觀之。

虎頭龍腦,將軍輔相之形。額上有七星之紋理,合乾坤之道。龜鶴體,官職富貴之資。雀豺身,忘家破宅之兆。頭尖腦薄,浪走他鄉。露齒結喉,失於鄉井。女要唇紅齒白,舉動去就低回。男要耳鼻肥圓,舉措祗敬嚴畏①。見男貌似女,女作男形。眼光彩大而雄聲,皮膚粗而行步大,女人之窮相也。眉小眼細,面白聲雌,接對失詳,語話軟弱,此男子之窮相也。有威可畏,貴人相也。有形堪敬,福人也。有色可重,媚人也。骨格隆峻,道藝人也。擁肉肥光,徒使人也。面貌凹凸,庸賤人也。眼多紫色,剛烈人也。眼多赤色,惡性人也。眼多白色,淫邪人也。眼多黃色,疾病人也。眼多青色,真貴人也。眼目低垂,離別人也。眼帶雌雄,百般人也。

雜論印堂、項、腰、足

印有紅字,宜官。兩道紋者,主刑。一道印者②,破印不善。有八字者,貴。潤者,得助。行滿,無瘢痕痣者,貴。項有雙縧細者,貴。無肉,成敗多也。腰欲圓,不欲滿,足欲方厚,此貴相也。眉不欲早生毫,年壯不欲早肥,肥不欲氣喘,夭相也。

印堂潤而不富何也? 多是峻高不平。

手平背大,根氣堅牢。

臍乃一身脈絡所聚之地,欲得深大。深大者,乃福壽之人。淺小者,極下愚,亦夭。臍深容李,富貴自起。不可太突,無智無慧。臍生毛者,主大貴。生近陰者,主下賤愚僻。臍圓如錢,富貴百年。又云:臍爲五臟之總,欲深潤,不欲淺凸。紫黑者爲上。

---

① 措,《函海》本作"止"。又《函海》本"畏"前有"威"字。

② 印,據文意似當作"紋"。

有橫紋者，主有壽。

神、骨、馬、相

神者，藏於目。男子有者，貴。骨在額。天倉有氣色者，貴。馬在兩天倉兩頰骨耳邊，謂之貴。人有四馬，乘其駟馬車。若求進之人，四馬不肥，塵暗者，終身不貴，縱有成立，亦不多時。馬有白色者，主行人半途而迴。有紅黃色，主吉昌。有青黑色者，主道路死亡之象。

正猴人，建節。單猴人，萬貫。像猴人，足富貴，自立。耍猴形，貧賤。正牛形人，二品。熊形人，四品。偏熊人，萬貫。行熊、敗熊，貧賤。正虎形人，建節。象虎形人，七八品官。畫虎形人，十萬貫。權虎形人，萬貫。臥虎、病虎形，貧賤心乖。鳳形人，作宰輔。

猴形倉庫陷者，身背向前合，齒細青唇高耳不分明，鼻高年壽低，眼上輪覆下，眉如角弓，天圓而短，頰高，聳肩，行掉臂。單猴有剋陷。像猴、耍猴人笑語無度，行不依徑。虎形上尖下闊，頭短而圓，項粗背骨高，有肉髻，眼白睛帶紅，黑暗帶黃，鼻山根微低，年壽濶，鼻頭露竅，口濶紅潤，聳肩行，頦方，指短，脚短，腰背微曲，食如連雷，睡乃哮吼，秉生殺之權。像虎人有剋陷者，有一於此，不爲像虎人也。畫虎人腰長睜目，手足發有威風中，行愛低頭，坐握手，視物不轉睛。權虎人減半。餓虎、病虎面肥身瘦，眼無神，容貌不光澤。牛形人面長項禿，鬢稀，額有肉角，行步詳緩，有心謀，眼有紅縷，鼻聳直，頦微尖粗也。正熊人面方頭圓，項粗，行不掉手，腰軟，身上毛髮多，愛拭唇，鼻準圓，頦方，耳聳,上下勻停故也。行熊、敗熊氣清身瘦,不識綱常,少信實也。鳳形眉細長,髮鬢清疏,每有凌雲之志,鼻衝直,身細長,餘外形當細求之,不出乎此類矣。

聲至喉而沉響者,貴。在喉而出響者,須自立,發於中年。先響而後破者,無朋友,獨強,主先富後貧。先低而後高遠者,主不得祖力,中年貴發於千人之上,善相也。前後勻響者,無破也,主長富貴。婦人有此聲者,欲清而輕氣,欲調而不急,主榮貴旺夫,自身守郡國夫人。先高後低者,妨前夫,主淫。先低後高,主祖不高,須自立,亦妨前夫。重濁遠振者,主富,妨夫多矣。重濁而短者,主身貧賤。若破者,鬥亂之人也,主夫不和。若八限中無氣,終身貧賤,不令相也。前言千尺之索者,行也。穿滿者,大貴。取盡者,爲大殺。行在眉。鍾、呂二真人爲證也。

夫形以養血,血以養氣,氣以養神。故形全則血全,血全則氣全,氣全則神全也。孟子曰:今夫蹶者趨者是氣也,而反動其心。是知神能養血與氣,神托氣而安也。氣不和,則神暴而不安。能安其神者,其惟君子乎!宜細而辨之,乃爲善也。寤則神遊於眼,寐則神遊於心。是其神出於形,爲形之表也。亦猶日月之光,外萬物,而其神固在於日月之內也。夫眼明則神清,昏則神濁。清者貴,濁者賤。清者寤多而寐少,濁者寤少而寐多。能觀其寤寐,則知人貴賤也。

斷及第

若面壯上,耳有圓珠,額似熨平,眼中秀有神,初年及第。額要圓,眼要神,或有秀,若鼻聳直,中年及第。眼要神秀,鼻要附耳，四海方圓，末年及第。三齊必正，四品官也。四齊，人入廟堂。若四齊有一缺，必建節。三齊之下，二齊之上，定難立也。若虎形人，必建節。偏虎形人，四五品。權虎人，主十萬貫，睡如哮吼，食如連雷。晝虎，萬貫。飢虎，貧賤。正熊人，七八品官。偏熊人，三萬貫。行熊、敗熊，主貧賤。猴人，入廟堂。正猴人，建節。象猴人，足富貴。偏猴人，三萬貫。單猴人，萬貫。耍猴人，貧賤。依此五行之理，推其富貴貧賤，以類推之，觸類而長之，其他一切飛行之狀，皆可知也。所以舉一隅而不以三隅反。母豬肥人，肥在二十年以下，十五以上者，不過三十七八亡也。如食不淋漓者，善終。㹠豬肥人，肥在二十以上，二十五以下，如不食肉，善終。若食肉者，不過四十五六亡也。若四十以上肥者，謂之福肥，長壽。如婦人骨頭尖者，必棄前夫，後寵富夫，此人無德，主殘疾，夭亡，及絕嗣，積德減半。又註馬在左右倉，肉高彩紅色，如小錢大是也。剛骨如指甲紅潤，在天中是也。又人有五象，南人似北人，貴。北人似南人，賤。南人面如雞子，北人面如斗底樣，是也。

斷富貴

神、骨、馬象者俱全，大富貴。十指如瓬瓦，雙背全然厚，足下要平平。若神骨馬象俱不全者，亦常人之命也。相云：非高命也。夫人有四馬，乘其駟馬車。生在孔雀之窩，初年建節。生在孔雀之門，中年建節。生在仙崔之家①，末年建節。在孔雀之家，

---

① 仙崔，依上下文似當作“孔雀”。

馬速貴速賤緊也。富貴要聰明，指甲如甌瓦，足下更平平，止於富也。

凶暴五章

眉尖眼雙豎，赤縷貫瞳神。氣亂精神急，凶亡不保身。
骨節粗無比，言高似虎威。鼻梁垂劍脊，凶暴必身危。
羊眼口尖掀，身粗坐更偏。色焦神氣露，因此喪天年。
鬢反若無德，凶亡爲氣豪。眼斜賢更避，須中小人刀。
橫肉三拳面，微微貫赤筋。目圓睛白凸，性暴是凶人。

惡死五章

刑殺帶豪強，知君主惡傷。眼頭尖尾大，心暴必強梁。
眉亂凶神起，雙眸帶殺光。額尖通口聚，虎口遇豺狼。
兩眼傾如劍，雙眉起似鎗。莫教身帶殺，垂淚赴磚幢。
睡眼開還合，惟嫌露白睛。假饒形相善，生不保前程。
口濶無收拾，形粗眼帶凶。莫教神氣暴，賊死向山中。

疾病五章

粥衣生兩耳①，面色帶烏塵。既竭天精位，_{腎也。}看看喪汝身。

---

① 《神相全編》此句作"緇衣生面耳"。

黃點滿天倉，乾焦色不揚。也應脾有疾，積久見身亡①。

面白皮膚薄，胸高氣不舒。髮焦髭鬢赤，肺病定難除②。

青氣浮光見，唇焦眼肉乾。木肝也。衰嫌面黑③，尤忌鼻頭酸。

神亂及神癡，心君定可疑。脈紅須見血，傷損更無時④。

夭折五章

縮唇并露齒，神迷色帶煙。三長連二短，那得保終年。

肉重皮膚急，神强氣不舒。結喉并露齒，應死在中途。

氣短精神慢，眉濃眼色乾。鬢焦唇更白，指日伴青蠻。

暗黑雲煙起，形虧骨不隆。眼斜神更亂，四九定歸空。

口細胸前凸，頭低視不昂。肥人如氣促，妻子守空房。

許負謂：七寸之面不如一寸之心。七寸之面易見，一寸之心難測。積行者難相，損己益人爲樂。帶殺人難相，害人安己爲樂。斯二端故難相也。眉毛早白者，不得壽。二十生毫，三十死。三十生毫，四十死。四十已上生毫者，主壽長。有重眉者，呼爲後印堂心，定四十六七已上發財也。

---

① 積，《神相全編》作“不”。

② 《神相全編》此句作“扁鵲亦醫難”。

③ 黑，《神相全編》作“赤”。

④ 時，《神相全編》作“兒”。

玉管照神局

［舊題］（宋）齊邱　撰著

牟　玄　點校

【題解】

《四庫全書總目》云："《玉管照神局》三卷，舊本題南唐·宋齊邱撰。齊邱，字超回，改字子嵩，廬陵人。初以布衣事李昇，授殿直軍判官，擢右司員外郎，累遷同平章事，兼知尚書省事。李璟嗣立以太傅，領劍南東川節度使，封楚國公。尋得罪，被廢，自經死。齊邱生五季俶擾之世，以權譎自喜。尤好術數，凡挾象緯、青烏、姑布、壬遁之術，居門下者常數十輩，皆厚以資之。是書專論相術，疑即出其門下客所撰集而假齊邱名以行世者也。《宋史·藝文志》、焦竑《經籍志》皆稱《玉管照神局》二卷，其名與此本同。陳振孫《書錄解題》則稱《玉管照神》而無局字①，且僅有一卷，疑所見本非完帙。吳任臣《十國春秋》則命書相書之屬載齊邱有《玉管照神經》十卷，名目稍異而卷數亦與《宋志》不符。錢曾《讀書敏求記》所載與《十國春秋》相合，且稱上局所論皆人之體貌，有形可見，故謂之陽局。下局所論，皆出形之外，無象可觀，故謂之陰局。其言體例甚悉。此本爲《永樂大典》所載，大指皆以形狀立論，與錢氏所云有陰陽二局者不符。疑此本即《宋志》所稱之二卷，故與十卷之本多所同異歟？術家之書爲後人緣飾增損，彼此牴牾，往往如此，不足深詰。特以其議論頗爲精析，而所取各書尤多世所未睹，猶屬相傳舊文，故稍加訂正，厘爲三卷，錄備一家焉。"

李裕民《四庫提要訂誤》云："此書引有《呂洞賓賦》、陳摶《風

---

① 今本《直齋書錄解題》作"《玉管神照》一卷"（上海古籍出版社一九八七年版，頁三八〇），《文獻通考》經籍考子部形法類亦依《解題》作《玉管神照》（中華書局一九八六年版，頁一七八五）。

鑑》等，卷下頁一四又引《月波洞中記》，顯然成書年代更在《月波洞中記》之後，即不早於北宋末。卷上頁一五列舉名人的相，提到宋代的只有一人，即‘秦檜當朝拜相，誰知他眼有夜光’。宋孝宗爲岳飛平反以後，秦檜已聲名狼籍，此書却專捧秦檜，應是宋高宗紹興八年至二十五年（1138—1155）秦檜獨相時所作，有可能出於其黨徒門客之手”（中華書局二〇〇五年版，頁二〇二）。“秦檜當朝拜相，誰知他眼有夜光”句出於《胡僧論玉管相書總要訣》篇，今傳本《玉管照神局》多集結舊篇，且今本《玉管照神局》與今本《月波洞中記》同出《永樂大典》，《月波洞中記》可見明顯竄亂痕迹，《玉管照神局》雖無明顯竄亂痕迹，但亦不能就此肯定其中必無竄亂之篇章，故而只能以此句斷定《胡僧論玉管相書總要訣》篇之寫作時間，而不能就此斷言《玉管照神局》所作之時間。此書基本爲彙編形式，比較散亂，條理不是特別清晰。但這也有可能是《永樂大典》抄寫的問題，未必是原書問題。書中引有《胡僧論玉管相書總要訣》，可知此書應該不是《玉管相書》。又《神相全編》中掌法部分基本與此書相同，區別是《神相》中沒有附圖。《回谷先生人倫廣鑑集説》引作“玉管照神論”，且《廣鑑集説》所引《玉管》之文亦有不見於今本者。元代薛延年所註之《人倫大統賦》中有“玉管照神同”字樣，但其中文字亦不見於今本《玉管照神局》，可見《大典》本亦非宋元時舊編。

　　《宋史·藝文志》五行類記爲《玉管照神局》兩卷，題宋齊丘。《直齋書錄解題》卜筮類記有《玉管神照》一卷，無名氏。《文獻通考》經籍考子部形法類記錄與《解題》同。《通志·藝文略》五行類相法小類記有《宋齊邱玉管照神局》兩卷。《國史經籍志》子部五行相法類記爲《宋齊丘玉管照神局》一卷。《趙定宇書目》記有

《玉管照神》四本。《脈望館書目》張字號雜術門類風鑑小類記有《玉管照神》四本。《清史稿·藝文志》子部術數類相書命書之屬記爲《玉管照神局》三卷，題南唐宋齊丘。《絳雲樓書目》相法類記有《玉管照神》一卷，無名氏。絳雲樓所藏本或許即與《解題》本同。《述古堂藏書目》相法類記有《宋齊丘玉管照神局》十卷，四本。《也是園藏書目》子部相法類記有《宋齊丘玉管照神》十卷，無“局”字。《讀書敏求記》子部相法類載此書云：“十卷。上局所論皆人之體貌，有形可見，故謂之陽局。下局所論皆出形之外，無像可觀，故謂之陰局。齊丘之大旨盡於此矣。”《持靜齋書目》子部命書相書之屬記有此書三卷，《云爲閣》本依抄。《八千卷樓書目》子部術數類命書相書之屬、《葉氏觀古堂藏書目》子部術數家類、《邵亭知見傳本書録》子部術數類命書相書之屬、《善本書室藏書志》子部術數類命書相書之屬皆記爲三卷。

依四庫館臣所論，則《玉管照神局》可分爲一卷本、兩卷本、十卷本，現皆已無徵，未知同異。《增訂四庫簡明目録標註》記有下列版本：八千卷樓抄本、清刻兩卷本、《十萬卷樓叢書》本。現可見者有以下幾種：1.《四庫全書》本。2. 光緒十八年（1892 年）十萬卷樓本。3. 刻本一册，有圖，有朱筆校改，行口不一，藏於中國國家圖書館。4. 刻本兩册，10 行，行 21 字，藏於中國國家圖書館。本書即以《四庫全書》本爲底本，參校以《十萬卷樓叢書》本、《相法五總龜》、《回谷先生人倫廣鑑集説》及《神相全編》等書。

玉管照神局卷上

呂洞賓賦

相貌有異，貴賤不同。量肌肉之輕重，揣骨格之肥充①。行似龍騰，此相超群膽智。坐如虎踞，其人出衆英雄。原夫郎郎當當者②，地閣瘦尖。氣氣智智者③，天庭飽滿。鼻梁聳直，穀食豐厚。山根不折者，功名俊美。學館清高者，凌雲折桂。淚堂深陷者，眼下也。刑妻害子。若更持行立正，端的忠良。更兼鷄眼虎睛，決明詞理。鷄眼黄赤。是以鼻如鷹嘴，喫人心髓。齒如石榴，爲國封侯。腦門敦厚者，常清貴。顴骨尖高者，不自由。懸壁無露④，燕腮莫浮。結腮機關多。金門一字四横，偏多貪啖。鉄鎖深關罕用，却被拘留。金門鉄鎖，口也。如無腮，貪啖拘留。八卦也乾額也。須壯大，欲象蓋盆。乾乃天庭，欲圓而聳。坤若寬停，必須朝口。地角用朝上也。坎口也。若清兮，足才學。唇紅聲亮。離若垂兮，貪花柳。離，眉也。如分八字。震若寬上者，無定止。兌若離開者，常游走。震、兌，兩

---

① 此句不通，似當作"量肌肉之肥充，揣骨格之輕重"。
② 郎郎當當，《神相全編》作"唧唧噥噥"。
③ 智智，《神相全編》作"勢勢"。
④ 露，原作"路"，據《神相全編》改。

顒也。無肉主游走①。步重一身如奔馬，行穿兩脚聊充口。巽起三停於外越，便使愚癡。巽乃兩耳不貼。艮若端直而齊豐，聰明富有。鼻正直而齊也。夫何重分次第，目下異端②。有刑害者，太陽陷。無破敗者，面門寬。夭壽者，則辨其唇掀。窮儉者，則知其骨寒。金櫃滿者，主有厚禄。眼下有肉，如橫指者。小得大者，必有高官。眼下重紋，眼頭有角。妖人邪視，偷人低觀。賊人眼視地。鳳眉象眼，營生正易。鴨背鵝胸，餓死何難。人中既現，不必須長③。輪廓雖小，且要有氣。耳雖小，且要白。眼眶薄兮，清奇穩。眼眶寬也。鼻若仰兮，竅不祥④。眉若長者，唇掀無害。面若大者⑤，結喉不良。任是猴鼠之形，終有財糧，見他端坐，直須高貴多福⑥。蛇奔雀步，乞丐之輩。狗坐蛟騰，毒害之徒。官殺現以爲吏⑦，眼肉有赤筋是。蘭臺腫以爲奴。鼻偏面腫，多爲奴僕。柳葉眉齊而有藝，了字眉反而定孤。却不鼻頭懸膽⑧，耳末綴珠⑨。女眉垂兮，在宦族。男額寬兮，達帝都。豈不識御苑公卿，田面本來無異。邊塵將帥，龍頭必竟無殊。莫怪泄盡天機，二儀皆能和合⑩，四象寧無後先。是則富貴，不則貧賤。更有一百二十部星辰，排於面上。

---

① “離若垂兮，貪花柳。離，眉也。如分八字。震若寬上者，無定止。兑若離開者，常游走。離、兑，兩顴也。無肉主游走”等正註文原皆脱，又“離、兑，兩顴”依文意當作“震、兑”，改。原文作“離宂者常遊走”，意與上下文不相連，删，其餘據《神相全編》補。

② 目，十萬卷樓本作“自”。

③ 須，《神相全編》作“鬚”。

④ 祥，原作“詳”，據《神相全編》改。

⑤ 大，十萬卷樓本作“尖”。

⑥ 福，原作“是”，據《神相全編》改。

⑦ 吏，《神相全編》作“殃”。

⑧ 不，《神相全編》作“知”。

⑨ 末，十萬卷樓本作“本”，《神相全編》作“白”。

⑩ 十萬卷樓本“二儀”前有“統言道妙”四字，《神相全編》作“統言道遍”。

千金賦

　　神傳氣授，精合形生。稟陰陽鍾秀之源，受水火智心之本。纔成相貌，鑑識權衡。凡有清奇，先分古怪。清則如珠在淵，奇則如玉蘊石。古則萬斛之舟，怪若懸巖之檜。四般貴格，皆在精神。因形見心，辨人倫之真偽。聽聲察色，知窮達之愚賢。嗟乎！齒露唇掀，豈京朝之貴宦。眉攢口撮，非臺諫之公卿。鼠目獐頭，必竟難登仕路。蜂腰燕體，如何解作勳臣。林泉有碧眼神仙，世上無交眉宰相。要知富貴，定須骨秀神清。欲見光華，盡是氣明色瑩。虎頭龍目，武文兼宰相之權。仙表星標，輔弼作公侯之格。龜形鶴體，心靈而道德仁賢。雀腹豺聲，家破而愚頑蠢濁。逢災有救，顴骨高而福堂明。遇險無凶，陰隲見而神不露。眼深又暴，至親而亦必他人。邊地豐隆，非親而偕同言笑。犬形蛇視，常懷妒毒之心。雞目馬聲，每蘊凶強之性。頭小腦薄，浪走他鄉。喉結牙疏，難招妻子。傷乎！聞善不善，謂金櫃之虧盈。當憂不憂，賴玉堂之朝揖。耳輪反薄，親祖難招。骨少肉多，壽數必夭。天庭端聳，得上貴之提攜。地閣淺虧，招下人之不足。若也面濶神瑩，雖氣滯而不貧。骨露形偏，縱色明而不貴。眼澀眉虧，遇色衰而亦凶惡。貌寒體薄，守困窮而見恓惶。鳳目龍瞳，位三台而居八座。龜腮鶴頂，遊四海而泛五湖。足跛目眇，貪毒貪奸。頂細神昏，無成無立。嗚呼！貧寒下賤，無非胸凸臀高。胥役輿臺，大抵身粗面細。眷屬同心偕老，骨氣分明。親朋中道分離，淚堂深邃。齒疏而多是多非，口薄而招尤招怨[1]。抑夫貴賤夭壽，無不造於形神。得失榮枯，實難逃於氣色。

陳摶先生風鑑

人之生也，受氣於水，稟形於火。水則爲精爲志，火則爲神爲心。精合而後神生，神生而後形全，形全而後色具[2]。是知顯於外者謂之形，生於心者謂之神，在於血肉者謂之氣，在於皮膚者謂之色。形之在人，有金木水火土之象，有飛禽走獸之倫。金不嫌方，木不嫌瘦，水不嫌肥，火不嫌尖，土不嫌濁。似金得金剛毅深，似木得木資財阜，似水得水文章貴，似火得火兵機大，似土得土多櫃庫[3]。似禽者不嫌瘦，似獸者不嫌肥。禽肥則不飛，獸瘦則少力。如鸞鳳之形，則眉目聳秀，與夫形體清瘦。如犀虎之象，則頭角高聳，與夫頤腮豐滿。如此之類，皆貴矣。反此者，皆賤矣。形之在人，木形本瘦，其色青，瘦則不露，青則不浮。青瘦則細而實，露浮則粗而虛。世之論木者，但知其瘦取形，不知其有粗如松栢之木，其本以實，其葉愈青，謂之細實。至如梧桐之木，其內本虛，其外不牢，謂之粗虛。然取木之形，安可一概而論哉！木之形非在其一，有帶金者，有帶水火土者。水之形非在其一，有帶土者，有帶金火木者。火之形非在其一，有帶水者，有帶金土木者。土之形非在其一，有帶木者有帶水火金者。帶其相生則吉，帶其相剋則凶。如人之始則瘦，此木之形也。中則粗，

---

① 尤，原作“屯”。十萬卷樓本作“尤”，是，據改。
② 具，原作“其”，不辭，據文意改。
③ 土，原作“上”，據上下文例改。

是金形也。次而肥，是水形也。其次厚實，是土形也。始瘦次肥，爲水生於木。次又厚實，此木之得土也。始若瘦次粗，爲滯也。始瘦次肥厚，此爲發也。庶人進財，官員加職。木滯土淺，爲知縣。土深，爲郡守。又或面方背厚，此爲有木有土，則作職司。或武則止於列職之官，文則止於選人，是木無土也，其在職司之上。神之在人，欲其深，不欲其淺。神深則智深，神淺則智淺。用則開於眼，合則收於心。近觀則有媚，遠觀則有威。其瞻視有力，其睡臥易醒。譬如燈之火，其心之分則謂之神，其燈之花則謂之神光，其四畔之光則謂之魄。油乃精也，油清而後燈明①，此謂之著也。氣之在神，要其堅響清韻，而不在乎剛健強鳴。其内平則志篤，其外舒則氣和。有清焉，有濁焉，有清中之濁，有濁中之清。若以浙人淮人之氣論之，浙人之氣重而不明②，淮人之氣明而不重③，南人之氣清而不厚，北人之氣厚而不清。陽氣舒而山川秀茂，日月出而天地光明，此氣之著也。色之在人，雖在皮膚之上，要其實，不要其浮。欲其聚，不欲其散。生於五臟之表裏，飾於一身之光潤④。唐舉先生曰：光不足爲之色，人之有得則喜形於外，有失則憂存於心。有老焉，有嫩焉。嫩者謂年紀深而帶後生之色。色老者，吉。色嫩者，凶。然相法之中，不惟其色之如此者滯，凡形嫩者亦如之。有三光焉，有五澤焉。有三暗焉，有五枯焉。形神者，有形有餘而神不足者，有神有餘而形不足者。形有餘而神不足者，初見似威，久視而晦。神有餘

---

① 清，原作“明”。十萬卷樓本作“清”，意長，據改。
② 明，原作“鳴”，十萬卷樓本作“明”，意長，據改。
③ 同上條。
④ 身，原作“日”，十萬卷樓本作“身”，意長，據改。

而形不足者，初見似晦，久視愈明。神形俱有餘者，識與不識，見而悦之。神形不足者，不必更問，令人可惡。形與神相照，氣與色相扶。神全則形全，氣全則色全。神能留氣，氣不能留神。氣能留色，色不能留氣。至於形則載之而已。有厚焉，有薄焉。厚者，吉。薄者，凶。世人有遭時得志者，其始皆欲有爲也，及其中則滯，末則卒，皆由度量淺狹，不能容載也。牆薄則易頽，酒薄則易酸，紙薄則易裂，人薄則易亡。水土薄則不足以致陰雲之附，不度己短，專談人過，侵削人物以爲己恩，面前説是，背後説非，不睦親長，却奉外人，性本輕率，佯爲沉重，改常棄舊，忘恩忽人，未貴先盈，未富先驕，未學先滿，此大薄矣。若此者，不惟破相又損其壽，殃及子孫。然壽之相，非在乎形貌恢偉，眼目浮凹，便言天矣。形貌恢偉之人，若有時情寬性厚，此謂之情氣相附也[①]。若度量褊窄，此謂心不稱也。世之人惟知其眉上兼耳内生毛多壽，骨入耳兼人中深長，法令分明，便言有壽，然不知其有所禀也。此蓋精氣内實其骨，乃從精髓而透出，然後毫毛方始生於眉耳，法令方始分明，人中方始得深長。如樹之根本牢實，上面方始發生枝葉。似油盛燈明，精足則身安。唐先生曰：虎骨龍睛，世人皆知其吉。結喉露齒，世人皆知其凶。然而吉者未必爲吉，凶者未必爲凶。結喉露齒雖則劣相，有時心地吉者，又貴矣。但利其身，不利妻子。如三尖五露之人貴者多矣，但其神氣深粹皆可取也。神氣深粹之人形安體静，不隨語行，不隨默止，不隨色動，不隨色轉，安而定，詳而雅。如此之人，皆知分也。今之人享富貴而心不足不快者，多矣。其神氣安静之人，心地空閑而所爲

① 情，十萬卷樓本作“形”。

放心。然形氣色之於人，有滯者多矣。形滯八年則塵埃，神滯四年則身硬，氣滯三年則心傾，色滯一年則神困。有陰有陽焉，陽者不可帶陰，陰者不可帶陽。若男帶女相，懦而無立，女懷男相，主失其夫。婦人要柔而順，男子要剛而正。良人之婦有威而少媚，娼家之婦有媚而少威。然世之相者但觀其面部之多，而不究其根本。如骨者，凡人於眉鼻兩頰之上皆有也。在貴人，則有從精髓內生出，故其骨乃秀而細。及貧賤之人，則浮於上而粗。如顴骨上一位，庶人入耳不過有壽，不露不過有富。至若作監司之人生入兩鬢，兩府之人則生入天倉，其作太守之人則堆成峰而入兩眼之尾而已。至下輔主倉庫奴婢。若其地閣潤厚，自有倉庫奴婢。設使地閣缺陷，是無宅可居，安有奴婢之軀兼倉庫哉？視遠智遠，視高智高，視下智下，視斜智毒。睛屢轉者殺人，或流視迫上迫下，此瞻視不常之人，不可共立事矣[①]。有天者貴，有地者富，有人者壽。有天有地，人事不修，是徒有相也。

陳摶袖裏金

妙相法在何方？先看骨格，次看學堂。無學堂者人不貴，學堂備者却能成，此人定且早馳名。若有學堂無骨相，雖負文章漫費心。一點真認得，分明識貴人。凡相貴，須看法，不看狀貌與渾身。自有神色細嫩者，音聲亮重，似鐘鳴。先聽聲，後觀色，兩般俱要得。神悅悅，氣洋洋，似有似無在面上。神清骨氣兩分明，此人必作公卿相。氣澄神清狀如醉，神氣相合又爲貴。一品

朝中貴人身,若未遭逢莫輕視。清亦貴,濁亦貴,真濁真清方始是。若還認得濁中清,便知貧賤富與貴。清怕浮,濁怕實,更怕骨粗甚無益。中肉緊,骨又清,晚年必定成官職。俗中人,俗中氣,小人似卑真如是①。男人定作人家奴,女人定作人家婢。氣充滿,骨又橫,行坐昏昏似醉人,肉緩筋緩加色嫩,三十六前是去程。只有氣,又無神,堂堂容貌却雄身,剋妻害子離鄉祖,縱有衣糧必苦辛。足象地,頭象天,地要厚,天要圓。天不圓今日月暗,地不厚今無甘泉。行要重,步要輕。重行今不要聲,早死步纏破②,二者相逢反為禍。人眉怕曲又怕直,直者原來看不得。曲者多藝却聰明,直者妻兒害子息③。名以遇,利以見④。窮相形骨不改變,壞官失職只如此。凡帶風塵便為賤。名未顯,利未榮,生得身形似就成,此相定知只如此,何須廣去問星辰。凡人相,定有方,不見街頭在鋪郎。神凜凜,貌堂堂,地閣承漿更濟鏘。色雜神光都不見,直饒富貴也尋常。

陳摶相歌

形神色氣雖與美,紋理須分色澤勻。認取神藏緊緩處,其間深淺亦關人。古奇怪秀清俊厚⑤,七者於身是大綱。崖岸須高未能貴,精神閑暇蓋非常。窮寒塵土淺露薄,乾汗如粘盡未奇。要識貴流非泛有,清端秀潤却相宜。肥無臃腫何妨事,瘦不乞屍將

---

① 似,十萬卷樓本作"是"。
② 死,十萬卷樓本作"晚"。
③ 妻,十萬卷樓本作"無"。
④ 兩"以"字,十萬卷樓本皆作"已"。
⑤ 清,原作"青",十萬卷樓本作"清"是,據改。

變形。肥忌少年肥肉緩①，瘦雖常定骨棱層。形如菜葉知多病，面似桃花亦小兒。陷口短眉無昆仲，頤長異母有兄疑。

洞玄經雜斷歌

氣粗切忌精神短，骨細偏嫌肉頓生。此相少年須得祿，《五總龜》云：此相少年須橫殺。年過四十屬幽冥。人生孤獨問如何，頰骨高兮氣不和。更如魚尾枯無肉，妻子宮中自有魔。蛇眼豺聲《五總龜》作形。休締結，鵲行鼠竄莫相親。非人是己多虛誕，美語甜言不是真。有形無氣應難發，有體無神立見衰。笑貌融融仍郁郁，自然知不混塵埃。張眉立目似金剛，一片癡《五總龜》作粗。心不可當。若更氣粗形屬火，《五總龜》作面帶火。殺人持刃繞村坊。眉目分明秀氣生，龍瞻虎視步行輕。聲音落落高辭簡，年少登科有異名。《人倫風鑑》云：虎頭燕頷公卿位，鴨步鵝形賤且貧。豹食狼飧爲將帥，虎威虎怒握兵權。餘同前。眉爲華蓋眼爲星，華蓋須高眼貴明。地閣朝天城廓穩，塵中好好認公卿。若遇三尖五露人，莫言此相更埃塵②。有時驛馬連邊地，也作兵官與細論。形容灑落精神秀，舉步雍容氣更和。對語言辭能委曲，定知年少中高科。精神似露還非露，骨格如粗又不粗。若見此般形相者，定知弓矢是亨途。《五總龜》云：定知弓矢役官途。

---

① 肥肉，十萬卷樓本作“肌肉”。
② 更，十萬卷樓本作“便”。

神垕楊先生神部論

照神之法，説相之宗，看青黄赤白黑而定吉凶，察金木水火土而知貴賤。是故以頭爲主，以眼爲權。頭則五行之首，眼則形相《太清神鑑》云：眼則四象之先。之先。觀頭之方圓，察眼之黑白。頭圓身必貴，眼善心必慈。眼豎《五總龜》云：眼豎而性剛。《太清神鑑》云：睛藏。而性剛，睛露而心毒。斜視而妒嫉①，低視而暗藏。性剛强而心必曲，氣愚惡而色不和。滿面青藍，多逢迍否。紅黄不雜，固遇昌榮。黑白色侵，憂横災之疾病。紛紛紫色，見福禄以由遲②。要見剋子害妻，必是眼下無肉。若有平平而起，《五總龜》云：卧蠶平起，後嗣相隨。子孫福禄相隨。眉中心有旋毛，兄弟同胞必衆。横眉一字，信義愛人。欲知奸詐孤貧，看他鼻頭尖薄。官高位顯，準頭圓似截筒。衰困中年③，定見風門昂露。山根位斷，僕馬多憂。露齒結喉，相中大忌。丈夫如此，骨肉分離。女人如斯，妨夫絶嗣。外忌惡死，赤脈侵於白睛。貴禄難求，只爲印堂狹小。口尖唇薄，此人多是多非。印上有紋，決定難逃刑罰。口角低垂向下，固知奸詐便宜。欲知貴禄聰明，須得眼如點漆，口如四字，唇似朱紅，兩角朝於天倉，便是公侯之位。眉高耳聳，官禄榮遷。部位學堂，須得六處不陷。在僧道則千人之上，在仕路則位至三公。初年水厄之災，但看眉間黑子。痣生眼尾，中年必主水災。口角黑靨忽生，末年更防水厄。人肥項短，命不久長。大凡貴

---

① 視，原作“觀”，十萬卷樓本作“視”是，據改。
② 《神相全編》之《相容貴賤》此句後有“赤色縱横，信官災而將至”句。
③ 衰，十萬卷樓本作“哀”。

格，上流骨脈，形神清秀。兩眉卓豎，立見貧寒。氣濁神昏，此爲下賤。斯文簡略，災福易明。餘術繁多，貴賤莫曉。後之學者，切在精研。目擊道存，萬物一本。

西嶽先生截相法

好頭不如好面，好面不如好身。且要三停相稱，五嶽四瀆豐成。眉秀眼清人貴，印廣名現天庭。口似朱丹終富，切嫌相伴縱紋。口川定主餓死，交眉必至愚身。羊目蛇睛人毒，眉毫耳毫壽星。眼下無肉剋子，頭偏腦陷妨親。且看和尚道士，最要貌醜神清。眉輕眼輕福薄，口小鼻小無恩。眼深眉高刑責①，更嫌赤脈穿睛。凶貌急急改節，免使橫禍相侵。西嶽先生截法，相人禍福如神。凡相人之法，上自髮際，下至頦頤。玩視其左，復窺其右。舉止爲前，瞻視爲後。故富貴論其眉目，貧賤視其頦頤。智慧察其皮毛，苦樂視其手足。眉目疏秀澄徹，富貴之人。頤頦貴乎豐滿，主福厚。若淺薄，主貧賤。皮膚細膩，毛髮柔澤，主多智。手足者身之枝幹，若多節近薄者，謂之廢材，主勞苦。手白如玉，纖如筍，滑如油，足方厚，乃享樂之人。

胡僧論玉管相書總要訣

夫相者要辯傳許負之遺論，得呂公之妙訣，觀盈虧有理數。便是袁天綱，也須尚前察使無差②；假使皇甫鑄，亦要靠後閱人多少。由我重輕非惟道也，光武爲王。劉先主垂手過膝，不枉分三

---

① 刑責，十萬卷樓本作"形貴"。
② 尚，原作"向"，十萬卷樓本作"尚"較佳，據改。

國。漢高皇大度美髭,所以創四百年之社稷。秦檜當朝拜相,誰知他眼有夜光。堯舜以無爲爲君,蓋有眉分八彩。面部分百二十相,眉邊按一十三家。人不在短長,要取身方端正。耳不拘大小,只要輪廓分明。頭上無惡骨男兒,怕削却嫌鼠目獐頭,偏喜鵝行鴨步。爲甚許太宗登位,蓋有天表鳳姿。班超有豹頭燕頷,<small>別本作虎頭燕頷。</small>果獲封侯。張飛有環眼虎髭,豈不爲將。上等之人,最要有相。論相法中有富相,有貴相,有賤相,有窮相。坐時如鎮石,行處如浮雲,謂之富相。額有朝天骨,眼中有夜光,謂之貴相。行如水中鼠,形如雨打鷄,謂之賤相。未言先齒笑,摇脚坐頻移,謂之窮相。有清奇古怪之人,有冰壺秋水相貌。宗之瀟灑號酒仙,李白秀曜居翰苑,按相法謂之清。相如號貴客,陳平美丈夫,潘安容貌居顯官,宋玉當朝爲宰相,按相法謂之奇。澹臺生得醜,孟子貌不揚,蜀王姊臉帶三拳,桑維翰面長尺二,按相法中謂之古。仲尼頭生窩,鬼谷子露齒結喉,趙方眼望地觀天,採桑女臼頭深目,按相法中謂之怪。

通仙録

真宰生育妙無停,鼓動元氣開陶鈞。禽獸草木賦萬象,秀出萬象惟吾民。頭圓足方肖天地,高挂眼目爲星辰。面分一百二十部,五嶽四瀆相經綸。欲知貴賤與窮達①,仔細銖銖爲君説②。喉音深重聲清圓,喘息氣長出丹闕。俯然濶步如流水,突兀背中

---

① 窮,原作"貧",十萬卷樓本作"窮"是,據改。
② 銖銖,十萬卷樓本作"錙銖"。

聳龜骨。纖纖十指虎降龍，睛黑眼長神煥發。三陽臥蠶如橫指，鼻梁聳貫天中發。背後接語和身轉，位冠人臣作夔契。眼深反視鼻低弱，齒細眉攢唇又薄。舉足未起身先搖，項後無毛額如削。接人談論首常低，一生窮苦無依托。臍須深兮腹須厚，胸中平平四字口。對人數步不見耳，齒白唇紅手如藕。三停端厚眉骨起，富貴科名還自有。聲不要輕須嚴毅，心上生毛非遠器。頭偏頂陷耳傾側，父母位中終有忌。睛浮縷赤光射外，白日殺人誠可畏。心雖剛兮色又嫩，一生無成空自奮。不富似富老有財，此是生來合長運。家財巨萬性貪鄙，開口欲談聲焦毀。勸君用意休讀書，名曰蠅聲人不貴。我唐佐命房玄齡，鳳睛龍體誰識真。惟有下邳張子房，一見愛重還如神。龍體形長背體聳，口丹背俯皮如鱗。虎形眼大項頸短，舞鶴不高瘦而真。龜形須辨鼻大小，鼻小之龜樂山沼。優游無事宜僧道，只得年高不促夭。犀牛膊厚肉須豐，望月爲儒名早了。鼠形似兔誠難測，兔則少淫鼠被剋。欲知犬豕與蛇雞，身上無衣口無食。戲猴入相情猜敏，膚似凝脂貴無敵。獅子眉大頭面圓，若得正形真可惜。欲向前兮欲向後，只在人前似奔走。人中垂唾常不乾，睫上生眵頻抖擻。必知兄弟不得力，久久貧窮無所守。借問何人年過百，耳內生毫眉半白。項下雙縧勝一縧①，此是人間壽星魄。偶然遥望形堂堂②，坐來久視無神光。只可居家承父業，中年切忌形相傷。忽然相見形貌古，久視風骨聲琅琅。巉岩氣格旋發露，有類古獄埋干將③。先賢曾著聖賢論，此說猶宜著意詳。一牀同睡息不覺，不

---

① 此句"風土有異"章作"項下雙縧成一條"。
② 偶，十萬卷樓本作"巍"。
③ 獄，疑當作"岳"。

帶蘭麝自微香。有人欲識廊廟器^①，漢祖昔日求張良。名冠甲科
誰氏子，額骨棱棱聳雙耳。項骨若折眼露睛，不過中年須夭死。
語聲極短面微赤，昆仲不才還少力。言須端兮語須正，莫向人前
無的信。欲求身計必遲遲，富貴早來須殞命。爲性輕掀不持重，
愛樂貪歡宜入衆。莫教家破身無依，往往命乖遭鬼弄。皮骨雖
奇怎可恃，亦須修心理仁義。心形相稱福有根，不在天機在人
事。休說形凶必遭辱，能行忠孝須增福。不然形善心火燒，定見
淪亡陷刑獄。問君此法胡爲然，所謂貌餘心不足。此法憑君細
細觀，究盡精微莫妄傳。突然項後肉粗起，雖則爲儒性不賢。三
停上短長脚脛，腰硬行來却掉拳。唇開涎垂眉壓眼，齒露臀高又
縮肩。口尖兩額旋成窟，耳薄無輪向面前。可憐相貌多刑剋，夭
暴孤單遭禍纏。眼不拘大小，黑白要分明。耳不在大小，輪廓要
重城。青藍滿面多凶否，色帶微黃必少榮。敢問堂堂貌峰聳，因
甚年來無土耕。定知眉蹙山根折，不然口小鼻梁橫。背薄頭偏
喉露結，食物欲吞如硬咽，縱有衣糧必客死，又忌行時如跛鱉。
瞻前顧後愛傍窺，媚眼奸門骨如垤。語無緒兮笑無經，混亂閨門
常不別。須要風神有棱崿，威重恢諧又端恪。雲雷遭遇必有時，
不坐邦城即臺閣。紫紅皮厚發必晚，膚薄色黃年少作。莫教家
内方富豪，生得兒郎却輕弱。入衆神虛色先喪^②，葉未開兮花已
落。等閑衩袒好容儀，纔被衣冠氣勢低。背後談論似風火，對面
嘉賓無一辭。只好居家無橫禍，至老無成徒爾爲。貴人須得準
頭黃，口闊藏拳舌又長。足下生毛兼黑痣，地角豐隆定富強^③。

---

① 欲，十萬卷樓本作"說"。

② 先，十萬卷樓本作"光"。

③ 地角，《回谷先生人倫廣鑑集說》引作"肉角"。

口邊不欲毛粗裂①，有子應須出外鄉。獨臥何緣三度娶，閣門枯陷鼻頭昂。縱理人中多抱子，下尖上廣亦空牀。掌中橫斷心無智，若更無紋必乏糧。面細身粗名八極，項促形恢忌少亡。上長下短公侯相，昔日孫權霸一方。眉旋成螺終鬥死，三甲三壬入老鄉。聞君聰慧計百出，尿必散兮屎必方。言辭在口脣上掀，舉步傾危似倒牆。眉成八字復蹙額，深恐臨終臥路傍。難得雙瞳如點漆，掌散紅紋多貯積。位高地閣須豐起，富貴無過手垂膝。面粗體滑手如綿②，早入金門受通籍。行須重兮步須輕，咀嚼凝然不浪鳴。俯背端然如坐虎，少年闊步上天庭。女人眼下肉常枯，不殺三夫即兩夫。見人掩面笑不斷，愛逐行人夜半逋。雄聲脣濶面顴聳③，縱得豐榮亦守孤。膝搖背聳須姦蕩，手若乾薑却有餘。言辭窈窕從夫貴，眼似流星口似朱。未言先笑腰肢硬，相法名爲破敗豬。額窄脣掀微露齒，殺子無夫亦自居。眼如明月聲音響，溫厚還如掌上珠。丈夫女子形皆一，賤則浮虛貴則實。五短之形並五露，此輩人中少儔匹。顴骨成峰玉枕高，必作朝堂賢輔弼。身微聲大隔江聞，千里看看騰羽翼。驢脣鼠耳并蛇眼，謗語姦貪心似螫。眉頭直起性剛強，面肉橫生心妒嫉。試問何者是行屍，精乏神光肉似泥。人中漸滿脣先縮，遠去應無百日期。天中黃色如蒸霧，下遏山根與準齊。加官授印來須速，不過三旬便可知。若在山根并地閣，色分黃紫喜應遲。忽然無事心微動，顏色紛紛似醉時。雙眸赤暈兼青黑，禍至君須細細推。脈候莫言無病患，提防須早去尋醫。夢中忽與公卿會，又似承恩到玉

---

① 《神相全編》所收《神異賦》註文引此句爲"口邊皮若生皺褶"。
② 體滑，《回谷先生人倫廣鑑集說》引作"身細"。
③ 闊，十萬卷樓本作"闕"。

塒。榮貴欲來心預覺①，穩穩青雲萬丈梯。大凡萬種人之貌，精微不可銖銖較②。先看信行次形神，方辯貴人并不肖。因攄鄙思作短歌，説盡源源無限妙。<small>諸家相法、《少室山人李銓長歌》同。</small>

雜論

頭骨欲起，額骨欲峻，眼則欲長，眉乃欲秀，髮則欲黑，耳乃欲硬，鼻乃欲隆，口乃欲方，法令欲長，<small>一作深。</small>人中欲長，邊庭欲豐，蘭臺欲深，井竈欲明，山根<small>一作林。</small>欲厚，倉庫欲滿，驛馬欲肥，井則欲寬，聲則欲宏，齒則欲白，氣則欲寬，胸乃欲濶，心乃欲平，腰乃欲厚，體乃欲正，皮則欲滑，臍則欲深，腹則欲垂，<small>一作堅。</small>手則欲長，脚則欲短，色則欲明，坐欲如山，神乃欲清，行欲如水，小便欲散而疾，大便欲方而細，水户欲急而滯，火户欲垂而深，入於此相者，不貴即富也③。額雖廣却尖頤，骨雖峻却皮粗，耳雖厚鼻梁低，眼雖長蹙破眉，口雖正聲如嘶，背雖隆手如槌，<small>粗枝如木槌。</small>舌雖紅口如吹，<small>如吹火。</small>唇雖方齒不齊，氣雖清行步欹，腰雖厚行如馳，<small>如走馬。</small>語雖和神如癡，眼雖明視東西，卧雖静食淋漓，頭雖長折腰肢，入此相者名折除，善惡相雜也。或富則夭，或賤則壽，或貴則貧，或先貴而後賤，或先富而後貧，宜精理而推之。詩曰：貌異形殊各有宜，元來相法最難知。莫教一見知凶吉，須更留心仔細推。眉粗額窄或聲焦，相子形容食不饒。借問因何逢禄位，奈緣皮滑好身腰。問君因甚爲官職，兩眼精神色不昏。惟有一

---

① 來，原作"求"，十萬卷樓本作"來"是，據改。
② 銖銖，十萬卷樓本作"錙銖"。
③ 即，原作"而"，十萬卷樓本作"即"是，據改。

聲臍下出，渾然却似甕中間。鼻低齒細結喉高，腰薄知君命不饒。爲甚倉惶今已老，必須耳內出長毫。鼻隆欲厚好腰身，耳聳唇方目有明。近入中年聞暴死，定知頂陷腦成坑。進步如雲色又清，更兼皮細背隆平。忽然暴夭人難覺，只爲喉乾似鴨聲。神枯氣薄色還乾，相爾豐隆事且難。邰道而今多積穀①，必然不語寸心寬。耳薄唇齙目不明，此人何事有官榮。更看背厚如龜樣，又聽聲圓眼秀清。印堂低窄又交眉，相法無官衆共知。不意初年霈祿命，中年暴夭死相隨。少年不欲大充肥，肉重筋寬祿自遲。但看朝廷公與相，骨隆肉少步如飛。相君形貌太粗疏，肉緩牙尖眼似珠。今已居村家富盛②，必然腦滿氣寬舒。體輕口薄少年郎，氣狹神空性有狂。今日雖然衣食足，莫教父死便乖張。只宜帶骨不帶肉，莫令肉多骨不足。暴亡只爲眼無神，又怕肩寒筋似束③。黃白神清氣不同，便知祿位少年豐。若言赤黑并紅紫，食祿中年似合逢。神庭不粹色常昏，笑語驚狂走似奔④。莫訝少年衣祿足，逡巡禍發鬼臨門。又云：目爲主，眉爲客，眉目俱長如點漆，富貴不賤格。目下一字平，所作皆分明。目下卧蠶紋，當生貴子孫。目小終無祿，眉粗却主孤。目下無肉，一子相逐。亦主陰毒。睛屢轉者，多奸詐。目尾後有穴如粟米者，謂之聰明。開口睡，命夭滯。下唇長，貪食忙。口薄兩角垂，多是被人欺。蘭臺起，聲譽美。鼻高昂，主官昌。鼻如截，官不歇。耳輪貼肉，金玉滿屋。頭尖耳小，多苦多惱⑤。耳白過面，天下欽羨。耳高於

---

① 穀，原作"穀"，據上下文意改，後同，不再一一出校説明。
② 村，十萬卷樓本作"材"。
③ 肩，十萬卷樓本作"眉"。
④ 似，原作"是"，十萬卷樓本作"似"是，據改。
⑤ 惱，原作"腦"，十萬卷樓本作"惱"是，據改。

目，合受天禄。耳高眉一寸，永無貧病困。人中淺，財命蹇。人中短，子孫罕。人中高厚，無壽無後。人中深長，有壽有郎。人中分明，性直如神。眉毛婆娑，兒少女多。眉短於目，多主頑福。眉連休望禄，奸妒偷財穀。不得强開目，多遭橫禍逐。眉濃髮厚，心賊損壽。眉毛平，尊貴人。眉過於目，智過人伏。男面要昂，女面要方。面如黃瓜，富貴榮華。面上忽黑氣，大病明朝至。夜半聽聲，白日看行。語笑面赤，不藏事迹。語笑面黑，心情秘密。男雌聲妨婦，女雄聲妨夫。金骨肉細滑如綿，多貴又饒錢。木骨瘦而青黑色，骨頭粗大多窮厄。火骨多頭尖①，富貴不可言。水骨多頭粗，無德賤如奴。土骨大而粗，子繁富有餘。富貴在於骨髮，喜愛在於容色。骨肉緊硬，壽而不閒。骨多肉少，尊上。骨少肉多，卑下。龍行爲三公，虎步爲將軍。行而視，陰狠貪利②。女行返回顧，淫亂逐人去。手臂雖長，語須如簹。項須粗短，足厚須方。手掌無紋，作賊遭論。指如春蔥③，食禄萬鍾。手足如綿，榮貴中年。指背紋多，一生蹉跎。臂長好舍，臂短好取。手如嘖血，富貴不絕。腹如抱兒，名振京師。臍深廣，福禄旺。臍兀出，命先卒。

論五應五合

何謂五應，天庭直起而方正，地閣朝揖而圓潤，是謂天地相

---

① 火，原作“水”，十萬卷樓本作“火”是，據改。
② 狠，原作“狼”，十萬卷樓本作“狠”是，據改。
③ 蔥，原作“葱”，據文意改。

應。鼻直起而梁不露，面無痕而肉平正，是謂天宮相應①。印堂
方正而光明，三部等齊而方正，是謂天心相應。眉目疏秀而有
神，日月聳直而不粗，是謂天機相應。耳聳而輪明，口方而角起，
是謂天輪相應。何謂五合，骨正而有陰陽，言正而有剛柔，是謂
天地相合。瞻視穩而聲音清，體貌重而行走輕，是謂天宮相合。
氣温粹而光華，色潔净而無瑕，是謂天心相合。識見明而機變，
度量深而寬厚②，是謂天機相合。敬上下而懷忠孝，愛親舊而足
信義，是謂天輪相合。或應多合少，官崇位寡。應少合多，譽大
官卑。應合相稱，則兩得矣。能以分數增減看之，自選人至兩府
皆可見之。

---

① 宮，《神相全編》作“官”。
② 《神相全編》此二句作“識量多而權亦重，度量大而面可訣”。

玉管照神局卷中

形分十相

醜

孤壽相,孤神貌,鬥睛目,反輪耳,孤眉,酒查①鼻,露齒。

古

孤壽相,怒氣口,墜輪耳,臥蠶眉,睡仙眼,懸膽鼻。

---

① 查,依文意當作"渣"。

妍

福壽貴相，鳳眉，腮大，鳳眼，胡羊鼻，四字口，性剛。

清

清貴相，小鳳眼，齊竹鼻，一字口，鬢清①。

傴

孤善壽相，龜眼，獅子鼻，棱角口。

---

① 鬢，十萬卷樓本作"鬍"。

老

孤壽相,壽眉,龜眼①,鳳爪鼻,兔耳。

粗

武相,_{有福無壽}。大鳳眉,雄鳳眼,鸚武鼻,朝口耳,鸚武口,

性剛。

---

① 眼,原無,十萬卷樓本有,據補。

少

　　武相，有衣禄。一字眉，懸膽鼻，小杏眼，一字口，平垣耳，
性懦。

奇

　　賢福壽相，入鬢眉，連鳳眼，齊竹鼻，含丹口。

直

性善相，鳳眉，走輪耳，初丹眼，齊竹鼻，小珠口。

許負先生云：有心無相，相逐心生。有相無心，相隨心滅。誠哉是言也。自釋云：相莫謂我心，相莫謂他相乎。《瑋琳洞中秘密經》云：伏匿者，相生也。劉子云：腹內有心相離。心即是神，心神能正直，便是福榮人。餘同《相法入式》。

古今賢聖

清

漢高祖隆準龍顏，寬仁愛人。李珏日角珠庭。唐太宗天日之表，龍鳳之姿。曾子珠衡犀角。

古

老子身如槁木。傅説身如植鰭。周公身如斷菑。孔子面若蒙倛。方相。伊尹面無鬚麋。閎夭面無見膚。

秀

張良美如婦人。李雄目如重雲，鼻如龜龍，口方如器，耳如相望。陳平潔如冠玉。

怪

盧杞鬼貌青色，龍唇豹首。趙方眼望地觀天。鬼谷子露齒結喉。採桑女臼頭深目。

端

皋陶色如削瓜。李白形色秀曜。班超豹頭燕頷。張飛環眼虎髭。

異

堯眉八彩。禹耳參漏。項羽重瞳。李嶠龜息。舜目重瞳。文王四乳。蒼頡四目。王敦豹聲[1]。

嫩

顔淵子山庭日角，性聰慧，聞一知十，終命夭。岑文本學堂瑩夷，眉過目，肉不稱骨，非壽兆。

夫七者，如陰陽寒暑。能御此者貴，不能者賤。陰陽寒暑相代，取以相成相推，取以相生，皆本乎造化之妙。人之形貌不出乎清、古、秀、怪、端、異、嫩，而神氣不能御之不足爲美。故有形不如有神，有骨不如有氣。得之者存，失之者亡。復於山川風土

① 豹，十萬卷樓本作“豺”。

細詳之。

風土有異

閩人不相骨，西域不相鼻，川不相眼，西人不相耳，宋人不相口，江西人不相色，北人不相背，魯人不相軒昂，太原人不相重厚。

氣

浙人之氣重而不明，淮人之氣明而不重，南人之氣清而不厚，北人之氣厚而不清。如此者即其風土也，若取此者貴。夫神者，乃百關之聚秀也。察其形氣，則知其骨格豐厚也。是故人清則骨清。何以言之？如陰陽清而山川秀茂，日月出而天地光明，此形氣之著也。

《詩》云：眉秀平過眼，清疏秀出群。更加新月樣，名譽四方聞。借問何人壽年百，耳內生毫眉半白。項下雙縧成一條①，縧者，項下餘皮。此是人間壽星魄。

天地之大，托日月以爲明。是日月爲萬物之鑑，眼乃一身之日月也。眼長而深者，主壽。浮而露，大而突，圓而怒者，促夭凶暴。流視者，淫濫。眐然偏視者，爲不正之人也。赤縷貫睛，惡死。蛇眼陰毒。視定不怯者，神壯。羊視者，愚狠。側眼斜視者，毒惡。亂紋註目，多災。短小愚賤，卓然性凶。急轉者，小人

---

① 此句上文《通仙錄》作“項下雙縧勝一縧”。

之相也。眼下有卧蠶，主福壽生貴子。黑白分明，貞潔女人。眼不要帶桃花，色即要黑白分明，目光兼媚，好積德，多陰報。詩曰：女人生帶桃花眼，花下羅紋細細深。此相定知噴水散，不用良媒自有親。餘與《通神鬼眼》、《萬金相》及《五總龜》內同。

神仙眼相

悠然靜，淡然止。驚之而不瞬，不隨語行，不因默止，此神仙中之人也。

將相眼相

觀如電開，視有餘威。註睛收視，欻然若龍虎，才德文武出倫之相。人臣得此出入將相，名動天下。如此者亞於神仙。將相，有謀之人也。

鼻象中嶽

一面之表，欲得高隆，不要尖小。光潤貴吉，昏黑貧夭。斜曲不直，官非纏繞。

耳主聽

貫腦而通於腎，為心之司晨，腎氣之候也。腎氣壯則清而聰，虛則昏而濁。左爲金星，右爲木星，所以主聲譽與信行也^①。耳輪厚堅，壽考延年。聳起過眉，壽算山齊。輪廓分明，聰悟多能。垂珠朝口，財食不少。貼肉而生，富足可言。耳內生毫，壽數愈高。耳有黑子，必生貴子。耳門高濶，智慮深遠。其堅如木，至老不災。長而聳，祿位。厚而圓，財食。孔而濶，官榮。紅潤者，愈貴。黃白者，名譽。青黑者，貧薄。輪廓不分明，財祿多散。薄耳向前，賣盡田園。其薄如紙，貧下早死。反而偏側，居無田宅。左右小大，逃否妨害。光明潤澤，聲名遠播。塵昏焦暗，貧賤愚鹵。大抵貴人有貴眼，無貴耳。賤人或有貴耳，無貴眼。夫耳有輪廓，耳頭不交，兼兩墜垂，耳起不側，高如眉，更得鼻不昂，準頭齊，乃是金木星得力，主少年奮發。左右耳若及，耳頭尖反，無垂珠，兼耳頭缺^②，鼻不齊，主一生困乏，作事無成，妻兒損剋，縱貴亦不長，主外死。凡眼主視，視色爲主。耳主聽，聽聲爲本。一本又云：故眼明有五色之美，耳聰有五聲之樂也。色莫先乎妻妾，聲莫先乎音樂。故耳目聰明，其有妻妾歌舞之慶乎。一本註曰：外經云：耳形雖善，色澤不明，未爲善。詩與《五總龜》內同^③

人中均大。詩曰：人中深濶最爲佳，細小橫斜不足誇。深濶如通溝洫水，自然流轉福無涯。

上尖下濶。詩曰：人中下濶上頭尖，自有清閑福祿添。準下分明無比並，杏仁樣式請君看。

極小如綫。詩曰：人中似綫不爲奇，褊小心腸吝所爲。若見

---

① 與，原作“之”，十萬卷樓本作“與”是，據改。

② 耳，疑當爲“準”。前面已説“耳頭尖反”，且“耳”字前有“兼”字，不當更作“耳頭”。

③ 上文未見有詩，疑有脱文。

欹斜無足取,少年必定剋妻兒。

口爲水星所居之地,又爲心之外户。方廣有棱者,至貴壽。形如角弓者,官禄。不言自動,又如馬口、鼠口者,讒毀嫉妒。狗口貧下。口角垂者,貪愛。紫色多滯。口如一撮,孤獨貧窮。無人獨言者,賤。唇欲紅,不欲黑。舌欲赤,不欲白。餘與前同。

且如鬢有濃淡,有高低。貴人鬢清,小人鬢濃。鬚黑潤者,富貴。焦枯者,孤貧。有屈曲、斜直、長短、疏密,一髮一鬚,若不似,便是他人也。

詩曰:三輔憑君仔細看,額高須得耳門寬。學堂三部奚堪是,空有文章豈有官。鼻梁拱起如懸膽,促者中年壽不長。地閣滿来田地盛,天庭隆潤福彌昌。餘與《瑋琳洞中秘密經》同。

論心

心爲五臟之主,宅神魂,宰視聽,形居體内,不可得而見也。其可見者,心之外表也。是知心乃神之宮室,玉户金關,智慧所居也。心欲平白寬厚,不欲坑陷窄狹。寬博者,智慮深。窄狹者,愚而賤。心頭生毛,其性剛豪。心頭骨凸,貧窮下劣。詩曰:心爲身主,五官三元①。神所止舍,智慮之關。寬博平厚,榮禄高遷。坑陷窄苦,夭盡天年。善則福至,惡則凶臨。又詩曰:先觀動靜見心田,運智藏神一體先。相者但能知外表,寬平富貴狹無錢。不言不語心機會,發語無私耿直人。最怕心中嗔怒者②,口

---

① 三元,《神相全編》作"之先",意勝。
② 心中,《神相全編》作"笑來"。

唇尖薄性難任①。骨凸神須躁，心寬氣必和。深沉言語少，終是福来多。能孝於親，能忠於君，爲衆德之先，衆行之美，不得陽貴，必獲陰報，不在其身，必在子孫。固可以激薄俗，立風化也。善相者一本云：眼下肉生，龍宮福堂黃氣盤旋，是陰報之人也。所以爲先察其德，然後相其形。故德美形惡無妨爲君子，形善行惡不免爲小人。一本又云：表正則心端，表欹則心曲。荀子曰：相形不若相心，論心不若論擇術。此勸人爲善也。夫形者，人之材也。德猶器也。材既美矣，而表之以德，猶加之雕琢而成美器。遇拙匠而棄之，是爲不材之器也。是知德在形先，形居德後也。郭林宗觀人有九德：一曰容物之德；如江河在下，物無不容。招来虛受，浩然不滿也。人則升合之量，豈能如此。二曰樂善之德；君子聞人之善則樂善而喜慕之，小人聞人之善則惡忌而欲害之也。三曰好施之德；君子不貪不吝，有則與人。小人貪鄙好財而未嘗施於人。四曰進人之德；君子先人而後己，小人先己而後人。五曰保常之德；有常之德，慎終如始。小人喜怒不常，終始多變。六曰不妄之德；言出諸己，未嘗虛妄。小人未嘗有信。七曰勤身之德；勉勉好善，能勤於身，不慢不怠。小人慢怠而不勤也。八曰愛物之德；君子視人猶己，所以養羸老而育幼稚也。九曰自謙之德。君子謙，不自居。小人則好勝爭先，豈能不損。詩曰：大德如滄海，寬和萬物歸。保常終不變，樂善日知機②。豈肯爲貪鄙，何曾説是非。粹然和美玉，日日發光輝。觀子形雖賤，誰知德内充。天心終護善，衣食自豐隆。愛物功何博，勤身道有容。相形先相德，此理合神功。貴相堂堂神骨清，貧容窮貌體常輕。要知相物之元本，先相心田後相形。

---

① 性難任，《神相全編》作“語非真”。
② 日，十萬卷樓本作“自”。

論腹①

　　腹者身之爐冶，所以包藏腸胃，而化萬物者也。欲圓而長，厚而堅。勢欲垂而下，皮欲厚而滑。故曰：腹懸向下，富貴主壽。腹墜而垂，智合天機。腹象陰而藏萬物，向下則萬物皆聚，此所以爲貴。腹偏而短，飯不滿碗。皮厚者，少疾而富。皮薄者，多病而貧。腹近上者，賤而愚。腹如抱兒，四方聞知。背有三甲，腹有三壬，有之者，富而禄。紫府真人《瑋琳洞中秘密經》：腹中三甲，貴。如抱兒，名振京師。雀腹豺聲，貧賤寒人。詩曰：以腹覘人各有宜，腹垂皮厚足豐衣。人形一樣無凶吉，切見留心仔細推。背負三甲人皆貴，背薄成坑禍不輕。濶長厚者三公相，短狹如駝賤又貧。餘與《瑋琳洞中秘密經》、《五總龜》同。

　　上停長，老吉昌。中停長，近公王。下停長，少喜祥。三停俱等，富貴榮顯。三停不均，孤夭貧賤。

　　五短須要上分長，全形入相富文章。下停長者人多賤，又恐終身少雁行。

---

① 　論腹，此二字原無，十萬卷樓本有，有此二字眉目清晰，故據補。

掌法

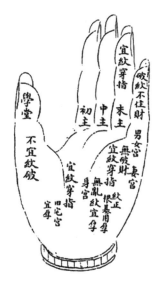

男人手似錦囊①，女人手似乾薑，貴。

訣曰：掌分四時月分，要論四季災福，即看四季部位上斷之。春得白爲鬼，主災。夏見黑，秋見赤，冬見黃，皆爲相反，主凶。此氣色之應，無有不驗者。若青羅貫五指乃細青脈貫滿五指。下至天紋者②，其人有心腹脾腎之災，身心常若不足。又青羅貫指下至人紋，名爲過關，論科名，要端正，不冲不破。不叉者，縱無好學堂相副，亦爲俗人。僧道者，必主有名有權。更有學堂，必第高科。凡看妻位，須是定目仔細觀尋。其位要豐厚，色澤紅潤，紋理或雙成字，不叉不冲破，無剋，纔有吉驗。紋散理亂，交叉冲破，不齊散走，便主難爲妻。此訣緊要，不可輕與人説。若見相

---

① 錦，十萬卷樓本作“綿”。
② 天，原作“夭”，十萬卷樓本作“天”是，據改。

生旺相，主招賢妻智妾。論子息宮，此位屬震，又爲身位，其位亦如妻位推之，有剋無剋，便可見得。凡震宮紋細，難得子。有木紋、陰德紋、井紋、寶暈紋者，主貴子大象。要緊處依前妻位推之。論兄弟宮，紋交叉出[①]，兄弟不吉，其位要紋理分明，不冲不雜，不破不散，有魚，有井，有印，有金花好紋者，主得兄弟力，主有貴兄弟。或見虧陷如削，坑陷紋亂，冲破交叉，更逢孤辰六害，主不得兄弟力。纔有此紋者，生來親者是疏，疏者是親，陌上人却是親，主別自榮立[②]，無六親兄弟之力。依此斷之，萬無失一，此乃口訣，千金勿傳。

今録掌法貴賤七十二格及詩訣，并録於後，明眼君子請詳推之。

四季紋

推四時生旺刑剋，以定吉凶之兆。

春青夏赤秋宜白，四季之中黑喜冬。秋赤冬黃春見白，夏間逢黑總爲凶。

拜相紋

其紋如琴者，昔張良有此紋。

---

① 交，原作“人”，十萬卷樓本作“交”是，據改。
② 榮，十萬卷樓本作“營”。

拜相紋從乾位尋，其紋好似玉腰琴。性情敦厚文章異，常得君王顧眷深。

帶印紋

主身帶印爲太師。

掌上紋如帶印形，前程合主有功名。莫言富貴非吾願，自有清名作相卿。

兵符紋

出將入相格，漢陳平有此相。

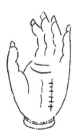

兵符紋現掌中央，年少登科仕路長。節鉞定膺權要職①，震

---

① 膺，原作"應"，十萬卷樓本作"膺"，於意更佳，據改。

戎邊徼擁旌幢。

金花紋

主身紋帶金花印，男主封侯，女作夫人，昔陳平夫人張氏有此紋。

紋帶金花印立身，此生富貴不憂貧。男兒指日封侯相，女子他年國內人。

雁陣紋

主身或身邊紋生者，又名朝衙紋，昔項羽有此紋。

朝衙又類雁排行，一旦功成姓氏揚。出入皇都爲將相，歸来身帶御爐香。

雙魚紋

雙魚學堂，主文章立身。紋透過天庭，更紅潤，主官至節度使。

雙魚居放學堂中，冠世文章顯祖宗。紋過天庭更紅潤，爲官必定至三公。

六花紋

六花爲侍從之聯，慶來晚節。

若人有此六花紋，他日身霑雨露恩。可許爲官須侍從，慶來晚歲耀朱門。

懸魚紋

立身紋有懸魚，主貴。學堂全，少年及第。

懸魚紋襯學堂全，富貴當時正少年。一舉鳳池身及第，跨龍作馬玉爲鞭。

四直紋

四直爲公侯之相，應在中年，須要紅潤。

四直可名求，中年不用愁。更宜紅潤色，一旦便封侯。

獨朝紋

正郎之相，更有靴笏紋，主貴。

獨朝紋出正郎身，更逢靴笏更聰明。因官好好難和事，必定中年禄位升。

天印紋

生乾位或身位，爲侍從之相。

天印紋生乾位上，文章才調自榮華。爲官平步天街上，凡庶堆金積滿家。

寶暈紋

大手紅潤，必主封侯。乾黃不好。

寶暈紋奇異相形，端如月暈掌中心。如環定是封侯相，錢樣惟多穀與金。

三日紋

文章異人出凡之相，唐李白有之。

三日精瑩現掌心，文章年少冠儒林。莫訝廣寒高折桂，須知才是翰林人①。

金龜紋

在命宮，主富貴。雙行在他位亦好。

---

① 《神相全編》此句作"四海聲名值萬金"。

兑宫西嶽起隆隆，紋似金龜勢象雄。遐算定須過百歲，家居金寶更雍容。

高扶紋

要紅潤，富貴之相也。

高扶紋出無名指，膽氣剛强難並比。手紅色潤足多能，自是一生招富貴。

玉柱紋

主早年及第，須要學堂相副，無學堂必受蔭。乾黃不好。

玉柱紋從掌直去，爲人膽智必聰明。更得學堂紋顯現，中年必定拜公卿。

三奇紋

主清貴，更有學堂，科名必及第。

三奇紋現無名指,一路分開三個紋。生在震宮并掌内,必作金門食禄人。

筆陣紋

要學堂全,成名及第,文章異人之相。

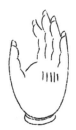

筆陣紋生陣陣多,文章德行及鄒軻。中年得意登科第①,年高福壽共山河。

手印紋

立身紋帶手印,主顯貴。

立身紋上印帶手,堂堂形貌氣如虹。他年顯達須榮貴,終作

① 中,《神相全編》作“十”。

朝堂一宰公。

玉井紋

立身紋帶一井，爲福德之人。有二三井爲玉梯，重井清貴。

一井紋爲福德人，二三重井玉梯名。此人必定能清貴，進入
朝中佐聖明。

三峰紋

掌上巽離坤位，要三峰堆起，肉豐滿，高如肉棗，色紅潤，
主富。

三峰堆起巽離坤，肉滿高如棗樣圓。光澤要加紅潤色，家多
金玉有良田。

美禄紋

主一生滋潤，到處人情順。

美禄紋如三角形，偏宜三角帶橫生。自然衣禄常豐足，到處
追陪自有情。

學堂紋

學堂紋小爲清貴學堂，學堂紋廣爲伎藝學堂。

學堂紋小却相宜，清貴中間有福隨。開廣主人爲伎藝，大凡
是事巧能爲。

學堂紋

學堂細小者，貴。

拇指山根論學堂，節如佛眼主文章。全門選舉須科甲，名譽
清高遠播揚。

車軸紋 亦名杖鼓。

車輪圓滿,必爲館殿之人。杖鼓紋全,定是封侯之客。更逢
學堂全,必爲館殿之人也。

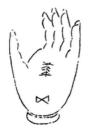

此紋圓滿乃車輪,必是皇朝館殿人。更看紋全名杖鼓,封作
諸侯百里臣。

福厚紋

主平生無禍無災,好施爲,有福壽,有財喜。

福厚紋生向掌偎,平生無禍亦無災。憐貧好施多陰德,福壽
年高又主財。

異學紋

主遇貴,爲僧得之大吉。

異學紋須招異術,聲名長得貴人欽。爲僧爲道增殊號,塵俗

還須富有金。

魚紋

紋在中宮而豐衣足食，如小名，爲小貴。更有學堂，主貴。

小貴紋奇小貴官，總無官禄積閑錢。那堪紅潤兼柔軟，僧道還須管要權。

天喜紋

立身帶天喜，主一生榮旺。

立身帶天喜，一生多福祉。榮旺樂身安，事事皆全美。

川字紋

手生川字盈五指而益壽延年。

五指俱生字若川，人人益壽得延年。男兒可比籛鏗老，女子

堪如王母仙。

折桂紋

立身紋生枝，名折桂，主登第榮顯。

折桂文名有大才①，儒人及第得名魁。月裏姮娥曾有約，許君折取一枝來。

三才紋

標本相稱，爲手指與掌齊長也。三才分明，或有一紋沖即不備三才也，主財命，有氣。經云：三才分明，一生昌榮。

三才紋上得分明，一生時運可昌榮②。主命與財主有氣③，一紋衝破便無情。

千金直上紋

主富貴雙行也。坤方既滿，逢百客而和顏。兌位若豐，子三個而送老。

---

① 文名，十萬卷樓本作"紋生"。

② 昌榮，《神相全編》作"得平"。

③ 財，《神相全編》作"才"。

人生若欲問榮華，千金直上一紋嘉。設使少年人得此，前程富貴幾人誇。

離卦紋

離卦或文理散亂，及冲破，主奔波勞心，歷事早艱辛，早營身計。坎位要豐，晚年好。三山要厚，主榮貴。

離紋衝亂多勞碌，坎位如豐稱晚年。八卦若虧孤賤相，三山要厚主榮官。

震卦紋_{爲身位子位}。

其位要豐厚，色潤好，有子力。震位紋細，難得子。或帶殺，必招過房子。學堂無紋，休思科第①。

---

① 第，原作"舉"。十萬卷樓本作"第"，於義佳，據改。

震豐色澤有男兒，紋細誰知子息稀。或遇其中還帶殺，只宜招取過房歸。

銀河紋

銀河紋在天紋上，細碎斷，主妨妻，必再娶。震位坎坑或紋衝破，祖業必須自立。

銀河碎在天紋上，必主妨妻再娶歸。震坎或亂紋衝破，不招祖業自重爲。

坎魚紋

妻饒田産，都緣魚在坎方。子受官班，賴得井生乾畔。

紋理如魚坎位藏，妻饒相愛富田庄。因何子受官班爵，賴得乾宮井字彰。

華蓋紋

華蓋能盡三百六十種惡事，或有凶，得此紋爲陰德紋。或生枝細碎，亦名青龍紋，主吉利。

華蓋青龍陰德施[1]，此紋吉利儘豐隆。或有凶紋加掌上，得之爲救不爲凶。

陰德紋

主行善心慈，無毒，無害人之心，有福壽。

陰德紋從身位生，常懷陰德合聰明。凶危不犯心無毒，好善慈悲好念經。

智慧紋

主心慈，多智慮。

智慧文名遠譽揚，其紋長直象叉鎗。平生動作常思慮，慈善

---

① 施，十萬卷樓本作“同”，於音韻更佳。

兼無橫禍殃。

山光紋

主好清閒，怕是非，宜僧道，俗人有之孤寡。

山光紋現好清閒，閒是閒非不兩干。此相最宜僧與道，閒人多是主孤鰥。

住山紋

主好道，又貪歡，心不定①，僧道多有之。

身位斜紋是住山，又貪幽静又貪歡。老來處世心常動，尤恨鴛鴦債未還。

隱山紋

主人好清閒，有林下志，灰心早。

---

① 定，原作"足"，十萬卷樓本作"定"，於義佳，據改。

隱山紋現掌中央,性好慈悲好吉昌。愛樂幽閒憎鬧處,末年悟道往西方^①。

逸野紋

主性好幽閒,有異術。

逸野紋從命指尋,兩重直植手中心。性好幽閒饒好術^②,一生嫌鬧怕人侵。

色慾紋

主好風情,至老不休。

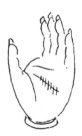

色慾紋如亂草形,一生終是好風情。貪迷雲雨心無歇,九十

---

① 末年,十萬卷樓本作"中年"。
② 好,十萬卷樓本作"異"。

心猶似後生。

亂花紋

從身位細碎者，主人奢華好情慾之兆。

身畔朝生是亂花，平生天性好奢華。閒花野柳時扳折，只戀嬌娥不戀家。

色勞紋

主一生情慾重，能成病死。

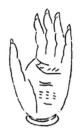

紋如柳葉貫穿河，巷陌風花却是家。暮雨朝雲心更喜，中年因此患沉疴。

酒花紋

主好酒色，手紅破不盡，乾黃從此壞。

花酒紋生向掌中，一生酩酊醉花叢。疏狂好用無居積，只爲貪迷二八容。

桃花殺紋

主好色貪杯，及夜夢鬼交。

桃花殺現愛奢華，既愛貪杯又好花[①]。情性一生緣此誤，中年必定不成家。

花柳紋

主風流性格。

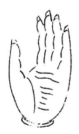

花柳紋生自不憂，平生多是愛風流。綺羅叢裏貪歡樂，紅日三竿未舉頭。

鴛鴦紋

主生死淫心不休。

---

① 既，原作“即”，十萬卷樓本作“既”是，據改。

鴛鴦紋見主多淫,好色貪杯不暫停。暮雨朝雲年少愛,老來猶有後生情。

花釵紋

主情色重,好偷期。

花釵紋見主偷期.巷陌風花只自知。到處得人憐又惜,貪歡樂處勝西施。

桃花紋

主情性淫亂。

桃花紋見主情邪,柳陌花衢即是家。正是中年臨此限,夢回猶戀一枝花。

偷花紋

桃紋滿岸，自迷幾處之風花。柳戀貫河①，妻拜兩重之雪月。

偷花紋見自多非，觸處風花戀暗期。自有好花心不喜，一心專戀別人妻。

妻位魚紋

妻位有魚，清貴守節。有衝，主淫。

妻位紋有魚，清貴更何如。其妻能守節，衝破却淫愚。

妻宮華蓋紋

有華蓋朝妻，妻財逐後來。

妻宮華蓋蓋朝妻，招得妻財逐後歸。皆是五行并掌相，他年

---

① 戀，十萬卷樓本作"葉"。

更許有男兒。

妻宮朝天紋

主妻意淫。

妻紋朝入向天紋，妻起淫心欲侮尊。交合遂成雲雨事，人倫不正亂家門。

奴僕紋入妻位

主妻必與奴僕通奸。

奴僕紋朝入向妻，必然奴僕共淫之。妻心不正奴心壯，致使君家有此爲①。

妻紋入奴僕宮

主其妻先有意眷戀奴僕。

----

① 君，原作"伊"，據《神相全編》改。

妻紋生入奴僕宮，妻先有意與私通。淫心眷戀閒奴僕，忘負同牀結髮翁①。

妻位生枝紋

主妻性狡猾。

妻位紋生枝，天生狡猾妻。丈夫能省半，閫事賴施爲。

妻位孤獨紋

妻位一重紋爲孤獨紋，兩條紋、四條紋者，皆好。

妻宮只有一重紋，没個妻孥及弟兄。若有兩紋并四畫，許君後續好兒孫。

————————

① 忘，十萬卷樓本作"忍"。

剋父紋

剋父紋纔見衝太陽及朝歸鋪指中，主剋剝。

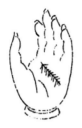

天紋劈索朝中指，此是魁星誠可喜。更有二指縫中心[①]，少年剋父無所倚。

剋母紋

剋母紋纔衝太陰坎位，必主剋剝。若是過房猶輕。

太陰若有紋衝破，必定親生母見亡。若是過房猶自可，親生必定見閻王。

過隨紋

主隨母嫁人。

① 有，原作"义"，疑當爲"叉"字，《神相全編》作"有"字，意亦通，據改。

掌法紋名是過隨，早年無怙可傷悲。豈思却用隨娘嫁，拜啟他人作養兒。

貪心紋

主機謀，愛便宜，心倖難捉摸[①]。

天紋散走有貪心，即愛便宜機未深。對面身心難捉摸，他人物事苦相侵。

月角陰紋

主招陰人財發。

月角陰紋出兌來，平生偏得婦人財。好事也須常戒忌，莫教色上惹官災。

亡神紋

手中橫直者是也。破田宅損骨肉，到處與人無義，性險。

---

① 倖，十萬卷樓本作“性”。

手中横直號亡神，破了家財損六親。到處爲人皆不足，更防性行險難憑①。

劫殺紋

主凶多成敗，妨骨肉②。乾黄不成，紅潤末年好。

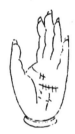

劫殺全紋散亂衝③，又多成敗又多凶。初中災了兼刑害④，末限須教得意濃⑤。

三殺紋

主尅妻，又名雁陣三殺。

---

① 行，《神相全編》作“命”。
② 肉，原作“月”，十萬卷樓本作“肉”是，據改。
③ 全，《神相全編》作“金”。
④ 刑，原作“形”，十萬卷樓本作“刑”是，據改。
⑤ 末，《神相全編》作“妨”。

三殺紋侵妻子位,妨妻害子空垂淚。若還見剋後須輕,免致中年孤獨睡。

朱雀紋

主招口舌,惹官刑災驗。有吉紋救可免,最忌兩頭開。

朱雀紋生向掌來,一生終是惹官災。若有义紋猶自可[①],最忌兩頭口又開。

橫來酒食紋

主有酒食之祿。

橫來酒食紋何似,坤上差池入巽宮。好似斜飛三燕子,每逢

---

① 义,據文意似當爲"叉"。

樽俎貴交中。

夫手中有三黑子，主大富禄，主貴之兆。指有黑子，亦主富禄。有册紋者，主富，三公之相也。埋婦紋者，一紋一妻一奴婢，各主一人之相。

手足者，身之枝幹也。身體欲短而聳，枝幹欲正而直，富貴之人也。枝幹傷筋而露節，爲不材之木也。

夫脚者，各主其異。若是掌上生雀紋及橫紋，並大富。足指間有黑子，主多僕使。足生下掌平如葉，主禄富也。

龜魚、枯木紋，主大貴。

井紋，主福禄富。

　　龜魚枯木貴三公,坐向朝堂禄位豐。更有井紋居一畔,平生福禄最難同。

　　棗紋、劍紋、册紋,主富貴。

　　田紋、馬眼紋,主富少。

　　五柱紋高貴可知,田紋馬眼富應稀。棗紋劍册紋如見,定是身朝上將旂。

　　孤紋、殃紋,主孤獨多災。

　　窮紋,主衣食不足。

　　孤殃紋向掌中生,世上惟君少有名。若是窮紋雙見處,單衣那解得身榮。

　　苦紋、刑紋,主多災難勞苦。

　　路屍紋,主命短暴死。

　　掌下無紋爲一絶①，生來無智亦無能。苦刑紋見應多難，若有屍紋壽豈增。

玉管照神局卷下

體骨

骨滑肉中秀，端然體更隆。清奇兼聳直，應是作三公。骨乃人根本，須還秀更清。若還粗更澀，豈解獲功名。骨細皮膚滑，青綱不繞身。自然身富貴，早歲入科名。手骨欹還賤，龍吞虎必榮。纖纖十指細，相見使人驚。惡骨應斜側，身寒體不平。虎强龍又弱，何足望身榮。與《月波洞中記》同。歌訣曰：神形中有妙，心相兩無餘。百一歌中意，君還會此無。

形氣

丈夫欲其剛正[①]，其氣欲剛，其性欲正。剛則不佞，正則不邪。得剛正之氣，爲天下之英才。或有金木水火土之氣，或鳥獸蟲魚之形。蓋人貌不同，取類非一也。《詩》云：形有陰陽各有宜，剛則屬陽，柔則屬陰。元來形相類相隨。神足過形爲貴相，形過神者賤無疑。形者神之合，形不得有餘，神不得不足。形有餘者，爲賤。神不足者，早死也。大抵人形不要偏，堂堂丰貌便朝天。輕浮躁薄貧且賤，不爾中途便夭年。人稟陰陽氣，形多像五行。木形長瘦挺直。木不得肥，

---

① 丈，原作“大”，十萬卷樓本作“丈”，於義佳，據改。

肥則貧而無壽。金形方而正，水形潤而肥，土形重肥而背厚，火形赤而上尖下濶。正則不破，及得五形之正，爲英氣也。或水火相傷，金木相犯，皆爲不合相也。**雷霆須震響，日月要分明。龍虎爲時瑞，鸞鳳作世英。**人之形或如攫虎、騰龍、翔鸞、逸鳳、伏龜、游雁[①]、攀猿、坐猴、回牛、躍馬、狻猊、舞燕、搏鷹、望鶴之類，皆貴相也。大凡物有萬狀，人有萬狀。不可以一言盡，不可以一字徵。惟有識者細察之。**豬蛇并鼠狗，貧薄自無成。**豬無壽，蛇性毒，狗分憂，鼠多疑。能取其象而定理性，無不中矣。

七局形色

貴	富	壽	賤	貧	夭	刑

金眉聳聲潤。口方色紫。耳大氣清。眉低神癡。小口骨粗。耳反肉慢。露齒結喉。

木目秀聲重。下朝色紅。脣厚氣重。目昏神驚。下項骨寒。脣縮肉枯。眉鋒逆鬚。

水耳白聲長。頤平色黃。眼長氣長。耳黑神醉。頤側骨沉。眼慢肉薄。準尖鼻折。

火脣紅聲圓。背厚色烈。鼻大氣慢。脣白神慢。無背骨重。鼻掀肉滿。耳薄頸喝[②]。

土準圓聲清。肉豐色快。眉長氣舒。準尖神馳。肉疾骨露。眉逆肉橫。斜視赤晴。

獅形

夫獅形者，頭方額濶，腦後有插山骨起，天庭突起，眉濃眼

---

① 雁，十萬卷樓本作"鵰"。

② 頸，十萬卷樓本作"頭"。

白，睛黑圓滿而大，山根斷，口濶鬚鬢，額高①，難知心腹之人也。入此相者，位至節察、列土侯王，主壽。女人入此相者，爲國母。似者，天下大富。有出林獅子，有勢。鎮宅獅子，多財。坐山獅子，多淳。香獅子，主閑。畫獅子，無威。戲獅子，多慾。承屏風獅子，主從。案：主從字未解。臥獅子，多懶。詩曰：威振山河佐主忠，頭方額高更眉濃。腦後骨起天庭突，列土分茅爵累封。

麟形

夫麟形者，頭方額濶，頂骨高，身形仰，耳高，眼深，眉粗，口濶，音中宮商，行中規矩。得麟形真者，皆主大貴。女人入此相者，爲后妃。像者，赤手有錢。詩曰：額廣眉粗腮頷橫，耳高齊厚黑睛平。身形高仰威雄勢，佐國昇平獨秉鈞②。

白虎形

夫白虎形者，身細長，眼赤長，眉與眼齊，鼻直，口大，唇齊，齒粗，白頭短圓，額長方厚，印堂、五嶽皆起，手長，步大，行坐身曲前向，語聲如雷，凡欲語則眉眼光起威猛，看人似作怒色③。入此相者，爲將軍，有列土侯王之分。女人入此相者，爲夫人。似者，富貴。詩曰：貌聳精神猛虎威，眼長眉秀準頭垂。強謀妙將橫天下，百萬雄師獨秉持。

象形

夫象形者，天中、天庭起，印平，眉細，眼《五總龜》作：眼單而尾垂。長，鼻仰，牙露，《五總龜》云：牙露鈍慢。身形大，多不睡。入正形者，作公卿，主壽。詩曰：枕上明珠額光平，身形長厚美三停。行粗

---

① 額，原作“頰”，十萬卷樓本作“額”是，據改。

② 鈞，原作“君”，十萬卷樓本作“鈞”是，據改。

③ 似，原作“侶”，據文意改。

坐穩言深重，遠鎮山河協聖明。御象詩曰：象形有三種，御象最高强。公私多高貴，只是少兒郎。立象詩曰：立象衣食足，性慢不多忙。爲人多好善，壽命主延長。行象詩曰：行象多辛苦，驅馳無了時，家活如星散，臨終亦少兒。

犀形

夫犀形者，頭圓，天庭高，伏犀骨起，天地相朝，上下三停一，體肥，眉如陣雲，眼大無輔。入正形者，乃貴人而爲大臣。詩曰：頭圓眼大更眉濃，耳內毫毛體肉豐。若得正形臺鼎位，其他人福壽而終。詩曰：出水犀形止正郎，生來清貴坐朝堂。金銀財帛多藏畜，壽限須期八十亡。

猿形

夫猿形者，面圓而小，眉目俱圓，臂長，音響，好潔淨修飾，喜花菓，性溫克而急義，却常與貴人交接，《五總龜》云：常得貴人提携。主壽禄。自有等第，其形有七。詩曰：頭圓眼黑頷腮平，脚短手長行走輕。去在煙霄閑散處，一生止是主虛名。墜枝猿詩曰：墜枝猿尊重，平生急性靈。任他人説惡，怨恨實無聲。攀枝猿詩曰：攀枝猿辛苦，終身不自由。運逢四十七，老後却無憂。立枝猿詩曰：立枝猿獨自，望空哭爺娘。孤然無兄弟，後代少兒郎。家猿詩曰：家猿人最貴，論情不可陳。面連三斷細，位極至王臣。坐猿詩曰：坐猿衣食足，語話愛身搖。言詞多吉慶，主事自優游。走猿詩曰：走猿今日苦，田園盡屬他。爲人不尊重，一生走奔波①。藏猿詩曰：藏猿節察位，居官衣食豐。九卿并御史，佐國近三公。

---

① 奔，原作“波”，十萬卷樓本作“奔”是，據改。

玄武形

夫玄武形者，頭小而長[1]，額方而大，天庭小，尖耳垂，下大上小，嶽瀆相應，口小，方唇，紫齒細白，頭仰步濶，色常光潤。入正形者，位至公卿。有女人入此相者，爲后妃。似者，主富。詩曰：額小頭尖體帶肥，四枝尖細厚腮頤。雖然位徹公卿上，争奈臨終在路岐。

黿形

夫黿形者，形小瘦則清白，肥大則紫黑，身形行緊，頭偏而性急，言清，目黑白，一般看人光耀，鼻高尖，人中濶。入此形者，主爲官高貴，僧道最宜。俗人多富，仍須好道裝，亦主壽。詩曰：額起眉濃準帶尖，唇紅温潤令多嚴。腮頤垂滿言清朗，上節將軍心性廉。

龜形

夫龜形者，頭大，頂突，鼻聳，眉濃，眼濶，耳有輪[2]，情性淳，好山水，五嶽相近，多尊重，背厚，體肥，康寧福壽，位至卿相。詩曰：額起頭高鼻聳齊，眉濃眼大厚腮頤。櫃倉豐滿精神異，富壽兼全佐主威。

蛇形

夫蛇形者，面長，五嶽不齊，額眉小，眼長而無輪角，黑少白多，肉色常有青，口濶，唇長尖有鎌鋥色青，齒細而疏白，耳上大下小，鼻小長尖，行腰軟，頭仰胸高。入正形者，位至五品，且不

---

[1]　而，十萬卷樓本作“面”。
[2]　耳，原作“方”，十萬卷樓本作“耳”是，據改。

善終。女人入此相者，少貴而淫。像者，主富。^{詩與《五總龜》內同}①。

馬形

夫馬形者，面長，眼大，口濶而高，齒大而疏，行坐尊重，性慢，腰長。詩曰：頭圓額短眼眶圓，鼻聳眼高髭髮全。語惠性高爲事幹②，義深終秉殺生權。

豹形

夫豹形者，頭方，額濶，眉濃，目大，圓睛露白，五嶽起，天倉窄，地閣圓，口露方齒而密。入正形者，爲將軍、刺史，好殺，中壽。詩曰：眉細眼圓五嶽豐，頷腮橫起志英雄。耳輪貼肉能剛勇，敵塞名高定老戎。

兔形

夫兔形者，頭小，額尖起，眼小，眉細，睛青，白少黑多，口小而方，齒青而細密，唇青有鎌鋩，耳小而聳，鼻細白而紅。入正形者，位至五品。女人入相者，爲貴妃。詩曰：額尖眉細口微方，耳聳唇紅信義良。三十年前成又敗，文高無比位星郎。

山羊形

夫山羊形者，頭方，額突起，五嶽不起，眉細黃，眼如覆月，黑少白多，睛濁，髮黃，髭清，心愛陰謀。入正形者，位至列土，好殺。女人入此相者，雖富而淫。

熊形

夫熊形者，額濶後狹，鼻聳，口濶，唇高，齒黑參差，地閣橫起，手足肥厚，肩膊厚，步速。入正形者，將軍之位，好殺。像者，

---

① 依註文此處原應有詩，《五總龜》蛇形下詩云："面長頭短眼睛昏，唇口高青事莫論。鼻小準尖行步速，位雖郡佐性難分。"

② 惠，十萬卷樓本作"慧"。

主富。詩曰：頭長前短眼微深，黑白分明美稱心。手足厚豐行步慢，寰中雄猛性深沉。

猩猩形

夫猩猩形者，眉目相近，鼻高直，口濶，上唇牽面，橫濶，無嶽骨，身橫肥，髮粗大，腮頤垂，多語笑，性急，言直，行慢，步高。入此相者，爲名僧。不然，清高道士。若是俗人，官至五品，主壽。女人入此相者，大賢婦也。詩曰：頭平額廣面粗圓，嶽上毫濃髮又旋。言急語清懷大志，藝高財富有雙全。

野狸形

夫野狸形者，頭短圓，額方小，眉細而長，眼小而豎，黑白不分，鼻小直，人中淺，口角垂，面仰，骨高，臂起，步急，腮頤垂，聲小，肉色紫黑。入此相者，位至刺史①。詩曰：口濶唇高耳暈垂②，額方頭短面橫肥。言高性直行胸仰，終秉山河定遠危。須知此形毒，兄弟不調和。離鄉家萬里，事業已消磨。

駱駝形

夫駱駝形者，頭長，額濶平，項長，五嶽不正，眉毛粗濃，目圓而深，壽上低，準齊，口聚，毛髮粗少，腰曲，行緩，膊濶，手脚長，語慢，骨粗，行走須伸頭低。入此形者，爲朝官。女人似者，爲妾③。詩曰：眉細睛高嶽盡流，口方唇淡性多柔。聲雄行慢心難測，佐主功高不到頭。

鹿形

夫鹿形者，額廣，鼻準高，睛青黑而微長，耳露，五嶽高，身

---

① 至，十萬卷樓本作“止”。
② 高，十萬卷樓本作“方”。
③ 妾，十萬卷樓本作“妻”。

小,行慢,地閣薄,腮不垂,脚手細長,頭有肉角兼骨。入此相者,位至公卿。像者,主壽。詩曰:頭長五嶽位皆高,額廣眉長意氣傲。文武雙全官極品,寰中内外恣雄豪。

狗形

夫狗形者,其形身與脚相等,睛黃,頭項粗,面尖,性急,飲食無厭,小人多憎惡,於人有心力。入此相者,爲卿相。女人入相,爲夫人,有權柄。詩曰:面尖額濶眼睛黃,喜怒平生自不常。指示得逢蕭相國,一生心力佐高皇。

驢形

夫驢形者,其形頭濶平,無腦骨,眉小,眼大,睛青黃白,無和氣,行步急,多妄談,性卑污,面長,耳長,語音粗散。入此相者,主貴。詩曰:眼中黃白面形長,耳大分明相異常。貴兆已成真大貴,不然稱賞動君王。帝嘗謂李忠臣曰:卿耳大,貴兆。對曰:龍耳小,驢耳大。五總龜同。

麐形

夫麐形者,耳下濶①,身無肚,頭圓,眼粗,棱高,面長,額平,骹尖,肉色青,肩膊狹,語高,性急。入此相者,位至佐國。女人入此相,爲夫人。詩曰:眉短睛青準帶肥,唇高齒大厚腮頤。語粗言急性難測,同秉山河有操持。

鸞形②

夫鸞形者,頭圓,額短尖,司馬起,眉細短,目深圓而小,上半有角③,睛黃,鼻小曲,口小方,唇紅濕,齒細白,面小圓,五嶽起,

---

① 下,十萬卷樓本作"小"。
② 鸞,十萬卷樓本作"鴛",下同。
③ 半,十萬卷樓本作"豐"。

腮頤垂,耳小有輪廓,貼肉,身形細肥,行慢似舞,語笑滋媚,肉色細白,性慢,舉止低徊,髭髮黑潤,語聲清亮,在眾中有異相。得正形者,位至上卿,有忠信,懷氣誼,多女少男,善終。像此形者,富貴有衣食。女人入此相者,主爲妃后。詩曰:司馬微起眼光深,語媚端容性亮沉。榮禄須知三十後,位崇妃后合天心。一云卿相合天心。

朱雀形

夫朱雀形者,眼媚頭長額又方,口唇丹起有鎌銛。身形起坐看端正,秉節懷忠佐聖皇。朱雀容貌狠,終身主見歡。行藏如鳳勢,永作殿中官。入此三相者,爲公卿,一生榮貴有壽。

鸚鵡形

夫鸚鵡形者,頭長,額方,眉長,眼細,鼻聳,準圓,口小,唇長,腮頤尖,多語笑,看人頭側,心不甚好閑①。入此形者,位至殿官,多財壽。女人入此形者,后妃相也。詩曰:額廣頭高語笑多,眉分目媚性調和。一生清貴君王寵,秉節懷忠斷佞訛。籠中鸚鵡詩曰:鸚鵡何言貴,籠中鸚鵡强。語言皆吉慶,財帛足兒郎。

鶴形

夫鶴形者,其形倉庫陷,眼毛垂,身體弱,頭骨粗,項細長②,行步濶,一停長③,性温柔,好山水,多名譽。入正形者,位至公卿,主壽。女人入此相者,爲后妃。相似者,向後富貴。四部陷者,孤鶴。五部露者,病鶴。《名賢相》《五總龜》云:鶴不必須要項長,設如垂鶴、蹲鶴等者,豈見項也。餘同前。頂縮者,睡鶴。行步輕擺者,衝天鶴。

---

① 甚好閑,十萬卷樓本作"善好問"。
② 項,原作"頂",據上下文意改。
③ 一,《神相全編》人像禽獸形訣斷篇作"上"。

容儀峭峻者,名雙鶴。詩曰:額短頭圓頂後紅,鼻梁尖聳性靈聰。不惟佐主權生殺,更出幽玄合上穹。飛鶴詩曰:飛鶴亦高貴,行而兩脚輕。運須看九五,定見坐琴廳。雙鶴詩曰:雙鶴多高貴,行而頭尾搖。在私還富貴,名位入清朝。孤鶴詩曰:孤鶴不禁老,老後沒來由。身軀無住處,自死入荒坵。立鶴詩曰:立鶴身形瘦,望食等將來。爲人雖氣概,大段沒錢財。

鷹形

夫鷹形者,頭方,頂圓,側目,鼻曲,眉薄,口小,行急,耳卓,常懷嫉妒,性難捉摸,爲事猛浪。入此形者,上將軍,好殺,不善終。詩曰:額廣眉濃眼彩光,腮垂頤重有連囊。聲清步濶多雄猛,解統兵威武事揚。《五總龜》同。

燕形

夫燕形者,頭突起①,眉眼細媚長深,面短肥,腮頤垂,步緩,多語笑,聲小亮。入此相者,主清明顯達,位至五品。女人入此形者,富貴②。詩曰:口小脣紅準促圓,形端體瘦藝雙全。眼深黑白能明朗,十五逢君立殿宣。

孔雀形

夫孔雀形者,頭方,頂尖,額廣,眉目長而細豎,無輪角,鼻小尖聳,直口,方脣,紫齒,耳小豎,五嶽起,行慢似舞,性沉,語重,笑有媚。入正形者,位至公卿,有壽。女人入此相者,宮妃貞潔之婦也。詩曰:體秀行藏語媚端,雙眸明媚眾人歡。三停平等能和美,官高財足志多般。

---

① 頭,十萬卷樓本作“額”。
② 富貴,十萬卷樓本作“主壽”。

鴿形

夫鴿形者，頭圓，額尖平正，眉前粗尾細，目圓，鼻紅，身短，步濶，語笑多媚。入此相者，爲殿中之官。女人入此相者，爲宮妃。似者，主貴①。

鵲形

夫鵲形者，面小，青白色，耳卓，行步急，談吐寬容，人見多喜。入此形者，位至公卿。女人入此相者，主富貴。詩曰：面小形容白又青，出言人盡喜聞聲。胸中自有封侯印，忠孝傳家表令名。《五總龜》註云：出張顯墮鵲事。餘與上同。

石蘊玉而山輝，水懷珠而川媚，此知精神之寶見乎色而發乎氣也。夫形者，質也。氣，所以形乎質也。質因氣而宏，神因質而安。故質宏而氣寬，神安則氣靜。得喪不足以暴其氣，喜怒不足以驚其神，則於德爲有容，於量爲有度，乃重厚有福之人。形猶材，有杞、梓、梗、楠、荊、棘之異。神猶工，所以治材而成其器。聲猶器，聽其聲知其器美惡。氣猶馬，馳之以適於善惡之境。君子則善養其材，善使其工，善治其器，善御其馬，小人反是。夫氣寬可以容物，《月波洞中記》又云：氣和可以接物。氣剛可以制物，氣清可以表物，氣正可以理物。不寬則隘，不和則戾，不剛則懦，不清則濁，不正則偏。視其氣之深淺，察其色之躁靜，則君子小人皆可辨矣。氣長而舒，和而不暴者，爲富壽之人。氣促不均，暴然見色者，爲淺細之人②。醫者謂一呼一吸謂之息，凡人一晝一夜計

① 按上下文例，當有詩歌，此處没有，應有脱文。據《神相全編》脱文或爲："詩曰：形身矮短眼微青，舉動能增遠月明。莫道生來衣禄足，傍人門户且安寧。"
② 淺，十萬卷樓本作"賤"。

一萬三千五百息①。觀人之呼吸，皆疾徐不同。或急者十息，或遲者尚未七八，而老者、肥者太疾而幼者太遲。竊恐古人之言猶未盡理也。夫氣有發乎顏表之間，而爲吉凶之兆也，其散如毛髮，其聚如黍米。望之有形而按之無迹，苟不精意觀之，則吉凶無所據矣。氣出入無聲，且不自覺，或卧不聞者，謂龜息，壽相也。袁天綱相李嶠曰：睡則氣從耳出，名龜息，必貴。呼吸氣盛而身動者，近死之兆也。孟子曰：不顧萬鍾之禄，能養氣者也。爭升合之利，悻悻然戾其色，暴其氣者，亦何足論哉。詩曰：氣乃形之本，察之見賢愚。小人多急躁，君子則寬舒。形須資氣氣資神，形氣相資養穀神。若更寬和深不暴，福如山嶽壽如椿②。《月波洞中記》同。

五色得地

春要青兮夏要紅，冬看黑色喜重重。秋間白色乘時旺，若不相刑見始終③。色青屬木切須知，火紫兼紅赤莫疑。金色白兮刑與殺，元來水黑土黃推。

青色氣

青雖主憂。若得旺時，及形體兼有常不變，光澤不凝滯者，亦吉。若在他色中忽然見露者，定有憂虞。旺在春，動在亥卯未，絶在申子辰。

---

① 三千五百，十萬卷樓本作"三十五"。
② 椿，原作"春"，十萬卷樓本作"椿"是，據改。
③ 刑，原作"形"，十萬卷樓本作"刑"是，據改。

赤色氣

赤色氣多撓。若形體相應而色潤不焦烈者，亦吉。如小人暴見一二點，四畔有赤色，如草根盤旋者，終是凶也。旺在夏，動在寅午戌[①]，絶在亥卯未。

黄紅紫色氣

天庭中有此氣色[②]，入台輔及勅命。如形神不可至此，又須推變，非可以言傳。旺在四季月，動在辰戌丑未，絶在酉寅巳[③]。

白色氣

白主服。若本受此色正兼潤澤，與形相稱者，吉也。顯露不常者，凶也。旺在秋，動在巳酉丑，絶在寅午戌。

黑色氣

黑色入七竅，號爲五藏絶。如大體均黑者，吉。若如煙霧四氣騰騰黯黑者，大凶。此色難辨，與青紫多類，宜晨興細察之。旺在冬，動在申子辰，絶在巳酉丑。

九州分域須驗形部隆陷，察氣色吉凶，定人發禄守土顯迹之地，萬無失一。然有人難余曰：若神禹別九州之前，言之如何？余對曰：方伎流傳在後。一身之微，稟天地之沖和，以其面部分別九州分域，不爲過矣。

九州氣色圖

---

① 戌，原作"戍"，據上下文意改，後同。
② 天庭中，原作"天中庭"，十萬卷樓本作"天庭中"是，據改。
③ 巳，原作"已"，據文意改。

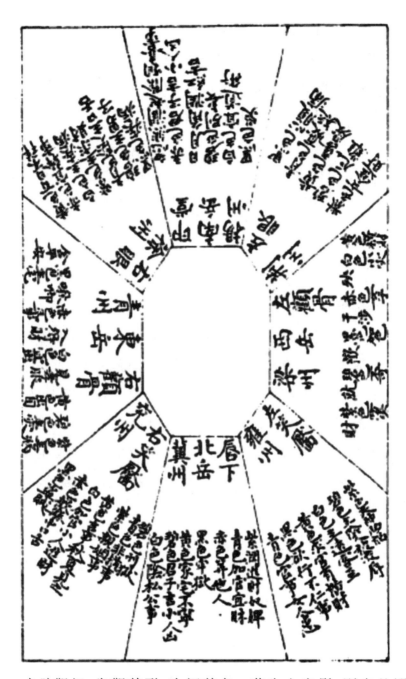

夫欲觀相，先觀其形，次認其色。若失之毫髮，則有差謬。
今將氣色形圖及九州氣色圖并剋應訣法及生死論詳著，附於形

部。庶幾觀形而察氣色,以定吉凶云。

細微神煞氣

十二位神煞者,形相吉凶已定,却察此部位上何缺陷,及氣色浮沉如何,仍須辨認去處,左右參合,以定吉凶也。

決病死生

病人眼有神氣者,生。氣脱者,死矣。天柱正,目活者,生。目抵項下者,死。瘦而不枯瘁者,生。肥而無血者,死。有喜容而色正者,生。悲啼者,死。舌濡潤者[①],生。舌短縮者,死。風而口禁者,生。開口者,死。神光上黄明者,生。暗者,死。黑氣如散雲者,生。聚者,死。黄紅如浮雲者,生。黑氣入耳者,死。氣寬而長者,生。短氣者,死。語聲響滑者,生。短澀者,死。人中潤澤者,生。乾枯者,死。

面上有痣主損,四神之宫主剋破。

---

① 潤,原作"唇",十萬卷樓本作"潤"是,據改。

　　小車上理紋,二千石,資財巨萬。口兩邊有此縱理紋者,貧薄之相。額上有偃月紋者,六百石。眉間、額上有土字紋者,將軍之相。又大交紋上及髮際,下達兩眉,二千石,年八十,大富貴,及益後代,子孫榮昌也。

　　龍虎角理,二千石,封侯之相。眉中、額上有立理者,一紋一妻。耳門有此三立理者,名學道,主學道立成。眉間有此水字紋者,三百石,主獄死。天中有火字者,主客死,刑死,兵死,無田宅之相,貧也。

論言談

　　人之心與物對而反，爲物之所誘也，則情僞百出而寓之於言，則其未嘗無悔吝。心之所生，故言不妄發也，必守理焉。言不妄陳也，必有序焉。言中理而有序，非貴人則爲有道之士。故通達者，言顯。剛正者，言厲。簡静者，言寡。忠直者，言恪。謙恭者，言遜。蔽執者，言僻。虚誕者，言繁。躁急者，言怨。猛勇者，言暴。謟諛者①，言媚。奸狡者②，言不盡意。毒害者，言而含笑。好高則言高，好大則言大。言之所主以此驗之。其爲人者，言之泛泛，終無成器。其言落落，終不困滯。大凡人言貴乎氣平，氣平則言法度。言貴乎氣和，氣和則言有章制。與人之言，貴乎有信。接人之言，貴乎有禮。讒言不入耳，邪言勿出口。聽言觀行，審而訂之，予以發言，得此道而言，決非尋常之流。如縱口而言，更無利害，更無是非，又大閜人之言也。

---

① 諛，原作“謏”，十萬卷樓本作“諛”是，據改。
② 奸，原作“犴”，十萬卷樓本作“奸”是，據改。

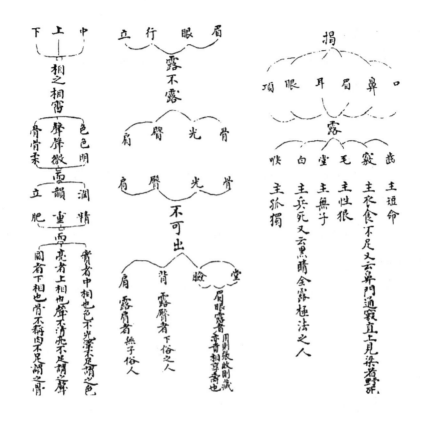

五事觀相

視、聽、言、思、貌，眉、目、耳、口、鼻。相云：五事俱分明，貴爲真宰輔。

寶眼禪師十貴詩

頭廣眼長相屬陽，精神光彩一般強。雖然未至公侯位，也合官資到侍郎。

貴則須還印堂平，鳳眼龍睛切要清。骨起一條懸膽樣，少年科第作公卿。

貴則氣清似斷筒，乍看眼見爍人中。又兼準位連山嶽，必定聞名近聖聰。

四貴無過黃色成，更宜骨白主聰明。端然日月分明見，早早爲官播令名。

五貴人紫色不紅，坐來神急定如弓。天庭地閣皆豐闊，貴則圖名拜侍郎。

六貴須還部位長，印堂瑩靜應三陽。坐來迤邐精神足，語出丹田播四方。

七貴須還紫色全，眼過魚尾主英賢。天中生得成高廣，起眼驚人握重權。

八貴人黃若病時，骨明光彩似琉璃。更看魚尾生侵鬢，黑白看看入鳳池。

九貴龍睛龜背分，堂堂光彩若精神。學堂兩處皆成就，不覺公侯值至尊。

十貴堂堂色蠟黃，貴則須饒手膝長。龜背額高明更靜，少年科第作員郎。

上貴神仙相 以下並希夷《風鑑》。

上貴須要腰背及眉骨、天庭三路如爪或入髮際，主神游三清。林中精舍在眉上，若有勢起是有神風道骨之人，主修養好道，終遇神仙。

三尖

夫三尖，貴者多矣。頭尖，地閣尖，口尖，謂之三尖，全則主貴。不全者，頭尖，不得父母力也。閣尖，不得産業力。口尖，不得壽終力。

諸般帶殺

孤獨煞

君看孤獨煞，額上有寒毛。左見雲煙起，呼爲煞父刀。

天羅煞

三尖光徹骨，浮露號天羅。妻子終難保，衰亡將奈何。

暗金煞

兩眉尖又逆，名號暗金星。傷殺臨邊陣，權高敗有成。

刀劍煞

赤脈貫瞳子，雙眸看尾尖。不惟凶惡死，仍恐刑傷兼。

內姦煞

姦門痕瘢異，黑子更斑斑。男女多淫慾，雙妻命不還。

天刑煞

左眼一頭破，青痕定命刑。命乖遭橫禍，那解見功名。

天獄煞

右眼頭邊破，名爲玉户開。一生安靜坐，也解有災來。

貪饕煞

尖鼻曲如鈎，饕飧卒未休。縱饒君積富，終見子孫憂。

横亡煞

横亡面四筋，逢人却似嗔。中年應暴死，凶狠累雙親。

短命煞

唇掀兼齒露，舌短見身亡。若更咽喉結，知君死異鄉。

孛逆煞

耳反兼烏黑，名爲孛逆郎。即宜孤獨坐，不解順忠良。

破敗煞

地閣傾還破，唇掀破爾家。若還聲不潤，爭得見榮華。

太清神鑑

[舊題]王　朴　撰著

牟　玄　點校

【題解】

《四庫全書總目》云："《太清神鑑》六卷，舊本題後周·王朴撰，乃專論相法之書也。考朴事周世宗爲樞密使，世宗用兵所向克捷，朴之籌畫爲多。歐陽修《新五代史》稱朴爲人明白多材智①，非獨當世之務，至於陰陽律法莫不通焉。薛居正《舊五代史》亦謂朴多所該綜，星緯聲律莫不畢殫。然皆不言其善於相法，且此書前有自序，稱離林屋洞，下山三載，徧搜古今，集成此書。考朴家世東平，入仕中朝，遊迹未嘗一至江左，安得有隱居林屋山事？其爲依托無疑。蓋朴以精通術數知名，故世所傳奇異詭怪之事往往皆歸之於朴。如王銍《默記》所載朴與周世宗微行，中夜至五丈河旁，見火輪小兒，知宋將代周。其事絶誕妄不可信，而小説家顧樂道之。宜作此書者亦假朴名以行矣。然其間所引各書篇目，大都皆宋以前本，其綜核數理，剖析義蘊，亦多微中。疑亦出自宋人，非後來術士之妄談也。其書《宋史·藝文志》不載，諸家書目亦罕著録，惟《永樂大典》頗散見其文。雖間有缺脱，而掇拾排比，猶可得十之七八。謹裒輯成編，釐爲六卷，朴之名則削而不題，以祛其僞焉。"

此書六卷，見録於《清史稿·藝文志》子部術數類相書命書之屬、《稽瑞樓書目》、《竹崦盦傳抄書目》子部術數類、《持静齋書目》子部命書相書之屬、《八千卷樓書目》子部術數類命書相書之屬、《葉氏觀古堂藏書目》子部術數家類、《邵亭知見傳本書録》子部術數類命書相書之屬。《揚州吴氏測海樓藏書目録》子部術數

---

① 白，《墨海金壺》本作"敏"。

類記有《大清神鑑》六卷，題譚玹。太、大兩字通用，唯題譚玹者不可解。

《太清神鑑》今存主要版本有《四庫全書》本、《墨海金壺》本、《守山閣叢書》本及《續粵雅堂叢書》本四種。今以《四庫全書》本爲底本，參校以《墨海金壺》本、《守山閣叢書》本、《人倫大統賦》、《照膽經》及《神相全編》等書。

原序

　　至神無體①，妙萬物以爲體。至道無方，鼓萬物以爲用。故渾淪未判，一氣湛然。太極纔分，三才備位。是以陰陽無私，順萬物之理以生之。天地無爲，輔萬物之性以成之。夫人生居天地之中，雖稟五行之英，爲萬物之秀者，其形未兆，其體未分，即夙具其美惡，蘊其吉凶。故其生也，天地豈容巧於其間哉！莫非順其世，循其理，輔其自然而已。故夙積其善，則賦其形美而福祿也；素積其惡，則流其質凶而處夭賤。此其灼然可知，其確然不易也。

　　是以古之賢聖，察其人則觀其形，觀其形則知其性，知其性則盡知其心，盡知其心則知其道。觀形則善惡分，識性則吉凶顯著。且伏羲日角，黃帝龍顏，舜目重瞳，文王四乳，斯皆古之瑞相，見之間降之聖人也。其諸賢愚修短猶之指掌，微毫絲末豈得逃乎？故相論形神之術，自此而興焉。其來極多，其論至冗。許負、袁天綱、陶隱居、李淳風之後，不可勝計。然皆窮幽探賾，得之至妙，其或紊亂，所説或異或同，至使學者不能貫於一致。

　　余自稚歲，潛心於此，考古驗今，無不徵效。遂特離林屋洞，下山三載，徧搜古今，考之極玄者，集成一家之書，目之曰《太清神鑑》。以其至大至明，形無不鑑；至清至瑩，象無不分。然未足奪天地賦形之機，亦可盡人之性形耳。謹序。

---

　　①　神，《守山閣叢書》本作“人”。

太清神鑑卷一

説歌

　　道爲貌兮天與形，默授陰陽稟性情。陰陽之氣天地真，《人倫風鑑》云：陰陽之氣氤氳。化出塵寰幾樣人。五嶽四瀆皆有神，金木水火土爲分。君須識取造化理，相逢始可論人倫。貴人骨格定奇異，看之乃爲神仙鄰。若非古怪即清秀，若非端正即停匀。《人倫風鑑》云：丰姿不嫩仍端異。骨格灑落松上鶴，清。頭角挺特真麒麟。古。森森修竹鎖流水，秀。峨峨怪石收閒雲。怪。崑山片玉已琢出，端。南海明珠光照室。異。夭桃繁杏媚春華，可憐容易摧風日。嫩。坐中初看似昂藏，熟視稍覺無晶光。語言泛泛失倫序，舉動碌碌多倉忙。若人賦得此形相，薄禄爲官不久長。坐中初見似塵俗，熟視稍覺多清涼。議論琅琅悉可聽，容止悠悠而細長。若人賦得此形相，高名美譽攬金章。更看面部何氣色，數中惟有火多殃。青多憂擾黑多病[1]，白多破財黄乃昌。湛然沉静無瑕翳，青雲萬里看翺翔。富貴貧賤生處定，但把形神來取正。一部吉兮吉必生，一部凶兮凶必應。部位吉凶各有主，存神定意詳觀聽。妙理不過於五行，當究五行之正性。木瘦金方乃常談，水圓土厚何須競。不露不粗不枯槁，三停大體求相稱。火形有禄終須破，

----

① 擾，原作“饒”，據《守山閣叢書》本改。

奔走貧寒多阻挫。《人倫風鑑》云：惟有火形尖更露，縱饒得禄終多破。雖因神秀暫榮華，四十之上亦難過。其餘相法固非一，天收地歛終無失。氣和神定最有常，骨聳額寬根本實。腰背端如萬斛舟，瞻視盼顧如星斗。肉隱骨中骨隱體，色隱神中神隱睟。若人賦得此形相，定知不是尋常流。氣宇汪洋有容物，智量深遠多權謀。動作令人不可料，時通亦自爲公侯。易喜易怒屬淺薄，易驕易滿屬輕浮。淺薄輕浮神不定，一生自是常常憂。欲知富貴何所致，馬面《人倫風鑑》作馬耳。牛頭聳鼻梁。有聲有韻骨格清，有頤有面含神光。《人倫風鑑》云：起坐昂昂多神氣。欲知貧者何所分，面帶塵埃眼目昏。出語三言不辨兩，凹《人倫風鑑》作凸。胸削背仍高臀。赤脈縱橫貫雙眼，殺人偷盜身無存。人生具體皆相同，貴賤相近有西東。沖和而上主清輕，認其清者宜高崇。滯伏而下主重濁，認其濁者皆凡庸。清濁一分知貴賤，貴賤不離清濁中。大道無形故無相，此理元來本至公。《人倫風鑑》云：吉凶生於一念中。人能移惡歸諸善，自然可以消災凶。人能安分委天命，自然可以濟窮通。《人倫風鑑》云：自然可以起凡庸。叔敖陰德故所勸，上相相心今孰同。予作此詩真有理，寄言賢者莫匆匆。《人倫風鑑》、《洞玄經》同。

又歌

受氣成形，三才俱備。清則富貴，濁則災否。但看貴人，神清氣爽，眉目秀媚。骨要堅隆，骨肉相繼。骨謂之君，肉謂之臣。骨過於肉，君過於臣。此乃貴人，長壽無迍。龍骨吞虎，生必豪富。虎骨吞龍，一世貧窮。下短上長，富貴吉昌。上短下長，遍走他鄉。面黑身白，位至相國。身黑面白，賣盡田宅。面粗身細，一生富貴。面細身粗，貧困而孤。額聳而隆，不受貧窮。額方面廣①，有田有莊。額骨而高，必爲僧道。額上有紋，早年艱辛。若是女子，夫位難停。額窄眉深，賣盡資金。額有伏犀，不富則貴。眉秀而清，四海聞名。眉如初月，衣食不缺。眉骨而高，長受波濤。眉有旋紋，父母不停。八字眉分，一生孤貧。眉頭相連，壽短不延。眉生纖毛，上壽堅牢。眉硬如錐，晚歲飢栖。兩眼藏神，富貴高名。魚尾插額，位至相國。睛色有黃，爲人不良。若是紅紫，刀劍中亡。斜視如流，爲性姦偷。三角有光，賊性難防。四白羊睛，殺子不停。反視鬭睛，爲性不平。睛露臉高，促壽不超。鼻頭圓紅，不受貧窮。若要清貴，年壽通隆。鼻梁曲陸，一生孤獨。鼻如鷹嘴，啄人腦髓。鼻梁骨橫，賣盡田園。《人倫風鑑》云：破盡平生。鼻有縱紋，剋子不停。鼻頭青紫，晚年窮死。口紫而方，廣買田莊。《人倫風鑑》云：口如吹火，孤寒獨坐。口上有紋，失約無成。口薄而輕，親業如傾。露齒結喉，走遍他州。耳有垂珠，富貴雙居。《人倫風鑑》云：衣禄有餘。輪廓皆成，一世豐榮。《人倫風鑑》云：耳内生毫，壽永年高。耳生黑子，多招是非。鼻梁耳返，賣盡田產。耳如箭翅，貧窮破祖。耳聳而朝，富貴年高。髮疏而細，位過兩制。髮粗如麻，貧窮可嗟。女人髮拳，剋夫連綿。婦人髮黃，遍走他鄉。手如噀血，衣食不缺。手軟如綿，衣食自然。手紋如絲，必爲賢士。手紋橫生，不聚資金。紋如鐵斧，法死衆睹。《人倫風鑑》云：紋如戈矛，法死不留。手上露筋，一世艱辛。聲如破鑼，田產消磨。聲鴨聲暗，家計如傾。聲如大鐃，一世波濤。舌上有紋，牛馬成群。舌如紅蓮，廣有田園。舌短唇長，晚歲荒忙。足下有紋，大

旺子孫。足有龜紋，一世清名。足下黑子，富貴賢士。曲背駝腰，子孫不超。鴨步鵝行，富貴家榮。《人倫風鑑》云：富貴清名。行若蛇行，親業如傾。蛇胸鵲筋，《人倫風鑑》云：蛇骨鶴筋。貧窮賤人。頭大有肩，富貴長年。頭大無肩，晚歲孤寒。身大頭小，壽數極夭。三停不直，不爲貴格。南人北形，富貴高名。北人南形，產業如傾。男人聲雌，破却家資。女人聲雄，夫主不停。眼下乾枯，定殺五夫。齒露聲雄，殺夫貧窮。更若有鬚，不可同居。形容如鬼，殺夫不已。面如哭形，家業不成。面上生靨，夫位高判。形寒額尖，夫位須死。若是男子，亦復如此。人中黑子，主養他子。口上生者，吐血而死。淚堂生痣，子孫難繼。黑子口傍，是非難防。蘭堂生者，富貴壽長。眼下併紋，子息難成。縱理入口，餓死不久。法令入頤，一生富貴。紋入承漿，壽限高强。令紋傍口，財帛難守。鼻準有紋，溺水而死。骨怯神怯，三犯須傾。形重骨剛，壽命延長。三停隆直，富貴無敵。行步身斜，破親亡家。腦有玉枕，九十爲定。鼻梁不正，四十絕命。鼻曲唇掀，壽夭不延。《人倫風鑑》云：孤獨如夢。肥人結喉，壽短不留。帶殺雙兼，惡死居前。有胸有背，富貴無窮。有背無胸，晚歲孤窮。《人倫風鑑》云：有胸無背，貧賤如流。聲音如嘲，貧賤不貴。身小聲雄，位至三公。身大聲小，早歲折夭。此法秘之，如金如寶。《人倫風鑑》、《千字文》同上。

相法妙訣

相人形貌有多般，須辨三停端不端。五嶽四瀆要相應，或長或短不須論。額要濶兮鼻要直，口分四字多衣食。頭圓似月照天庭，眉目彎彎多學識。眉頭昂而性必剛，縱理重重入天倉。下視之人多毒害，羊睛四白定孤孀。鼻頭屈曲多孤獨，項短結喉神不足。男面似女女似男，心慳藏事多淫慾。眼眇雖小有精神，更觀黑白須分明。遠視有威近秀媚，披緇學道好音聲。眼睛黑少白多惡，《玉管照神》云：黑白分明定知略。眉長眼細足人情。眼睛若露脣皮反，男憂惡死女憂產。若是頭圓須出家，《玉管照神》云：若還不是出家人，在私必定遭夭難。耳無輪廓多破散。《玉管照神》云：耳無輪廓破紋多，細小無珠命短薄。耳若聳長有輪廓，衣食自然終不薄。《玉管照神》云：身與腰，相應着，忽若偏時終薄落。頭大身小性慳貪，身大頭小多消索。坐要端分立要直，不直不端無見識。先笑後語定非良，不言不語人難測。面上看來眉不同，一上一下形如蟲。如此之人若與交，眷屬之人亦不終①。仔細看之須尋古，但看金木水火土。相刑相剋定取形，若也相生須得地。人中斜曲主橫死，上脣牽露多辛苦。左眼小而右眼高，父母必定幼年拋。右眼小而左眼反，家財宮中多破散。更須看眼與單重，再拜父母添宗族。南人似北多富貴，北人似南只有名。有背自然能負荷，學堂學館廣中親。何須眉目定其貴，先看骨分又看肉，骨肉兩般事更別。清亦貴分濁亦貴，真濁真清方始貴。若還認得濁中清，早當食祿歸官位。清怕浮而濁怕實，更怕眉尾粗是一。《玉管照神》、陳摶先生《袖裏金》同。又云：面圓人亦好，更審聲音語須小。如此之人若與交，面前背後心難料。大凡相法識根源，金木水火土相連。相剋相刑多破敗，忽若相生富有年。

---

① 終，原作“中”，《墨海金壺》本、《守山閣叢書》本皆作“終”是，據改。

神秘論

人之所稟在精神①，以火爲神水爲精。火本藏心心爲志②，精備而後神方生。神生而後形方備，形備而後色方明。是知色隨形所生，氣乃逐聲各有形③。有形不如有骨，有骨不如有神。有神爭如有氣，神之得氣旺於春。大都神氣賦於人，神氣若油又若燈④。神安自然精可實，油清然後燈方明。夜宿此心如寂寂，日居於眼覺惺惺。有時又有清中濁，有時又有濁中清。更兼風韻細數藏，坐久凝然力轉强。如此之人堪立事，輕浮淺薄便尋常。其次更看形與骨，骨細皮膚軟而滑。要觀生就與未就，旋有旋生終可久。或然未好已先盈，花未開而實已生。老人不欲似後生，老者應須要老成。男子不欲帶女相，女人不欲似男形。陰反爲陽夫早死，老懷嫩色壽星傾。丈夫女子兩般評，女要柔兮男要剛。女人屬陰本要静，未言先笑定非良。良人有威而少媚，娼婦有媚而少威。令人一見便生侮，所以居身在至微。木要瘦兮金要方，水肥土厚火尖長。形體相生最爲吉，若然相剋定爲殃。金得金，剛毅深⑤。木得木，資財足。水得水，才學貴。火得火，威武播⑥。土得土，多倉庫。金不金，反沉吟。木不木，多孤獨。水不水，多官鬼。火不火，多凶禍。土不土，多辛苦。已上形論。只於

---

① 在精神，《照膽經》之《白雲歌》作"氣與形"。
② 《白雲歌》此句作"火本爲心水爲腎"。
③ 《白雲歌》此句作"自然氣乃逐聲鳴"。
④ 又，原作"人"，據《白雲歌》改。
⑤ 剛毅深，《白雲歌》作"福禄生"。
⑥ 威武播，《白雲歌》作"有成果"。

形體本先瘦，木。次後初肥最爲要。水生木。若然始瘦又枯幹，木帶金兮災愈繁。一如形體本方正，次後背隆最爲應。土生金。若然始方却又尖①，金見火兮實爲災。初中最好末生災，腰臀都小步不開。初中不好末主好，腹肚初生懸壁倒。有臀有背能負荷，無背無臀空老大。看前雖好未爲好，看後須好好到老。馬上大兮馬下小，更兼藏韻與藏神②，八座三台官豈小。有金之人面似方③，有土之人多在背。守土。其在清資併極貴，面似月兮身似貝④。有時舉眼隨身起，有時接語和身轉。近觀有媚遠有威⑤，久視方明初似晦。更有一法何所謂，只有鋒鋩始爲貴。器宇瀟灑風韻美，如此之人豈常類。信知顴骨有四般，入耳無邊壽數寬。插上天倉須兩府，髮鬢之下當守土。清奇古怪秀異端，七者爲身亦合論。清而無神謂之寒，奇而無神安有官。古若無神謂之俗，怪若無神乃主辱。秀而無神謂之薄，異若無神多削弱。端而無神謂之粗，七者有神爲衆殊。遠視之人心必遠，視高之人心必高。視平之人心必善，下斜偷視主凶豪⑥。眼睛若露終凶死，精神矍鑠亦徒勞。須知眉平眼又平，必然爲道又爲僧。紫衣師號如何得，伏犀骨肉頂中生。眉眼多生神殺現，縱爲僧道不成名。少年得第踏青雲，眉目分明氣骨清。眉目分明氣骨俗，只有文章豈有名。更有一般行屍肉，須看肩高與頭縮。要知南人體似

---

① 始，《白雲歌》作“面”。
② 韻，《守山閣叢書》本作“氣”。
③ 金，原作“財”，據《神相全編》之《陳希夷風鑑歌》改。
④ 月，《白雲歌》作“田”。
⑤ 有，原作“無”，據《白雲歌》改。
⑥ 凶，《守山閣叢書》本作“心”。

北①，身大而肥有水色②。欲知北體似南人，體瘦形小氣薄清③。南人似北終須富，北人似南終享榮。富人不過厚其形，貴者當論骨與神。貴在於眼富在耳④，貴人同富誤於人。不貴似貴終須貴，不貧似貧終須貧。貧中得貴因何識，看取驛馬先生骨。富中反賤又何分，胸高骨寒神太昏。借問相中何取壽，認取聲名骨又秀。若或氣短骨又露，四十之前壽必故。耳要白兮口要紅，眉清目秀鼻如筒。更兼六府相朝揖，富貴一生到老終。鼻梁深兮山根折，少哭尊親并骨血。弟兄無一眉粗短，耳無輪廓主無兒。更有一法須要識，結喉露齒主妨妻。大凡須看氣與色，色浮皮外氣居皮⑤。皮外者色，皮內者氣。來時如繭去牽絲，去似馬尾將欲撒⑥。為福定隨日影去，為災直須終日聚。不拘青黑與紅黃，但認發之在何處。若能依部以看之，足知為善與為惡⑦。稱意之人何所識，看取三光并五澤。三光兩目上鼻金聳，兩耳珠準頭為澤，印堂兩金併地閣。若還諸事不如心，其位自然皆暗黑。形滯之人行步重，神滯之人形必開，氣滯之人聲必硬⑧，色滯之人面塵埃。飛禽走獸有數般，莫將禽向獸中看。瘦長但向禽中取，肥短之人以獸觀。似虎之人取其項，似犀之人取其背，鳳要眼長鶴身削。似禽不嫌身瘦小，似獸若肥最為要。禽肥必定不能飛，獸若瘦兮安能走。吁嗟流俗不知因，要知飛走取其形，若入正形須大貴，依稀相似出群

---

① 體，原作"面"，據《白雲歌》改。
② 肥，《白雲歌》作"長"。
③ 瘦，原作"厚"，據《白雲歌》改。
④ 富在耳，《白雲歌》作"仍在額"。
⑤ 《白雲歌》此句作"氣在與皮色在血"。
⑥ 《白雲歌》此句作"去似鳥毛方欲徹"。
⑦ 惡，原作"悲"，據《守山閣叢書》本改。
⑧ 此二句原作"神滯之人聲必硬"，據《陳希夷風鑑歌》改。

人。日角龍文雖謂奇，所爲不吉仍何爲①。三尖五露不入相，所爲若善福相隨。若不以心而論相，是將人事逆天時。若還人心相應相，相逐心生信有之。大凡微妙不難識，要在心通與眼力。但將此論細推之，長短於中無不得。《人倫風鑑》同。

成和子統論

成和子曰：予常内收視反聽，一無所有。縱觀萬物，見富貴貧賤之不同，未悉其誰與之耶②？議者曰③：必造物與之也。見吉凶壽夭之或異，未悉其誰與之耶？議者曰：必造物與之也。如是則物爲其所者，固碌碌矣，而造物者豈真聽之也。求其端，方其理，是豈偶然哉？其所以不同者，皆出於自運自化，故有造物者主之而已。若夫於其一無所有，則内焉與道同體，外焉與造化者同功，而造物者又焉能去之也。且具形於天地之間，爲形相異，生死榮辱，循環無端。《玉管照神》云：不能見道，所以出生入死，如循環然，故造物者得而主之也。其間不失其本，可以語道爲貴人，其庶幾焉。如知所謂貴人者何，求其故，有自來也。希夷子問成和子曰：請言其來所自。成和子曰：其來有五。有自修行中來者，有神仙中來者，有星辰中來者，有神祇中來者，有精靈中來者。希夷子曰：可以形相別乎？成和子曰：可。形貌清古，舉動恭謹，性善氣平，言極至理，雖在朝廷，常有山林之趣，此修行中來者。形貌灑落，舉

① 前一“爲”字，原作“謂”，據《白雲歌》改。
② 悉，原作“委”，《墨海金壺》本作“悉”是，據改。後一“委”字仿此。
③ 議，《墨海金壺》本、《守山閣叢書》本皆作“識”。下一“議”字，《墨海金壺》本亦作“識”。

動風雅，性惠氣和，言涉方術，雖在朝廷，常有修煉之志，此神仙中來者。形貌顯赫，舉動嚴肅，性明氣直，言涉造化，雖在朝廷，常有脫塵之意，此星辰中來者。形貌奇異，舉動急速，性靈氣剛，言涉威猛，雖在朝廷，常有祭祀之敬，此神祇中來者。形貌醜怪，舉動強惡，性酷氣暴，言涉浮邪，雖在朝廷，常有殺伐之心，此精靈中來者。五者之中，神祇、精靈以威武爲貴者，其性稍從善或增積善根，亦可進乎道也。夫人生在世，固多般矣。或爲碌碌仕宦，或爲區區四民，或進或退，或得或失，或多歡樂，或多憂惱，或初貧窮而終富貴，或始富貴而終貧窮，或始貴而終賤，或始賤而終貴，或富貴而夭，或貧賤而壽，或生於東南而旺於西北，或生於西北而死於東南，以至婚姻飲食，交遊聚會，不期而致，如響答聲，皆緣所作而受報，未嘗有毫髮之差昧者，由之而不知也。希夷子問成和子曰：可以形相分別，使昧者可以避惡趨善，是亦明之一端也。成和子曰：事有所行，理有所言，苟使人避惡而趨善，當得陰報，非惟凶咎自遠，亦可以證來世之果報。不深則形貌偏枯，氣色雜碌，骨雖起而不聳正，面雖開而無肉，故爲碌碌仕宦。或眉疏而眼秀，氣稍清則爲士。或皮粗，或肉重，或氣混濁，則爲農爲商。骨巧而肉薄，則爲工。或氣散而色沉，故爲四民。進退得失之不常，蓋因形相之不全。骨氣渾厚，精神閒暇者，多歡樂。骨氣清薄，精神露見者，多憂惱。形神正，而氣色不開者，始貧而後富。氣色嫩，而形神不藏者，始富而後貧。五嶽相朝而未開，五星分明而未出者，始賤終貴。五嶽磊落而俱走，五星分明而踡促，始貴而終賤。部位峻急，氣色嫩而面光，故富貴而夭。部位開伏，氣色燥而深沉，故貧賤而壽頤。額連地閣，而龍宮門常有潤色，生東南而必旺於西北。神光散入邊地，而山林常有潤色，雖生西北,必死東南。亦有西北之人旺於東南,東南之人死於西北。其驗者,山林邊地之氣色。但由青、黃、黑、白、赤,休、囚、衰、旺而推之,乃可見矣。故婚姻之遠近貴賤,就魚尾龍宮氣色看之。食禄之遠近榮枯,就官禄驛馬氣色看之。大凡氣色紅黃者,爲吉。黑白者,凶。發深則近,發淺則遠。氣色和,則聚會交遊多喜。氣色暴,則交遊聚會多惡。以至歷清要,遭貶責,受戮辱者,若雖在眸子之瞭眊,精神之秀媚,未有不由用心之太過也。希夷子曰:至理之論不出於此。竊見世人或以五行取形,或以飛走取形,未知孰是。分三主九曜十二宫,亦不可以見,定説可得聞乎? 成和子曰:人禀五行而生,飲天之和,食地之德,未有不由乎五行,因而取禀。須識五行之性,故能理其説而載於形。以飛走取形,則議物理自然之意,如易之取象。既以天、地、風、雷、水、火、山、澤之八物以象八卦,又以牛、馬、龍、鷄、豕、雉、狗、羊以配之。其爲物也微,其取類也大。以飛走取形亦如之,其物之爲貴者,莫過虬龍、鸞鳳、龜鶴、獅子、狻猊之類①,其次則麟虎、猿猴、犀象、牛馬。凡此十類者之中②,均爲物也,自有不同。故虬龍一類,有飛有蟠,有病有懶。鸞鳳一類,有翱有翔,有孤有飢。虬龍則巖巉而身長,鸞鳳則端正而眼細。虬則小,龍則大,鳳爲雄兮鸞爲雌。骨格似而神氣不正,則取其飛蟠病懶,翱翔孤飢之勢以況之③。鶴則清瘦而脛長,龜則清古而眼雛。二者靈物,其形相類,不求貴達,亦當得道。獅子則昂藏,狻猊則小於獅子也。

---

① 此句之後原有"有飛有蟠,有病有懶"八字,《墨海金壺》本、《守山閣叢書》本皆無,是,據刪。

② 依上文當爲九類,或者上文有脱落。

③ 翔,原作"舞",《墨海金壺》本作"翔"是,據改。

猿臂長面圓，猴則面瘦而眼圓。牛則行緩，馬則驟而急。其大略如此，然正形故難得也。此特取可貴者而言，以至麋鹿、彪豹、狐鼠、鵪鴿①、鷄犬、豬羊、鵝鴨之類，凡有生有性者，皆可得以取象②，非博物玄機之士，能觸類而推之，亦難知矣。蓋取形又不須全似，但以耳目口鼻，行步趨向，得其髣髴皆是也。嗚呼！知人難於知天矣，天有寒暑之可期，人有傾危則在於反覆之間。天有晦明之可見，人有容貌則在於深厚之間。天有旦暮之可數，人則有朝秉權要，暮爲逐客，朝處蒿萊，而暮致青雲者，實難知也。惟用心苦鑑之士③，則真僞不可逃也。面有九曜，鼻屬金，眼屬木，耳屬水，口屬火，面屬土，左顴骨爲羅，右顴骨爲計，眉爲紫氣，人中屬月孛是也。三主或自下而上爲言者，或自上而下爲言者，皆不足取。以形之屬分，可以無疑。夫水生於天一，金則生於地四，金水形神者，當自天庭至印堂爲初主，印堂至準頭爲中主，準頭至地閣爲末主。土者興中央之正色，發於中宮。如土形人，自準頭至印堂爲初主，印堂至天庭爲中主，準頭至地閣爲末主。更有兼形，則取其多爲主，又焉能逃此哉！或曰：面有十二宮。印堂爲命宮，天倉、地庫爲財帛宮，龍虎、額角、頭爲兄弟宮，日月角爲父母宮，三陰三陽爲男女宮，懸壁爲奴僕宮，魚尾爲妻妾宮，神光、年壽爲疾厄宮，山林、邊地爲遷移宮，正面爲官禄宮，精神、地角、福堂爲福德宮，相貌則總而言也。取形之理，分三主九曜十二宮之法，無以易此。希夷子曰：人生天地之間，不止於百千萬億數，其立身以殊，豈可遍言之也。能廣此意以觀人，知窮易象，

---

① 鵪，原作"鶴"，上有"鶴"形，此不當再出，且《守山閣叢書》本正作"鵪"，據改。

② 可得，原作"得可"，《墨海金壺》本、《守山閣叢書》本皆作"可得"是，據乙。

③ 苦，原作"若"，據文意改。

乃可得也，何得一爲喻。成和子曰：幽深微妙，天之機也；造化變
移，天之理也。論天理以應人可也，泄天之機以惑人天必罰之。
然而皇天無私，惟德是輔，惟善人是爲，由是而觀，則禍福無不自
己求之者。人有常言，雖有窮困而通，否極而泰。居困之時，不
能致命遂志，焉可求通？居否之時，不能修德避難，焉可求泰？
此易所謂貴乎藏器於身，待時而動之，君子也。低視而心暗藏，
氣愚而色不和，小人也。已上與《玉管照神》論五種相法同。

太清神鑑卷二

雜説上篇

大貴之相有三：曰聲，曰神，曰氣。蓋聲清則神清，神清則氣清。驗此三者，其形骨次之。是以古者方伎之妙，有聞人之聲韻而知其必貴者，得之於神也。有察人之喜怒操守而知其必貴者，得之於氣也。故聲欲響潤而長，神欲精粹而藏，氣欲舒緩而静，反此者不貴也。若夫有聲而有神，氣不應則其貴必遲。有神而氣怯聲破，則其貴不遠。有氣而神聲慢，未可言貴也。此三者幽而難明，玄而難測，惟意所解，口莫能宣也。

雜説中篇

形成而不可變①，體具而不可移。大凡形體，惟在完滿隆厚，清潤崇重，平正華秀，不貴則富也。若怪而粗，古而露，清而寒，秀而薄者，皆非美相也。古人論部位之法，以額、準頭、地角、左右顴爲五嶽，以眼、口、鼻、耳爲四瀆，以上下分九州十二辰。由此觀之，則一形之微，其所該也大，又烏可淺淺而論哉！故上自

---

① 形成，原作"成形"，《墨海金壺》本、《守山閣叢書》本皆作"形成"是，據乙。

天子，下至庶人①，其五臟六腑，百骸九竅之形皆同，然其所以爲形則異也。若辨析之，須於三停五行中先觀其要妙，次求其部位氣色，左顧右盼，尋根揣本，則貴賤、貧富、吉凶、壽夭灼然可見矣。

雜説下篇

形、體、身、骨，相之根本也。氣色，相之枝葉也。根本固則枝葉繁，根本枯則枝葉謝。論相所以先究形體身骨，而後氣色也。夫氣舒則色暢，氣恬則色静，氣通則光潤華明見於色，此皆氣色之善也。氣偏則色焦，氣滯則色枯，氣蔽則憔悴暗黑見於色，此皆氣色之凶也。若夫形如枯木，心如死灰，淡然不與世俱，此又至人之相，不可以氣而論也。已上三篇與《玉管照神》雜説同。

金書寶印上篇

形以清奇古怪者，須得神與氣合。若神氣不爽，則孤露、古。塵俗、怪。寒薄、輕沈②，非貴相也。得清如寒冰，奇如美玉，古如蒼巖之老松，怪如泰山之盤石，雜之千萬人中，見而異之者，乃清奇古怪之貴相。凡有此相，必須操修過人，功業隆重，聲聞天下也。形有五寬、五短、五慢、五露、五急、五藏，何謂五寬？曰氣色③，曰行坐，曰飲食，曰言語，曰喜怒，全此五者，必遠大。何謂

---

① 至，原作"自"，《墨海金壺》本、《守山閣叢書》本皆作"至"是，據改。
② 沈，《照膽經》作"泛"。
③ 氣色，《照膽經》、《人倫大統賦》註文引作"器識"。

五短？曰頭，曰手，曰足，曰脛，曰身①，全此五者，中流之相也。何謂五慢？曰神，曰性，曰情，曰氣，曰行②，全此五者，壽而發達遲也③。何謂五露？曰眉、耳、鼻、齒、眼，全此五者，清烈孤貴，異顯之相也。神露，路死夭折。何謂五急？神、氣、性、皮、骨④，發早而易喪也。何謂五藏？視藏神，言藏聲，見藏色⑤，思藏息，聽藏氣，全此五者，清貴遠大之器也。前此六説中，有可採，宜更致思，定有所得。五惡殺：兩眉短尖，眼常如淚，此爲卒暴殺。鼻折，準頭曲斜，羊視，此名自吊殺⑥。目睛黃，動口不合脣，此爲扛屍殺⑦。肉橫四起，暴露不檢，此名凶暴殺。眼中赤筋，眄反強視，此名鬥亡殺⑧。苟有一焉，皆不能善終，常以此言爲當也。

金書寶印下篇

山川麗秀而氣不同，此人之生，其形性所以有厚薄、輕重、清濁之異也。故閩山清聳，人俗於骨。南水平而土薄，人俗於情。北土重厚，人俗於鼻。淮水泛濁，人俗於重。若宋人俗於口，蜀人俗於眼，魯人俗於軒昂，江東江西人俗於色，如此類者，皆風土致異故也。論相而及此者，幾於神乎？唐舉論相，不好言形而好

---

① 《人倫大統賦》註文"五短"引作"曰頭，曰項，曰手，曰足，曰腹"。《照膽經》五短爲"曰頭，曰項，曰手，曰腹，曰足"，與《大統賦》註文內容同，順序略異。

② 《照膽經》之"五慢"作"曰神，曰氣，曰性，曰情，曰飲食"。

③ 達，原作"於"，據《照膽經》改。

④ 《人倫大統賦》註文"五急"引作"曰神氣，曰言語，曰行步，曰飲食，曰喜怒"。

⑤ 見藏色，《人倫大統賦》註文引作"貌藏色"。

⑥ 《人倫大統賦》註文"自吊殺"引作"鼻折準直，頭斜羊視，此名自吊殺"。

⑦ 《人倫大統賦》註文"扛屍殺"引作"目睛黃動，睡不合脣眼，此名扛屍殺"。

⑧ 鬥，原作"聞"，據《守山閣叢書》本改。

論色，不好言聲而好言氣，余以爲深意也。蓋形聲一定而不變，所以易；色氣屢變而不一，所以難。若唐公者，是故欲精其難能也。常得渠所著論氣色之文①：夫人之氣色，皆發於心，縈於肺，觸於肝，散於腎，暢於脾。故氣色光，而神静血通飲食流暢，喜之也。氣色昏，則心亂血滯飲食脹逆，憂之也。喜憂之候外見，則浮如薄雲之濛日，内見則隱如圭璧之有瑕。或盈而慘舒，或發露藏息。長者如絲，細者如毛，圓如粟，長如麥，斜如倚竿，皆氣色之現也。極致目力，徹旦而視之，憂喜足徵矣。

面部一百二十位

人生也，雖有善惡之形，而貴賤未可分；雖有吉凶之色，而禍福莫可詳。是以聖人以一面之形，分百二十之部。上應三才，下配五嶽。俯仰天地之位，辨别内外之方。見其形則知其貴賤，察其色則驗其吉凶也。其謂至賾至深，莫可得而隱也。且天中者，最中之位，以象人主，所以威制萬方，故刑獄在傍，兵衛在後，公卿前列，府庫左右。精舍爲神靈之府，故動於眉睫之上。學堂爲聰明之館，故近於耳門之前。目者受色福，故妻兒俱列於目下。財者爲人之貪，故盜賊依於金匱。山林近於仙路，弓弩落於邊方。承漿近口，日角居天。且上停者，又爲天，曰主禄。中停者，又爲人，曰主壽。下停者，又爲地，曰主富。三部亦爲三主，上停初主，中停中主，下停末主。故上停豐滿，初年福禄。中停隆厚，中年成立。下停缺陷者，晚年破散。大體吉凶貴賤，無所不攝，

---

① 常，《墨海金壺》本作“當”。

今略舉此數端,可皆以此求之。

中央直下一十三位

天中主過事,又主官禄。高起直者,初年得官。平滿者,宜遠行,有官禄。缺陷者,主刑獄死。

天庭主三公貴品之部。若有骨起者,當爲卿監。骨起而兩邊玄角應之,必任宰輔。有黑痣缺陷,主刑死。一名天牢,主貴人之牢。亦名鴻臚寺,亦名四方館。骨陷色惡,不宜此處任官。

司空主天官三公之部。骨起光澤者,當任三公九卿。色惡,不吉。

中正主群寮之事,詳品人物之司,亦主官位高下進退。骨起色潤澤,主官不歇滅。

印堂主天印兩士,亦名揚闕庭,掌符璽之官。方寸起而瑩者,二千石守。方寸平而静者,三品任官,不離闕庭。方寸陷者,亦主富貴。眉接連不廣,一生無禄當傍。有黑痣瘢痕,事或不吉也。

山根主有勢。斷絶,主多厄無兄弟。狹薄而低者,並無勢力。眉鼻上亦名玉衡,又廷中。平滿或有奇骨伏起者,招國租之喜。但衡上依依上侵,則名聞朝野。若陷窟而目得相見者,則情淺識露,謀事難成。

年上主己身之疾病。骨肉起,一生無疾患。陷缺者,主惡死。有黑痣者,主貧苦。

壽上主命之長短,事之吉凶。陷缺者無壽。又名怪部,青色赤黑交錯怪兆也。應林木爲怪,應欄櫪牛馬爲怪,應井竈釜鳴井沸爲怪。

準頭主富貴貧賤，百事吉凶。端正圓平直充滿者，富貴有官。準頭齊者，心性慈。準頭分，妨剋兒。左爲蘭臺，右爲廷尉。成就平好者，聰明見識。

人中主人心性，亦主子孫。深直端廣者，忠信有子孫。中蹇而短者，夭命孤獨貧。有黑痣，女人當自嫁。

正口主信文。充實平正棱成者，有信行。薄弱缺陷者，多詐妄。有黑痣者，主貴，吉利。

承漿主飲酒，如有黑痣，不宜飲酒，醉而當死。平滿者，一飲五斗，常朝酒食。一名藥部，主服藥。色暗，服藥不得力。

地閣主地土屋宅。平厚者，多田宅而富。狹薄者，即主貧苦。頤頤主貧富。圓厚平澤者，富。尖陷者，貧窮。長者，主剋害骨肉。

天中橫列八位

天獄，一名理獄，主刑厄。平滿者，不犯刑獄。缺陷及色惡者，多遭獄厄。

左廂主丞相。平滿者，吉利。骨起與伏犀相連者，當入宰輔。陷缺坎壙者，亦多災厄。

內府主金玉財寶。骨起平滿，家累珠玉，身復仁孝。缺陷者，搖蕩消折①，亦獄死。

高廣主方伯之座。豐起者，當任刺史。平，吉利。有黑痣，

① 搖蕩，《墨海金壺》本作"淫蕩"。

少喪父母。

陽尺主近佐之官。肉骨豐起，位佐郡之職。缺陷者，主官歇滅。有黑痣者，客死他鄉。

武庫主兵甲之吏。骨肉起者，宜任兵之官。若有瘢疵缺陷者，不宜任此職，亦從軍之敗。有黑痣，兵死。赤色主鬪傷，黃色不宜受寄屍兵。

轉角主郡守之位。骨起而色明者，主任藩府。一名弓弩。有黑痣，主兵死。微黑，主退官失禄。赤色暴病，或爭競官職。輔骨大即官大，輔骨小即官小。如無骨，不可求官①。

邊地者，主邊郡之職，亦主遠行吉凶。肉起吉利。邊地骨峻起者，主護御之權。黑色，不能遠行。陷者，爲奴僕使。有黑痣色惡者，不問男女，皆客亡。

天庭橫列八位

日角主公侯之坐。充滿洪直骨起者，主御前常坐。光澤，行人避道。

天府一名王府，主入朝否泰。是故天府枯燥，有官而無道。

房心主師侍之位。骨起者，爲人之師。骨起而黃色光澤者，爲國師。色惡者，非時主病。

上墓左右主父母之位。骨起者，宜父母。光澤，子孫滿堂。黑痣缺陷，主溺死。色枯燥者，父母不能葬。

四煞主手足妨之病，四時煞害之事。黃色憂傷損，黑色被賊

---

① 自"輔骨"至"求官"，與中正橫列九位中之"輔骨"條重複，疑衍。

引。縮缺骨起，皆憂煞害。平滿光澤者，一生不被害。

戰堂主征戰事。色斑惡者，戰不還。色好平滿，戰勝。缺陷，兵死。骨起，爲將。

驛馬主乘騎之事。色澤者，如乘馬去。陷缺者，無乘馬之禄。色惡者，乘馬有死。

吊庭主喪亡之事。吊庭白如梨花，父母死。微白，即披服。及黑痣，喪服多時矣。

司空橫列八位

額角主公卿之位。缺陷，一生無官。骨起，爲公卿。一名額中。色紅黃者，大吉。黑色，主死。色惡，主厄，向人叩頭。赤色發如豆，主刀兵死。

上卿主正卿之位，亦主家鄉。骨肉起而常光澤，爲官必親御座。色惡，遠離家鄉。

少府主府寺之位。骨起者，任府寺。色惡，有官主失職。右府黃起，貴人微召[1]，不出季月應之。

交朋主朋友之位。骨起及色紅黃者，交友輔强。缺陷者，一生寡合。色惡，與朋友爭競。色青，外婦相愛。色赤，外婦求離。色白，妻有分情。

道上主出行之位，亦名衡上。骨起，一生常在道路。平滿，一生不出遊。缺陷及色如馬肝，主客死道傍。

交額主福禄之位，骨起、肉起及色好者，主有福德。黑痣者，

---

[1] 召，原作"名"，《墨海金壺》本作"召"是，據改。

吉。色惡及陷缺者，一生不崇福德。

重眉主勇怯之位。骨肉如重眉，主有勇富貴。缺及色惡，皆主怯弱貧賤。

山林主野積之象。山林廣厚，必多藏蓄，又多勢力。淺薄無勢力，不可委任大事。一名崖色。有黑痣，入山林主被蟲傷。亦名四季。天子即看兵馬强壯，四方人物美惡。色黑，四方有賊。黄色，四方安静。凡人色黑，不宜遠行。

中正横列九位

龍角爲顯貴之位。有骨肉，端美從眉上積起，涉額如龍角者，主爲使相。女人爲后妃。若形盤薄，狀如蚯蚓者，心多妒忌也。

虎角帥將之位。當主兵權，一名疑路，主行之象也。色好，宜行。色惡，慎出。有黑痣者，行不還。

牛角主權貴之位。骨起如角者，使相之權。

輔骨乃職制之位①。骨大者官職大，骨小者官職小。陷缺者，終身無禄。

玄角主官禄之位。骨起有角者，全禄②。無角者，不可求官。

釜戟主金吾之位。骨肉起者，有兵革之權。色好，武選清顯。陷缺者，兵死。

華蓋主邪正之事。深厚，主壽有官。短促，刑獄少壽。淺

---

① 骨，原作"角"，《墨海金壺》本作"骨"，據下文亦當作"骨"，據改。

② 全，《墨海金壺》本作"金"。

薄,殃邪。一名厄門。有惡色黑痣及平落,主暴死。一名皮部。乾枯者,主經商銷折。

福堂主福禄之事。豐厚者有官禄,無災富壽。狹薄者,貧夭無官,一生又遭非橫之災。

郊外主出行之事。若惡色,不可遠行。骨起者,一生不可出遊。有黑痣陷缺者,他鄉死矣。

印堂橫列八位

家獄主刑厄之事。平滿潤澤者,一生不徒囚。一名頻路。若是常不潔者,主多憂。陷缺者,獄死。

蠶室主女工之事。平滿光静,家内宜蠶。陷缺,無田蠶。色惡,妻妒不良。

林平主仙道之位。骨肉起及色常光澤者,修道德。或急或惡缺陷者,服藥死。

精舍主僧道之位。平滿色澤,釋慧有成。缺陷色惡者,釋無成。

嬪門主宮嬪之位。豐潤色好者,妻婦吉慶。缺陷者,妻婦厄。

劫門主劫盜之位。骨起肉豐及色好者,永不被盜。有黑痣,常被劫。發惡色,劫賊。

青路主私路出入。色瑩澤好者,出入則吉。色惡者,不宜出入,則有厄難。

巷路主公路出入。色澤净平者,出入則獲福禄。色惡者,出入則有凶惡也。

山根横列十位

太陽主口舌喜慶。色惡，主鬪訟。有黑痣，常憂爭競。色好，男得好婦，女得好夫。

中陽主家室之事。青色，夫妻欲離。黑色，主病。赤色，夫妻鬪競。其色好，得暴財之吉。

少陽主災厄。黑色有厄[①]，平浄少災。青色起入目者，憂。色顯，鞭箠之厄。

外陽主相謀之事。黑色，主被人枉謀。青色，被冤枉死。

魚尾一名盜部，主盜賊之事。有黑色，爲盜所害。色好，一生不被盜。陷缺，是賊人也。色惡，被引也。

姦門主姦私之事。有黑痣，爲姦盜所害。姦門有肉起，媱穢不避親疏。色惡，坐受姦刑。發色好，得美婦。

天倉主食禄之位。平滿圓成肉豐，主食禄。此中不滿，縱得官，常得貧任。一名軍門。有黑痣陷缺者，有軍中之難也。

天井主財帛之位。平滿，富盛。有痣，井厄。

天門主開闔詳占之事。又名地户。發好色，主吉慶之事。發惡色，主婦人與爭訟。

玄中主修行之路。在天門之後，近耳也。豐廣者，學道有成。有黑痣，不可出家，主虛誕而無成也。

---

① 黑，原作"顯"，《墨海金壺》本作"黑"是，據改。

年上横列十位

夫坐，女左爲夫坐，男右爲妻坐，主夫妻吉凶之位。光澤端滿者，男有好婦，女有好夫。有黑痣者，男主妨妻，女主妨夫。

長男主長男之位，定長男好惡。黑痣，主妨長男。

中男主中男之位，定中男之吉凶。非時發赤色如豆者，不出一月共婦鬮競也。

小男主小男之位，定小男之好惡。婦人有黑痣，則主妨夫。

外男主外子，亦主孫息之位。如有黑痣，害父母。一名外宅。色平滿好者，男得貴家之妻，女得貴家之夫。目下都名房中，春若三月青黃色者，有子之象。男有黃色者，生女；女有黃色者，生男。白色，子死。赤色，子厄。皆以四時氣推之。有黑痣，憂子災。目下端平光澤，生男女尤多。

金匱主金銀之位。平滿光澤者，主積金銀。枯陷者，主財乏。有黑痣主有財被盜。

盜賊主偷盜之位。平滿者，不被盜賊。發惡色，即是賊。

内禁主内禁口舌之事。平滿者，一生不說人長短。缺陷有黑痣，常懷毀謗。

遊軍主邊遠之職。平澤色美者，宜任邊遠之官。色惡，不宜遠行。

書上主學堂之位。若不潔淨，或有黑痣缺陷者，主無學問。

壽上橫列十位

甲匱，一名財府，主財帛之庫。平滿光澤者，一生足財。若陷缺色翳者，一生乏財帛。

往來主行人之位。色澤紅黃者，行人不出月內至。枯燥者，行人不來。

堂上主六親之位。色紅黃，主親戚相聚之喜。色白，主喪父母兄弟。

端正看人難易之位。色枯燥缺陷者，性難。色澤端正者，主性易也。

姑姨主姑姨之位。左看姑，右看姨。骨起肉色好者，姑姨美好。枯燥，則姑姨多病。缺陷者，無姑姨。

權勢主勢權之位。端圓豐澤者，有權勢。隳毀者，無勢權。

兄弟主兄弟多少之位，右爲姊妹之位。左偏高，妨兄姊。右偏高，妨弟妹。端潤光澤者，兄弟强衆。兩頰如鷄子，單身一世。

外孫主外孫之位。看平滿光澤色，定外孫多少吉凶。

命門主壽命長短。骨起入耳，必百歲不死。有黑痣，火燒。赤痣，兵死。色惡，常疾病患。

學堂主學識之位。骨隆端，色净潔者，文學聰明。骨陷色枯，黑痣瘢疵者，無學問也。

準頭橫列八位

號令主號令之位。端净分明者，主施設號令，衆數咸伏。若無出令，人終慢之。一名壽部。長而美，重而分，主壽高遠。

上竈主宅舍之位。平滿，主好宅舍。陷缺，無屋可住。

宮室主人房室之位。天子曰掖庭。色惡及缺陷者，主妻婦病厄。天子則主嬪妃疾厄①。

典御主僕使之位，看奴婢多少。平滿，一生不乏奴婢。陷缺枯燥，一生無奴婢。

困倉主食祿之位。平滿，主有祿食。缺陷，飢餓死。發青色者，主憂官災。

後閣主寄居之位。骨肉豐起，一生不寄住。缺陷，定他鄉之館也。

中門主富祿之位。平滿無黑痣者，主家道富。缺陷，一生無祿而貧。

兵人主兵使之位。平滿者，有兵驅使。缺陷急惡，無兵使用也。

人中橫列八位

井部主田宅之位。平滿者，宜田宅。缺陷者，一生無宅居止。有黑子，溺死。

帳子主帳厨之位。豐潤，主有厨帳。窄狹，主乏厨帳。

細厨主飲食之位。平滿者，足。陷缺，乏饍。發惡色，爲食死。白色，咽酒食致死。黑痣，餓死。黃色，暴死。

內閣主闈閣之位。豐滿者，闈閣深遠。色惡，闈閣淺穢。缺

---

① 天子，原作“宮室”，《墨海金壺》本作“天子”是，據改。

陷亦然。

小吏主看多少有無。

妓堂主妓樂多少，女妾有無之數。

媵妾主妾媵多少。平滿，家足妓妾之樂。

嬰門主醫學之位。若缺陷，蒙翳亦不喜服藥。

正口橫列九位^①

玄璧主珍寶之位。高峻色美，家蓄金玉。色惡缺陷，金玉散失矣。

門闈主閨闌之事，亦主閨閣深淺。色惡者，閨幃有變。

比隣主鄰宅之位。平滿色好者，良鄰。陷色惡者，有黑痣，多隣，有惡人。

委巷主里巷之位^②。如惡色發者，出入被劫。骨肉起者，無賊害。

客舍主賓客之位。平滿端好者，好賓客。缺陷者，不喜見人。

兵闌主走使之位。陷缺者，家無走使。

家食主穀食之位。平滿色美，足糧食。缺陷色惡，虛名。

商旅主興販好惡。

山頭主路之位。平滿者，出入無險難。缺陷者，多災也。

---

① 九，原作"八"，據下文列舉九個部位改。

② 委，原作"惡"，《墨海金壺》本作"委"是，據改。

承漿横列六位

祖舍主父母田宅。平滿光澤者，足祖業。陷缺者，無田宅。有黑痣，主棄祖移居。

外院主牛馬莊田。平滿，足莊田牛馬。缺陷者，無。色惡者，牛馬損矣。

下墓主墓田之位。平滿色潤，主有墓。陷缺色枯者，積代不葬。

野土主鷄犬豬羊多少，子孫進益之類。

荒丘主外國之類。平滿光澤者，宜外國遊行。天子巷，此中平滿，主外國來朝。

欽庫主車行之位。方滿，主宜乘車。缺陷，乘車騎有厄。

地角横列七位

下舍主外宅多少。平滿，多外宅。缺陷，有黑痣者，貧而無外宅也。

奴婢主奴婢之位。平滿者，多奴婢。缺陷黑痣，一生奴婢乏使。

碓磨主碓磑磨坊之位。

坑塹主厄難之位。有痣者，主墮坑險死。

陂塘主池塘之數。平滿者，足陂澤。缺陷者，無田湖。有黑痣，主涉江湖而死。發惡色者，憂口舌。

鵝鴨主蓄禽養之利，看多少之數。

大海主水死之位。赤色溺死，黑色失屍，黃色宜涉江湖矣。

二儀相應

　　肅肅出乎天，赫赫發乎地。兩者交通已成，和而萬物生焉。此乾坤二儀之應也。故能富萬物，盛德大業無所不至矣。且人之二儀者，亦有像焉。以頭爲天，以頦爲地。又以天庭像天，地角像地。此兩位欲得豐滿相朝，上下相應，故亦能富貴福禄矣。

五嶽

　　五嶽者，上應天之五星，下鎮地之五方。高峻敦厚，所以卓然立於乾坤之內者，以其相資而成天地之大也。人亦有所像焉，故額爲衡嶽，欲得方而廣。頦爲恒嶽，欲得圓而厚。左顴爲泰嶽，右顴爲華嶽，左右欲得圓而正。鼻爲嵩嶽，欲得高而峻。故五嶽須要豐隆而相朝，高峻而不陷，乃相之貴矣。《人倫風鑑》同。

四瀆

　　地之四瀆者，所以相朝以接其流通。人之形貌亦有像焉。且鼻爲濟，目爲淮，耳爲江，口爲河。故四瀆欲得端直清大，明净流暢，涯岸成就者，則應於神，故貴而多智也。若夫醜而不端，則爲愚人。毁而陷者，則爲賤類也。《人倫風鑑》同。

五官

五官者，目爲鑑察官，鼻爲審辨官，口爲出納官，耳爲採聽官，眉爲保壽官。五者欲得清而秀，豐而隆。或一官好則貴十年，或有缺陷者及醜惡者凶。

六府

兩目上爲二府，兩輔角爲四府，兩顴骨爲六府。六府者，欲得平滿，光而瑩。若一府好，乃富十年。或有缺陷疵瘢黑痣者，凶也。

五行所生

木爲仁，主英華茂秀，定貴賤也。火爲禮，主勢威猛烈，定剛柔也。金爲義，主誅伐刑法，厄難災危，定壽夭也。水爲智，主聰慧明敏，定賢愚也。土爲信，主德載萬物，定貧富也。

五臟所出

肝出爲眼，又主筋脈爪甲①。心出爲舌②，又主血氣毛髮。肺

---

① 脈，《神相全編》作"膜"。
② 舌，《神相全編》作"口"。

出爲鼻，又主皮膚喘息。脾出爲脣，又主肉①。腎出爲耳，又主骨齒也。

五表所屬之方

耳屬北方壬癸水，眼屬東方甲乙木，舌屬南方丙丁火，鼻屬西方庚辛金，面屬中央戊己土。

五行相生歌

耳有垂珠鼻有梁，金水相生主大昌。眼明耳好多神氣，若不爲官富更强。口方鼻直人須貴，金土相生紫綬郎。脣方眼黑木生火，爲人志氣多財糧。舌長脣厚火生土②，此人有福中年昌。眼長眉秀足風流，身坐金章朝省堂。

五行相剋歌

耳大脣薄水剋火，衣食貧寒空有智。脣大耳薄亦如然，此相之人終不貴。鼻大眼小金剋木，一世貧寒受孤獨。眼大鼻小難爲成③，雖有資財壽命促。舌小耳大水剋火，急性孤獨區人我。耳小舌大亦不仁④，慳貪心惡多災禍。舌大鼻小火剋金，錢財方

---

① 《神相全編》"肉"字後有"色"字。
② 厚，《神相全編》作"正"。
③ 鼻，《神相全編》作"耳"。
④ 舌大，《神相全編》作"鼻蠢"。

盛禍來侵。鼻大舌小招貧苦，壽長無子送郊林。眼大脣小木尅土，相此之人終不富。脣大眼小貴難求，到老貧寒死無墓。

五行比和相應

耳反須貼肉，鼻仰山根足。眼露黑精多，脣反齒如玉。臉近於眼口[①]，必主公卿福。只恐壽不延，性氣剛難伏。

四學堂位

一曰眼爲官學堂。欲得長而秀清，黑白分明，主有官職。二曰當門兩齒爲内學堂。欲得白而平正，密而瑩大者，主有忠信德行。三曰額爲禄學堂。欲得方而廣，瑩而峻，主爵禄富貴。四曰耳門之前爲外學堂。欲得平滿光瑩，主聰明學識也。

三輔學堂

上輔學堂者，身自天中至印，左右横列十位，謂之二分部。光潤全起成就，平如徑寸，主大貴，出將入相，官至二品。更若中輔全者，位極人臣，一品之職。上輔有一部缺陷，仍以中下輔參之，此而不成就，止主參領權務，出納主命，官至二品。或中下全陷，無部應得，主給承郎武侯。更東西嶽起，地角高額相應之時，節戟方面。或中輔更一分應之，必爲眞宰之位，當榮極旺二十年

---

① 《神相全編》此句作“臉不近於眼”。

早遂,中限當秉生殺。若下輔二分應者,亦無缺陷,當主大權。然下輔主繁冗之職,即不能久居相府,當鎮方郡,必建旌旗。若下二分與上輔全備,即使相矣。若上合一分,中輔一分全者,亦主內制清要之位。或只相部合一分五鰲,餘別無應,形足氣清,必給諫御史之職①。更中輔五鰲應之,必殊常緊要之位,才名挺動四方。中輔二分全者,應為成就,主卿監丞相兵將之權。或東西嶽起,地角朝厚,武官,主侯伯之封。中上三分全好者,大權,一為皆少通無滯,一為旺二十年。所謂蘭臺成就②,學堂寬博,真貴人也。若學堂或圓或方,五分俱起,統攝萬邦,助國王,侯伯之相。以上若一位枯乾,惡色亂紋痕壓③,皆為破陷。雖郡城職位,多滯迍邅也。

　　中輔學堂者,自山根下至準上,兩眼正口并額骨六位,謂之一分位。若位豐隆,或若紅紫色,光澤無斷紋痕瘢厴黑痣,主都察臺閣清資,不然兵刑之位,一生少滯無災,有聲名。更下輔一家全應,必為四品蔭深,一作"卿監"。正郎之職。若下輔二分全,與中輔俱好,即三公尚書侍郎,不入兩府,有威權重,名動朝野。武臣則建節方外,將帥之權。其下輔成,其中輔有五鰲不成就,亦主卿監,四品官。若中輔全就而龍虎外起,並主三品之位。如形神端靜,部位相稱,骨氣清秀,頭角深長,高入髮際,主給諫清要之職④。其氣昏濁,部位不明,疵瘢黑痣,是謂缺陷有破,乃一生少權,無聲多滯,官職歇滅。凡相人宜細詳消息,則不失矣。

---

① 諫,原作"評",《墨海金壺》本作"諫"是,據改。
② 臺,原作"膏",不辭,據文意改。
③ 壓,疑當作"厴"。
④ 諫,原作"諫",據文意改。

　　下輔學堂者,自玄壁下至頤額四位①,謂之二分位。二位豐滿,明澤光潤而全成就者,主卿監、正郎、兵將、藩府,繁劇要務之任。如武臣,則防團、刺史、守邊之職。如二分俱備,只左右破陷四釐者,可取準頭應之,亦主有五品、三品職官②。武則諸司使副之位。然須多滯,晚年方達者。下輔每分即有五釐,兩處共成一分者,京官幕職而已。若中輔兼得二釐,光潤平滿,亦可位至員郎。或上輔兩三部中相應合成一分七釐者,主正郎,聲望清顯。其上、中、下三輔合得八釐者,文主令録幕府之官,武當借職班行之位。若三兩處每處二三釐合成一分者,雖無官職,亦主衣食自足。若上部一分學堂,員郎之位。二分學堂,兩眉分制,或中下學堂應之,則將相資財職。上部學堂二分,共三分者,不入兩府,主兵將之權。共得四分者,出將入相。五分全就者,總攝四方,貴不可言也。上左右十位二分,中六位一分,下四位二分,都計五分,此也。

---

① 額,疑當作"頟"或"頰"。
② 有,原作"員",《墨海金壺》本作"有"是,據改。

太清神鑑卷三

心術論

形不勝貌,心不昧術。久昧者,不明也。爲物所役,故屈於用心。爲事所奪,故謬於擇術,卒至凶咎悔吝之及也。然後怨天尤人,比比皆是。每一念想,未嘗不爲太息。然臨事制物,正心術而可取者,有七。乖心術而不可取者,亦有七。所可取者何?一曰忠孝,二曰平等,三曰寬容,四曰純粹,五曰施惠,六曰有常,七曰剛直。其不可取者:一曰陰惡,二曰邪穢,三曰苛察,四曰矜誇,五曰奔競,六曰諂諛,七曰苟且。此皆出心術之不同,而感於異也。此古人有論心擇術之戒也。或曰:心術之不可取與所可取者,各有此,於形可得乎?曰:貌端氣和者,忠孝。骨正色静者,平等。眉開眼大者,寬容。氣和閑暇者,純粹。面開準黃者,施惠。鼻直神定者,有常。形肅貌古者,剛直。有是七者,在所取也。眼凶神露者,險惡。眼下嫩色者,邪穢。眼深肉横者,苛察。眼有忿氣者,矜誇。眼急色雜者,奔競。視流容笑者,諂諛。氣粗身搖者,苟且。有此七者,爲心術在所不取也。如眼下肉生龍宮,福堂黃氣盤繞,是有陰德之人也。夫德物無心,臨事無物,體道而出,體道而入,世間種種,一無干吾之靈臺,果何心術之有哉!所謂心術者,乃以勉人之不及而已。懼而行之,亦可以同歸乎善而受道也。《玉管照神》七可取同。

論德

德爲義大矣哉！天之有大德也，四時行而長處高。地之有至德也，萬物生而長處厚。人之有德也，亦若是矣。故天道祐之，人心歸之，享長生之榮。且能孝於親，能忠於君，能和於人，能濟於物，爲德之先，爲行之表，雖未陽賞，必獲陰報，未及其身，必及子息。是以善相者，先察其德，而後相其形。故德美而形惡，無妨爲君子。形善而行凶，不害爲小人。荀子曰：相形不如相心，論心不如論德。此勸人爲善也，又言其德爲先矣。夫形者，譬之匠也。材既美矣，匠拙則棄之，乃爲不材之木也。人之形美矣，苟無德則形以虛美，而天禍人損，遭之凌辱無疑也。是知德在形先，形居德後。乍可有德而形惡，不可形善而無德矣。

死生論

古之至人以生爲勞佚①，以死爲休息。是以知來去非我，而可以生，可以死也。將獨立乎萬物之上，斡旋乾坤於太虛之中，果何得死生而相耶？此鄭之神巫見帶人子，始以其子不可復治，終則未死而老也。徒下愚而不知道，汩没世事，認己爲有，認物爲我，以生爲可悦，以死爲可惡。内焉所藏於心？思慮縈縈，妄意一生，面目乃變，使人得以相之。故神昏者死，神亂者死，神浮者死，神雜者死，以此。言談動止俱失當，不過數旬而死矣。須

---

① 佚，疑當作“役”。

更看淺深，而斷然不可拘也。嗚呼！死生亦大矣。世之迷者，改頭換面，沉溺苦海，不知究也。胡不斷所寂滅，觀相識本來面目，一證人事者^①，如曰不然^②，未免流轉死生之途，而受苦惱也。

論神

神之爲道，出而不可見，隱而不可求，故虛而無形也。則是索之於心，隱而無象也。則可測之於形，昭昭然見於眉目之上，幽幽然運於五臟之裏。故人云：晤盡則神遊於眼，六德則神思於心，是神出處於形而爲之表，猶日月之光外照萬物，而其神隱於日月之內也。且夫人之眼明，則神清。昏，則神濁。清，則六德多，六昧少。濁，則六昧多，六德少。夫夢之境界，蓋神遊於心，而所遊遠，亦出五臟六腑之間，與夫耳目視聽之內也。其所遊之象，與所見之事，或因想而成，或遇事而至，亦吾一身所自有也。故夢中所見之事，乃在吾一身之中，非出吾一身之外矣。故白眼禪師説夢有五境：一曰虛境，二曰實境，三曰過去境，四曰見在境，五曰未來境。是神躁則境生，神靜則境滅。則知是境也，由人動靜而生者也。夫望其形而灑然而清，或翹然而秀，或皎然而明，或凝然而瑩，眉目聳動，精彩射人，皆由神發於內而見於表也。其神清而和，明而徹者，富貴之象也。昏而濁，柔而怯者，貧薄之相也。實而靜者，其神和。《玉管》云：詳而靜者，其神安。虛而急者，其神躁。故於君子善養其性者，無暴其氣。其氣不

---

① 一證人，原作"證果大"，不辭，據《墨海金壺》本改。
② 如曰，原作"而"，不辭，據《墨海金壺》本改。

暴，則形安，形安而神不全者，未之有也。又云：氣者陰陽之移，人無寒暑之故，不其難乎，髣髴之間，變則有氣，神則同乎氣而有所主也。及乎氣變而有形，神止乎形而有寓也。變而有生，神則未嘗生。變而有死，神則未嘗死。古之得道者，不染塵埃，不役於事，爲知神之妙與！太虛同體，知神之微與造化同用，則爲聖人、至人、神人。爲用如此，是形在人世間者，神則藏於心，發現於眉目之間。猶未失其本真，則以古爲上，清次之，藏次之，媚又次之。如流散昏濁，是其從迷至迷，一至如此，不足論也。聳然不動，視之有威，謂之古。澄然瑩徹，視之可愛，謂之清。怡然灑落，視之難捨，謂之媚。各得其體格神氣而賦之，未有不爲公卿，達而上則神仙矣。媚雖有貴，乃阿諛諂佞之人，雖在朝廷，身之進退，亦何足數。似明不明，似峻不峻，謂之流散。似醉不醉，似困不困，謂之昏濁。嗚呼！人之喪精失靈，不知神之所謂，以至爲萬物同出入於機，不知覺也。

論神有餘

神之有餘者，眼色清瑩，顧盼不斜，眉秀而長，精彩聳動，容貌澄徹，舉止汪洋，灑然遠視，若秋月之照霜天；巍然近矚，似和風之動春花。臨事剛毅，如猛獸而步深山；處衆逸超，似丹鳳而翔雲路。其坐也，若介石不動；其臥也，如棲鳥不搖。其形也，洋洋然如平水之流，昂昂然如孤峰之聳。言不妄發，性不妄躁，喜怒不動其心，榮辱不易其操，萬態紛錯於前而心恒一，斯皆謂神有餘也。神餘者，皆爲上貴之相。凶災難入，天禄永保其終矣。

論神不足

神之不足者，不醉似醉，常如病酒。不愁似愁，常如憂慽。不睡似睡，如睡纔覺。不笑似笑[①]，忽如驚欣。不嗔似嗔，不喜似喜，不驚似驚，不癡似癡，不畏似畏，容止昏濁，似染顛癇；神色慘愴，常如有失。恍惚愴惶，常如恐懼；言語澀縮，似羞隱藏；體貌低摧，如遭凌辱。色初鮮而後暗，語先快而後訥，此皆謂神不足也。神不足者，多招牢獄枉厄，有官亦主失位矣。

論氣

論一人之至好，御二氣以成德。交通而和也，則萬物遂其性命；乖戾不調也，則萬物失其理。此乃天地之氣，見乎變化也。石蘊玉而山輝，淵藏珠而川媚。由夫至精之寶，見乎山川也。萬物之情美，莫不發乎氣而見乎色矣。夫形者，質也。氣者，用也。氣所以充乎質，質所以運乎氣。是以由氣以保形，由形以安氣。故質宏則氣寬，神安則氣靜。得失不足以動其氣，喜怒不足以驚其神，則於德爲有容，於量爲有度，是謂厚重有福之相也。形如材，有松柏荆棘之異，氣有規矩準繩之工，隨材而成器，隨形而制體。故君子以形爲善惡之地，以氣爲驥驤之馬，善御之而得其道也。是以善人之氣，不急不暴，不亂不躁。寬能容物，若大海之洋洋；和能接物，類春風之習習。剛而能制，萬態不足動其操；清

---

① 《神相全編》此句作"不哭似哭"。

而能潔,千塵不足汙其色。小人反是,則不寬而隘,不和而戾,不剛而懦,不清而濁,不正而偏,不舒而急。但視其氣之淺深,察其色之躁靜,則君子小人可辨矣。氣長而舒和,寬裕而不暴者,爲福壽之人。急促而不勻,暴然見乎色者,爲薄淺之相也。且氣之爲道,又發乎顏表而爲吉凶之兆也。其散如毛髮,其聚如黍米,望之有形,按之無迹,出入一面之部位,又應人之禍福。若氣呼吸無聲,耳不自聞,或臥而不喘者,謂之龜息,壽相也。其或呼吸氣盈而動者,乃爲夭死之人。孟子不顧萬鍾之禄,以善養其氣者也。爭升合之利,而悻悻然戾其色,暴其氣者,何足道哉!氣之所以養形,在五臟六腑之間,因七情而歛散。故發於五嶽四瀆之上,有六氣之變。能清濁以無餘,湛然寂如固山水之淵,非六氣可得而取也。青龍之氣,如祥雲襯月。朱雀之氣,如朝霞映水。勾陳之氣,如黑風吹雲。螣蛇之氣,如草木將灰。白虎之氣,如凝脂塗油。玄武之氣,如膩煙和霧。六氣之中,惟青龍爲吉,其他或主破散,或主憂驚,或主哭泣,或主陰賊。如骨形不入格,終身爲所累。如形骨正當,候得數,然後氣散名顯也。亦看所賦之深淺,而消息之人有異相,不貴由爲雜氣所繞,如遠山奇峰秀嶂小,爲雲霧所蔽,不可得而見也,一遇匝地清風,當天皎月,奇峰秀嶂非特可覽於目前,必使留戀難捨也。

大畜秘神氣歌

天中青色見,年内染微疴。直下來年上,定主見閻羅。只到天牢上,入獄亦由他。並準青光起,憂驚病至多。青中更又黑,必損自家錢。散下雙家獄,官事欲相牽。印堂黃氣起,官禄定高遷。白氣家遭喪，青來口舌纏。中正發黃絲，守令職無疑。赤點中心出，公事別妻兒。青光驚必恐，黑色怪神窺。白色憂喪事，迍遭事日隨。白絲攔鼻上，繞口當年哀。黑生一月內[①]，財被賊來欺。黑氣橫長起，夫妻欲散離。白光橫過鼻，子息更妨之。訟獄橫氣起，在禁脫枷災。青絲下眉首，入獄共咨嗟。黑氣如斯至，獄死更無救。赤又浮青色，離獄亦有咎。黃氣生高廣，如鼓掛懸空。百日爲明牧，無中定貴封。黃色來四季，應好事千通。色又房心應，官高職轉雄。若占天中位，榮華與廣同。雙人促一鼓，必定拜三公。入準天中應，侯王列土封。印堂黃似月，魁第扼朝中。日角黃絲發[②]，兄弟有歡怡。白光來庫墓，刀兵自失期。入匱愛財物，玄坐鬬訟疑。喧争觀上下，朱光口舌非。厨中發黃色，喜在六旬餘。或因州府事，得職又非虛[③]。房心生日花，飛道入山家。不來日下住，抱疾主顛邪。天庭發黃色，白屋出公卿。青白如還起，高官被罷停。白黃居此位，妻兒又折迎。若遇他人婦，必定共交情。鄉路黃絲發，公卿白日封。赤氣離鄉走，黑光死路中。白色來就額，不出五旬間。走喪終是有，防避定應難。眉頭黃色起，喜事自相迎。若見紅光起，吉慶更加榮。白氣圓眉轉，因之或受驚。直下君須看，入獄見災迍。若下來年上，徒流仔細防。中陽黃氣起，至年定封侯。赤氣來奸坐，婦人外遭偷。尺陽黃潤澤，妻妾豈常人。目下黃來耳，官職自榮身。眉頭生赤氣，準上又相迎。多應一年內，無辜入杳冥。白光遊目下，哭泣即時聞。旋繞眉閒轉，家因犯鬼神。黑光遊目下，子息病相侵。

---

① 月，《墨海金壺》本作"日"。

② 發，原作"髮"，《墨海金壺》本作"發"是，據改。

③ 虛，《墨海金壺》本作"處"。

若方圓一寸，罪至決歸刑。顴上黃色新，參迎見貴人。白光停巷路，定作遠行身。黃白入奸門，飛來入精舍。婦人自此奸，不論春與夏。直上準頭齊，陰相得盜藉。走去右顴停，妹姊外人話。入至家人部，定作郎君婦。黃光迓兩耳，年中封壽位。直下似人形，女人得貴婿。赤色在邊庭，渾家被大驚。若上山林際，尖炎滅夭形。青光在耳畔，蛇蝎惡侵君。白絲來兩眼，當爲病死人。赤光生甲匱，入至命堂中。只因財産上，訟事見災凶。赤色入欄櫪，牛馬不能行。青光被觸損，黑氣至無生。奴婢赤氣起，僕走休咨嗟。若有玄光發，身當死女家。陂池發青色，田水有凶災。白光防井溺，黑氣墜江哀。部位并生剋，五行意審裁。一虛含萬物，消息屬天才。

紫堂靈應補氣歌

赤氣天中年上停，若纏眉際定歸冥。只在天中獨橫立，斯人清晝被刀兵。赤下目來紅潤澤，因功得爵定分明[1]。赤若眉頭分目下，男私外婦女他情。天中白氣來邊地，年内逢災急須避。直下印堂官事起，夫婦生心要離異。黑臨地部愁親病，婦人産難終須定。若爲準上入奸門，無故因他婦害命。只來坐上自當身，定是文書來喜慶[2]。黑色天中欲得平，下來雙獄受繩刑。若到年上身遭病，直來入口死於刑。氣似烏虛至顴勢，忽到兩眉憂卒死。若如小帶橫眉上，壽絶人間並無子。圓光黃色天中見，士人必拜

---

① 功，原作“公”，《墨海金壺》本作“功”是，據改。
② 定是，原作“是定”，《墨海金壺》本作“定是”是，據乙。

286

公侯面。凡度之流皆主權，氣色四時看改變。狀如鐘皷下天獄，公卿自至榮高禄。若似蛇狀位星郎，庶人得之進金玉。中庭懸鼓三公相，蠶絲之氣得官禄。色若黃澤一世終，此身必無陷獄刑[1]。印堂黃色方寸明，八旬之內入朝庭。赤色來之主失職，上來忠事堪經營。鼻梁火色憂官撓，青來年上病相縈。白氣當年遭哭泣，黑氣入口死分明。司空黃色應時開，五旬之內橫財來。上至印堂封爵禄，如日初升位輔台。準頭赤色似生麻，八旬之內有誼譁。若在公門逢此氣，定遭笞撻至君身。白氣至頤年內死，又知魂魄有虛驚。黑色兩邊憂父母，青光黑白喪家親。人中黃色甚奇哉，不及眉間喜異常。若更通行兩頰上，必定高榮作正郎。可憐藥部生玄色，見病之時不用醫。天府黃廥光潤澤，三旬之內得天財。狀如細柳抽纖葉，身入朝堂列鳳臺。若如紫色紅光潤，不出旬中喜語來。闕庭黃色上天中，大拜公侯在季中。若至司中微進退，四方相接入皇宮。武庫紫黃如懸鼓，將軍印綬位非虛。若立若飛來入相，不宜受物寄閑居。兵闌武庫即同看，赤光白日被刀攅。白色外來驚險難，黃光出將見加官。黑氣遭兵須陷死，青光上送無多端。語息四時生改變，此篇靈應細詳觀。

氣色法訣

凡看人氣色，須天色方曉，傍起時，就幃幄中以紙燭照看辨認，方驗，吉凶無失。共就簷光處面背，非本分氣色者也，輒不得。洗面盥漱飲湯藥，然後看之，亦難驗矣。且五臟初氣色即早

---

[1] 此身必，此三字原無，據《墨海金壺》本補。

朝面養息於心，故侵晨觀之，則見五臟五色清氣朝於面也。其凶惡氣色無時，朝發於面，或觸事憤怒而發，或感物憂喜而成，或飲酒而色赤青，或營幹而亂理色活漫，皆非本臟之色，一時亟發而成，故吉凶難辨也。其有不於早晚看者，第令凝神靜坐，良久看之，庶幾有徵焉。若夫不拘早晚，酒後醉中，怒間汗後，更不停待而看者①，此則又有一時浮暴之氣發現，其先見之，吉凶難可得也。

氣色形狀

青色如瓜，黃色如蠟，赤色如火，白色如脂，黑色如漆，此五者色之正，發之甚者也。五臟所生，一曰水，水之於物爲精，其臟在腎，其神玄冥，發色爲黑，其旺在冬，精具矣則神從之也。二曰火，火之於物爲氣，其臟在心，爲神丹元，發色爲赤，其旺在夏，神至矣則魂從之也。三曰木，木之於物爲魂，魂者陽物也，其臟在肝，其神龍煙，發色爲青，其旺在春，魂在矣則魄配之也。四曰金，金之於物爲魄，魄者陰物也，其臟在肺，其神皓華，發色爲白，其旺在秋，精神魂魄備，其意在焉。故五曰土，土之於物爲意，意者精氣也②，其臟在脾，其神常黃，發色爲黃，其旺四季也。是故皆朝於一面而息於五臟也。五色所生定憂辱，青色主憂事，若色厚者主憂重，色輕者主憂微，色散者主憂鮮，色盛者主憂緊。色白主哭事，若色厚者主大喪，浮者主輕喪，色散者主外服也，色顯

---

① 停待，《墨海金壺》本作“待停”。
② 精氣也，此三字原無，據《墨海金壺》本補。

者主喪近也。赤氣主擾,若色盛者主刑獄,色濃者主刑死,色黯者主病重,色散者主病瘥也。黄色主喜慶,若色盛者主大慶,色薄者主小喜,色散者主喜退,急者主喜近也。

六神氣色

兩眼黑白分明,神光紅黄[1],精彩射人者,謂之青龍之色,主遷轉官職,招進財帛,喜慶之事。面色赤如撒丹,擾如煙昏者病燥者,謂之朱雀之色,主有官災口舌,驚擾之事。面上拂拂如灰土色,精神昏濁者,謂之螣蛇之色,主驚憂,怪夢不祥,家宅不安之事。眼色湛濁,黑白不分,神光昏翳,眼下青鋪者,謂之勾陳之色,主牽連負累,迍滯之事。兩眼白氣閃閃,似淚不淚,瑩白光者,謂之白虎之色,主喪凶,亡服外孝之事。唇黑而顫,口傍左右黑氣拂拂者,謂之玄武之色,陰私小人相害,失脱損盜之事。

玄靈寶文

夫氣之色發天府,如豆大貫鬢邊,有黄色應者,主得藩郡之任。黄色光在印堂當中,有一紫色如豆者,一年内主大拜。黄色在天部,貫金匱及連至精舍、道術[2],又華蓋上盤旋縈繞者,主得兵權及轉職,賞財兼產,主得貴子。紫色如少蠶許,主將加官,或是封拜,其次領鎮。如顴骨上兩道黄色橫者,主出外必當喜事,

---

① 光,《墨海金壶》本作"元"。
② 術,《墨海金壶》本作"衡"。

旬日至。如青色從耳門前出，下臨大海者，受少驚恐。若黑來，主有閒憂，內應黃在兩法令上及連至準頭者，橫財，四十日應①。更壽上有應者，得財萬貫已上。青在山根，通過兩眼頭者，主陰私公事。紫色從兩天中、天府直下者，又如蠶絲，三五月、半年外作丞郎。青色從天庭上，如韭葉大，垂二寸者，主外服期至，十日至。紅色如梧桐子許，在地部上，主百日內往南方領郡。天中黃色直下來中正者，八十日內恩賜詔書至。少赤色眉上垂下者，主勘事。青色或在目上，赤色垂貫眼及顴上赤者，四十日內憂危。刑法、印堂有黑赤極分明，命門青者，一月內中風，六十日內死。潤澤赤者，即不死。赤色從耳門出似馬肝色，此是將染腹疾之厄。赤色如筋在準上，下至人中，二十日內被人損外口舌公事至。赤色從年上分貫兩顴者，八十日內有大殺公事及身，不至死。地部上起赤色者，吃酒濁病。赤色貫兩令上者，憂公事，四十日至。赤色從鼻尾中下入家舍者，奴婢中有陰私口舌事成。赤色如毛從耳邊出，至及蘭堂上應者，一月內主馬失墜厄。眼頭上下有黃色下垂者，左是男喜，右是女喜，及妻有喜。赤色從眉頭連幞頰額邊出者，主虧官物，被勘責事，二十日內至。如黃色似蠶絲錢許者，貫左右兩眉上，更印中應時，八十日內主朝判府推也。色黃如印足，起貫邊地者，二十日遭公事失位遠行之憂，若黃色應即解之。赤色從太陽上起入邊地起者，被損失。眼臉色如筋許②，從外入者，被人謀已，從內出者，擬有相訴之說，謹慎。眼上下臉俱赤者③，主家有重病人。若印部有左右赤色，憂

---

① 《墨海金壺》本"應"前有"內"字。

② 眼臉，不辭，疑當作"眼瞼"。

③ 眼臉，不辭，疑當作"眼瞼"。

父母厄。年上微赤，主患脾之病，老不至安。壽上及準頭者，亦憂重病。黃色從金匱起，貫連壽上、甲匱，不到懸壁，主得財其喜，兼得水土官，一年內至。東起貫大海內，當年主水災。地部紫色圓黃色，主貴顯。赤色如撒者，二七日內主爭訟事起。或如麻筋在兩法令上，入獄厄。微赤，刑獄。并兩府來嬪上，主爭競之事。黃色如筋斜兩位者，主東南上勾當公事得財，或丁部南上奉使得財物。若更臨金匱如車輪者，得財萬數也。

色論

天之蒼蒼其正色邪，雲霧乃其氣耳。人之賦形受命於天地，相爲流通，是所禀之氣有變動而色有定體也。定體之色，不止於蒼蒼，其屬有五行之異。金色白，木色青，水色黑，火色赤，土色黃，得正色爲[①]。五行不相剋者，不滯，爲貴。雜色蔽之即差。然色之正不可無氣，現日月角溫粹可愛爲貴，如枯燥、昏暗，不獨難發，亦平生多主脾胸心腹之疾，水火獄訟之厄。或因骨肉法部局可取，縱發則災立至。古人有蠶吐絲之說，自額而開，其吐絲也，通體明快，人之將發。自準頭而開，其頓發，見無翳，然後發。入諸部位，則見所任之職，所居之分[②]。如發入處有瑕翳，則職分不免有凶。或無瑕翳，則全吉矣。更在知五色所生，非吉凶之屬，論色無出此者。有神色未透天庭，亦發者，是其準頭開而得部位貴，皆以相應，不必至天庭也。或有陰晴未定，不必至準頭也。

---

① 依上下文，此處當缺一字，無所證，不知缺何字，大體應是"善"、"貴"之類。
② 分，《墨海金壺》本作"位"。

所謂貴處，印堂、帝座、内府、馹馬[1]、龍虎、日月、地角是也。無貴而頓覺，是謂不祥。此説非言可盡，修養之功，消息之至可見矣。若夫觀之寂然，難取難捨，有道者之色。觀之瑩然，不雜不亂，得意者之色。如嬌如滿，自得者之色。視之慘然，陰合陽散，細人之色。視之茫然，如得如失，有憂之色。其頓發，皆準頭也。《觀妙經》色論同。五形之人得其本色，或得相生之色者，善。五色得地者，春色要青，夏色要紅，秋色要白，冬色要黑，又盡善也。餘與《瑋琳洞中秘密經》同。四季旺相休囚[2]，春三月青色旺，赤色相，白色囚，黑色死[3]。夏三月，赤色旺，青色相，黑色囚，白色死。秋三月白色旺，赤色相，青色囚，黑色死。冬三月黑色旺，白色相，赤色囚，青色死。

四季氣色形狀

春欲起，夏欲橫，秋欲下，冬欲藏。失其時者，皆不利也，亦猶四時物理。且春欲起者，春有出生之象。夏欲橫者，夏有長養之象。秋欲下者，秋有收斂之象。冬欲藏者，冬有閉塞之象。其有或方或圓，形象萬端者，亦在别術斷之。

青色出没

青色初起如銅青。將盛之時，如草木初生。欲去之時，如碧

---

① 馹，據面部部位似當作“驛”。
② 季，原作“重”，據《墨海金壺》本改。
③ 依照下文所列規律，此處當爲青色旺，黑色相，白色囚，赤色死。

雲之色霏霏然浮散。五行屬木，旺在春，相於夏，囚於秋，死於冬。發則主憂，枯主外憂，潤主大憂，混主遠憂，散主憂解，應在亥卯未日及月，以色深淺斷之。

青色吉凶歌

天中光澤得詔貴，枯燥須憂詔責亡。秋色發從年上去，陰私口舌厄難當。陽尺憂行兼疾病，天庭主客繫堪憂。交友婦須通外客，司空忽起被徒囚①。巷路但成百里威，大陽定與妻相打，外傷枉死被讒言。若是太陽連入目②，必招縣宰惡笞鞭。房小春發當生子，壽上當憂口舌牽。坑塹對須看大怪，陂池_{壽上應以上同}。蛇怪不堪言。山林花馬妖呈異③，欄櫪馬牛有怪愆。忽在井竃釜鳴響，不然井溢湧寒泉。命門甲匱憂凶厄，準頭兄弟父母喪。散失主邊防失職，人中愁有別離傷。承漿不日當遭病，大海須防水溺亡。若臨月角須憂賊，若有川文官祿遷④。日角臨鼍如傅粉，印堂退口病遲延。道上或逢憂阻滯，山林蛇虎厄難當。若來金匱并墙壁，財物三旬共可傷。姦門怕被外妻撓，眼下橫來病苦纏。壽上若逢憂病厄，更憂債負禍來煎。口畔入來憂餓死，更兼枉濫事相牽。三位囚傷子孫損，半月之閒入墓眠。天門三十日財至，天井圓珠武官位。病人值此病難安，囚人見之尤迍滯。

---

① 忽，《墨海金壺》本作"或"。
② 目，《墨海金壺》本作"日"。
③ 馬，《墨海金壺》本作"鳥"。
④ 遷，《墨海金壺》本作"全"。

黃色出没

黃色初起如蠶吐絲，將盛之時如蠒之未繰，或如馬尾。欲去之時，如柳色之花搏聚斑駁然。五行屬土，旺在四季，相於春，休於夏，囚於秋，死於冬。又爲胎養之發，則皆主吉慶。但不宜入口，即主瘟病[①]。日則在酉申，寅午戌日應之。旬則在子午戌辰旬應之，萬無一差，須以深淺斷，遠近爲定耳。

黃色吉凶歌

黃色天中列土分，圓光重大拜公卿。更過年上井竈部，有功常受賜高勳。或如月出照年上，天中入。定當宿衛入朝門。若經兩闕天中入。即徵拜，金匱天中入。詔賜帛與銀。忽至闕庭天中入。官驟轉，不然即是得財盈。或是龍形須受賞，如懸鐘皷位槐庭。若似蠶絲官必得，春來年上喜欣欣。武庫光潤將軍福，亦主喜慶陽尺并。母墓喜并田宅事，更宜父母少災迍。司空百日得財寶，右府裏内勅來徵。重眉交友如棋子，七個旬中左右丞。更過重眉過。山林天中者，徵爲博士最爲榮。印堂如月六旬内，拜作將軍鎮百城。便似連刀天庭至，上至天庭。下及準頭亦分明。斷他縣令忽遷轉，長吏分官直闕庭。大體發時多喜慶，亦言遠信至逡巡。山根聽向皆稱遂，太陽必定得財慶。少陽喜慶重重過，魚尾有吉引前行。若似龍形年上見，連色天中拜上卿。眉眼之下有

---

① 主瘟病，《墨海金壺》本作“病瘟疫”。

子象，左黄生男右女生。婦人有以反前諭，金匱家内財帛人。壽上柳葉主財入，歸來遠信至中庭。出自準頭庭衝位，天中、天庭。驟貴封侯起有乘。蘭臺必得尚書綬，内厨酒食倍逢恩。大海惟宜涉江者，日月三公位顯清。甲匱生來財主庫，内倉中似有蛇形。道尚三位財如拾，中角牛馬喜方成。眉位有園多好事，酒樽酒饌得豐醇。

赤色出没

赤色初起如火始燃。將盛之時，炎炎如絳繒。欲去之時，如連珠纍纍然而去。於五行屬火，旺在夏，相於春，死於秋，囚於冬①。發主公私鬪訟，口舌驚擾之事。潤，主刑厄。細薄，主口舌鞭笞。應寅午戌并己未日，旬中則辰戌，以色定之。

赤色吉凶歌

天中連印鼻頭赤，中旬車馬驚令死。下來年上爭競災，左右遠行須病住。陽尺驚恐厄鬪生，武庫友婦折傷災。天庭必有憂囚事，若見司空鬪罵來。交友朋求離別去，在職當憂上位刑。無職定同父友鬪，額角如值死於兵。印堂爭鬪被憂囚，若在山根驚怕憂。太陽夫妻求離別，年上暴厄亦堪愁。又却斷他生貴子，房中妻不産賢侯。三男三女病災迍，壽上如豆與妻爭。年上準頭

---

① 旺在夏，相於春，死於秋，囚於冬，《墨海金壺》本作"旺在夏，相於春，囚於秋，死於冬"。兩者依上文色論皆誤，當爲"旺在夏，死於春，相於秋，囚於冬"。

295

連發此,夫妻争鬭太難明。命門甲匱須兵死,準頭官府事牽縈。墙壁之上財必失,外圓當紫得官榮。武官巡捕看魚尾,盗賊收擒倍稱情。牛角看來牛馬厄,山林蛇虎又堪驚。忽眼下如蠶絲發,妻子因何争鬭聲。金匱奸門招撓事,承漿爲酒起喧争。陂池井部相連接,因水逢財却稱情。田上見之田地退,口邊橫入禍全生。酒樽酒肉宜相會,地閣田岸有訟成。若在山林須慎火,又兼家内損財并。命門發到山根止,更過眉上左耳平。只定六旬遭法死,婦人右耳疾來頻。

白色出没

白色初起,如白塵拂拂。將盛之時,如膩粉散點,或如白紙。欲去之時,如灰垢之散。五行屬金,旺在秋[①],相於夏,囚於春,死於冬。發,主哭泣憂撓。潤,主哀泣。細,憂重。浮,憂輕。散,病瘥。應在巳酉丑日,旬在子戌旬中應之及秋月。

白色吉凶歌

天中春色來年上,鬭戰刀兵事可愁。左廂必定主憂惱,陽尺將行走外州。發在奸門因婦女,皮乾入獄内遭囚。又主男女相妒害,交友婦須被外求。山根見者主憂囚,男女逢他必死憂。壽上徒囚君不見,堂上父母死堪愁。命門甲匱凶來急,内厨酒肉致傷亡。承漿逢見身當喪,大海遭時主水殃。印堂白氣哭爺娘,若

---

① "旺"字前原有"金"字,據《墨海金壺》本删。

在命門兄弟當。姦門若招主私慚,中嶽橫紋有家喪。日月角中憂重服,法令陂池脚足傷。眼下橫紋夫婦鬪,準頭還是競田庄。地閣橫遮牛馬損,若侵年壽死公婆。入口分明憂口舌,困倉上有賊還多。

黑色出没

黑色初起,如烏鳥尾。將盛之時,如黑髮得膏。欲去之時,如落垢昧。五行屬水,旺於冬,相於秋,囚於夏,死於春。發,主病災厄。潤,主死,亦兵亡。枯翳,客死。散,主病痓。日應在申子辰日,旬應在甲寅旬及冬月,以旺爲應。

黑色吉凶歌

天中必定失官勳,忽於顙上似官刑。若還至下來年上,病患相纏喪此身。天獄年上應獄死,高廣逢時病主亡。陽尺過來凶可得,天庭客死在他鄉。四煞賊來成凶賊,司空病疾苦纏身。右府生來憂此位,重眉不利遠行征。額角黑廣善爲偷,印堂移徙看他州。山根必死於旬日,太陽疾病厄堪憂。牢獄至眼憂牢獄,法令入口形分八。更有眉頭青色應,百日飲酒還醉殺。眼目兼更赤色閒,二旬或訟見血光。外陽發被人欺劫,年上憂死困災傷。男女憂他男女厄,壽上入耳卒中亡。命下甲匱遭燒死,準頭憂病外來殃。黑發三陽黑氣多,失官停職事波波。更上發來年壽上,天中有黑見閻羅。黑氣入口死於夏,顙上兄弟婦奔逃。姦門切忌女相干,日角若臨妻亦亡。井部黑氣水溺死,印堂退光非謬假。橫飛壽上防逢災，六十日內須應也。黑氣額上父母死，生來眼下子孫殃。若見下來年壽上，自然病死入冥途。黑氣三陽至盜門，奸私賊寇豈堪論。更見黑色鼻準上，知君財破避無門。黑生妻部及年上，妻厄身災非是旺。更兼入井下陂池，切記水殃心莫忘。黑氣朦朦散面門，四季切忌小災迍。若生口入氣廚竈，必定遭他毒藥人。黑色天中年壽上，更從地閣似煙籠。又如黑色初發散，此個須臾命必終。眉間橫入左右耳，百日之中人定死。天明天井忌失財，驛馬常防遭險墜。虎角頻遭虎犬傷，人中井部水中亡。年壽山根同位斷，地閣爭田訟見殃。若侵法令遭公訟，大海見之奴婢逃。牆壁生來合中嶽，定歸泉下哭聲高。

紫色出沒

紫色初起，如兔毫。將盛之時，如紫草。欲去之時，如淡煙籠枯木隱隱然。得土木之餘氣，爲四時胎養之氣，亦旺在四季，更無休囚。發，皆爲吉。應日亦與黃色同意矣。

紫色吉凶歌

紫氣天中八時分，蘭臺月角得財頻。法令生來逢印信，終是刑名不及身。壽上俄然一字橫，家中新婦喜分明。天門川字將軍祿，天井圓珠享大榮。玄璧福堂知積慶，若當地閣創家居。山根忽有終加職，驛馬全生喜有餘。玄璧左邊遷官職，山林精舍喜相須。陂池位上增餘福，中嶽橫紋貴自如。

十天羅①

十天羅者，天之凶殺之神也。人亦有所像，滿面黑色四起②，爲死氣天羅。白色者，爲喪哭天羅。青色者，爲憂滯天羅。《玉管照神局》又云：青色深者，亦主喪死。黃色者，爲疾病天羅。如脂膏塗抹者，爲酒食天羅。眼流而視急者，爲姦淫天羅。色焦如火者，爲破敗天羅。如醉如睡者，爲牢獄天羅。笑語失節者，爲鬼掩天羅。氣如霧昏者，爲退散天羅也。

論氣色定生死訣

凡氣色者，額上忽有氣如塵抹者，名曰醫無休廢，六十日內死。額上連髮際黑氣或白氣狀如蚯蚓橫起者，名曰連天休廢，二年內死。左右鼻孔黑氣橫過如虛氣者，名曰垂起休廢，不出六日死。左右眼下如塵，黑氣生者，名曰靈光休廢，一年內死。頤下拂拂如塵起行連項者，名曰纏命休廢，八十日內死。印堂上有赤白色血者，名曰毀禄休廢，受極刑死，九十日應③。鼻上忽忽如塵起，或如粉塗者，名曰理獄休廢，主居官破位，三年內死。左右額上拂拂如塵起者，名曰傍行休廢，二年內死，財破，六親離厄。左右兩眼忽有白貫入神光者，名曰災神休廢，一百日內死。口四邊白色旋繞者，名曰守魂休廢，五十日內死。左右耳邊忽若塵成兩

---

① 此題原無，與上下文不相連屬，編者補。
② "滿"字前原有"多"字，據《神相全編》刪。
③ 《墨海金壺》本"應"前有"內"字。

三條者，名曰動海休廢，一百日内刑獄死。左右耳輪後灰旋者，名曰通遊休廢，一百日内刑獄死。左右耳輪後氣如粉氣者，名曰飛天休廢，六十日内死。腦後連腦白氣如塵飛起成條者，名曰貫中休廢，三十日内主死決也。

定病氣生死之訣

五藏有五氣，五氣各有時。春三月，白氣入口耳鼻者死，此得囚死色也。餘皆仿之。凡看病人青色從上入下者，易瘥；從下去上者，難愈。凡常白忽黑，常黑忽白，常肥忽瘦，常瘦暴肥，神魂常靜而恍惚似醉者，色澤常清而忽昏濁如黯者，豐足不常之變，盡爲卒死之兆矣。病人目寞寞妄視，舌卷縮者，謂之心炤，即日死。面色慘黃，唇青短縮者，謂之脾絕，不出十日死。齒牙乾焦，耳黑而聾者，謂之腎絕，不出旬日死。口張不合，眼睛反惡者，謂之肝絕，不出旬日死。肌膚枯槀①，鼻黑孔露者，謂之肺絕，不出旬日死。凡人目下五色併起者，不出十日死。髮直乾脆者，不出半月死。面色忽如馬肝，望之一如青龍之黑，不出三日死。四墓發黑色者，死。年上橫黑氣者，死。五命廢得紫色者，皆得鬼色死之人也。

---

① 肌，原作"肥"，據《墨海金壺》本改。

太清神鑑卷四

形類

論形神

二氣未判則一體冥寂，天地既形則萬物成體。物之有體也則其性，人之有形也則其神。形神相順以成道，相資以成德。故人之生也，有形斯有神，有神斯有道。神須形而始安，形須神而始運。蓋形能養血，血能養氣，氣能養神。是以形全則血全，血全則氣全，氣全則神全，兩者不可不備。其或神形有餘，則爲有福之兆。或形神欠虧，乃爲禍之基。故神足於形爲貴，形過神者爲賤。乍可神足而形不足，不可形足而神不足也。

論形

夫人之生也，稟陰陽冲和之氣，肖天地之形，受五行中正之質，爲萬物之靈。故頭圓像天，足方像地，眼目像日月，聲音像雷霆，血脈像江河，骨節像金石，鼻額像山嶽，毛髮像草木。天欲高而圓，地欲方而厚，日月欲光明，雷霆欲震響，江河欲流暢，金石欲堅，山嶽欲峻，草木欲秀。故形也，有陰陽剛柔之義，有五形正類之體。其男子也，剛正雄略，乃得陽之宜也。女人也，柔順和媚，乃得陰之宜也。其形分於五行者，木形長瘦，金形方正，水形肥而圓，土形重而厚，火形赤而上尖。形正而不陷，乃五形正氣。其或水火相傷，金木相犯，皆爲不合之相也，多招災禍之凶。其形龍翔海嶽，鳳戲丹墀，獅坐龜遊，虎踞馬躍，攀猿舞鶴，回牛浮雁，此皆天地之純粹，間世之英才也。故漢高祖有龍顔之瑞。《玉管》云：卜商有堂堂之貌，唐太宗天日之表。班超則燕頷虎頭，黃琬鳳睛龜背，富貴之兆，故皆顯著。其寒如瘦鷺，視似羊睛，蛇行雀走，犬暴豹聲，斯皆貧賤之形發也。其理浩博，非一言可盡辯也，宜精思以詳之。苟無其類，則吉凶無驗矣。故郭林宗觀人有八法：一曰威，爲尊嚴畏憚也，如豪鷹搏物而百鳥自驚，似怒虎投林而百獸自懼，蓋神色嚴嚴而人所畏則主權勢也。二曰厚，爲風貌敦重也，其量如滄海，器如百斛，引之不來，搖之不動，則主福祿也。三曰清，謂精神翹秀也，如桂林一枝，崑山片玉，灑然高秀而無塵翳，俊才貴也。或清而不厚，近乎薄也。四曰古，謂骨氣嚴棱也，其或部位相應，則爲高貴之人，或古而不清①，近乎俗也。五曰孤，謂形骨露也，其項長肩縮，脚斜腦偏，其坐如搖，其形如攫，又似水中獨鶴，雨中鷺鷥，則孤獨也。六曰薄，謂體貌劣弱，其形氣輕怯也，色昏不明，神露不藏，如一葉之舟而在重波之上，見之者皆知其微薄，則主貧寒也，縱有衣食，必夭折矣。七曰惡，謂體貌凶頑，蛇鼠之形，豺狼之聲，或性躁神驚，骨傷節破②，主凶惡也。八曰俗，謂形貌昏濁也，如塵埃之中物，縱

---

① 古，原作"濁"，據《回谷先生人倫廣鑑集說》《神相全編》改。
② 節，原作"帶"，據《廣鑑集說》《神相全編》改。

有衣食，主迍滯也。《名賢相法》《五總龜》八形與前觀人八法同。大抵受氣有清濁，成形有貴賤。故豐厚謹嚴者，不富則貴。淺薄輕躁，不貧則夭。女人之氣，欲其和媚，形欲嚴謹，言欲柔而不暴，緩而不迫，行坐欲端而不側，視欲正而不流，則大貴也。

五形

人稟天地之氣，而有五行之類也。故木形者，聳而瘦，挺而直，長而露節，頭隆而額聳也。或肉重而肥，腰偏而背薄，非木之善。金形者，小而堅，方而正，形短不爲之不足，肉堅不爲之有餘也。水形短而浮，闊而厚，則俯然而流也。土形者，敦而厚，重而實，背隆腰厚，其形似龜也。火形者，上尖而下闊，上輕而下重，性躁急而炎炎也。故五形欲得相生無剋。如木形之人，木之聲高而唳，其性仁而靜，相之善也。其或五形相剋，聲音相反，爲刑重災禍之人也。《玉管照神局》同。

論看形神體像

凡看形神，須類物性，行飛騰躍，宛有所一[①]。後看氣衰旺，五嶽四瀆朝對如何。雖有好形神，而五位無出彩者，此人應事歇滅而如初也。形神雖不足，五嶽雖不應，而有長旺色者，衣食自然。凡看形神，須察氣色，看之則萬無失一也。

---

① 宛有所一，《墨海金壺》本作"死有所肖"。

論形不足

形之不足者，頭頂尖薄，肩膊狹斜，腰肋疏細，肢節短促①，掌薄指疏，唇褰額塌，鼻抵耳反②，臀低胸陷③，一眉曲一眉直，一眼仰一眼低，一睛大一睛小，一顴高一顴低，一手有紋一手無紋，睡中開眼，男子女聲，齒黃而露，口臭而尖，禿頂無髮，眼深不見，行走欹斜，顏色痿怯，頭小而身大，上短而下長，此謂之形不足也。形不足者④，多疾而短命，福薄而貧賤矣。

論形有餘

形之有餘者，頭頂圓厚，腹背豐隆，額闊口方，唇紅齒白，耳圓成珠，鼻直如膽，眼分黑白，眉秀疏長，肩膊齊厚，胸前平廣，腹圓垂下，出語宏亮⑤，行坐端正，五嶽相起，三停相稱，肉膩骨細，手長足方，望之巍巍然而來，仰之怡怡然而坐⑥，此皆謂形有餘也。形有餘者，令人長壽少病，富而有榮矣。

鶴形者，三才相等，眼細眉長，鼻尖而小，身長垂口，身體上下一般細長而正，地閣小，五官俱好，正鶴形也。或行緩者，單鶴

---

① 肢，《神相全編》作“肘”。
② 抵，《墨海金壺》本作“仰”，疑當作“低”。
③ 臀，《神相全編》作“腰”。
④ 此句原無，據下文及《神相全編》補。
⑤ 《神相全編》無此句。
⑥ 坐，《神相全編》作“來”。

形也。面部有雜，鼻大口小，或口大準起者，孤鶴形也。五色不分，神氣不足，病鶴形也。

正鶴形

正鶴形神大貴人，生來衣食不曾貧。命居三館公卿位，壽算仍須過百春。

單鶴形

單鶴形神藝出群，生來聰俊過常人。貴當富顯馳千里，財帛猶豐不受貧。

孤鶴形

孤鶴形神惡毒人，妨兒剋子只孤身。妻兒生別生離去，老至須教獨受貧。

病鶴形

病鶴形人命不長，生來破敗少田庄。中年定受貧寒苦，無子無孫走路傍。

鳳形者，額長，三停平滿，耳輪貼肉，山根高聳，準頭圓潤，眼長而尾起，口如蓮，眉粗而秀，倉庫五官六府俱好，正鳳形也。其或眉大眼大①，下短，或身側，小鳳形也。身長聳，其精神緩急者，丹鳳形也。如額低，精神慢，眉長不應，是病鳳形也。

正鳳形

正鳳形高貴且強，生居九鼎出朝堂。一生聰智多文學，大國爲臣小國王。

小鳳形

---

① 眉大眼大，《墨海金壺》本作“眉尖眼尖”。

小鳳形神福禄强，生來富貴不尋常。中年顯達官榮盛，大業洪勳遠播揚。

丹鳳形

丹鳳聰明清貴人，生來榮貴且超群。定居三品公卿位，祇是難爲兄弟身。

病鳳形

病鳳形神雖性靈，聰明文學有聲名。都緣難得官班位，縱得官班却見迍。

龜形者，頭圓項短，身大背厚，眼細，口大而闊，玄璧朝接，山根高起，正龜形也[1]。其或精神亂過者，出水龜形也。或諸部位有不應，然而精神美悦者，戲龜形也。五色不分，諸位不應而多厚黑，精神足者，藏龜形也。

正龜形

正龜形神壽年多，生居兩輔衆難過。初年名遠揚千里，後者榮華萬國歌。

出水龜形

出水龜形久必榮，生來聰敏起名聲。壽雖七十身孤獨，兄弟妻兒定不成。

戲龜形

戲龜形人文藝多，只宜晚禄供山河。中年雖得荷依掛，末歲須防給諫過。

藏龜形

---

① 正，原無，據《墨海金壺》本補。

藏龜形人衣食榮，初依父母有空名。年老難免飢寒苦，獨力孤形少弟兄。

犀形者，頭四方，印堂闊，地閣厚重，眼圓，眉大薄，五嶽正，天庭起，行步重而闊，五官六府俱好，正犀形也。面部同而步急速，手腰背動舉者，出水犀形也。面部五官六府有破不舉短促，是入水犀形也。面雖部位一同，而五官不正，身長側者，戲犀形也。

正犀形

正犀形神是貴人，職居館殿足金銀。壽年八十人皆敬，百世榮華及子孫。

出水犀形

出水犀形是正郎，晚年高職坐朝堂。金珠錢寶家盈萬，壽算應當七十亡。

入水犀形

入水犀形食祿多，出群英俊眾難過。壽年七十莊田盛，一世榮華爭奈何。

戲犀形

戲犀形神藝出群，生來卓立不求人。錦衣玉食誰能及，更壽年高六十春。

虎形者，頭圓項短，地閣重厚，九州團促，眉濃口大，面闊鼻大，五官六府俱好，正虎形也①。行走急速，腰身正，視不定②，此入林虎形也。面部雖同，精神帶慢③，顧視偏斜者，此落坑虎形也。

正虎形

正虎形人是大僚，文操武略富偏饒。生來便有三公位，老後須登駙馬驕。

出林虎形

出林虎形性正剛，生來聰知足文章。初年榮達高官職，位入星郎耀四方。

入林虎形

入林虎形是正郎，名傳聲價最高強。只緣心志多藏毒，暗恐消磨壽不長。

落坑虎形

落坑虎形不可親，毒忿生來愛陷人。錦帛資財雖積畜，爭知壽不過多春。

獅子形者，額方眉大，口闊鼻大，耳大眼大，身肥，天地相應，三才平滿，倉庫厚，玄璧起，五官六府俱好，正獅子形也。若或面部雖同，身小眼部不應，小獅子形也。行慢身重，多精神者，坐獅子形也。若行步踟躕，瞻視不正，精神美悅者，戲獅子形也。

正獅子形

正獅子形額正方，眉濃眼大口須長。九州高聳耳朝口，出世

---

① 此後有脫文，下文有出林虎，此處無。
② 張海鵬云："此處有脫文"。
③ 帶，疑当作"怠"。

須教作郡王。

小獅子形

小獅子形主晚榮，生來榮顯負清名。錦帛錢財成巨萬，自宜營運保前程。

坐獅子形

坐獅子形是貴人，生來衣食足金銀。清資定入公卿位，壽算仍須八十春。

戲獅子形

戲獅子形衣食足，位歸侯相鎮山河。玉寶珠金多積畜，一生快樂任婆娑。

龍形者，五嶽起，三才平滿，天地相朝，鳳節豐濃，印堂起方寸，邊地起，人門闊，眉分八彩，目長二寸，耳長四寸，五官六府俱好者，正龍形也。男即大貴之相，女即妃后之貴也。若有五色者，定五龍之形也。別述青、黃、赤、白、黑五品相。儻或行步不同，面部有雜，一處不應，即是臥龍形也，即主多祿之位。或帶虎頭燕頷，即是山龍形也，主將軍節度之權。面上二停，身一停，此主侯伯之位。面上一停，身占二停，此主將帥之職也。

正龍形

正龍天下貴無雙，上天儀表萬邦王。一流河水須鎮斷，四夷歸貢走梯航。

臥龍形

臥龍合主三台位，闡世文章天下名。官爵定須居一品，及第人皆震一鳴。

山龍形

山龍本是將軍位，文武俱全鎮廟堂。三代侯門生貴子，出爲兵帥入爲王。

五短之形

一頭短，二面短，三身短，四手短，五足短，五者俱短，骨細肉滑，印堂明潤[①]，五嶽朝接者，少卿公侯之相也。雖俱五短而骨粗惡，五嶽缺陷，則爲下賤之人也。其或上長下短，則多富貴。上短下長，主居貧下矣。

五長之形

一頭長，二面長，三身長，四手長，五足長，五者俱長而骨貌豐隆，清秀滋潤者，善。如骨肉枯槁，筋脈逬露，雖俱五長，反爲貧賤之輩也。或有手短足長者，主貧而賤。足短手長者，主富而貴也。

論聲

人之性動於心而形於聲，故聲者，氣實藏之。氣搆衆虛而成響，內以傳意，外以應物。人有聲[②]，猶鍾鼓之響。若大則聲宏，若小則聲短。神清氣和，則聲溫潤而圓暢也。神濁氣促，則聲焦

---

① 潤，《神相全編》作"闊"。
② 人，原作"念"，據《墨海金壺》本改。

急而輕嘶也。《玉管照神》音西，噎也，又馬鳴也[①]。故貴人之聲出於丹田之內，與心氣相通[②]，汪洋而外達。何則？丹田者，聲之根也。心氣者，聲之端也。舌端者，聲之表也。夫根深則表重，根淺則表輕。《玉管照神》云："是知聲發於根而見夫表也。"若夫清而圓，堅而亮，緩而烈，急而和，長而有力有威，若音大如洪鍾發響，鼉鼓震響，音小似寒泉飛韻，琴徽奏曲，接其語則粹然而後動，與之言則悠然而後應，是以聲之善者，遠而不斷，淺而能清，深而能藏，大而不濁，小而能新，細而不亂，出而能明，餘響激烈，笙簧宛轉流行，能圓能方，如斯之相並主福祿長年。若夫小人之聲，發於舌端，喘急促而不遠，不離唇上，紊雜而斷續，急而又嘶，緩而又澀，深而帶滯，淺而帶躁，或大而散，或長而破，或輕而不勻，或繚繞而無節，或槎崖而暴，或煩亂而浮，粗濁飛散，塞淺訥澀，或如破鍾之響，敗鼓之聲，或如寒雞哺雛，餓鴨哽肉，或似病猿求侶，或似孤雁失群，細如秋蚓發吟，大似寒蟬晚噪，雄者如犬暴吠，雌者似羊孤鳴，如斯之聲皆爲淺薄也。或男作女聲細者，一世孤窮。《玉管照神局》註云："謂其柔細而不剛烈也。"女作男聲暴者，主一世妨害。《玉管照神局》註曰："謂其剛暴而不和也。"然則身小而音大者，吉；身大而音小者，凶；身聲相稱者，善。或乾濕不齊者，謂之羅網。聲或小或大者，謂之雌雄。聲或先遲而後急，或先急而後遲，或聲未止而氣絕，或聲未舉而色先變，皆薄淺之相也。是以神定於內而氣和於外，則聲安而言有先後之序，乃無變色也。苟神不安，必氣不和，則其言先後失序，醉色雜錯，皆是小人薄劣之相也。且聲如破筒

---

① 此處註文不知何所屬，似當移於下文"貧賤孤恓"下。

② 相，《墨海金壺》本作"和"。

者，富。破瓦者，賤。破木者，貧。破竹者，苦。公鵝聲者，多破散。公鴨聲者，多賤徒。暴如豺狼者，毒害多。汪聲深堂者，爲福人。故聲細如啼，貧賤孤恓。聲粗如哭，災禍相逐。聲音明快，意象遠大。聲音嫩嬌，家活冰消。人之稟五行之形，其聲亦有五行之象。故木音高暢，《玉管照神局》註曰："嘹喨高暢，激越而和。"火音焦烈，《玉管照神局》註云："發之大嚴，如火之烈。其或噪庚淺暴者，謂之火濁，不善之應也。"金音和潤，《玉管照神局》註曰："和則不戾，潤則不枯，叩之爲清，擊之爲純，又如桐簹奏曲，玉磬流音也。"水音圓急，《玉管照神局》註曰："圓而清，急而暢，堅而不散，長而有力，或條達而流，或鏘洋而奮。"土音沉厚，沉則不淺，厚則不薄，洋然發在嚥喉之間也①。若與形相生則吉，相剋則凶。爲聲者，分三主，可決成敗耳。初聲高者，初主強。中聲薄者，中主強②。後聲微者，晚年卑。是以聲音主發閉之人，不可不善。不善者，並爲凶惡，必多災難刑厄，有官則多失位，有財則破散，男則不能保其室，女則不能保其家矣。《玉管照神局》并《月波洞中記》同③。凡聲最難辨，大抵舌頭圓全清潤響快④，不宜焦急沉滯⑤，刑破短促。若人大而聲小者，非遠器也。人小而聲大者，良器也。又須於五行形神辯論⑥，聽五聲合與不合，刑與不刑，斷制不可言論也，略具五聲訣於後。金聲韻長清響遠，聞金圓潤則貴，金破則賤。土聲韻重響亮遠，聞重則貴，近薄則賤也。火聲清烈調暢不懦完，潤而慢則貴，焦破則貧賤。木聲韻條達，初全終散，沉重則貴，如輕

---

① 依上文註釋體例，疑註文前脱"《玉管照神局》註曰"。

② 中聲既薄，中主似不當強，"強"字恐誤。

③ 同，原無，據《墨海金壺》本補。

④ 舌頭圓，《照膽經》作"只得完"。

⑤ 滯，《照膽經》作"濡"。

⑥ 《墨海金壺》本無"辯"字。

則賤也。水聲韻清細響急，長細則貴，如輕則賤也。論五聲又不以形類，蓋爲聲無形，但聽而會意，則詳酌其理，然後較其吉凶，萬不失一也[1]。

五音

五行散爲萬物，人生萬物之上而聲亦辨，其故木音嘹嚦高暢，激越而和。火音焦裂躁怒，如火烈烈。金音和而不戾，潤而不枯，玉磬流音。水音圓而清，急而暢，或條達而流，或激而奮。土音深而不淺，厚而不薄，渾然如發在咽喉之間也。與形相養相生者，吉。與形相剋相犯者，凶。

行部

行者進退之節，去就之義，所以見其貴賤之分也。人之善行如舟之遇水，無所往而不利也。不善行者，猶舟之失水，必有漂泊没溺之患也[2]。是以貴人之行如水而流，下身重而脚輕。《玉管照神局》註曰：身端直如水之流下，俯然而往[3]，體不搖也。小人之行如火炎上，身輕而脚重。《玉管照神局》註曰：如火搖動，其身不正，其脚搖而動。故行不

---

① 《照膽經》有此訣，大體意思與此相當，但順序及個別文字略有不同。謹列《照膽經》文如下："金聲韻長清，音響遠聞完潤則貴，破則賤。木聲韻條達，初全終散，沉重則貴，輕則賤。火聲韻清烈，條暢不濡，圓潤而慢則貴，焦破而急則賤。水聲韻清響，急長細則貴，重濁則賤。土聲韻厚重，源長響亮，遠聞則貴，近細則賤。論五聲又不可與形類，惟聲無形，但耳聽而意會，則詳酌其理，然後校其吉凶，萬不失一。"

② 漂泊，《墨海金壺》本作"澡汨"。

③ 俯，《墨海金壺》本、《守山閣叢書》本作"傴"。

欲昂首而躩，又不欲側身而折。太高則亢，太卑則曲，太急則暴，太緩則遲，周旋不失其節，進退各中其度者，至貴人也。且行而頭低者，多智慮。行而頭昂者，少情義。行而傴胸者，愚而下。行而身平者，福而吉。如虎步者，福禄。如龍奔者，權貴。如鵝鴨之步者，家累千金。如馬鹿之驟者，奔波①。如牛行者，富而壽。如蛇行者，毒而夭。雀跳者，食不足。猿躑者，苦不停。龜行者，福壽。鶴步者，天禄。雁行者，聰明而賢。鼠行者，多疑而賤②。行如流舟者，富貴。行如急火者③，微賤。蹭蹬而來者，性行不吉。泄泄而往者，財食有餘。腳根不至地，窮而夭壽。發足急如奔走者④，賤居人下。行而左右偷視者，心懷望竊。行而回面後顧者，情多驚亂。大體行之貴也，腰不欲折，頭不欲低，發足欲急，進身欲直，起走欲闊，端然而往⑤，不凝滯者，貴相也。行者，進退去就之間，欲中規矩，不反徐動有理者⑥，善也。故肥人形重，行欲如飛。瘦人形輕，行欲如疑。此乃貴相。若斜身偏肩，如鵲之跳，如蛇之趨者，皆非善也。

論坐⑦

坐所以安止，欲沉静平正，身不斜不側，深重盤石，腰背如有

---

① 《守山閣叢書》本“波”字後有“一世”。
② 多，原無，據《守山閣叢書》本補。
③ 火，《守山閣叢書》本作“犬”。
④ 足，原作“行”，據《墨海金壺》本、《守山閣叢書》本改。
⑤ 然，原無，據《墨海金壺》本、《守山閣叢書》本補。
⑥ 反，《墨海金壺》本、《守山閣叢書》本作“及”。
⑦ 論坐，此二字原無，據《墨海金壺》本、《守山閣叢書》本補。

所助，終日不倦，神色愈清者，貴相。若如醉如病，如有所思者，皆不善相也。又云：人之行者屬陽，坐者屬陰。故行者體陽爲動，坐者像陰爲靜。凝然不動者，坐之德也。坐而膝搖者，薄劣之人也。坐而頭低者，貧苦之輩也。坐而轉身回面者，毒。坐而搖頭擺腦者，狡。公然如石不動者，富貴。恍然如猿不定者，貧賤。坐定神氣不轉者，忠良福禄。坐定亂色變容者，凶惡愚賤。坐之爲道，不端不正，其相不令，能謹能嚴，其福日添也。

論卧[①]

卧者，體息之期也。欲得安而靜，恬然不動者，福壽之人也。如狗之蟠者[②]，上相。如龍曲者，貴人。睡而開口者，短命。夢中咬牙者，兵死。睡開眼者，惡死道路。睡中囈語者，賤中奴婢。仰形如屍者，貧苦短命。卧中氣粗如吼者，愚濁易死。合面覆卧者，餓死。就牀便困者，頑賤。愛側睡者，吉慶壽多。展轉者，性亂。少睡者，神清而貴。多睡者，神濁而賤。卧易覺者，聰敏。卧難醒者，愚頑。喘息不聞者，高壽。喘息潤勻者，命長。氣入多，壽。氣少，短命。氣出嘘嘘之聲者，即死喪夫[③]。睡卧輕搖，未常安席者，下相也。

---

① 論卧，此二字原無，據《墨海金壺》本、《守山閣叢書》本補。
② 蟠，《守山閣叢書》本作「蜷」。
③ 《神相全編》無「喪夫」二字。

論飲食①

氣血資之以壯，性命繫之以存者，飲食也。故食物不欲語，嚼物不欲怒。食急者，易肥。食遲者，多疾。食少而肥者，性寬。食多而瘦者，性亂。飲緩者，性和。食如啄者，貧。歙口食者，淳和。哆口食者，不義。食而齒出者，貧苦短命。嚼似牛者，福禄。食如羊者，尊榮。食如虎者，將帥之權。食如猿者，使者之位。邊食邊顧，終身窮飢。食快而不留，詳而不暴，嚼不欲聲，吞不欲鳴矣。餘與《五總龜》同。

---

① 論飲食，此三字原無，據《墨海金壺》本、《守山閣叢書》本補。

太清神鑑卷五

論骨肉

立天之道曰陰與陽，立地之道曰柔與剛。故地者，具剛柔之體而能生育萬物也。山者，地之剛也。土者，地之柔也。剛而柔，則崒嵂而不秀。柔而剛，則虛浮而不實。故人之有骨肉者，亦若是矣。故肉豐而不欲有餘，骨少而不欲不足[1]。有餘則陰勝於陽，不足則陽勝於陰。陰陽相反，謂之一偏之相。肉當堅而實，骨當直而聳。肉不欲在骨之內，爲陰之不足。骨不欲生肉之外，爲陽之有餘。故人肥則氣短，馬肥則氣喘。是肉不欲多，骨不欲少也。乃陰陽和平，剛柔得中，骨肉相稱，理之善矣。故暴肥氣喘，速死之兆。肉不欲橫，橫則性剛而多橫。肉不欲緩，緩則性柔而多滯。遍體生毛，則性剛而又急。肥不欲紋薄者[2]，近死之應。肉欲香而暖，色欲白而潤，皮欲細而滑，皆美質也。肉重而粗，皮硬而堆塊，色昏而枯，皮黑而臭癜痹多者，非令相也。若人神氣不明，筋不露骨，肉不居體，皮不包肉，皆死之兆也。又云：肉充爲膚。肉欲寬，肥人宜輕清不露，瘦人宜堅重不枯。反此者，皆不善。若爲肉橫者，爲帶殺肉病，此主凶暴貧夭也。巍

---

① 少，原作“瘦”，據《守山閣叢書》本及下文改。

② 薄，《墨海金壺》本、《守山閣叢書》本作“滿”。

巍峰嶽，堅立萬福，堅剛而峻，鬱茂而秀，此乃天地之骨也。人之有骨節，亦象山嶽金石，欲峻而不欲廣，欲圓而不欲粗。瘦者不欲肉少而骨露，露者多艱少壽也[1]。《玉管照神局》註云：肉不輔骨，則骨露，乃多難少福之人也。肥者不欲骨隱而肉重，重者乃逆滯夭壽也。《玉管照神局》註云：“肉肥重乃遲滯之人也。肥不欲滿，或滿而盈者，乃速死之人也。”骨與肉相稱，氣與色相和者，福祿之相也。背攢而體偏，骨寒而肩縮，不貧則夭，不夭則貧矣。《玉管照神局》註云：謂背攢而體偏，骨寒而肩縮。凡物有萬狀，人有萬形，亦有折除，或窮而壽，或富而夭，故云不貧則夭也。日角之左，月角之右，有骨直起，名金城骨，位至公卿。印堂有骨棱而至天庭，名天柱骨。從天庭貫頂，名伏犀骨，位至三公。半頂以前，主初年。半頂以後，主晚年。或有側斷者，有迍滯之失。面上有骨卓起者，顴骨也，主有權勢。顴骨相連入耳，名玉梁骨，主壽考。自臂至肘名龍骨，象君，欲長而大。自肘至腕名虎骨，象臣，欲短而小。故龍銜虎則福，虎銜龍則賤。夫骨之法，欲峻長而舒，圓而堅，直而節應，緊滑而不粗惡，筋而不纏，則爲上相也。且人雖有奇骨，亦須形相稱，色相助，方成令器。苟諸位不應，雖福壽而不貴也。宜在詳之。《玉管照神局》同，又與《五總龜》相骨同。骨者體之幹，所受宜清滑長細，内外肉相稱。若骨堅立輕細，與骨肉薄者，近於寒也。大抵須得聳直，不橫不露，與肉副應者，爲善相也。董公論此骨法曰：鳳凰骨、鸚鵡骨、駱駝骨、犀牛骨、猿骨。此說微妙難曉，用意深者，亦可知也。

---

① 少，原作“多”，據《守山閣叢書》本及文意改。

論額部

分一面之貴賤，辨三輔之榮辱，莫不定乎額也。故天庭、天中、司空俱列乎額，是非攝諸部位，繫人之貴賤也。故其骨欲隆然而起，聳然而濶，其峻如立壁。印堂上至天庭，有隱隱骨而見者，少達而榮。邊地山林皆欲豐廣。坑陷，貧賤。額兩邊輔角骨起長大者，三品之貴。天中、天庭、司空、中正、印堂五位得端正明净，聰明顯達之人也。若狹小而髮亂低覆者，愚而貧賤也。額面小窄，至老貧厄。額大面方，至老吉昌。額角高聳，職位崇重。天中豐隆，仕宦有功。額小面廣，貴處人上。額方峻起，吉無不利。額瑩無瑕，一世榮華。餘與《瑋琳洞中秘密經》同。

論頭部

頭部者，處一體之尊，爲百骸之長，群陽會集之府，五行正宗之鄉。高而圓，藏虛而大者，令首也。天高峻而清圓，故三光得以照。萬物無爲而自運，故道濟天下而體常不動，曲成萬物之性而常不流。是以頭之像天之形也，欲得峻而起，豐滿而圓，像天之德也。欲得儼正在上，不側不搖。若夫尖薄而小，缺陷而傾者，貧下之儀也。行坐低斜，或搖或擺，賤劣之相也。故骨欲豐滿而起，峻秀而凸，短則欲厚，長則欲方。頂突者，崇貴。側陷者，夭薄。頭皮厚者，足衣食。頭皮薄者，貧賤。皮青者，吉善。皮白者，下賤。皮黃者，貧苦。皮赤者，凶災。頭有餘皮者，財食豐足。頭有肉角者，必大富貴。左偏損父，右偏損母。耳後有骨名壽堂骨，耳上有骨名玉樓骨，並主官禄。行不欲搖頭，坐不欲低頭，皆爲貧弱之相也。是以身小頭大，卑賤之輩。身大頭小，觸事不了。頭不應身，先貴後貧。頭通四角，高權超卓。牛頭四方，富貴吉昌。虎頭高起，福禄無比。狗頭尖圓，悲涕流漣。鹿頭側長，志意雄剛。獺頭橫潤，心意豁達。象頭高厚，福禄長壽。犀牛峯崔，富貴無失。駝頭蒙洪，福禄永終。蛇頭平薄，財禄寥落。狢頭尖銳，窮厄無計。

額紋

額之有紋，貴賤可斷。若額方廣，豐隆而有好紋者，則爵禄嵩高也。如額尖狹缺陷，更有惡紋者，則貧賤無疑矣。〰三紋偃上者，名偃月紋，主朝郎。〒三紋偃上，一紋直貫者，名曰天柱骨紋，主節察武臣。王字紋者，主公侯。｜天中｜紋下至印堂，名曰懸雲紋，主卿監。印堂‖紋直上長三寸者，名曰鶴足紋，主刺史。〰三紋繞者，早喪父。一橫紋而曲者，名曰蛇行紋也，主送路。井字紋者，主員郎。川字紋者，主憂慮刑喪。十字紋，富而吉昌。田字紋者，富貴也。山字紋者，侍從之榮貴。乙字紋者，京朝之要職[1]。水印紋者，主榮貴顯達。額上亂紋交紊[2]，則貧苦多災。婦女額有三橫紋者，則妨夫害子，貧夭俱至矣[3]。

---

① 要，原無，據《守山閣叢書》本及文意補。
② 紊，原作“足”，據《墨海金壺》本改。
③ 俱至，原無，據《守山閣叢書》本補。

枕頭部

　　人之骨法中貴者，莫不出於頭額之骨。頭骨額骨之奇者，莫不出於腦骨成枕。人之有此，如山石有玉，江海有珠，一身恃以榮顯者也。故人雖有骨奇異，亦須形貌相副，神氣清越，方受天祿，不然恐未盡善也。夫腦後名曰星臺，若有骨者，名曰枕骨。凡豐起者，主其人一生富壽。如或低陷，必主貧夭。 三骨皆圓，名三才枕，主使相。 四角各有一骨聳起，中央亦聳者，名五嶽枕，主封侯。 兩骨尖起者，名曰雙龍枕，主節樞將軍。 四邊高，中央凹，名車輪枕，主公侯。 三骨並者，名曰連光枕，小者二千石，大者將相。 一骨彎仰上者，名曰偃月骨，主卿監。 一骨彎俯下者，名曰覆月枕，主朝郎。 兩骨俯仰者，名背枕骨，主武關防。又云：高文貴顯[1]。 上一骨下二骨分排而圓者，名三星枕，主兩副制官職。 兩方骨皆起角者，名曰四方枕，主二千石，小者全禄。 一骨聳起而圓者，名曰圓月枕，主館殿清職。 上方下圓者，名曰垂露枕，主員外郎。 上下圓棱似杯者，名曰玉樽枕，大者主卿相[2]，小者主刺史。凸凹三骨直起，一骨下橫承之者，名曰山字枕，主聰明富貴。 一骨圓，一骨方，名曰疊玉枕，主富而榮。 一骨聳起而尖峻者，名曰象牙枕，兵將之權。 骨起四角者，名曰懸斜枕，主節度武臣。 一骨橫截

---

①　貴，原作"高"，據《守山閣叢書》本改。
②　大者，此二字原無，據《守山閣叢書》本補。

者，名曰一陽枕[1]，主巨富壽高。大凡骨得近下者，過腦而易辨。近上者，淺而難驗矣。骨者一定之相，有之則應也。故古之有言頭無惡骨，面無好痣，其言是矣。《瑋琳洞中秘密經》同。

論面部

面之三停，自髮際下至眉間爲上停，自眉間至鼻準爲中停，自準人中至頦爲下停[2]。夫三停者，以像三才也。上像天，中像人，下像地。上停長而豐隆，方而廣潤者，主貴。中停隆而準峻而靜者，主壽也。下停方而滿，端而厚者，主富也。若上停尖狹缺陷者，主多刑厄之災，妨剋父母，卑賤之相也。中停短小偏塌者，主不義不仁，智識短少，不得兄弟妻兒之力，亦中年破散也。下停長而狹尖而薄者，主無田宅，一生貧苦而艱辛也。三停皆稱，乃上相之人矣。

論眉部

眉者，媚也。爲兩目之翠蓋，一面之儀表，是謂目之英華[3]，主賢愚之辨也。故欲疏而細，平而濶，秀而長者，性聰敏也。若夫粗而濃，逆而亂，短而蹙者，性凶頑也。眉過眼者，富。短不覆眼者，乏財。壓眼者，窮逼。頭昂者，氣剛。卓而豎者，性暴。尾下垂者，性懦。眉頭交者，貧薄，妨兄弟。毛逆者，妨妻不良。骨

---

① 陽，原作“楊”，據《守山閣叢書》本改。
② 頦，原作“煩”，據《守山閣叢書》本改。
③ 目，原作“木”，據《墨海金壺》本、《守山閣叢書》本改。

棱起者,凶惡多滯。眉中黑痣,聰貴而賢。眉高居頭,中年大貴。眉生白豪,多壽。上有直理者,富貴。橫理者,貧苦。中有缺者,多奸計。薄如無者,多狡佞。是以眉高聳秀,威權祿厚。眉毛長垂,高壽無疑。眉色光澤,求官易得。眉交不分,早歲歸墳。眉如彎弓,性善不雄。眉如初月,聰明超越。眉垂如柳,貧浪無守。彎彎似蛾,好色性多。眉覆眉仰,兩母所養。眉若高直,身當清職①。眉頭交破,迍邅常有也。

論眼部

眼本清静,所以生神爲木星。欲長秀分明,白如玉,黑如漆。聳耳入鬢者,大貴之相也。若短小而明,有異光輪動爍人者,此又貴而有壽。若睛凸四露,視有神彩者,亦主權殺。或大而無光,長而無神,外無上下堂,赤脈相侵,睛視不遠,眼頻動搖,睡沉重不合目,瞳黄者,不善相也。董正曰:眼頭如眼尾,開合含異光者,神仙之相,非凡相也。更有白刃當前,還自驚潰而眼不及閃者,此主貴權上將之相也。

腰背法論

行步緩而輕,坐起正而實,是謂有腰。前視如負物,後視如帶甲,是謂有背。有背無腰,初發後滯。有腰無背,初困終亨。

---

① 當,原作"富",據《墨海金壺》本、《守山閣叢書》本改。

於是發中①，亦多憂疑。兩者全備，則一生享富貴，毀辱不能及，利害不能動，即有德之人。且相腰背之法，又不以魁偉而取，但小以應小，大以應大，皆可矣。故腰背有旋生者，舉止重，正面開，精神藏，陰隤滿，氣色明，然後能生。欲知生之時，金以四，木以三，水以一，土以五，火則不能生也。欲漸不欲頓，欲停不欲偏。如雍腫肥大，乃肉滯矣，非謂之腰背。則牛行步緩，取之得矣。《觀妙經》腰背論同上。

論腰

腰者爲腹之山，如物依山，以恃其安危也。欲得端而直，濶而厚者，福禄之人也。若夫偏而陷，狹而薄者，微賤之徒也。或薄短者，多成多破。廣長者，保禄永終。直而厚者，富貴也。細而薄者，貧賤。凹而陷者，窮下。裊而曲者，輕劣。蚰蜒腰者，性寬而善。尖蜂腰者，性鄙而和。夫臀高而腰陷者，主賤。腰高而臀陷者，主貧。大體腰欲端濶，臀欲平圓則稱也。

論背

背者，一身之基址也。人不論肥瘦輕重，皆欲有背。夫有背者，號爲有土。須得豐隆不俗，如龜背而廣厚平濶，前看如昂，後看如俯者，福相也。或屈而視下，頭低而蟠者，非貴相也。

---

① 發，《墨海金壺》本、《守山閣叢書》本皆作“法”。《神相全編》此句作“但於横發”。

論腹

腹者內包六腑，圓長者，可辨其貧富。下養元靈，扁大者，可知其愚智。故腹欲得圓而大者，智而榮貴。扁而長者，愚而卑賤。大而近下者，名光朝野。小而近下者，清聰長者。圓如玉壺者，巨富。窄如雀肚者，至貧。圓而近下者，富貴。圓而近上者，貧賤。尖而長者，愚而賤。橫而圓者，智而榮。如抱兒者，富貴。如蝦蟆者，貧賤貪婪。如牛肚者，積財。蹇縮如狗肚者，窮寒。如豬肚者，賤。如羊肚者，貧。如衣裘者，富。如筲箕者，貧寒。肚有三壬者，貴而壽。肚有好痣者，智。肚端而妍者，才巧。肚扁薄而醜者，愚苦。又云：腹者，包容臟腑，乃身之營也。欲潤大而垂囊。若橫凸者，非也。或若雀腹鼠腹，不爲貴相也。

論臍

臍者，是筋脈會要之地，爲臟腑總領之關。故臍欲深而濶，不欲淺而狹。深而濶者，智而有福。淺而狹者，愚而多賤。生近上者，衣食。生近下者，貧薄。低向下者，有識。突向上者，無智。圓而正者，善士。斜而醜者，惡人。藏而深者，福祿。凸而出者，賤矣。大能容物者，名榮邦國。小而一撮者，惡傳千里。

論四肢

夫手足者，謂之四肢，以象四時，加之以首，謂之五體，以象五行。故四時不調,則萬物夭閼。四肢不節①,則一生困苦。五行不和②,則萬物不生。五體不稱,則一世貧賤。是以手足猶木之枝幹,節多者則不材之木也。故手足欲軟而滑净,筋骨不露,其白如玉,其直如笋,其滑如苔,其軟如綿者,富貴之人。其或硬而粗大,筋纏骨出,其粗如土,其硬如石,其曲如柴,其肉如腫者,皆爲貧徒矣。

論手

手者,其用所以執持,其情所以取舍。故纖長者,性慈而好施。厚短者,性鄙而好取。手垂過膝者,間世英賢③。手不過腰者,一生貧賤。身小而手大者,福。身大而手小者,貧。手端厚者,福。手薄削者,貧。手粗硬者,下賤。手細軟者,清貴。手暖香者,清華。手臭汗者,濁下。指纖而長者,聰俊。指短而秃者,愚賤。指柔而密者,積蓄。指硬而疏者,破散。指如春笋者,清華富貴。如鼓槌者,頑愚。如剥葱者,食禄。如竹節者,貧賤。手薄硬如鷄爪足者④,無智而貧。手倔强如蹄者⑤,愚魯而賤。手軟如綿囊者,至富。手皮連如鵝足者,至貧⑥。掌長而厚者,貴。掌短而薄者,賤。掌硬而圓者⑦,愚。掌軟而方者,福。四邊豐起

---

① 節,《墨海金壺》本、《守山閣叢書》本皆作"端"。
② 和,《神相全編》作"利"。
③ 間世,《麻衣相法》作"世間"。
④ 硬,原作"破",據《墨海金壺》本、《守山閣叢書》本改。
⑤ 《守山閣叢書》本"蹄"字前有"豬"字。
⑥ 貧,《神相全編》及《統會諸家相法》作"貴"。
⑦ 硬,原作"破",據《守山閣叢書》本改。

而中凹者①,富。四畔薄弱而中凸者,財散。掌潤澤者,富。掌乾枯者,貧。掌紅如噀血者,榮貴。黃如拂土者,至貧。青色者,貧苦。白色者,賤。如掌中心生黑痣子,智而富。掌中四散多橫理者,愚而貧也。

相掌紋②

一井二井,錢財萬頃。橫紋過指最爲强,壽限無過得久長。若得掌中生十字,一生富貴坐高堂。手背紋多,作事蹉跎,成敗幾次,方得成和。一紋華蓋,二紋破財,三紋多成多敗,剋妻。若說華蓋紋,初主不安寧。交入中限後,末主事方成。又云:手之有紋者,亦象木之有理。木之紋理美,爲奇材。手之有美紋者,乃爲貴質也。故手掌不可無紋。有紋者,上相。無紋者,下賤。紋深而細者,吉。紋粗而淺者,賤。掌上三紋,上畫應天,象君象父,定其貴賤。中畫應人,象賢象愚,辯其貧富。下畫應地,象臣象母,主其壽夭。三紋瑩净,紋無破者,福禄之相也。縱理多者,性亂而災。橫理多者,性急而賤。豎理直上貫指者,百謀皆遂。亂理散出指縫者,事事破散。紋細如亂絲者,聰明美禄。紋粗如橫木者,愚魯濁賤。紋如亂挫音剉。者,一世貧苦。紋如撒糠者,一世快樂。有穿錢紋、辨錢紋者,主進資財。有端笏紋、插笏紋者,文官朝列。十指上紋如旋螺者,榮貴。傍瀉如筹筐者,破散。

---

① 豐,原作"濃",據《墨海金壺》本、《守山閣叢書》本改。
② 紋,原作"文",據下文改。

十指上横紋三鈎者①,貴,多有奴婢②。十指上紋有一鈎者③,賤被驅使。有逸紋者④,將相。有血紋者,無印。有偃月紋、車輪紋者,吉慶。有陰隲文、延壽紋者,福。有印紋者,貴。田紋,富。井紋,貴。十字者,禄。有策紋上貫指,名光萬國。有按劍紋而加權印者,領軍四海。有法關紋者⑤,凶災,逆而妨害。有夜叉紋者,下賤而愈窮。大凡紋雜,主大好,而或叉破者,皆爲缺陷無成之相矣。

手背紋

手背之紋,其驗尚矣,故有五和之理。五者皆近指上兩節者,謂之龍紋⑥,主天子之師,下節一爲公侯,中節一爲使相。無名指有者,主卿監。小指有,主朝郎。大指有,主巨富。手背五指皆横文旋者,主封侯王。立理貫者,主拜將相。手背食指之本,亦謂之明堂,有異紋黑痣子,主才藝高貴。若成飛禽字體者,又爲清顯之貴。大指本有横紋者,謂之空谷紋,主寬裕,無所不納,主大富。若有繞腕紋周旋不斷者,謂之玉釧紋,主人敬愛。一紋二紋者,主朝帝之榮。三紋以上者,主翰苑之貴。男女皆同⑦。其紋須得周匝。若或斷者絕者,取證無驗矣。

---

① 鈎,原作"約",據《神相全編》及《統會諸家相法》改。
② 多有奴婢,原作"破爲奴婢",據《墨海金壺》本、《守山閣叢書》本改。
③ 有,《守山閣叢書》本作"横"。
④ 逸,《神相全編》及《統會諸家相法》皆作"龜"。
⑤ 法,《神相全編》及《統會諸家相法》皆作"結"。
⑥ 龍,原作"就",據《墨海金壺》本、《守山閣叢書》本改。
⑦ 同,原作"問",據《墨海金壺》本、《守山閣叢書》本改。

爪部

爪之爲相亦可擇其美惡，見其賢愚也。尖而長者，聰明。堅而厚者，壽。禿而粗者，愚鈍。缺而落者，病弱。色紅而瑩者，主貴。色黃而薄者，主賤。色青瑩者，忠良之性。色白淨者，閑逸之情。如桐葉者，榮華。如半月者，快樂。如甌瓦者，伎巧。如板瓦者，淳重。如尖鋒者，聰俊。如皺石者，愚下。

論足

上載一身，下運百體，一爲身之良馬，一爲地之體象，故雖居其至下，而其功至大，是可別其妍醜，而審其貴賤也。欲平而厚，正而長，膩而軟，乃富貴之相也。不可側而薄，橫而短，粗而硬①，乃貧賤之質也。足下無紋理者，下賤。足下有黑痣者，二千石禄。雖大而薄者，賤。雖厚而拘者，貧賤。脚下城跟者，分及子孫②。脚下旋紋者，名譽千里。脚下薄如板者，貧愚。脚下凹容魚者，富貴。足纖長者，忠良之貴。足指齊端者，豪選之賢。足厚四寸者，巨榮及富③。足排三德者④，兩省之權。大體貴人之足小而厚，賤人之足薄而大焉。足下細軟而多紋者，貴相也。粗硬而無紋者⑤，貧賤。足下有龜紋者，二千石禄。足下有禽紋者，八

---

① 粗而硬，原無此三字，據《墨海金壺》本、《守山閣叢書》本補。
② 分，《墨海金壺》本、《守山閣叢書》本皆作“福”。
③ 及，《墨海金壺》本、《守山閣叢書》本皆作“極”。
④ 德，《麻衣相法》及《統會諸家相法》皆作“痣”。
⑤ 硬，原作“破”，據《守山閣叢書》本改。

位之職。足下五指有五策紋者，平生賢哲。足下有井紋者，升朝之官。足下有錦繡紋者，食禄萬鍾。足下有紋如花樹者，横財無數。足下有紋如剪刀者，藏鏹巨萬。足下有紋如人形者，貴壓千官。有三策紋者，福而禄。有八螺紋者①，富而貴。兩小指無，則是貧也。兩小指皆有，謂之十螺紋，主性節吝。十指皆無螺紋者，多破散矣。

---

① 八，原無，據《墨海金壺》本、《守山閣叢書》本補。

太清神鑑卷六

黑痣部

　　夫黑痣者，若山之生林木，地之出堆阜。山有美質，則生善木，以顯其秀。地積污土，則長惡阜，以文其濁。是以萬物之理，無所不然。故人之有美質也，則生奇痣，以新其貴。生有濁質，則生惡痣，以表其賤。故漢高祖左股有七十二黑子，則見帝王之瑞相也。凡黑痣生於顯處者，多凶。生於隱處之中者，多吉。故生於面上者[①]，皆不利也。黑痣其色黑如墨，赤如硃，善也。帶赤色者，主口舌鬥競。帶白色者，主憂刑。帶黃色者，主遺忘失脫。此文理之辨相也。

頭面黑痣

　　生髮中者，主富壽。近上者，尤猛貴。額上有七星黑者，主大貴。天中，主妨父。天庭，主妨母。司空，妨父母。印堂心，主貴。兩耳輪上，主富[②]。耳內，主壽。頤上[③]，主財。眼胘上，主作賊。山根上，主剋害。山根下，主兵死。鼻側，主病苦死。目上，

---

①　於，原無，據《守山閣叢書》本補。
②　富，《神相全編》作“慧”，義長。
③　頤上，《神相全編》作“耳珠”。

窮困多。眉中，主富貴①。唇上②，主吉利。鼻頭，主妨害刀厄。鼻梁，主蹇滯。人中，主求婦易。口側，聚財難。口中，主酒食。舌上，主虛言。唇下，主破財。口角，主失職。承漿，主醉死。左廂，主橫死。高廣，主親妨剋③。陽尺，主客死。輔角，主兵死。邊地，主外死。輔角④，主貧下。山林，主蟲傷。虎角，主軍亡⑤。劫門，主弓箭死。青路，主客道死。太陽，主大婦吉⑥。魚尾，主井亡。姦門，主刀殺。天井，主水厄。玄中⑦，主清慎。夫坐，主喪夫。妻坐，主喪妻⑧。長男，主剋長子。中男，主剋中兒。次男，主剋次兒。金匱，主破散。書上⑨，主無職。學堂，主無學。命門，主火厄。僕使，主爲賤。嬰門，主飢寒。小吏，主貧薄。中堂⑩，主剋妻。外宅，主無屋。奴婢，主妨奴。坑塹，主落崖。陂池，主溺水。匱上⑪，主客亡⑫。三陽，主縊死⑬。盜部，主奸竊。兩厨，主乏食。祖宅，主移屋。大海，主水厄。年上，主貧困。地閣⑭，主少田宅。牢獄，主刑厄之災也。

---

① 貴，《墨海金壺》本、《守山閣叢書》本皆作“壽”。
② 唇上，《神相全編》作“眼上”，義長。
③ 主，原作“二”，據《墨海金壺》本、《守山閣叢書》本改。
④ 輔，原作“轉”，據《神相全編》改。
⑤ 亡，原作“門”，據《神相全編》改。
⑥ 《守山閣叢書》本無“大”字。
⑦ 玄，《神相全編》作“林”。
⑧ “夫坐”至“喪妻”，原作“夫坐，主喪妻”，據《神相全編》補。
⑨ 書上，《神相全編》作“上墓”。
⑩ 中，《神相全編》作“支”，《統會諸家相法》作“妓”。
⑪ 匱上，《神相全編》作“下墓”。
⑫ 客，《神相全編》作“剋”。
⑬ 縊死，《神相全編》作“謀人”。
⑭ 閣，《守山閣叢書》本作“角”。

手足黑痣

兩肘内近上，謂之厄門，主病厄。兩肘近下，謂原缺壁，主富貴。兩肘後，主富財。兩肘頭，主災厄。兩臂肘屈交中謂之後收，近腕謂之前收，主伎巧。兩肘外謂之城社，主貴。兩腋下謂之金匱，主富。兩腋畔謂之絲堂，主蠶桑。兩曲池穴外謂之神亭①，主邪妄。曲池穴裏大骨上謂之盜部，主被盜。兩臂外謂之厄門，主刀傷。兩掌中，主富貴。兩手皆主才巧。兩腿之上謂之福府，主驅使奴婢。兩腿後謂之得庭，主福德旺相。兩曲膝後謂之財苑，主牛馬六畜。兩胯骨上下謂之有威勢②。兩膝上謂之玉府，主蓄財帛。兩臁刃骨上謂之勞源，主奔波勞苦。兩腳底謂之寶藏，主封侯伯。足指間謂之外庫，主多僕相也。

身體上下黑痣

兩乳上謂之左右倉，主積財穀。兩乳中謂之男女宮，主宜男女。兩乳下謂之左右庫，主積金帛。兩乳間當心者，謂之福苑，主壽而樂。臍中謂之龍關，主福智，生貴子。臍下兩傍謂之左荒右野，主貴而樂。腹橫紋兩傍謂之逸堂，主性閑雅，富貴快樂。咽喉下近上者，謂之天柱，主得人提攜。近下者，主傷死。項上謂之勢源，主有威權之吉。腦後骨上謂之壽堂，主多壽考。腰當

---

① 亭，《守山閣叢書》本作"庭"。
② 《墨海金壺》本、《守山閣叢書》本"之"字後有"□□"二字。

中心謂之四大海，主守官邊庭，不返而死。兩臂辨者，主有財穀。

男兒貴格

眼勢入天倉，眉清復更長[①]。準圓年壽起，法令貫頤堂。兩眉過耳聳，脣丹口四方。承漿朝地角，色正見神光。起背如披甲，眉清額又方。官高名四海，萬古播忠良。

又云：眉爲華蓋眼爲星，華蓋高兮眼貴明。地勢朝天乘步穩，必當年少作公卿。

兩府格

額闊而平，天庭不陷，鼻隆而直，地濶不尖，瘦人有肩背，肥人神愈清，邊廣地廣，龍骨與虎骨相成，肉光滑，眉秀輕，準完滿，蘭臺廷尉分明，耳貼肉而生，分明爲五嶽朝正，口傍有肉起，不論肥瘦，天倉不陷，骨隆而肉稱，色正而光。聲不論大小，清圓不破。肩隆有背有胸，上長下短，手足龍虎相吞。目不論大小，神藏不露，眼囊大而藏睛，神貴不亂[②]，厚而不俗，坐穩行輕，此乃兩府格也。

兩制格

瘦人額廣，肥人額平，色正肉滑，髮細鬢清，目藏神而遠，天

---

① 復，《墨海金壺》本、《守山閣叢書》本皆作“目”。
② 貴，原作“而”，據《墨海金壺》本、《守山閣叢書》本改。

倉不陷,鼻隆而直,地角不尖,瘦人肩背厚,肥人神愈清,邊廣地廣,龍骨與虎骨相成,君臣相稱,耳聳金匱平,眉輕清秀,色正而明。

正郎格

瘦人色正,肥人不俗,精神隱藏,鼻直口方,肩背豐隆,瘦人肩背不寒,肥人骨肉相稱,舉止自重。

員郎格

面目神藏而遠,額方骨聳,金匱方平,瘦人肩背不寒,肥人骨肉相稱,舉止貴氣自重。

男豪富

耳聳大兼長,眉疏口四方。背隆如負物,胸起似昂藏。鼻直兼圓準,色老輔神光。三陽成不陷,顴骨插天倉。手足如綿軟,雙縧壽帶長。不唯身主富,更定子孫昌。

長壽禄

耳聳勢兼長,眉清口四方。額方分日月,眼不露神光。鼻直兼圓準，頤方法令長。腦圓成玉枕，地閣輔承漿。牛項兼鶴目[1]，肩隆井竈藏。骨剛過上壽，清德壽無疆。

夭壽

眉促又相連，唇輕額又尖。鼻低橫有骨，頭細却無肩。眼露還無壽，形寒不老年。額虧邊地窄，輪反耳朝前[2]。色嫩兼生火，聲焦命豈延。眼光浮泛露，三十入黃泉。

先賤後貴

額小初年滯，神清色且牢。氣寒神自遠，勢怯却威高[3]。廣顙終成器，頤完禄位高。色黃雖未發，五嶽已相朝。莫道多迍滯，逢時自發苗。不唯官禄位，財帛自相招。

先富後貧

額廣榮初主，神清色不牢。鼻高無臉骨，肉薄却聲焦。掌厚還筋露，臍深耳不朝。背雖如負物，胸薄不生毫。色嫩初主好，中年禍必招。君看今已富，終主自蕭條。

---

[1] 鶴，原作“觀”，據《墨海金壺》本、《守山閣叢書》本改。

[2] 反，原作“返”，據《墨海金壺》本、《守山閣叢書》本改。

[3] 却威高，《墨海金壺》本、《守山閣叢書》本皆作“意偏豪”。

四相不露

眼睛露，黑白分明不爲露。鼻露竅，山根正不爲露。口露齒，脣不褰不爲露。耳反輪，貼肉生不爲露。又云：一露二露，有褌無褲。露齒結喉，身不自由。鷺鷥類鶴，終是不足。更看骨法形氣決之。餘與前同。

三停

上停長者大吉昌，中停長者近君王。下停長者皆庸俗，遠走他方主不良。又云：身三停相稱，及上下勻調①，則爲富貴之人也。上長下短，背聳三山，則爲公卿之位。上短下長，腰身怯薄，一生奔走，貧苦之輩矣。

五大

五大之形：一頭大，二眼大，三腹大，四耳大，五口大。五大者，須得生成無缺陷，則主富貴矣②。或頭大而無角，眼大而昏濁，腹大而不圓垂，耳大而無輪廓，口大而脣薄，則反主貧賤也。

---

① 調，原作"稠"，據《墨海金壺》本、《守山閣叢書》本改。
② 貴，《墨海金壺》本、《守山閣叢書》本皆作"壽"。

八大

八大者，眼雖大，昏且濁。鼻雖大，梁柱弱。口雖大，兩垂角。耳雖大，門孔薄。頭雖大，無骨著。聲雖大，宮商虧①。面雖大，薄却皮。身雖大，停不齊。已上八者，如不相應者，反爲貧賤人也。

五小

五小之形，一頭小，二眼小，三腹小，四耳小，五口小。若五者，端正無缺陷而俱小者，乃貴相也。其或三四小而一二大者，則主應貧賤。若夫頭小而有角，眼小而清秀，腹小而圓垂，耳小而輪廓成，口小而唇齒正，則反貴人也。

八小

眼雖小，秀且長。鼻雖小，梁柱直。口雖小，棱且方。耳雖小，堅且圓。頰雖小②，平且正。聲雖小，宮且商。面雖小，清且朗③。身雖小，正且齊。已上八者，有如相應端美者，反爲富貴之人也。

---

① 宮商虧，《神相全編》作"破且悲"。
② 頰，《墨海金壺》本、《守山閣叢書》本皆作"頭"。
③ 朗，《墨海金壺》本、《守山閣叢書》本皆作"朝"。

六賤

六賤者，額角缺陷，天中薄下爲一賤。背胸俱薄爲二賤。音聲雌散爲三賤[1]。耳目斜視爲四賤。鼻曲低塌爲五賤。目無光彩爲六賤。有此六賤者，主爲供役也。

六極

六極者，身大頭小爲一極，男主妨婦，女主妨夫。額狹面小爲二極，不得父母之力。目小爲三極，主無見識，又主不得朋友力。耳小爲四極，主壽命短促。鼻小爲五極，主無爵祿，有官亦多失位。口小爲六極，主飢寒。犯此六極者，乃寒賤之人也。

六惡

六惡者，一曰羊睛直視，主性不仁，常懷毒害。二曰唇不掩齒，主性不和，難共交往。三曰結喉，主妨妻殺子，多招災厄。四曰頭小，主貧而夭。五曰三停不正，主貧而賤。六曰定立如走，主奔波寒苦。有此六惡，不可與同處矣。

---

① 雌，《神相全編》作“雄”。

男剋子孫

兩眼如離舍，唇褰鼻準尖，髮粗眉又重，骨弱下垂肩，卓立如寒勢，頭低步縱前，三陽低小小，妻室愈難全，色嫩多財破，聲雌没穀田，六親難偶合，晚歲定孤眠。

相無兄弟

耳反家門破，頤尖兄弟孤。假饒三兩個，譬似不如無。

孤獨無妻

人生孤獨相何如[①]？骨頰高分氣不和。更兼魚尾枯無肉，妻子宮中似有磨。

帶殺格

兩眼如狼目，眉昂勢似侵，神凶兼外射，笑語却生嗔，舉止如鷹坐，戈鉞生掌紋，色輕兼帶火，聲大返雌音，鼻準尖無信，斜窺定有刑，須知三角眼，法死不須論。

---

① 相，原作"爲"，據《墨海金壺》本、《守山閣叢書》本改。

辨美惡有二十

頭雖圓,折腰肢。額雖廣,尖却頤。骨雖峻,皮却粗。鼻雖厚,柱梁低。髮雖黑,粗且濃。眼雖長,眉且蹙。背雖隆,手如枝。胸雖潤,背成坑。舌雖紅,口吹火。唇雖方,齒不齊。腰雖厚,行如馳。腳雖厚,粗無紋。身雖大,聲音細。面雖白,身粗黑。肉雖豐,喉却結[①]。面雖短,眼却長。氣雖清,行步敧。語雖和,神似癡。色雖明,視東西。坐雖正,食淋漓。行止二十種,皆有折除,惡善相雜。若此相者[②],或富則夭,或貧則壽,或貴則貧,或先富後貧,或先貴後賤,宜精察而裁之。

女子相

一陰一陽,其道不可亂。一剛一柔,其道不可易。確然處乎上者,天也。隤然處乎下者,地也。天以剛健為道,地以柔和為德,是天地之常儀,乾坤之大理也。且人之生也[③],稟陰稟陽,分柔分剛。男資純陽之質也,故其體剛而用健。女受純陰之形也,故其體柔而用弱。若夫男子者,形反柔而懦,性反雌而弱。女人者,形反剛而勇,性反雄而暴,皆非得中正和平之美,是得差忒鬱勃之氣也。故女體性柔和,儀貌秀媚者,富貴貞潔之良。心性剛暴,形質雄惡者,貧賤凶災之兆也。略舉此,見女人之大概也。

---

① 喉却結,原作"結却喉",據文意改。

② 此,原作"失",據《神相全編》改。

③ 之,原無,據《墨海金壺》本、守山閣本補。

女人九善

頭圓額平爲一善。骨細肉滑爲二善。髮黑脣紅爲三善。眼大眉秀爲四善。指纖掌軟，紋如亂絲爲五善。語聲小圓，清如流泉爲六善。笑不見睛，口不露齒爲七善。行步詳緩，坐卧端雅爲八善。神氣清媚，皮膚香潔爲九善。女人有此九善，爲邑封之貴也。

女人九惡

蠅面爲一惡，主妨夫。結喉爲二惡，主招橫禍。蓬頭爲三惡，主下賤。蛇行雀步爲四惡，主貧賤。眉逆而交爲五惡，主窮下妨剋。鼻上生勾紋爲六惡，主妨剋招厄。目露四白爲七惡，主毒害凶狡。雄聲爲八惡，主剛暴再嫁。旋毛生鬢爲九惡，主頑賤剋子。女人有此九惡，不可同居矣。

女人賢貴部

龍角纖纖細起，直入髮際者，后妃。天中、印堂有肉環者，后妃。微者，夫人。伏犀隱隱而起者，郡主。牛角①、虎角、輔角隱隱皆起，涉入額者②，並主將帥夫人。頭圓項短者，主富。額平而

---

① 牛角，《墨海金壺》本、《守山閣叢書》本皆作“龍角”。
② 入，原作“人”，據《墨海金壺》本、《守山閣叢書》本改。

方者，主貴。眉長而秀者，賢婦。眼秀而清者，貴閤。鼻直如削者，貴而多壽。眉分八字者，性和而福。口細有棱者，令婦。舌如蓮花者，淑質。脣如朱砂者，令妻。齒如石榴者，命婦。人中深又直者，多子。目下潤澤者①，宜兒。耳紅而圓者，貴婦。耳成輪廓者，賢富。左耳厚者，先生男。右耳厚者，先生女。脣多紋理者，多子。頤生重頷者，富豪。髮青黑如細絲者，貴婦。掌紅如綿者，邑封。骨細而肉膩者，貴質。肉潔體香者，令相。性緩氣柔者，福壽。神靜色安者，貞潔。笑而閉目者，和美。行而詳緩者，淑麗。掌中、足底生黑痣者，貴而益夫。腋下乳間生旋毛者，善生貴子矣。

女人賤惡部

頭尖者，下賤。額狹者，貧厄。額角有旋毛者，再嫁惡死。額狹而髮垂者，貧窮災禍。髮捲攣及赤黃者，窮下。鬢蓬枯燥而粗硬者，厄惡。眉粗濃而逆生者，妨夫產厄。眉薄散而頭交者，重嫁害子。目露而白者，妨夫。目深而偷視者，奸私剋害。目下有壅肉者，死厄剋兒。赤縷貫睛者，產難。目生三角者，凶惡。目大而平滿者，淫邪。瞻視不正，瞳子橫者，外情。鼻陷孔露者，貧下剋夫。鼻尖曲者，狠毒貧賤。人中平狹者，無子。兩頭頰高危者，凶暴。口如吹火，孤孀。口如一撮者，貧賤。口大而綽者，窮當三嫁。口薄而尖者，心懷毀謗。脣薄如一字者，下賤毒性。脣起如龍嘴者，剋夫惡死。脣褰齒露者，妨害壽夭。脣青舌黑

---

① 者，原無，據《墨海金壺》本、《守山閣叢書》本補。

者，淫穢下賤。耳反而垂者，妨夫害子。目小鴛黑者，命短窮困。面橫生拳骨者，不良害夫。蠅生麻點者，孤窮剋子。面凸而額窄者①，貧下。頦尖而鼻綽者②，賤苦。項薄似馬面者，妨夫。項長結喉者，自害。手短而指禿者，下賤貧苦。足潤而脚薄者，窮寒奔波。徧體生粗毛者，性頑孤寡。兩腋下生硬毫者，身賤而下。肉粗骨硬者，一生寒賤。皮薄而氣臭者，百年窮苦。聲雄而大者，妨夫不良。聲小而破者，無財多破也。掩口笑者，外情。搖膝坐者，偷濫。乳頭小狹者，無子無財。乳頭小白者，絕子絕貴。胸高臀凸者，一生爲婢。腰折而項瘦者，百年孤苦。行如馬奔者，妨夫下賤。行如馬跳者，奔波窮類。色赤而燥者③，性暴妨害。氣濁而神昏者，主多災死④。目下有羅紋者，殺夫害子。目下有立理者，孤孀無嗣。額多橫文者，貧苦妨害。臂有橫紋理者⑤，少寡無子。目上斜交者⑥，嫁必私逃。井竈有紋者，娶必害夫。有鈎理者，淫盜妨夫。有立理者，惡死。人中有橫紋者，害殺夫十餘。女人之相與男無遠，更以前諸男子相一一推之，貴賤吉凶可自明矣。

女富貴

　　鼻直如懸膽，脣方口似胚，眉疏并眼秀，齒白更方頤，耳聳垂

---

① 凸，《墨海金壺》本、《守山閣叢書》本皆作"凹"。
② 頦，《墨海金壺》本、《守山閣叢書》本皆作"額"。
③ 色，《墨海金壺》本、《守山閣叢書》本皆作"頰"。
④ 死，《墨海金壺》本、《守山閣叢書》本皆作"厄"。
⑤ 有，原作"如"，據《墨海金壺》本、《守山閣叢書》本改。
⑥ 交，《墨海金壺》本、《守山閣叢書》本皆作"紋"。

珠軟,神和色又怡,額方分日月,體白潤香肌,坐穩如山立,神嚴貌不卑①,莫言當自貴,更主子孫奇。

女貧賤

額窄又高眉,唇掀口不齊,面輕身鐵硬,體薄更無威,耳小垂珠淺,鬢毛鼻骨低,哭形須再嫁,鬼臉定無兒,淫光生眼角,嫉妒更姦欺,莫言今受困,晚歲更羈恓。

婦人孤獨

婦人眼下肉常無,不殺三夫殺兩夫。見人掩口笑不斷,愛逐行人半夜逋。

---

① 貌不卑,原作"不去卑",據《墨海金壺》本、《守山閣叢書》本改。

人倫大統賦

張行簡　撰著

牟　玄　點校

【題解】

《四庫全書總目》云："《人倫大統賦》一卷，金張行簡撰。行簡字敬甫，莒州日照人。禮部侍郎暐之子，大定十九年進士。累官禮部尚書、翰林學士、承旨太子太傅，贈銀青榮禄大夫，謚文正，事迹具《金史》本傳。行簡世爲禮官，於天文術數之學皆所究心。史稱其《文章》十五卷、《禮例纂》一百二十卷，會同、朝獻、禘祫、喪葬皆有記録，及清臺皇華戒嚴，爲善自公等記藏於家，而獨不載是書之目。黄虞稷《千頃堂書目》有《人倫大統賦》一册，亦不著撰人姓名。惟《永樂大典》所録皆題行簡所撰，且有薛延年字壽之者爲之註。序末稱皇慶二年，皇慶乃元仁宗年號，與金時代相接，所言當必不誤。蓋本傳偶然脱漏也。其書專言相法，詞義頗爲明簡。延年序謂提綱挈領，不三二千言囊括相術殆盡，條目疏暢而有節，良非虛譽。惟意欲自神其術，中間不無語涉虛誇，此亦五行家附會之常，不足爲病。至延年之註雖推闡詳盡，而於不待註而明者亦復概行贅入，冗蔓過甚，轉不免失之淺陋耳。原本卷帙無多，而檢勘首尾完具，當爲足本。金源著述傳世者稀，今特加釐訂，著之於録。庶考術數者尚得以窺見崖略云。"

《四庫全書總目》以其註文爲"冗蔓過甚，轉不免失之淺陋耳"。雖然如此，審其註文亦自有可取之處，概其引書頗多，且皆大段抄入，原書今多亡佚，唯賴此註文得以窺見大概。又所引諸書之存者，亦頗有不載此書之引文者，蓋今傳本不全，而此書亦可補今本之不足。註者所註之相術，亦有於他書不同者，如《太清神鑑》、《神相全編》、《麻衣相法》等書皆以眉爲保壽官，而是註獨以人中爲保壽官。則其於相法異説之保存亦頗有功，不當因其淺陋而遂棄之。

　　此書一卷，見録於清萬斯同《明史·藝文志》子部五行類、《清史·藝文志》子部術數類相書命書之屬、《八千卷樓書目》子部術數類命書相書之屬、《葉氏觀古堂藏書目》子部術數家類、《皕宋樓藏書志》子部術數類相命書之屬，《補元史藝文志》子部五行類亦録有是書。《愛日精廬藏書簡目》云：此書乃“金張行簡抄，元薛延年註”，《邵亭知見傳本書録》子部術數類命書相書之屬記有此書抄本一卷，又云：“收元刊本有圖，爲大典本所無。”葉德輝曾見到此書元皇慶二年刻本，云：“金張行簡《人倫大統賦》一卷，獨山莫氏銅井文房藏，元皇慶二年刻本，大題‘新刊相法《人倫大統賦解》’，次行‘金禮部尚書張行簡撰’，三行‘前王府文學薛延年壽之序’，蓋即刻於是年。每半葉十行，每行大小十八字，小字雙行①。版心上下黑口前有頭部《面背圖》八，末有《氣形圖》二十四，分‘喜應’、‘憂應’日期，‘喜憂’二字黑地白書，圖刻皆極精細。《四庫全書總目提要》子部術數類著録，乃館臣從《永樂大典》輯出，不列諸圖。光緒丁丑，歸安陸心源《十萬卷樓叢書》中刻者亦據《四庫》本翻印，非原本也。形法之書，全恃圖像爲證。有圖無説，固不免索解茫然；有説無圖，亦不能使讀者心目俱快。是本影寫一仍其舊，末四葉爛損小半，以《大典》本補之，尚能符合。惜陸氏刻此書時不獲一見也。”（《湖南近現代藏书家题跋选》，嶽麓書社二〇一一年版，頁三二二）蓋即莫氏所收

---

　　① 《藏園訂補邵亭知見傳本書目》子部術數類命書相書之屬云：“壬子三月於莫棠處見此刊本，九行十八字”（第二册，頁二七），二氏所見當爲同一本，不知爲何所記行數不同，蓋有一誤記。

之元刊本。

《增訂四庫簡明目録標註》記有下列版本：莫郘亭藏元刊本，有圖；影鈔元本；八千卷樓鈔本；《十萬卷樓叢書》本，兩卷；《益雅堂叢書》本。《益雅堂叢書》一名《玲瓏山館叢書》。除四庫本及上所列版本，今可見者復有：《神相全編》輯入本、《太乙照神經》輯入本、《統會諸家相法》輯入本、覆十萬卷樓本之《叢書集成》初編本。另杭州大學圖書館藏有清同治六年（1867）排印本。此次校勘以《四庫全書》本爲底本，參校以《十萬卷樓叢書》本、《益雅堂叢書》本、《神相全編》輯入本、《太乙照神經》輯入本、《統會諸家相法》輯入本等。

原序

　　夫閱人之道，氣色難辨，骨法易明。骨法者，四體之幹，有形象列部分，一成而不可變。欲識貴賤貧富，賢愚壽夭，章章可驗矣。至於氣色，通於五臟之分，心爲身之君，志爲氣之帥。心志有動，氣必從，氣從則神知，神知則色見，如蜂排沫，蠶吐絲，隱現無常。欲別旺相，定休咎於氣色則見矣，非老於是者，不能若精是術，必究是書。是書蔓延於世甚夥，苟不抉擇而欲遍覽，猶入海算沙，成功幾日。善乎！金尚書張行簡《人倫大統賦》與，芟諸家之冗繁，撮百世之機要。提綱挈領，不三二千言囊括相術殆盡。條目疏暢而有節，文辭華麗而中理，其心亦勤矣。是以初入其門者，未免鑽仰之勞。僕觸僭竊之非，以跂聞管見附註音釋其下，仍括諸家之善以解之，目之曰音註集解，庶使學者有所依藉。然而知面之部分，莫知適從，亦徒勞耳。面圖世傳者多，指龜爲鱉。近獲郃陽簿李庭玉所圖面部凡六，其部分行運、氣色、骨法、紋痣至真且悉，其義愈明而意愈彰，可爲發蹤指示之標的也，故弁諸賦首，庶學者披圖按賦，相爲表裏，決人凶吉如示諸掌，可謂胸中天眼不枯矣，豈無補哉！雖然獲兔魚必由筌蹄能樂_{五教切}。學必興其藝，有心於是，而欲齊唐舉之肩，接許負之踵，諒亦不能不自此始爾。皇慶二年蒼龍癸丑端陽日秋潭薛_{延年}壽之序。

卷上

　　貴尊也，有爵位也。賤卑也，無爵位也。定於骨法，凡人之稟氣結胎，賢愚貴賤，修短吉凶皆定於骨法也。骨爲君，肉爲臣。骨肉欲其相輔爲貴。骨露肉薄者，主於下賤。故貧賤富貴以氣稟所致，則鬼神不能移，聖賢莫能易也。宋齊丘《玉管照神》云：骨節象金石，欲峻不欲橫，欲圓不欲粗。肥者不欲帶肉，瘦者不欲露骨，骨與肉相稱，氣與色相和者，福相也。骨寒而縮，不夭則貧。日角之左，月角之右，有骨起者，名金城骨，位至公卿。印堂有骨上至天庭，名天柱骨，從天庭貫頂，名伏犀骨，皆至三公。雖有其骨，亦要形色相稱，及諸位相配，不然則雖福壽而不貴。顴骨相連入耳，名玉梁骨，主壽考。自臂至肘，名龍骨，象君，欲長而大。自肘至腕名虎骨，象臣，欲短而細。大凡骨欲峻而舒，圓而堅，直而應節，緊而不粗，皆堅實之相也。《清鑑》云：須知顴骨有四般，入耳無過壽數寬。插向天倉須兩府，入鬢監司兼守土。《造神錄》云：鼻聳顴豐正面成。言其顴豐者，有正面也。《通仙語》云：顴骨成峰玉枕高，必作廟堂賢輔弼。成和子云：禄骨雖起而不聳，正面雖開而無肉，故爲碌碌仕宦。或眉疏，或眼秀，氣稍清，則爲士。或皮粗骨重，氣濁則爲農。或骨巧而肉薄，則爲工。或骨粗肉厚，則爲商。骨氣渾厚，精神閑暇者，多歡樂。骨秀肉薄，精神露見者，多憂惱。面黑身白，一貴。面粗身細，二貴。脚短手長，三貴。身小聲大，四貴。龍來吞虎，五貴。面短眼長，六貴。不臭而香，七貴。肉角出頂，八貴。背如龜樣，九貴。獨坐如山，十貴。反此爲十賤。夫賤骨，頂骨尖，山根斷，梁節骨橫起，準頭尖，無神，無色，無聲者，極賤。《月波洞》云：玉枕兩耳上下爲百會，耳前爲額，耳後爲腦，腦前爲星堂，腦後爲玉枕。其骨有二十一般，皆公侯富貴之相也。今具骨法圖其象於後。〇車軸枕。《靈臺秘語》云：主初困，中榮，老弱。⌣仰月枕，主性剛貴。⌢覆月枕，主性和柔謹慎，少決斷。⺆⺆背月枕、冂方枕骨，主少貴。⊏一字枕，主誠信，貴，性剛。十字枕，主性多急，有口無心，貴而不定。回環枕，又名車輻枕，父祖子皆貴。左撇枕、右撇枕，主壽，得祖業，少貴。三關枕，主一門有數貴。鷄子枕，主性焦烈，多自是。山山字枕，主誠信，性剛，又名橫山一字枕。ᴗᴗ連枕，又名列環枕，與玉堂相侵，主貴壽，性不常。品字枕，主文秀才俊，名高自貴。懸針枕、垂針枕，又有王枕，主壽。酒樽枕，主近貴，有禄無官。丁字枕，主性寬，近貴。腰皷枕，主小貴，無定，多成敗，反覆。如珠枕，主近貴而不實。上字枕，志高膽大，成敗，小貴。《經》曰：凡人有玉枕者，皆貴相。如僧道之人，雖不貴，有此玉枕者，皆主壽命長遠。凡人玉枕但稍有骨微起者，皆主禄壽。平仄無者，禄壽難逢。婦人有者，皆主貴。《靈臺秘語》云：初限頭有貴骨一十三：華蓋骨，主清貴，敬神鬼，奉僧道。鳳池骨，主文章，性溫潤。連峰骨，主貴。衡山骨，主近貴清閒，多僧道僮僕，立小名。透頂骨，主貴而不定。左旋角骨，主文中顯貴。右旋角骨，主武中成名。兩百會骨，主食四方遠聚之財。兩虎耳骨，主勇烈。兩玉堂骨，主壽。不宜陷。額有三十二骨，日角主近貴，祖貴①。月角主近貴，母祖貴。伏犀主大貴。父塚主山陵旺，父祖有勢。清凌主名高清閒，多近僧道。方面房心主好文章，多顯耀。内府主財禄，貴顯。兩闕門主決斷，性剛烈。兩九綰主拗強，室迷。兩邊地宜出入遠方。兩山林主塚墓丘陵事。中正主母妻，枝葉祖貴。玉嶺主剛正，孤剋，性決。兩副眉主陰人財，少清貴，名高職小。兩龍角主近貴，仗貴人。龍宮主貴子。兩剛骨主剛，親人不和，不宜高。兩戰堂骨主貴，有武功，性勇。司空宜平，陷露則凶。天中宜高，近貴，祖旺，不宜陷。天庭此部宜高，不宜陷。印堂主印綬，妻子心性之宮，不宜破陷。中限山根骨主婚姻、財帛。兩顴骨主職權。命門骨在前髮後。兩頰骨主邊遠立身，性剛決。兩肩骨主貲財出入。壽骨主壽，宜直不宜陷露。兩命門宜平潤明潤，吉。末限地閣主田宅。兩肩骨主出入生財旺吉。兩虎耳骨在兩耳下，起則主勇，有壽。**憂喜見於形容。**憂喜乃未來之事，人莫能知。憂喜未分，則氣色朝夕發於面部。其吉者，著喜色。凶者，著凶氣。夫氣色者，青憂疑，赤口舌，白哭泣，黑死墓，黃喜慶，故吉凶表於形容。夫氣色之發，微如蠶吐絲，如蜂排沫，非明眼妙視，焉能盡之。若夫所見之地，其應之遲速者，量在相準頭直上及天庭數部之間，乃相人中、地閣之際，與眼之上下眉之左右。凡面上有惡色如垢痕，而生災氣也。如人中準頭上天庭印堂之間，則五日之間須見災也。歌曰：色青屬木切須知，火紫兼紅赤莫疑。金色白兮明有證，土黃水黑自相宜。春要青兮夏要紅，冬看白

---

① 依下文，"祖"字前當有"父"字。

黑喜重重。秋間白色乘時旺，若不相刑見始終。假如春有白色，爲相刑之氣，黃爲返逆，黑爲相生，青爲比和也。夏有黑色，爲相刑之氣，白爲返逆，青爲相生，紅爲比和也。秋有赤色，爲相刑之氣，青爲返逆，黃爲相生，白爲比和也。冬有黃色，爲相刑之氣，赤爲返逆，白爲相生，黑爲比和也。《颿鑑》云：夫憂喜怪異莫不見於氣色，色有大小，應有賒促，隨時變改，其候不一，潤澤或凶，枯燥或吉，隨節爲用，與時消息。氣色之起，發自五臟，朝見於面，暮還於腑。大者如髮，小者如鹽絲。其長者如飛毫，其短者如點粟。或細小者如微塵，或出於毛孔，或見乎脈理。勢有盛衰，形有休咎，當以五行之氣候察之。青色主憂，潤青主重憂，軟青主憂來，散青主憂散。鮮白主哭泣，潤白主大喪，浮白主輕喪，散白主陳喪。黑主兵死，色濃主刑死，色黯黑主重病死，色散主病瘥。赤主驚憂，主有縣官口舌事。潤澤主有牢獄厄，細赤主口舌鞭笞，枯燥赤主家私口舌事。夫色之中，赤色最爲難候。或心熱面赤，肉變而色揚，嗔心卒暴。或俄頃而歇忿，深則經日不消，與夫疾病官事診候爲殊。所以不可備論，唯在意耳。黃主喜慶，潤光主大喜，細小主內喜，枯黃主喜解。夫氣暴見則主事速，出久則應徐。義曰：出久謂漸漸從小而大也。深則應重，浮則事輕，散則聞而不果，所事不成。夫黃氣之初起，如蠶吐絲。欲盛之時，如蠒未繰，或如馬尾。欲去之時，如柳色之花，摶聚斑駁之狀。赤色初起，如火始盛。其盛之時，炎炎如絳繒。欲去之時，如連珠累累，然後去。白色初起，如白塵拂柱。將盛之時，如膩粉所餙，或如白紙之色。欲去之時，如灰垢言淹，爛而軟也。黑色初起，如烏鳥尾。其盛之時，如黑髮得膏。欲去之時，如垢沫。青色初起，如銅青。其盛之時，如草木初生。欲去之時，如碧雲之青，言其霏霏然浮散也。凡氣雖微而鮮澤者，則事之始也。氣盛，則事旺。氣衰，則事休。微若煙曲，減似雲疊，五色並以四時配判之。凡春三月，青色旺，赤色相，白色死，黃色囚，黑色休。夏三月，赤色旺，黃色相，黑色死，白色囚，青色休。秋三月，白色旺，黑色相，青色囚，赤色死，黃色休。冬三月，黑色旺，青色相，黃色死，赤色囚，白色休。義曰：黃色主土也，旺在四季月。又爲胎養之氣，是以黃色多爲喜慶也。春氣欲橫，夏氣欲起，秋氣欲下，冬氣欲藏。此四氣與時乖者，皆凶。猶如時脈也。起者，頭足動也。橫者，直也。下者，低也。其色縱圓，以氣取之。《玉管照神》論形五般帶殺，火氣貫睛，眼帶殺。脈縷如火色，如昏醉，神帶殺。聲如破銅，聲帶殺。好行賊害，性帶殺。肢傷節破，體帶殺。見形帶殺，上下涉惡深者，主凶賊惡死。涉惡淺者，主屯滯。論天羅，滿面黑色四起者，爲死氣天羅，白者爲喪哭天羅，青者憂滯天羅，黃者爲疾病天羅，如脂膏塗抹者，爲酒食天羅。如醉睡未醒者，爲牢獄天羅。眼流而急視者，爲姦淫天羅。色焦如火者，爲破敗天羅。語笑失節者，爲鬼掩天羅。《辨五色所屬歌》曰：春青只向三陽取，夏赤須於印内求。秋白只看年壽上，冬觀學館黑光浮。《占亨達歌》：上陽紅紫，陰位微黃，準頭明静，皆曰壽昌。《占疾訣》：準頭點血，肺病。兩耳煙生，腎病。年上赤色，心病。眼裏色青，肝病。《占喜百一歌》：黃色氣騰騰，朝天禄位榮。如雲生日角，旬日拜公卿。準頭明黃動，榮華是吉昌。進財并進喜，由看旺何方。印上有微黃，天中紫氣光。龍頭横鳳尾，高甲占金章。一點如絲髮，微微在印堂。離明兼有應，名譽滿朝揚。宅喜占墙壁，身榮廕子孫。書來尋驛馬，邊地武功勳。準頭憂色動，縈纏有訟文。氣青尋口角，卒病號亡魂。眼尾青連黑，陰人爲量憂。入斜須見鬼，赤乎定難留。靄靄青漸起，災來在夏秋。忽然歸口角，身患卒難休。白氣騰騰起，中秋乃應時。若纏眉額上，長上見雙悲。憂氣開還合，悲時定有災。若還凝聚久，猶可信徘徊。悔吝悔，恨也。吝，惜也。吝，良刃切。生於動作之始，悔吝者，吉凶未見。人情惟知喜利避害，莫知緣害而見利。《易》曰：吉凶悔吝，生乎動者也。《玉管》論其行坐食卧，貴人之相，行若浮雲，坐如定石，端厚謹言，性情寬逸。張景藏云：獨坐巍巍如定石，官崇位顯子孫榮。《人倫群鑑》云：背後接言身不轉，龍奔虎驟自飄然。魏祖聞司馬宣王有狼顧相，欲驗之，召使前行，復令反顧，面正向後，而身不動。謂太子丕曰：司馬懿非人臣也。後成晉業。《心鏡》云：虎驟龍驤，位至公王。鵝鴨之步，家累金玉。又云：牛嚼羊吞禄自豐。合口細嚼如牛之飼，端詳遲細，禄豐之象。眉疏有彩目藏神，虎踞龍蟠息不聞。夫人之坐卧，如虎之踞，身不動而息不聞，此貴壽之相。賤鄙之相，飲食淋瀝，起坐多欹，睡中多語，身如仰屍，氣粗頻轉，未嘗安席，言未及出，涎已先墜，掉頭摇臂，嗟嘆頻作，蜂腰速步，氣短聲乾。故白雲子云：蜂腰速步肩寒，如風雨投林之鶴。又云：聲乾無財，聲輕無權，聲焦細寒衣薄。食即準頭汗出，行步脚根不至地，行如馬驟頭先去者，皆非善相也。鼻長慳吝，胸濶貪婪。膝摇身動者，薄劣之人也。其貌不恭，其體不謹，巧笑倩兮，美目盼兮，不在於行可謂。《諂媚歌》曰：引臂如蛇行，低頭作女聲。不惟多詐僞，仍乃無人情。胸中不正，觀其眸子。形外漏邪心内隱，不正之人也。卧欲安静恬然不動者，福壽。反此者，不令。飲食失節，性暴不和。飲食詳緩者，福壽也。歌曰：不言不語心機重，發語無私正直人。最怕哭來嗔怒責，口脣尖薄是非真。成敗在乎決斷之中。成敗者，得失之本也。人之所謀當剛斷而不可狐疑。古人云：當斷不斷，反招乎亂。故舉動所謀，能決則必成，稍疑則事亂。唐舉相蔡澤之惑，鄭人視孔子不明，蓋二人法術淺薄。故曰：閱人先欲看三停，次察陰陽氣與神。萬象依稀求髣髴，五行相化忌相刑。耳聽目視心須察，色辨休囚淺與深。部位虧盈須審實，吉凶貴賤自然明。上相聽聲，中相辨色，下相看骨法，臨時詳細斷之，百無一失矣。**氣清體羸**，力為切，瘦也。**雖才高而不久**。氣清體羸者，謂之形神不足。常以不病似病，雖有文學高才，終無遠壽。《玉管照神》云：石蘊玉而山輝，水懷珠而川媚，此至精之寶，見乎色而發乎氣也。夫形者質也，氣以充乎質，形因氣而宏，神由質而安。神安則氣靜，得失不足以暴其氣，喜怒不足以驚其神，則於德為有容，於量為有度，乃厚重有福之人。形猶材，有杞梓梗楠荊棘之異。神猶工，以治材為器。聽其聲，然後知器之美惡。氣猶馬，馳之以適善惡之境。君子則善養其材，善使其工，善治其氣，善御其馬。小人反此。氣寬可以容物，和可以養物，剛可以制物，清可以理物，正可以肅物。不寬則隘，不和則戾，不剛則懦，不清則濁，不正則偏，視氣之淺深，察色之靜躁，則君子、小人之辨矣。氣長而舒，和不暴者，為福壽之人。急促不均，暴然見乎色者，為細賤之人也。《群品廣鑑》云：欲識人生速死期，山堂清氣號魂離。《識人論》云：黑氣四起曰死氣天羅。管輅曰：魂不守宅，血不華色，精爽煙浮，容若槁木，此云鬼幽。《白樂經》曰：形愛魁魁體怕肥，魁主身榮肥死期。又曰：肉緩筋寬色又嫩，三十六前是去程。少肥氣短色光緊，四十之人大可驚。《神解》云：不醉看如醉，非愁却似愁，休驚神不定，榮華半塗休。陳圖南云：眉長交印堂，中年必主亡。不過四十歲，剋子害妻房。眉交印破，一曰無祿，二曰無壽。又曰：氣色單寒祿壽皆難。陳訓曰：驛馬傾斜邊地削，壽算休言有遠期。《洞源經》曰：夫氣有二焉，有內氣，有外氣。散如煙霧，聚如毛髮，見於皮膚之上，有青、紅、黃、白、黑五色，外氣也。大人之氣，出於丹田，其息深深，所養者遠，所發者厚。小人之氣，出於肝膈，如猴呼鼠嘯，其來疾，其應淺，不惟淺薄，亦不壽也。顏子貌美聲弱，玉梁壽骨短薄，五臟所虛，不能壽也。**神強骨壯，保遐**音霞，遠也。**算**壽數也。**以無窮**。人之壽夭皆在神氣、骨法所主也。若神強骨壯，必享遠年之壽，故曰無窮。《肘後》云：骨肉相滋不相反，精神湛粹壽康寧。《神解》云：虛化神，神化氣。神為骨之苗裔，骨為人之根株。將全其形，先須理神。精實氣固，固則神安。血枯氣散則神亡，神亡則形容枯槁，筋骨離散，此不壽之相也。《三輔新書》曰：神無遷改，氣有旺衰。方其混沌之初，亘乎大氣之始。神定則氣有所主，氣交則化而成形。註曰：神有所止，神有所冥。寤則神遊於目，寐則神舍於心。變而有生，神未嘗生。變而爲死，神未嘗死。故古之有道之士不役人事，不染塵垢，悟神微妙，與太虚同體，與造化同用。學至於此，可爲大聖，次爲大賢。嗚呼！神之在人，周徧同靈，藏於心腹，見於眉目。以古爲上，以清次之，秀又次之，藏又次之，媚又次之。蓋凝然不動而有威，曰古。澄然瑩徹而正視，曰清。逈然洒落愛之無厭，曰秀。廓然沉净，視之而變，曰藏。焕然光潔，視之不散，曰媚。然則獨媚，雖貴必諂佞阿諛，易進易退，不足尚矣。其餘流散昏濁，眇目斜視，羊睛四白，白赤貫瞳，似醉似癡，如困如病者，皆貧下、凶惡、禍亂、官災俱無所可。若夫神者辨見於色，著見於目。人之美惡皆在於目，故孟子觀人察其眸子眊瞭，其胸中之邪正辨焉。王公大人鑑而用之，焉可廢哉。管輅曰：精神怯弱，如醉如驚，壽至四十，事無一成。白閣道者曰：神者百關之秀裔也。如陽氣舒而山川秀發，日月出而天地清明。謝靈運云：骨清神粹聲調遠，必作朝廷輔弼臣。目光彩射外，骨大肉少，外有聲音，人中明長，鼻準端厚，法令深長，松形鶴體，五十之後壽相也。歌曰：昔聞何人年過百，耳内毛生眉半白。項上雙絛成一條，此是人間壽星魄。甘吉云：頭皮寬厚，少疾多壽。故有壽者，背膊如龜，聲圓骨清，人中髭滿，手如綿囊，鶴形龜息，溝洫深長，茸毫盈耳，九州相當。裴行儉謂：魚尾竻紋朝兩耳，善歸七十未爲稀。《心鏡》云：自蘭臺二部有紋，委曲下過地閣曰壽帶，主壽。白閣道者曰：陽忌輕，陰忌狂，有紋交加性不常，當中更少神和氣，雖有官資不久長。陳希夷所謂陽形陽盡人須死，陰體陰虚壽亦虧。陰體清明陽重實，陰陽不返始延期。《識人論》曰：伏犀骨在印堂司空之間，起如覆瓜隱指是也。自天中直起聳接入泥丸曰天梁骨。《靈嶽經》云：伏犀直接天梁去，直入泥丸壽考人。若得文星相佑助，中年禄位至台臣。《靈秘論》曰：齒齊端正排珂密，三甲三壬總壽鄉。皆壽之相也。《洞中記》云：鼉生頞一作眼。**顔如冠玉**，冠，去聲。冠玉者，美玉也。人顔色不以青黑爲賤，不以紅白爲貴，須要似美玉之温潤。面部瑩然温潤，若美玉無瑕，乃貴。然不欲嫩。陳希夷云：色如春華易盛易衰，唯一時而可觀，不久必反。鬼谷子云：色嫩氣嫩邪人也，縱有成立亦不久長矣。又云：耳白過面聲聞天下，貴而有科甲之命。如面若脂膏塗抹者，沐浴天羅，主滯。陳平顔如冠玉美色，縫灌曰：平美丈夫，如冠玉。後爲丞相。面貌太嫩者，主凶惡。整整之容，又怕氣色嫩。極嫩者，夭。**聲若撞鍾**。撞，擊也。音幢。鐘聲有餘韻，良久不絶。凡人之聲出，發於元氣，貴乎深遠，出於丹田之中。若淺短，蹇澀，破散，皆不壽下賤之相也。《玉管照神》云：人之有聲猶鍾鼓之響，器大則宏，器小則短。神清而氣和，則聲温潤而圓暢也[1]。神濁而氣促，則聲焦急而輕嘶也。故貴人之聲出於丹田之中，與心氣相通，渾然而外達。小人之聲發於舌端，促急而不遠。男有女聲者，孤窮。女有男聲者，妨害。然則身小音大者，吉。身大音小者，凶。或乾濕不齊者，謂之羅網。聲或小大不均者，謂之雌雄聲。或先遲而後急，或先急而後遲，或聲未止而氣先絕，或聲未舉而色先變，皆賤者之象也。夫人稟五行之形，則其聲亦有五行之相。土音沉厚，復註沉則不賤，厚則不薄，渾然而發於喉咽之間。木音高暢，復註嘹揚高暢，激越而和。火音焦烈，復註發之火猛，如火之烈。其或燥戾淺暴者，謂之獨火聲，亦非善之表也。金音和潤，復註和則不戾，潤則不枯而堅者也。擊之如銅，如笙篁奏曲，若玉磬流音也。水音清圓，復註[2]。故歌曰：木聲高暢火聲焦，和潤金音性勿嬌。土語恰如深甕裏，水聲圓急自然飄。又曰：貴人音韻出丹田，氣實雄寬響又堅。貧薄不離唇舌上，一生奔走豈堪言又。《通仙經》云：身小聲大隔江聞，千里看看騰羽翼。是也。《龜鑑》云：夫聲之善，遠而不散，近而不已，淺而能壯，深而能藏，大而不濁，小而能彰，細而不亂，幽而能明，餘響激徹，似若笙篁，宛轉流韻，能明能長。聲出處欲得深而發，欲得徹而圓，此爲好聲。聲好者，並保祿位。其聲惡者，粗濁飛散，細澀聊亂，一聲則盡，去則不遠，嘖嘖若狐鳴撥亂是。聲淺亂澀細，沉濁痿弊，舌短唇强，塞急無響，淺而亂者，此爲惡聲。議曰：聲出於五臟，總衆靈而成響，內以傳意，外以接物，開之爲神，不可不善。不善聲者，亦爲惡性人也，必有厄難，名刑獄厄，有官多失，男則不能保其家，女則不能保其房，奴婢不能保其衣食。不善不惡，無禍無福也。且人之聲也，又應五行，配以宮商，推之以陰陽，占察萬象以定吉凶。得此術者而能識往知來矣。夫宮聲之善者，能嚨嚨以和平。其不善者，濁紛紛而痿弊。商聲之善者，韻鎗鎗以款鳴。其不善者，碎漱漱而無緒。角聲之善者，韻嗷嗷而調直。其不善者，動扎扎而寥落。徵聲之善者，逸遙遙而流烈。其不善者，紆拂拂而散慢。羽聲之善者，響喓喓而遠徹。其不善者，淺屑屑而稍折。夫宮聲重大沉壅，商聲堅勁廣博，角聲圓長通徹，徵聲抑揚流利，羽聲奄藹低曳。先曉此意，然後可以求聲之善惡也。又宮商之聲平，徵聲上，羽聲去，角聲入。問曰：平聲何以辨乎宮商？議曰：收之入口謂之宮，推之出口謂之商，以此爲異。夫白色者，商人金。黃色者，宮人土。青色

者，角人木。赤色者，徵人火。黑色者，羽人水。夫宮人商聲之善者，多子孫，後代貴昌，金爲土子。若商聲之不善者，子不孝，獷惡之子，或常痼疾，或不宜子孫。得角聲之善者，主職位高遷，木爲土鬼。得角聲之不善者，有牢獄厄。得徵聲之善者，木宜子孫保，父母存，火爲母，父剋金也。得徵聲之不善者，少喪父母，爲母所酷也。得羽聲之善者，得賢良之妻，奴婢大富，水爲土財也。得羽聲之不善者，得不善之妻也，亦不宜財帛田宅，或早喪其妻。自得其聲之善者，大富貴，長命安樂。自得其聲之惡者，其行惡人也，或攣跛羸殘，常抱疾患。略舉一端，以例推之，盡可知也。夫人鴿聲者，慈。鵲聲者，巧，多智符書。梟聲者，慘毒不孝。驢聲者，淫。水牛聲者，小心。駝聲者，高心富貴。象聲者，長命，貴。羊聲者，貧賤。豺聲者，忍人。豬聲者，貧亦淫。馬聲者，猛烈，貴。議曰：夫隔壁聽聲，如睹其貌，則可辨吉凶，知其性靈者焉。此乃測察之纖徽，占卜之幽隱也。若能沉心潛慮，始可超此途中情意，飛揚物務。不淨者，學難成也。夫聲有長，有短，有低，有昂，有飛，有沉，有深，有淺，有粗，有細，有緊，有慢，有散，有破，有曲，有直，有怡悅慘悽，有圓實洪滿，有虛怯摧折，凡此數聲者，以定吉凶。低沉粗屬宮，慢破淺屬商，直緊昂屬角，飛揚散屬徵，短曲屬羽，此以伐人之色。聲怡懌者，樂。聲慘悽者，悲。聲圓實洪滿者，旺相。聲虛怯摧折者，廢囚死病。聲求之萬象，亦可知也。察此聲訖，即以善惡量之。假令宮人得商聲之善者，加之以樂聲，即知有貴子。商聲縱不善，亦爲多子孫。宮人得角之不善，加之以悲聲，即知黜官職矣。宮人得羽聲，加之以囚聲，即知其人妻死，奴婢六畜死。看聲劇易以名之，劇則妻死，易則奴婢死，或妻病。若聞悲者，即與妻別離。假令角人得角聲，加之旺相之音，即知其人長命，富貴，無病且與遷官，得旺相也。且相類既多，不可備舉，略此紀綱，以意取之。**四瀆**音獨，溝也。《爾雅》：水註澮曰瀆。又四瀆：江、淮、河、濟也。**須宜深且闊**，四瀆者，耳爲江，口爲河，眼爲淮，鼻爲濟。四瀆須宜深闊，崖岸有川流之形，不欲汗漫破缺。在天地者，江、淮、河、濟，在人者，眼、鼻、口、耳。耳竅大者，聰明壽考。眼大，主才智經營。睛光者，主權職。短小者，不令。鼻竅大者，仙庫、俗庫明，主財帛。秀，主權職。小者，不令。唇厚紅潤者，主財祿。口能容拳者，主將相。小者，不令。**五嶽**嶽，山高而尊者。五嶽，《說文》云：東泰、南衡、西華、北恒、中嵩也。**必要穹**音芎，高也。**與隆。**力中反，豐大也。五嶽者，額爲南嶽衡山，鼻爲中嶽嵩山，頦爲北嶽恒山，左顴爲東嶽泰山，右顴爲西嶽華山。五嶽俱要豐隆，有峻極之勢，骨插天倉起者，監司守土命也。鼻豐隆聳直，準頭不要缺陷，反者不令。《萬金秘語》云：南嶽如滿月，泰如鷄卵，華如方銀，嵩高發，恒如倒提，五嶽全者及其餘，皆好。無剋陷者，食祿主貴。**五官**《荀子註》：司，主也，又識也。**欲其明而正**，五官者：一口，二鼻，三耳，四目，五人中。欲其明而端正，不宜孤露偏斜。眼爲監察官，耳爲審聽官，鼻爲嗅臭官，口爲出納官，人中爲保壽官。眼有光威力，主權職。鼻梁貴重豐隆貫額，主權職。口有棱角，上唇如角弓，下唇如仰月，主權職。人中明，主權職。耳有輪廓垂城通，亦主壽考。**六府**《周禮》“治官府”：主百官所居曰府。又曰：藏史掌書也。一曰聚也。**欲其實而充。**充，滿也。六府者：兩輔骨，兩顴骨，兩頤骨。欲其充實相輔，不欲枝離孤露。《靈臺秘訣》云：上二府自輔角至天倉，中二府自命門至虎耳，下二府自肩骨至地閣。六府充直無缺陷盤痕者①，主財旺。天倉峻起多財祿，地閣方停萬頃田。缺者不令。**一官成，十年貴顯。**此五官中，但一官成就，則享祿十年。**一府就，十載富豐。**大也，茂也。此六府中，若一府就，則十載豐足。左耳尖起至垂，細排八年。右耳垂至尖，七年。計一十五年運。反輪險小鄙薄者，不令。天倉接額至天中十年運，天倉滿者，骨法吉。反此者，不令。眉疏目秀，主十年吉。左尾頭至尾二年，右尾頭至尾二年。左眼大眦至神水小眦三年運，右眼大眦至神水及小眦三年運，共十年運。山根至準頭梁節貴準豐厚，主十五年吉運。已上二十五年。反此者，不令。人中、海宂、承漿、地閣：頷滿人中明，海宂正，承漿寬，地閣潤，主二十五年吉。反此者，不令。眉毛、老縧、耳毫：眉毛主五年，耳毫主十年，老縧主十年。至百歲若無者，不令。房玄齡字喬，齊州臨淄人。事唐高祖、太宗，官至中書令。齡音零。**龍目鳳睛，三台**星名，共六星，兩兩而居。《晉天文志》曰：一曰天柱，三公之位也。在人曰三公，在天曰三台，主開德宣符也。**位列。**唐房玄齡龍目鳳睛，則三台顯貴。《察相》云：龍目鳳睛位及公卿。玄齡龍腦鳳睛，有玉枕骨豐滿秀實。腦後玉枕骨：雙雙必見榮，近下大人貴，近上小人亨。鳳睛者，前眦圓後眦長。若在黑白分明，上有秀紋，目若刀裁，文章自來。**班仲昇**名超，扶風平陵人。事漢明帝、章帝、和帝，官至定遠侯，封邑千户。**燕頷**頷也，口上曰臄，口下曰頷。**虎頸，**《説文》：頭，莖也。頸，經郢

---

① 盤痕，疑當作“瘢痕”。

切。**萬里侯**《爾雅》曰：公侯，君也。又五爵之次曰侯。**封**。漢班超燕頷虎頸。許

負相曰：虎頸燕頷，飛而食肉，當封萬里之侯。其後果封漢定遠侯，鎮撫萬里之侯。漢

將班超，頷平環滿，地閣潤，頂方隆光瑩，虎頭燕頷之形，飛而食肉，禄發晚年。頷滿頤

豐，末年之兆。故相者曰：當封侯萬里。**英眸兮掣電**，音殿。《說文》：陰陽激耀

也。英眸者，瞻視儼然，目若掣電。眼如鷹視富有餘，謂神彩射外也。**豪氣兮吐**

虹。音紅，蝃蝀也。程氏曰：蝃蝀，氣之交映而光，朝西暮東。豪傑者，言辭磊落，志

氣崢嶸。若吐虹蜺，內如淵水之珠，如玉隱石，如金在礦，發乎在外。**若賦性粗惡**

禍必及，性，別本作形。凡人賦性凶惡，禍必及身，終當暴死。天賦人形體粗惡，眼

無頭尾，眉無遠近，如蛇鼠之形狀，豺狼之聲，神驚性暴，骨傷節破，白輝入眼，赤縷貫

睛，偷視浪語，已上皆爲凶惡夭死之命。淺者，迍否。**如修德惕**音逖，恐懼也。**厲**

危也。**禄永終**。若人常能修身慎行，則禄位永保其終。術曰：勸人爲善，天禄歸於

高德，不可賜於凶人，故禄位永遠終身。**上長下短兮，萬里之雲霄騰翼**。別

本之字在騰字上。凡人之身若腰長脚短，如鵾鵬飛騰霄漢[①]，摩空萬里之間，往還無所

滯也。胸中藏萬事，爲神宮之庭，深廣神安而氣則和。**下長上短兮，一生之踪**

迹飄蓬。《說文》：篷，蔽也。陸佃云：草之不理者，葉散生，遇風輒拔而旋。別本之

字在飄字上。人若脚長腰短，則一生蹤迹飄零，流落老於他邑。胸短而薄，偏而窄，貧

賤。凸者，夭。坑者，窮毒。《白猿經》云：下停短上停長，學堂成就近君王。《通仙經》

云：上長下短公侯相，當日孫權霸一方。反此者賤。**惟人稟陰陽之和**，肖音笑，

似也。**天地之狀**。形也。受命曰稟。筆錦文。蓋天下萬有之物，皆負陰抱陽而

長。唯人爲最靈，獨稟陰陽正氣而生，誠與天地之形參矣。《玉管照神局》曰：夫人稟

陰陽之氣，肖天地之形，受五行之質，爲萬物之靈者也。故頭圓象天，足方象地，眼目

象日月，聲音象雷霆，血氣象江河，骨節象金石，鼻額象山嶽，毛髮象草木。天欲高遠，

地欲方厚，日月欲光明，雷霆欲震響，江河欲潤，金石欲堅，山嶽欲峻，草木欲秀，此其

大概也。**足方兮象地於下**，足軟而厚者，乃富貴之相。**頭圓兮似天爲上**。

天尊地卑，乾坤定矣。故足方象地，頭圓象天。天欲張，地欲方。天不張不能列萬象，

---

① 鵾鵬，《神相全編》作"鵾鵬"。

地不方不能載萬物。頭圓足方者，富貴也。頭小足薄者，貧賤也。《軀鑑》云：頭高深足厚者，富貴人也。義曰：高謂頂也，深謂髮下生近耳也。唐生曰：處身之上，形體之標。上無潤於空，物不能爲之累矣，無累於物而下據於身，不自運力，此謂高貴之理，自在之情也。況乎居七竅之上，聽統攝之情。故知頭有相者，性自在而好凌人。頭形卑弊者，性隨宜而細碎人也。許負曰：牛頭四方，富貴吉昌。虎頭高峙，富貴無比。犬頭尖圓，泣涕漣漣。多折傷之厄。鹿頭者，則長志氣雄强。唐生曰：兔頭蔑頡，志氣頑劣。獺頭橫濶，心意豁達。象頭長廣，福禄厚享。犀頭峯崒，富貴鬱鬱。朱建曰[①]：馳頭蒙洪，福禄所鍾。龜頭郁縮，惟豐酒肉。蛇頭平薄，財物寥落。狐頭尖銳，家厄無計。又曰：頭骨厚者，貴而長命。頭骨厚而樂。頭皮白色下賤。青色聰明孝順，有官禄，長命。黃色貧賤，赤色者，兵死。肉薄者，貧。頭小音銳，瞳子白黑分明，見事疾，其鋒不可當。昔白起有此相，果封爲萬里侯也。**音聲比雷霆**音廷，疾雷也。《説文》：雷餘聲也。**之遠震**，動也，起也。震音振。夫雷霆者，天垂洪象，驅駕雲雨，使萬物各遂其生。音聲者，人之號令，可以及人，故曰如雷霆之震。《靈臺秘訣》云：夫聲音者，修五行之造化，導六腑之苗。因意與氣會，心欲言聲必隨之。故貴人聲出於丹田，有聲、有韻、有音，優游淳和，不緩不急，清清泠泠，發言可畏，甕鐘圓潤響亮，此富貴之相也。故曰：聲無宮則輕，無商則乾，無角則濁，無徵則緩，無羽則低。聲輕無財，聲濁無文，聲緩無權，聲低無學。有聲無韻，仕難進。聲絕而音未絕，謂之弱，主多名失實，易盈易散。聲與氣相爭出，謂之躁噎，主性急，則禄不定。氣未發而色先變，主不藏事，難掌重權。聲未鳴而氣先出，謂之汰溢，主壽不足。聲渾氣清者，貴婦人。聲清氣和者，貴。聲在喉而深響者，貴。初響後破，先富後貴，無朋友獨强。初低後高，不得祖力，中年發旺。前後均響者，良。聲欲輕清，響利潤緩則貴。氣調而緩，旺夫。先高後低者，妨前夫，淫。先低後高，破祖，子貴。重濁遠振者，雖富妨夫。木音聲高而哓遠，圓實均停。水音連延低緩，輕利而接續。火音焦烈，圓直急躁。土音重濁遠震，如甕中之語。語笑面赤，不藏事迹。語笑面黑，必多秘密。語笑無媚，壽短。語笑如哭，孤獨。語笑淡薄，無情心惡，多病不樂。語言急緩不等，失信無憑。男雌聲，妨婦。女雄聲，妨夫。氣，充脣則薄，充舌多訥，充齒多剛，充牙多毒，充上腭多强。**眼目如**

---

① 朱建，疑當爲朱建平。

日月之相望。天之日月能照萬物，人之眼目能知萬情，故眼目猶天之日月也。《玉管照神》曰：眼者人身之日月也。左眼爲日，父象也。右眼爲月，母象也。寐則神處於心，寤則神依於眼。是眼爲神遊息之宮也。睹其眼之善惡，可以見其人之清濁也。眼長深光者，大貴。黑如點漆者，聰慧文筆。含藏不露，煥然精光者，富貴。細而深長者，壽考。浮而露睛，夭折。大而凸，圓而怒者，促齡凶暴。流視者，淫盜。眄而偏視者，爲不正之人。羊視，愚狼。赤縷貫睛者，惡死。蛇眼者，陰毒。神定不怯，其神壯。側眼斜視者，毒害惡死。短小者，愚賤。重者，性凶。急轉者，小人之相。眼下有臥蠶者，主貴，後世出貴子。女人黑白分明，貞潔。眼下赤色，必憂産危。偷視者，姦穢。神定而不流者，福壽。大抵睛不欲怒，縷不欲赤，白不欲多，黑不欲少，勢不欲堅，視不欲偏，神不欲困，眩不欲有，光不欲流。其或圓小，短而深，不令之質也。兩眼之間山根之際，名子孫之宮，欲得分明豐滿，或有缺陷黑子者，主不利妻子并外族。袁天剛相眼有五法：一曰醉眼，神昏如醉，因酒失財。二曰睡眼，神昏如睡，多主貧賤。三曰驚眼，主夭折。四曰病眼，神困如病，主病疾。五曰淫眼，神流如淫，主奸盜。詩曰：眼如日月要分明，鳳目龍睛切要清。最怕黃睛兼脈赤，一生凶害活無成。《月波洞中》云：鷹視彩多者，主貴。虎豹黑睛若帶黃，雖貴不善終。眼神三兩點，皆爲貴。白多黑少，亦爲徒誅之輩。上顧者，神騫於上，乃爲自縊，或高處因墜馬而亡也。下顧者，多投井，落坑江河，車馬而亡也。三角者，皆犯徒刑之相也。《龜鑑》曰：凡人瞥睮（上音茂，下音俞。）映矑者，嫉妒人也。盰睢脭（丁結切）䁪（火彼切）者，惡性人也。矘（呼間切）䁒（他郎切）晃者，憨人也。眙（丁念切）瞵（謦謙切）眠瞁（時斤切）者，淫亂人也。睢盰䁃（音閃）爍者，邪人也。彌詞（悝人言也。）瞎瞎者，姦詐人也。應徵拗呦（故巧切）者，崛强人也。羊目䀠（烏江切）瞳者，毒害人也。睛色雜而光浮淺者，心不定無信人也。睛色光彩溢出者，聰明人也。睛色紫黑而光彩端諦者，好隱遁人也。睛色黃瞻視端直者，慕道術人也。睛多光而不溢散，清澈而瞻視端直者，直性人也。眼急眨（則夾反）者，若不嫉妒，即虛妄人也。不露目睛者，此爲智慧明瞭人也。眼光不出臉者，藏情人也。加以竊視，必作偷盜。義曰：雞目捲頭不淫則偷，羊目直視能殺妻子，亦兵死。豬目應懲，刑禍相仍，亦非貴相。鷹視狼顧，常懷嫉妒。昔司馬仲達並有此相，牛顧虎視，富貴無已。牛顧者，視遠而意近。虎視者，視近而意遠，俱爲二品。狼顧蜂目，常懷陰毒。狼顧者，所謂返迴顧面當背，身不轉也。螻蛄者，心難得知。魚目多厄，猴目窮寒。眼點睛近上者，志意下劣。點睛近下者，志意高上。眼點睛近裏者，自收歛之人也。點睛近外者，傲慢憝人也。目有大小，有異母兄弟。目下有壅肉，名曰臥蠶，視子如金，金猶難得也。有此相者，子多繼嗣。目大且明，道流行。目動開閉，至老乞索。眼尾上臨覆下者，似笑者，多詐。兩目昏黃者，弱死。目下赤厲，惡人。目下黃白直視，兵死。目中多白光，睛又白多，邪淫。目中有赤理貫瞳子者，兵死。目深有青光者，貴人。目偏視，兵死。目居首中，小貴。義曰：兵死謂刑戮，笞杖，刀刃損傷之類即是兵死。目中有守睛者，壽。**鼻額若山嶽之聳，**音竦，高也。凡鼻額必宜如山岳之聳直高隆①，可爲入格之相。《月波洞中記》：鼻者爲中嶽，豐隆而起者，山根不斷，準圓，仙庫、俗庫又爲庭尉、蘭臺，是年壽二部，豐滿與顴相接，豐隆而起，直而平隴，有骨法者，上相也。竅不圓，空高而起，如劍刀者，顴勢不接，乃孤危無兄弟，凶相也。梁柱正直相應，爲人忠孝。如曲斜不相應者，淫邪之徵。《玉管照神》曰：鼻，肺之靈苗。肺虛則鼻通，肺實則鼻塞，見肺之虛實也。年上、壽上二部，皆在於鼻，主壽之長短也。光澤豐起者，不貴則富壽。黯黑及薄者，不貧則夭。隆起有梁者，壽相也。堅而有骨者，壽相。弱而小者，夭賤。準頭豐大，與人無害。準頭尖細，好爲巧計。孔仰而露，夭折苦寒。鼻如鷹嘴，喫人心髓。準頭無肉，貪婪不足。小而縱理，養他姓子。有橫理者，迍邅。裴行儉云：準頭赤色汗流濕，碌碌無成到白頭。又食即準生汗，非庸即苦。《三材歌》曰：鼻象中嶽，一面之表。欲高而隆，不要尖小。光潤者吉，昏黯者貧夭。斜曲不直者，官災纏繞。管輅曰：額潤頂平得祖力，頭圓項短足財豐。羅隱云：頭尖頂削，不得父母力。邊地陷，不宜出外。山林破，一世無閒。塚基削，丘陵不備。闕門陷，無決少斷。龍角無威，減貴。牢獄破，運臨憂獄。玉嶺陷，親人無力。玉嶺露，親友不睦，主剛性。奏書一部，又名朱雀，不陷露，白，主文章得力。此其大概耳。**血脈如江河之漾。**餘亮切，蕩漾浮游貌，又水搖動貌。人周身血脈晝夜循環無窮，故如江河之漾，江河欲泛瀾。**毛髮兮草木其秀，**毛髮如山川草木發生。圖南曰：陽氣舒而山川秀，日月出而天地明。《月波洞中記》：髮者，疏而秀，黑潤青長，髻小，此爲上相。蠅頭三稍，黃濃者，此五逆之人。《玉管照神》云：頭小髮長，散走他鄉。髮黃而焦，不貧則夭。鬈髮如拳，剛愎之性。或赤或白，至甚貧薄。成和子云：鼻毛反露人貧賤，鬈髮寅垂壽不長。纖長髻小三公相，粗澀三稍忤逆兒。《龜鑑》云：夫髮細長密，富貴。

---

① 岳，原作“獄”，據文意改。

粗索者，妨父母也，貧賤之相，兼妨妻并妨父母。蓬頭，貧亦妨妻。年未三十而白者，短命而樂。潤澤者，壽而貴。繁多，妨妻亦性獰鈍貧賤。許負曰：不多髮宰相，大肚侍官，髮例繁體，馬多駿尾，此之謂也。鬢髮寥亂，生而無信人也。額上髮左偏垂下，先妨父。右偏垂下，先妨母。額前髮不整齊，亦主妨害，貧賤相。髮爲山林，若不臨大澤，則學道不成。義曰：髮部不齊，爲不臨大澤。算髮者，短命。髮澤如絲，一代饒資。髮粗索索，早孤不樂。髮黑而澤，多達多能。髮中赤理者，多兵死。髮鬖磔磔若寒毛，貧賤，妨父母及妻。鬢欲疏而粗，欲細而密。鬢髮壯蝟毛者，爲子不孝，爲臣不忠。

骨節兮金石之壯。强，盛也。骨節宜若金石之堅固，堅固如金石也。《群品廣鑑》云：肉滑仍光腻，筋藏骨更清。不惟家道泰，名譽達天庭。歌曰：貴人骨節細圓長，骨上無筋滑又强。君若與臣相應付，不愁無位食天倉。欲察人倫，先從額相①。去聲。人稟三才，額爲天，頦爲地，鼻爲人。天圓則可貴，當先視額，額主君位，故爲天也。《龜鑑》云：額如覆肝者，富貴。如枯髑形，富貴二千石。仰月文，二千石。牛角文，將軍。左日右月文，富貴一品，爲人方直，多妻之相。從天中直下豎有一理，至印堂名懸犀理，封侯。龍犀理，封侯。額中兩脈直豎三寸以上者，二千石。額上三横文者，早妨父。義曰：乾者天也，坤者地也。居天中，故知早喪父。額中亂文，貧苦至老。有一曲文達者，爲蛇理，客死道路。懸薄文，餓死。天中一文自鼻，腦後玉枕應者，封侯。天中横四理文，方伯，二千石。額中連天中下及司空有理及肉如環者，名天城，周匝無缺，有缺若門者，三公。門僻者，方伯。有二門，猶爲小郡太守。額兩邊有直上髮際者，名銜壁，二千石太守之相。額中有田申字成者，富貴。輔角骨起長者，三品，常在聖人左右，亦得人提攜，女人爲妃后。天中縮如刀環者，封侯。天中端正者，貴而壽。若髮下垂，不見父母死。狹小，少子。義曰：促面狹額，至老貧厄。額大面方，富貴無殃。頭額廣方，富貴吉昌。天開早起，少小位昌。額角高聳，職位復重。天中滿洪，仕宦有功。《靈臺秘訣》云：夫額者，一體之府，一身之天，諸陽之首，形骸之先。五嶽曰衡山，五方曰南方，三才曰天。又額作一身之主，爲百部之元。上下有五部，曰：天中、天庭、司空、中正、印堂，各掌貴賤吉凶。形如熨斗，狀有覆肝，寬濶平正，有貴骨，頂平無破陷瘢痕文黶者，其形如熨斗。兩眉之上約一寸，有骨曰天角，主名位品

---

① 相，《神相全編》作"上"。

禄。眉上接連不斷者，謂之交眉，主仕貴人榮顯。左偏妨父，右偏母喪。鬢髮生前，幼年疾苦。尖短，無官。破露，憂獄。狹窄，不孤而即貧。廣濶，不官而有勢。髮際烏潤厚而侵前，有才而清閒，近貴而不富。《月波洞中記》：凡欲相人，先視其頭。頭者，五臟之主，百骸之宗，四維八方，並須停正。左耳爲東方，右耳爲西方，鼻爲南方，玉枕爲北方，左頰爲東南角，右頰爲西南角，方維既正，乃視其骨。骨法有九，爲貴相。頭無異骨，終難入貴。所謂九骨者，一曰顴骨，二曰驛馬骨，三曰將軍骨，四曰日角骨，五曰月角骨，六曰龍宮骨，七曰伏犀骨，八曰巨鰲骨，九曰龍角骨。東西嶽高成爲顴骨，勢入天倉爲驛馬骨，耳角爲將軍骨，左眉上隱起者爲日角，右眉上隱起者爲月角，骨繞眼圓起者爲龍宮骨，鼻上一骨起至腦者伏犀骨，耳兩畔溝外繞腦骨高者名巨鰲骨，兩眉毛入邊地稍高似角者名龍角骨，亦名輔骨者，已上九骨皆三品之相。白雲子云：額尖如削乳頭小，男爲奴僕女風塵。時後歌云[①]：邊地欹危無一指，此生無福得榮華。宋齊丘曰：額之印堂上至天庭，有骨隱然而見者，少達而榮。邊地、山林皆欲豐滿，坑陷則貧賤。郭林宗觀人有四學堂：一曰官學堂，謂眼爲官學堂，長而清爲官貴。二曰祿學堂，額爲祿學堂，額廣濶而豐者，富貴。三曰內學堂，當門二齒周正而密者，主忠信。疏缺而小者，主誑妄。四曰文學堂，右耳門之前豐滿明潤，文章聲譽。昏塵者，下愚。《三輔新書》曰：額上昏昏，年災上逼。太陰青黑，眼以之側。君子破財，小人杖責。博士之陽，宜紫宜黃。青婦之孕，黑亦災殃。眼赤鼻赤，謀事難諧，須防鞍馬，手足之災。力士要起，兩顴青黑，男憂官災，女憂產厄。口邊黑氣，如煙如霧。五官絕命，多有災殃。太歲臨門，中正昏昏，官守有分。目下争論，眼下喪門。白如粉痕，不唯哭泣，亦主違迍。印堂紅黃，一年吉祥。若非改革，朝見君王。左右驛馬，紫貫天倉，遷升之喜，除拜廟堂。黃幡、豹尾，鼻主兩邊。色常清净，無禍安身。災禍不一，青黑貫之。安分順時，吉無不利。**偏**側也。**狹**胡夾反，隘也。**分賤夭**於兆反，短折也。**足惡**，額骨偏斜窄狹侵天部，當夭貧賤，亦爲足惡之人。日月骨缺陷者，偏橫。狹者，命夭，賤薄。促，行凶惡。**聳濶兮富貴可尚**。額若高聳廣濶，則富貴俱全。**若見伏犀**音西。徼外獸角也。**之骨，定作元臣**。元，大也，大臣也。伏犀骨自印堂至天中，隱隱骨起直入髮際，光澤無破，必任公卿之位。伏犀者，爲兩眉夾玉柱，天庭至髮

---

① 時，疑當爲"肘"。

際貫腦如釵股起。天綱曰：見寶甄君伏犀貫，玉枕輔角全起，十年官名顯，立功在梁益閒。後甄君爲益州行臺僕射。**如有額道之紋**[①]，**決爲上將**。額道紋者，在左邊地至右邊地，橫直之紋如刀痕狀，別無紋理衝破，定爲軍帥大將[②]。**右偏母妨**[③]，**左偏父喪**。日月角爲父母宮，左爲日角，右爲月角。左爲父位，右爲母位。右偏主妨母，左偏主妨父。左乃陽，右乃陰。缺陷天庭如削，幼年父母須妨。**山林豐廣多逸豫**，山林在天倉。若此部豐廣，主半生多悅逸寬厚[④]。謂兩倉滿，驛馬高，輕優之職。**邊地缺陷足悽愴**。音創，悲痛也。邊地在驛馬上。邊地、驛馬爲遷移宮，若有缺陷，則破散成敗可悲也。鬢腳生前，敗在幼年。天倉缺，主剋妻，晚立煢獨。**覆如肝而立如壁，壽福寔**時力反，實也。**繁**。額若覆肝而平，或如立壁而直，則壽考福厚實多也。額高圓而日月骨起[⑤]，主道高明。**聳若角而圓若環，食禄無量**。凡人之額其聳若角，其圓若環，主食天禄以終天壽。邊地骨起，龍虎骨高，故多財禄。**塵蒙而身無所資**，貨也。額若無潤澤之色，如塵垢蒙覆，無甀石之儲。（甀音擔，小罌也。儲，蓄也。）《鬼眼相》曰：少資之人，塵土面色不潤澤，膚乾，禄不饒也。**玉潤而名高先唱**。額如美玉之温潤，主聲聞，（去聲。）清高而先顯早第，玉白名譽四方。**豐**大也。**隆**高也。**明者，生必早達**。額豐隆光潤，色明而無破，則早歲登科，謂五部骨起，龍、虎、伏犀、日、月，旺於初主。**卑薄暗者，死無所葬**。額小而窄狹，其色昏暗，或諸部又無所輔，則死無衣衾棺槨。無天倉，無額，爲奴僕之相，無父母之力。**福堂之上氣黯**乙減反，深黑也。**慘**，七減反，戚也。**幼歲多迍**。陟倫反。福堂部在眉上，氣若黯慘不明，如塵垢者，主幼年迍滯。福堂，印堂也。其上色澤不明，初限滯也。**驛馬之前色黃光，壯年受貺**。音況，賜也。驛馬在邊地下，眉尾後。有紅黃色者，壯歲受君賜。天倉滿後是驛馬肥，一十六得運。

---

① 額道之紋，《神相全編》作"握刀之橫紋"。
② 從"決爲"至"大將"，《四庫》本原無，據十萬卷樓本、《神相全編》補。
③ 右偏母妨，此四字原無，據十萬卷樓本、《神相全編》、《統會諸家相法》補。
④ 半，《神相全編》作"平"。
⑤ 而，原作"無"，據《神相全編》改。

色貴悦光潤也。澤，紋宜舒暢。額色貴悦澤，不宜氣雜。若有紋理可尚者，宜乎舒徐敷暢。玉白黄色紋，少仰月貴相。貧薄孤獨，曲水漫浪。貧賤輕薄孤獨之人。亂紋薄額，縱横相交，謂之曲水漫浪。横文，多愁。紋貫仰月，爲人平昔多憂，主貧賤孤獨①。居侯五爵之次曰侯。孔氏曰：侯，候也。斥候而服事。伯長也。《周禮·九命》作：伯，諸侯之長也。又第三等爵也。者，偃月之勢。位居侯伯。額如偃月勢，謂額有雙峰上如偃月，主公侯伯子男。處師範也。揚子曰：教人以道之稱。傅相也.傅之德義也。者，懸犀之象。師傅乃三公位也。言處三公者，額有懸犀。其懸犀骨在福堂上，高隆若角，直接山林，謂太師、太傅、太保。懸針垂下，過山根，細如釵股。鼎足三峙，音痔，峻峙也，山屹立也。列三公太師、太傅、太保也。又大司馬、大司徒、大司空也。東漢，太尉、司徒、司空也。以何疑。鼎峙三足者，額有伏犀、日月角俱起，若鼎之三足，定列三公。漢李固貌相有奇表，頂角匿犀，足履龜文，後爲太尉。桓温有奇骨，虎骨、龍骨、伏犀骨，三道骨法貫頂是也。牛角八方，廁初吏反，雜也，次也。八位而無妄。誣也。牛角八方者，蓋額有八骨，乃伏犀、日月骨、邊地骨、福堂骨、龍角骨、虎角骨、牛角骨、印堂骨，有此八骨者，必登廊廟，通達八方，顧思遠頭有肉角長寸，爲散騎侍郎，年百二十卒。日月插腦上，神色相副，聲音相稱，貴。觀夫眉宇寬廣，心田坦平。坦，佗但反，安也。眉爲紫氣，乃吉星也。若眉宇長，平潤者，則心坦然無私。《靈臺秘訣》云：夫眉應山林草木之秀，掌妻妾昆仲財壽之宫。頭屬紫氣之星，尾按羅計之宿。前枕闕門，後連九官。上有四部，曰凌雲、紫氣、煩霞、彩霞。堯眉生八彩，舜目長重瞳。眉有陰陽，陽昂陰覆。男得陽而陰得覆，平生多樂。反者，賤。陽人得重眉，必得陰人壘壘之財，四十以旺。眉上副骨是也。上停母衆，眉散逆，棄其前妻，後就富妻，如命長，初子少。覆下者，祖多積德。男得陰眉，散逆妨妻。散在小角者，二三個不定。陰得陽眉，妨夫。陽眉高揭，必爲娼，妻多者如柳葉。有角三五根成縷，妻多，兄弟顯。眉毫早生者，夭。四十生者，壽。眉骨露，親人不和，多夭。眉細灣，多文藝。眉直頭昂，多雄勇。眉生陣雲，好殺，軍伍立名，疏散財不聚。立文在眉，女必妨夫。近鬢，多不足。眉濃髮厚，損壽財。清閒過

---

① 賤，《神相全編》本作"薄"。

目,弟兄多。短於目,兄弟少。八字眉更有三文,女再嫁而男重婚。眉中黑子,懷藝術。婆娑者,男女多。眉毛赤旋,子必當權。眉連無禄。眉中有三文,耽酒賭錢。人兩角向下,如覆月者,有才少斷,靈明難進取,達則多爲人師,自不能行。《玉管照神》曰:眉欲疏而秀,平而濶,主智信仁義也。秀而長者,性聰敏。眉過眼,主豐富。左有旋文者,妨父。右有旋紋者,妨母。一云:主聰慧。有長毫者一二寸,高年之相。毛白者,壽相也。眉蹙而愁者,孤獨。短不覆眼,乏財。粗濃,愚而不貴。壓眼者,窮逼。斜而卓者,性豪急。頭起尾下者,性懦弱。眉頭交者,窮薄。一云:少兄弟。縱有,不得力也。骨棱起者,多迍否。《鬼眼》云:眉者,膽之餘也。疏而淡秀,隱隱如蠶,印堂平濶,眉尾還入鬢。眉頭逆生,不見父母死。眉頭順生,眉尾平立,即主早發,不妨父母,讀書早得科名,當聲名聞天下。眉重交,不得賢妻。眉尾卓越,幼而早亡。眉近眼睚,不宜初子,異窩重眉。復註,眉上有肉似眉者,是也。在上得陽人之食,在下得陰人之食。眉毛早秀,不得長壽。眉有三角,於人不孝不義。印堂交加,冗亂如麻。印堂八字紋,堅耐自長生。印堂川字紋,年近八十春。印堂懸劍紋,惡疾禍纏身。眉長於目,有智信。眉短於目,無親兄弟。二十生毫三十死,三十生毫四十亡,四十生毫命延長。《洞微玉鑑》云:眉所以表飾衆體,爲金星。欲聳秀疏直,高爽而露鋒鋩者,貴。若濃厚不清,首尾逆,有旋毛,尖而露肉者,名爲金帶煞。《龜鑑》云:眉棱骨高聳峻者,皆爲崛強人也。眉無棱,無志氣者。眉頭交錯,早孤不樂,妨妻。眉直頭昂,志氣雄強。眉衝正平,仁義令名。許負曰:連眉蹙額,不巾其活。眉上多理,貧苦相。眉上各一立理,公卿相。眉間有一立者,別勅授官。眉間有黑子亦然。眉間有月字,公侯相。年九十眉有王字,封侯。眉尾毛起面者,無外氏,縱有,破敗。眉尾秀,四十、五十死。老生者,壽眉有三毫者,長壽人。眉之上爲華蓋骨,眉乃宇宙,下蓋日月,橫排二目。兩天倉起,兩眉長,印廣濶,主心田安平。**狠**下懇反。**愎**弼力反。狠愎,剛傲自用也。**者低凹**本作宊[1],汙下也。**其骨**,性狠之人,則眉骨低凹。眉逆眼無頭,天獄陷無尾。堂露神深者,陰狠也。**狂狷**語曰:必也狂狷乎。朱氏解曰:狂者,志極高而行不掩。狷者,志未及而守有餘。**者陡**音斗。**高其棱**。凡人眉陡高者,乃爲狂狷之人。故知進而不知退,知存而不知亡,甚不可爲友,更恒有包藏之志。毛粗逆,天倉缺,刑死。

---

① 本,原作"木",據十萬卷樓本改。

粗厚愚魯①，眉毛粗濃濁厚者，其性愚鈍多滯。如抹墨，頭交尾散，目相近，本原難與同居。眼下眉高，子父亦須別屋。**秀濃慧明**②。濃，別本作瑩。眉疏秀有彩者，主聰慧，才智過人，謂月樣帶彩。**短不及目者貧賤**，眉短於目者，主身貧下賤。眉不覆目，主財乏，獨立不實。管輅云：眼長眉短不相副，骨肉之親如路人。**長能過眼者寵榮**。眉長而過目者，則身榮貴顯。眉長而過眼者，名譽四方。天綱見岑文本曰：學堂瑩夷，眉過目，文章振天下。**尾散者資財難聚**，尾散者，謂眉尾毛脫落而疏稀，主財物破散，主初運二十六至二十九財散。**頭交者身命早傾**。印堂乃命宮也。若眉頭相交如蚰蜒之形。毛侵印堂者，短壽之相也，命不至四旬，傷妻子，破財。紀信連眉，死項兵。《金鎖經》云：眉交為破印，無壽更無祿。**中心直斷惠性少**，眉中間直斷或文破者，其性寡有仁慈。**橫立文多懸針破印**。**兩頭高仰壯氣橫**。眉尾為凌雲，主人之氣志。眉若兩頭高起，則有丈夫之志。眉入鬢者，貴。**毛直性狠**，下懇反，狠戾也。眉毛直生者，為人性狠，亦主橫夭。**毛逆禍生**。眉毛逆生者，其人恒有災害，亦當剋祖父，主凶惡也。**覆目**一本作月。**軟柔而少斷**，眉八字軟柔壓眼，終無正性，故為無斷之人。**偃月高揭而好爭**。眉若偃月高揭者，則必好鬥而多爭。眉頭低尾高，眉逆者，傷尊不貪酒色。**扣**音寇。**促無閒，傷蜉蝣**渠略也。似蛣蜣，身狹而長，角黃黑色，朝生暮死。《詩》：蜉蝣之羽，衣裳楚楚。是也。**之短景**。音軌，日景也。蜉蝣乃陰之物也，喜陰而惡陽。人若眉頭扣促，鎖印堂，終日不開者，謂之鬼形，故嘆其若蜉蝣之影短也。眉頭交日影相似。朝菌不知晦朔，蟪蛄不知春秋。眉頭交者，命不至四旬。**毛長及寸，享龜鶴之遐齡**。眉長及寸者，謂之壽毫。二十生毫三十死，三十生毫四十亡，四十已上生者得其壽考，必享遐齡之慶。眉耳生毛白，閑居百歲庭。**十字高品**，兩眉門印堂上有文如十字者，主有高貴。**天文大亨**。若文理似天字者，一生亨通，縱有災咎，自能消散。十字者，伏犀骨起，下垂至山根者，正天地相臨，應上部。反此者，不令。**作坤字**坤卦☷

---

① 《太乙照神經》此句作"濃濁魯愚"。

② 《太乙照神經》本此句作"清秀慧明"。

者，禄二千石。印堂有文作坤卦者，則禄享千石。爲兩眉平，兩眼平，龍虎部平，九州有副者，貴矣。**成土字者，將百萬兵。**將，去聲。成土字者，帥兵百萬。兩眉兩目狹玉柱，衡天起，不接至天庭，盡將軍之命也。**列土分茅，**天子大社，封五色土爲壇。凡見諸侯，受天子大社之土，各割其所封之方色土與之。東方受青土，他如其方色。加以白茅授之，歸國以祀，燾以黃土，苴以白茅。茅取其潔，黃取王者覆燾四方。等其爵位輕重，而爲之名數也。**由玉田之高朗。**明也。有列土分茅之貴者，謂印堂中有文如玉山之字。**紆朱**紆，音迂，縈也。朱，六品、七品服也。**曳紫，**五品、四品至一品服也。**蓋水鳥之圓成。**紆朱曳紫之官，蓋印堂中文如水鳥排列。紫衫、銀帶、金章、紫綬，乃眉根青翠疏秀帶三彩。水鳥者，翠蟲也。**欲察神氣，先觀目睛。**天之神在日，人之神在目。夜則神瘞於心，晝則神遊於目。欲察神氣虛實，心術善惡，必當先視其目。故觀其外者，則知其內。神者，一身之主，百脈之根，肺之靈苗。骨者，人之舍也。副者，貴。不副者，薄。骨不副者，賤。清無神，寒。秀無神，薄。古無神，漏。怪無神，粗。《靈臺秘訣》云：夫目者，乃人身之日月，心神之户牖。上有三陽三陰，乃六合之中，左右各掌一十部。四時曰：春主於目，內應肝而通於心，乃人之瞻視，爲神之殿廷，掌人賢愚貴賤，巧拙勇怯，邪正之宮。孟子曰：胸中正，則眸瞭矣。及目貴者，前角形曲鈎，主機深智足，多規畫，有籌算，能營運。後尾平如刀裁，主聰明多才俊，文章赫奕。三陽平滿，多福，旺祖宗，少災厄。六合圓滿相副，主清閑近貴，正直。神光明顯，主名譽超群，文章顯赫。睛含光殿净，主見事疾不疑惑。交友平闊，主喜朋友，少貪心，性和緩。奸門平潤而明，主性耿潔，少淫邪，喜道路美妾。魚尾平滿明净，主易求妻，宜陰財，少奸盜，得陰人見，喜林泉。鼉囊平潤，主子孫旺，多財禄，喜婚姻。泪堂平滿，少悲泣，多喜樂，一生無牢獄之災。瞻視有力，貴顯聰明。下瞰赤①，好鬭爭。目後一紋充耳，老有官職。赤脈貫睛，死多血刃。兩目不相似者，異母。目下有紋如一字，正直分明。紋若卧鼉之形，主子孫貴。目光明媚，才秀聰明，積德之人。目無光彩，短命。牛虎視者，貴。黑睛大而端定，有壽。目圓無角，作事拙錯，多後悔。睛朝鼻準，主性謹慎和緩。目尾兩角垂下，主親人離別。不然，則不和

---

① 瞰，原作臉，據文意改。

睦。睛凸而不宜道路。睛埕，睛懸，並主獄亡。黯睛向上，下劣薄賤。視遠者，智。視下者，毒。視平者，德。視專者，狠。視反者，賊。視流者，奸。視註者，愚。左目主父，小則妨父。右目主母，小則損母。目疾病，多毒多病，少毒少病。目大眉短，中年災。睛朝眼尾，輕浮奸詐。單目，謂之桃花殺，好色。眉目相連者，嫉妒奸猾，首子難定。婦人黑睛大，溫潤似懸下瞼者①，寡婦何疑。三角者，多嗔性剛。四白者，害子多淫。又有三極貴，瞻視有力者，如俊鷹離巢，若怒虎出林。重瞳相向，目長一寸，自顧其耳，黑白分明，如鏡中點漆。大抵斜視，偷視，神流睛轉，似驚，如醉，若睡，皆淫賤之相也。目中六流神：□神怒，主怒惡不足之意。□神安，主喜樂和合之情。□神離，主意欲別離散之情。□神流，主姦淫之情。□神怯，主驚恐怕怯弱之情。□神弱，主憂愁悲泣之意。《鬼眼》云：睛黃雜學。孤兒少女，目大膽小。碧眼神仙。睛青者，水死。仰面婦人多毒惡，覷地男子好姦賊。或人言談未盡觀地者，腑腹中有疾也。眼中乍青者，肝爛不治。乍黃者，脾爛不治。乍白者，肺爛不治也。《龜鑑》云：目無卒氣赤者，富有凶惡事。目色白者，折傷。目色黑者，當憂留連壅滯，或有疾患。目色黃得財。目色青者，旺相吉，有喜，休廢有憂，父母及妻病，或奴婢六畜死。水土墓在東也。**賢良澄澈**，音徹，水澄清也。**豪俊精英**。賢良之士，眼神澄澈若水。豪俊之流，神和惠而黑白分明。王戎為人短小，裴楷見而目之曰：戎眼爛爛如巖下電，官司徒。**性端正者，平視無頗**。音坡，偏也。眼好則心好，眼惡則心惡。若人秉心端正，則平視不側。白不欲多，黑不欲少。勢不欲豎，視不欲困。眄不欲反，光不欲流。睛不欲露，縷不欲赤，乃善相也。**情流蕩者，轉盼不寧**。心情流蕩之徒，則目睛往來，轉盼不息。下光慢，偷視眼，主淫濫也。**黃潤定至於黃髮**，《詩》：黃髮兒齒，言其壽也。黃髮者，為黃髮仙也。若瞳子黃潤，可至於黃髮之壽。眼睛黃潤，髮白者稍復黃，主壽考。**白乾終至於白丁**。走吏也。劉禹錫《陋室銘》云：往來無白丁。眼若乾而不秀，終作白衣之士。眼睛白乾，多為走吏。**顧下言徐，叔向知其必死**。昭公十一年夏五月，單子會韓宣子於戚，視下言徐。叔向曰：單子其將死乎！朝有著定，失則有缺。今單子為王官伯而命事於會，視不登帶，言不過步，無守身之氣，死將至矣。此

---

① 瞼，原作臉，據文意改。

年冬，單子果卒。**視端趨疾，魏主**—作王。**見乎得情**。智伯帥韓魏之兵而攻趙，以水灌之，城不浸者三版，城降有日。智伯之臣絺疵見桓子與康子，俱無喜志而有憂色。絺疵謂智伯曰：二子必反矣。智伯不聽。明日智伯以絺疵之言告二子，二子曰：此夫讒臣，使主信①，懈於攻趙也。二子出，絺疵入曰：主何以臣之言告二子？智伯曰：子何以知之？絺疵對曰：臣適見二子，視臣端趨疾，知臣得其情故也。智伯不悛，絺疵請使於齊。後二子與趙襄子約定，決水反灌智伯之軍。其軍大敗，殺智伯，盡滅智氏之族。**神陷短壽，**神，一本作目。人之夭壽皆在於目，神氣所主。若目神已陷，而必當夭死。黃巢蜂目，眼青白無神。**睛凸極刑**。凸音迭，高起也。睛凸者，謂蜂目，其人必至極刑。相蜂目豺聲，必不善終。王莽鴟目，兩眼射外，白輝、赤縷貫眼，主惡死。**斜眄者，人遭其毒**。斜眄之人，謂眼神側視，必遭毒而身亡，或至兵死。**癡視者，自剋其形**。神癡不秀，轉眄無力者，雖面部顯貴，則自剋無祿也。謂神彩不明傷自己。**淫眼神蕩，**淫亂者，則眼神流蕩而不收。神流。大眦，殺身。小眦，主傷財。**姦心內萌**。狡佞姦邪之人，則目神若塵垢之蒙深，不可以為交友。**睡眼神濁而如睡，**目神濁者，謂神不清也。如睡者，謂人困而無力。神濁無力，終當夭壽。**驚眼神怯而如驚**。怯，乞業反，愕也，懾也。驚眼者，謂視物急而驚猛②，其人當至暴死。**病眼神困而如病未愈，**病眼神困無力者，謂轉眄情倦，如帶久病未瘥，其人終無遠壽。相曰：不病似病終當病，如還得病恐難醫。**醉眼神昏而如醉不醒**。醉眼神昏者，謂神力昏迷，瞻視倦怠，恒如帶酒之人，必至服毒而死。下光慢，主淫濁。豁疏通也。**如視而有威，名揚四海**。神藏於豁視，威嚴而有力，儼然人望而畏之，主聲名播揚於天下。眼如鷹視，富有餘。如鏡中點漆，名振天下。迴户頂反，寥遠也。**然驚而不瞬，神耀三清**。瞬，音舜，目開闔數動搖也。人若偶遇不測之驚，眼神澄不瞬，貌不變容，蓋神生於三點，不染塵俗之污，出於造化之外，是謂大賢之相。人之所得者，鮮矣。陳瑩中嘗入朝，已立班上，遇晚景照耀，莫敢仰視，唯蔡京註目久而不瞬。宋朱弁奉使於金，見留，授以官，託目疾，卒然以

---

① 信，《神相全編》作"疑"。
② 物，原作"勿"，據《神相全編》改。

錐刺之而不瞬，於是得免蓋。神識內定，如道家所説，超達三清之境也。眦音潰。

圓者，其機深於城域。影逼反，區域也，邦也，界局也。眦爲眼蓋，圓成者，言行深奥，人莫能探測，故可謂之機深於城域。上有秀文，內有才學，黑白分明，主富貴之相。**堂露者，厥子乃是螟蛉。**上音冥，下音零。螟蛉，桑中之子，蜾蠃可以教而育之。言與人爲義子也。《詩·小雅·小宛》云：螟蛉有子，蜾蠃負之。眼堂破露，當養螟蛉之子，神舍寬，眼睛尖，寄生之子，出不正之男。**犬羊鵝鴨何足算，**犬眼荒淫，羊眼招禍，及鵝鴨之眼皆不善，終又爲至賤至愚之相。犬目人多叫，羊目人不慈。白睛多，黑睛少，鵝鴨眼人，無智。**鷄鼠猴蛇奚可評。**人若似鷄鼠猴蛇之目，皆相之賤也。然而察各人形像，應本形者爲吉，當可細察而省玩之。鷄眼人多凶，猴眼人多盗，鼠目人多疑，蛇目人多毒。**豕視心亂而無定[①]，**豕爲豬也。豬眼朦朧，黑白不明，主心術不正，則心貪而多欲。魏安釐王問子順曰：梗梗馬回，亮直大夫之節。吾欲以爲相，可乎？答曰：長目而豕視，則體方心圓。每以其法相人，萬不失一。臣見回非不偉其體幹，然甚疑其目。**狼顧性狠而難名。**狼顧者，謂迴顧而身不轉[②]。性狠，常懷殺人害物之心，多爲殘害之行，絶不可交談。反鷹視後，越王之相。昔曹操聞司馬懿有狼顧相，乃召使前行，令回顧，面正向後而身不動。迹其情，蓋有符於狼顧也。**後尾有如刀裁，文斯博雅。**眼後魚尾長遠，若刀裁之狀者，主顯文學之貴，性多寬厚儒雅。目若刀裁，文章自來。**前眦似乎鈎曲，智足經營。**眼前眦若曲鈎之人，必爲良賈，深藏而能規運。大眦圓，目如秋水，富貴無比。趙平原君相秦白起，謂趙王曰：武安君之爲人也，小頭鋭上，瞳子黑白分明，視瞻不轉。小頭鋭上，斷敢也。瞳子黑白分明者，見事明也。視瞻不轉，知志强也。不可與争鋒。

---

① 亂，原作"圓"，據《太乙照神經》改。
② 而身不轉，《神相全編》作"與身皆轉"。

卷下

　　惟女賦質，與男異禎。音貞，善也。惟女人所賦，遠不與男貌相同。男子以剛爲貴，女人以柔爲禎。圖南曰：陰反於陽夫必損，陽反於陰禍必當[①]。《靈臺秘訣》云：女中至貴，謂威厚，燕語聲和，耳厚白，額圓，鬢烏潤，懷抱平，肩削，項長，目澄淨，視端嬌媚，人中分明，腮顴隱隱有力，懸壁正，唇紅齒白，骨肉相副，手纖，鼻狹峻直。女中至富，謂耳慢厚，唇相當紅潤，懸壁正，目美性寬，腮滿頦潤，人中長，食倉滿，鹽囊平，四倉俱滿，蘭尉分明，井竈平，細厨滿，酒池平，地閣潤。犯金鴨玉霞，女中至賤，謂耳急撮，唇吹火，口鼻凹，目露，蛇行，雄聲，體冷，齒高，腰削，臀高，胸凸，齦露，膀窄，背直，聲重破，龍唇鳳口，頰高神淺，人中斷，肌粗指短，上有夭角。女中至貞，謂瞻視分明，剛骨有力，顴壽隱顯有勢，法令深，目神澄，黑白分明，目下斜視，嬌有威，媚而態，行緩步輕，身柔，性正，耳厚，額圓，鼻直，髮疏，潤而光，聲清嚴不散者，貴。其下賤者，反顧，蛇行，雀躍，耳反，羊目，神薄，嬌而無威，媚而不態，剛中欠柔，五官不定，犯日角、天角、龍角，神流，口濶，舌長，笑而不實，掀唇撮口，眉偃月，氣浮聲淺。女中至惡，謂口高齒露，聲散髮黃，人中蹇，鼻促，下唇進前，耳窄，鼻曲，竅露，目深，鼻梁有節，橫面黑黃，髮粗索，體硬無媚，聲破無韻，項短面促。女中至孤，謂三拳面，眉厚硬，棱骨高，下唇向前，鼻準大，耳乍顧如立卵，額尖削，目長乏蓋，聲雄，面黑黶，蠅生斑，靨生鬚，羊目，眼三角，鼻勾文，山根斷。女中至壽，頦擁肉滿，壽帶長，人中深，頰顴有力，目神澄，黑白分明，語聲輕細圓實，法令過口，項有雙縧，腹垂皮寬，耳慢，年壽高。女中夭命，蠅面，頰高，聲雄，眉壓目，耳窄，人中短，有靨，雙縧橫匝，目神怒，低頭斜視，睛大無光，六合不蓋，口尖齒露，犯懸索之氣，口邊長黑。又曰：女有九醜，謂一雄聲，主殺夫害子，多嗔。二生鬚，主貧賤乏財。三胸凸，愚魯下賤。四蛇行，主淫。五雀躍，孤獨，性不良。六蠅面，少子妨夫，壽夭。七羊目，主淫不慈，害子。八腰削臀高，主賤，辛苦。九結喉，妨夫，好妖，喜僞。眉彎，眼含笑，聲賤韻低柔，目神藏，唇薄，小人多賤。

---

　　① 禍必當，《神相全編》作"婦必亡"，意長。

齒稀，歸來陷，顴壽孤，神流散，頭掉腳跳，目斂薄，口唇不相當，羊目。妊孕：男女論氣血，正時稟真氣而成孕。陽盛爲男，陰盛爲女。陽精太盛，則必生偏指，或胎内生牙。陰血有餘，定髮白於腹内。又看虎口筋紋而皆暗，生子必聯。其暗青點點，子必缺唇。筋青而不正，其子髮稀。青筋大現，子骨堅而行早。雙生則青筋雙牽，不全則浮筋不正，主子難養。青紋不足，子行遲。紋筋相交虎口，子死。右湧紋筋，女病。定兒女無差，左青色至口，是男。右青色至口，是女。鳳池水聚知生女，土虎龍宮定是男。黯慘不明如濕土，子難保育母難安①。右看三陰，赤色是女。如黑白灌子，子母離隔。壽上黄，懷孕平安。人中有黶，防產厄。有紋，難產。**和媚有常者貴重**②，上聲。男子之目，必要神旺。婦人之目，必要和惠。若和惠有恒之婦，必當貴重。嚴肅，威力剛視，乃富貴之相也。白不欲多，黑不欲少，視不欲偏，光不欲慢，睛不欲露，神不欲困，乃善相也。**圓凸不秀者賤輕**③。婦人惟眼長爲貴。若圓小高凸，粗俗不秀者，主其賤輕。猴目神流，多淫。**瞼薄赤而少節**，瞼者，爲目蓋也。若目蓋薄而赤者，主有不廉之態，少有貞潔之行。女帶桃花，眼上胞紅。**睛瑩澈而多貞**。清白守節曰貞。睛澄澈，湛然若水者，必有貴烈之性④。**眼下氣青夫必哭**⑤，一本作喪。婦女有青氣冲眼者，必哭其夫。卧蠶青，傷長男長女，害夫。**尾後色白男必憎**。眉尾後白色者，夫必憎嫌。目露四白，外人入宅。露白，語而不正。**三角多嗔，爲妨夫之霜刃**。婦人眼三角者，性狠而多怒，如殺夫之露鋒之刃。**四白帶殺，作害子之青萍**⑥。婦人眼露四白而神旺者，謂之帶殺，乃殺子之劍也。青萍者，乃劍之名也。白多三角犯刑徒。四白者，目露四白。帶殺，赤縷貫睛，殺子剋夫，如青萍之劍矣。**惟耳者，主聲音之聽聞，爲心腎之司牧**。司，主守也。牧，古者州長謂之牧。取守養之義也。凡人所言善惡皆從耳傳於心，故爲心腎之司牧也。《玉管照神》曰：耳主聰，貫腦而多通腎，爲心之司，腎之候也。故腎氣實則清而聰，腎氣虛則

---

① 育，原作"肓"，據文意改。

② 貴重，《太乙照神經》作"富貴"。

③ 輕，《太乙照神經》作"貧"。

④ 貴，《神相全編》作"貞"，意長。

⑤ 哭，《太乙照神經》作"死"，與註文中所記之"一本"義同。

⑥ 青萍，《太乙照神經》作"利刃"。

昏而濁,所以主聲譽與心行也。耳厚而堅者,壽考。聳起過眉者,主壽。輪廓分明,聰悟。垂珠朝口者,主財與壽。貼肉而生者,富足。耳內生毫者,壽。耳內有黑子者,生貴子,主聰明。耳門濶者,智慮遠。其堅如木,至死不哭。長而聳者,祿位。厚而圓者,財食。色紅潤者,榮貴。黃白者,名譽。青黑者,貧薄。輪廓不分明者,財祿多散。薄而向前,賣盡田園。其薄如紙,貧下早死。反而偏側,居無屋室。左右小大,屯否妨害。光明潤澤,則聲名遠播。塵昏焦暗,則貧薄愚魯。大抵貴人有貴眼或無貴耳,賤人有貴耳而無貴眼,形雖善而色不明。故善相耳者,先相其色而復相其形。《龜鑑》云:耳圓大,有智人。耳孔小,骨節曲戾者,無智人也。老鼠耳,長命又多作偷。兩耳不相似,有異母兄弟。耳上大下小,苦心人也。耳長頭短者,貧賤短命。耳後骨起,名曰壽堂,亦名輔骨。手中文長,耳聳過眉,必百歲不死。耳垂齊口,與財相守。耳長四寸,世世封侯。耳色不澤,不得自從。城郭不具,仕路不通。兩耳顑垂,至老獨炊。耳孔生毛,長命。耳色白,有聲名。耳垂與口齊者,資財萬億。此謂長耳,非謂耳下也。猴耳難得心,鹿耳貧。耳如倚金佩刀環,封公侯。耳欲城臨郭,不用郭臨城。耳後通中實者,少子孫。《靈臺秘訣》云:耳上分五部,傍有四骨。五部者,一曰天輪,分明主貴顯,聰明得祖力。二曰天城,顯主後旺,得子孫力,歇心早。三曰天廓,分明主壽,有財。四曰風門,濶主聰明記性。五曰匿犀,尖顯方大主貴壽聰明。四骨者皆會虎耳、玉堂、命門。女人左耳厚,先生男。右耳厚,先生女。耳一大一小,主飲二母之乳,不然異母兄弟。謝靈運云:耳薄齒疏脣略綽,孤寒妄語日荒忙。《靈臺秘訣》:耳如挈起,名播神耳。上有城,外有郭,裏有輪,扇寬竅大,下過於準,貼腦垂窄。紅潤,足財帛,主名譽。黑,主病疾。儉有小反輪者,不壽。耳反輪焦,少避他鄉離故里。李忠臣常朝帝,帝曰:卿耳大,貴兆。對曰:龍耳小,驢耳大。帝雅善之。**觀其形狀顏色,見乎休**美譽也。**咎**惡也。**榮辱**。耳主心腎,又爲祿星。觀其耳之形狀、顏色,則人之休咎、榮辱皆可知也。**垂珠朝海,必延算而餘財**。四瀆耳爲江,口爲河。若耳珠朝於口者,爲朝海也,必延壽而財有餘。耳垂朝口,耳尖貼腦垂窄①,必取延年算數,死之後必有餘財。**偃月貫輪,終朝王而執玉②**。耳有城郭,如新月偃

仰,光瑩朝接者,定朝拱天子,而爲執玉之臣。**圓而成者,和惠。偏而缺者,慘**七感反,酷毒也。**酷。**苦復反,苛虐也。耳圓成者,主於情和而多惠。偏缺者,必爲慘酷之徒。謂不缺陷,主中平。偏缺者,辛苦慇懃。**其薄如紙兮貧早死,**耳小如紙者,則貧寒而早亡。丹田有病,主不壽也。**其堅如木兮老不哭**①。耳硬者,吉人。古相云:耳硬如木,至老不哭。謂多吉少凶也。**白或過面,主聲聞之飛騰。**聞,去聲。耳白過於面者,至聲譽聞世。古相云:耳白過面,名揚四海。**瑩縈**定反,潔也。**且如輪,主信行之敦篤。**耳輪廓如玉之光瑩貫輪者,主恩信篤厚。**似豬者,不聰而貪婪。**音嵐,貪物也。耳大有如豬者,耳雖小有如龍耳者。耳不論大小,貴其輪廓分明。其耳雖大,無輪廓又無垂珠,謂之豬耳,則人多愚鈍,性多貪婪。**如鼠者,好疑而積蓄。**好,去聲。鼠耳本小,有廓無輪。若似鼠耳之人,作事多疑而能積蓄。耳尖立,窺小利。**輪厴雖明,假學則貴。**耳輪有厴而明,當假其學而後顯貴。**孔毛能長,善持不覆。**耳生毛者,乃壽考之相。善持守而不顛危。耳中金絲毛者,貴壽平生,作事不反覆。**性譎**音決,權詐也。謬欺天下曰譎。**詐而難測,蓋爲如猴。**凡人譎詐奸猾不可測者,蓋耳如猴也。猴耳者,尖而向前,耳門窄小,故人莫能測其心也。**糧匱**空竭也。**乏而靡充,率有似鹿。**糧饋殊乏,尚能與朋友同用而無憾者,蓋以耳之似鹿,由鹿有呼群之義故也。《詩》云:呦呦鹿鳴,食野之苹。其鹿耳之形,可如蓮瓣之狀。**薄如向前賣盡田園,**耳之薄小而前向,即爲破家之人。《鬼眼》云:耳薄向前,賣盡田園。**反而倒後居無室屋。**耳若反輪而後倒,耳珠又不朝海者,則貧無所居之室。耳小又離親,妨傷父母。**昏暗難議乎登第,**耳爲祿星。其耳昏暗者,爲祿星不明,則當爲寒士,終無祿位。**焦枯屢嘆其空軸。**機具也。耳主其腎,若耳色焦枯者,爲腎氣不足,主遭貧窮。軸,卷軸也。空軸,言腹中空洞無物也。**壽越眉兮貴噀血,**噀,音巽,含水噴也。壽長者,耳過於眉。位高,其色鮮如噀血。**聰明潤兮富貼肉。**聰明

---

① 木,《太乙照神經》作"石"。

之人,耳色明潤。富之人,耳必爲之貼肉。**輪厲生乎黑子,智足經邦。**其耳前輪厲生黑子者,則爲興邦知略之臣。**門輔起乎匡犀,功當剖竹。**漢制其竹使符,分給郡守。《漢書音義》曰:皆以竹箭五枝,長五寸,鐫刻篆書。第一至第五與郡守爲符,各分其半。左留京師,右以與之也。耳門骨藏豐滿者,謂之匡犀,當爲有勳封爵之臣①。察壽骨起天倉,監司守土之相。**惟鼻者,號嵩嶽以居中,爲天柱而高矗。**初六反,直聳上貌。相如賦:崇山矗矗。鼻爲嵩嶽,以居中央,爲天柱而高接天庭。《龜鑑》云:夫鼻者,辨薰蕕者也,吐納氣息之所積也。故知鼻好者,有聲譽。惡者,無名聞。鼻邊無媚,愍蠢人也。鼻柱薄而鼻陷者,多病厄。人鼻孔小縮,準頭低曲,慳吝人也。蜣蜋鼻,少意智。鼻孔大如手指者,短命,亦貧。鼻洪而長者,貴。鼻小而仰促者,貧賤。鼻高而昂,侍官休昌。委曲局缺,志量下劣。鼻高低垂,至老獨炊。鼻頭分,妨妻子。鼻頭如懸膽,二品。鼻如截筒,二千石。鼻狹而高,老無兄弟。鼻左曲,先妨父。鼻右曲,先妨母。鼻如鼊鼻,貧而多淫。虎鼻猛烈,將軍多兵死。昔子路有此相也。鼻長智長,鼻短智短。鼻頭晃晃如老鼊,富貴封侯。《靈臺秘訣》云:準者,乃鼻之主,號嵩嶽以居其中。又曰:審辨官,土星所居之位。鼻總屬金,惟準屬土。上有三節二部屬金,爲土根金苗。其準者,上有壽部,下臨人中,勢貫臺尉二部,左右勢狹兩權,侵連法令二部,方圓一寸二分,曰準頭,掌信義,官禄學藝之宮。如截筒者,信義。若芰藕者,多淫。低小者,膽小。尖薄者,下劣。準圓如破彈者,貴。鷹觜者,毒。瘢者,壽短。分瑕者,無仁義。露竅者,不淫而必貧。如懸膽者,多財帛。準如蘭尉皆大而方,主聰明顯達。長有黑紫,子不得力。仰天則客亡。準高,孤蘭尉小不相副,一子之相。毛出外,好謗揚是非。低小,無信。忽然黑色者,謂之肺絕,百日中死。其餘氣色細言於別文。如瘢痕瑕厲,主短壽。準圓蘭方,主晚子旺。左蘭臺爲仙倉,右廷尉爲仙庫,主收藏積聚之宮。完美者,主聲譽。分明者,財旺。缺露者,財乏。薄小者,無財。端正無破,理訟平。中年鼻涕常垂,末年萬事無依。《玉管照神》云:鼻象中嶽,一面之表。欲高而隆,不要尖小。光潤者,吉。昏黑,貧夭。斜曲不直,官災纏繞。**梁貴乎豐隆貫額,色貴乎瑩光溢目。**其鼻所貴,惟在高隆貫額。色之所貴,在乎瑩光温潤而能溢目。**竅小慳悋也。劣,**鄙也。鼻孔小者,爲自閉不通,其性多慳

---

① 當,原作"常",據《神相全編》改。

劣。**頭低孤獨**。凡人準頭低者，主終身無子，孤獨之相，謂準頭無仙庫及俗庫。**斜如芰**音衫，刈也。**藕之狀，困乏瓶儲**。貯也。其鼻昂露，若芰藕之狀者，則家貧窮，衣食不贍。孔仰家無隔宿錢。**圓若懸膽之形，榮食鼎餗**。鼎者，烹煮之器。餗，羹食也。鼎中之美食，公侯之食也。餗，音速。鼻準完美，勢若懸膽者，則當榮食鼎禄。鼻如立劍，下有三珠，富貴之相。《玉管照神》曰：鼻如懸膽身須貴，木曜當生得地來。若見山根連額起，定知食禄至三台。**青黑多凶，黃明廣福**。鼻乃身之主，若氣色青黑者，應遭不測之禍。如其色之黃明，福自至也。**柱缺終身難薦鶚**，鶚屬。孟康曰：大鵰也。師古曰：鷙擊之鳥，鷹鶚之屬，大而鷙者，耳兆鵰也。《魏志》：禰衡，字正平，三原人。孔融薦禰衡云：鷙鳥累百，不如一鶚。天柱必要端正，若有缺陷，則終當困滯，不得騰踏仕進。**梁斷三十當畏鵩**。音服，鴞屬。鵩鳥乃不祥鳥也，如人見之，必至於死。漢賈誼三十而見此鳥，誼知必死，故作鵩賦，方畢而死。**大而滯者**，大，別本作小。**爲賈**音古，坐販曰賈。**旅**。行旅也。其鼻大而滯者，則爲商賈之人，終身奔波流落。金櫃藏，仙庫顯，俗庫明，山根正，主財帛而終商。**小而狹者**，小，別本作大。**作僮僕**。《衛青傳》註：僮者，婢妾之總名。稱僕給事從者。凡鼻小而狹者，則早離父母，必作僮僕。相曰：山根斷而幼年疾苦爲僮僕。《玉管照神》曰：鼻頭尖小人多賤，孔仰家無隔宿財。又怕曲如鷹嘴樣，一生奸計不堪哀。**極貴之色，似老蠶之光明**。相曰：蠶將老自頷而明[①]，然後通於周體。人將發自準而明，然後通於諸部。故人將貴，著見青龍之氣。似老蠶黃明，乃極貴之兆，無不利也。**下愚之人，若蜷蜋之局促**。蹴，小貌。下愚之人，鼻短低凹，若蜷蜋局促。相曰：欲知貧賤之形貌，鼻短無梁露齒牙。鼻短促，蘭臺、庭尉相去遠，是也。**完美宜官，破露憂獄**。其鼻完美成就者，宜享官禄。若破露無勢者，則平生憂苦，多致牢獄之囚。宜官，鼻如懸膽。己身年壽上缺，主己身不旺，又主凶惡死。**準頭隆者誠信**，夫準者，爲面部之標本。準頭高隆，其人誠懇而篤信。鼻準齊者，主信義學堂也。**法令深而嚴肅**。法令，乃鼻之左右紋也。若其紋理深長者，爲人敦重

---

① 頷，《神相全編》作"餇"。

嚴肅，又有遐齡之壽。如鐘樣者，富饒。尖者，貧。長者，壽。短者，夭命。**疾病尖薄，慳恪小縮**。短也。鼻尖而薄者，一生多病。蘭臺小縮者，其性恪慳。準尖鼻曲，此人不可深交。**蘭臺明兮庭旅實**，庭，宮中也。旅，衆也。實者，富也，庶也。言家產殷實也。蘭臺、庭尉，福德宮也。若蘭臺豐明者，家產殷實而多儲積，能贍百人。仙庫、俗庫秀。**井竈露兮厨無粟**。井竈若破露不收者，當庖厨困乏，恒無自贍之食。相曰：鼻露竅，無歸着。法令文内缺骨横起，乃厨無粟。**骨如横起，忌與結於交朋**。鼻骨横起者，甚不可相親爲友。爲年壽上骨起。**紋若亂交，慎勿爲乎眷屬**。鼻上紋理亂交者，必詭行。雖父子，不同其心。若女子者，不可爲之眷屬。準頭至年上立紋多。**夫人中者，溝洫之態**。《説文》：水瀆，廣四尺，深四尺。《釋名》曰：田間之水曰溝洫，音恤。《説文》：十里爲成，成間廣八尺，深八尺爲之洫，田間水道也。旱則潴水，潦則泄水也。夫人中者，若大川之溝洫，通流四瀆，潮接歸海，宜其寬深而長也。《玉管照神》云：人中溝洫之象也，疏通則水流而不壅滯。一名壽堂，一名子庭。短而促及塞者，賤夭。有黑紫者，養他姓子。縱横理者，俱不宜子。其小如綫者，貧寒之人。《月波洞中記》：人中者，亦名壽堂，一名子庭。上濶下窄者，初顯榮而老鰥。下濶上窄者，少無子而老有。黶在左邊，腹帶親子。黶在右邊，暗抛女子。又云：人中理立，主養他人之子。《靈臺秘訣》云：夫人中者，乃人之溝壑。上通玄牝，下註海門，左右金甲二匱。内屬季夏，萬物結胎之月，乃壽算妻財子孫之宮。其應有九：短而騫起，剋妻害子。慢淺不正，財不能足。上大，輕則女主孤獨，男子性惡。下窄，主奸巧，少榮老孤，失祖業。上窄下寬，主幼困老榮。上有横文，輕則女孤獨，男子性惡，重則女子產厄，男子横亡，不然老年危困貧乏。中深，上下皆寬慢，主爲事多荒急，不和睦。鬚歇其中，主財聚散不常。鬚亂逆旋，其中主蹉跎。鬚密其中，末年財旺。曲者，男女多狡。上有黶，應在舌下，女人防產厄。微如一綫之絣，死於途中。形如破竹之仰，貴顯後旺。深長者，壽長。短而深，子晚剋妻，或壽短。立文，主死他鄉。男子人中有黶，舌有黶相應，人多見喜，財旺，多酒食。交文，多水災。斜立文，主無義，妨子。平長分明，多正直，宜子。曲淺，多淫慾。人中黑紫，養他子異姓。中高兩低，子晚。許負曰：人中深長，子孫盈堂。人中短淺，子孫易盡。人中廣平，子孫不成。唐生曰：一寸，二千石。若蹇，兵死。**深則疏導，淺則滯延**。若以人中深，則必致亨通。若其淺，則應當困滯。**淺短絕嗣而夭命，深長宜子以遐年。**遐，遠也。如其人中短淺者，絕嗣夭壽。若得深長者，宜其子孫，又富壽考。相曰：人中深長，子孫滿堂。**黑子難產乎蓐上**，蓐，音肉，草也。凡人中者，月孛也。若人中有鷹者，主其母產難。不正之鷹，女必欺夫。**橫紋殍卒於道邊。**道，一作塗。殍，音標。餓死曰殍。若有橫紋截斷，必當餓死於路途。**上狹下廣兮多後旺，**若人中上窄下寬者，主晚年發祿，有子成群。**下狹上廣兮屢孤眠。**如下窄上廣者，多為孤鰥之人，絕嗣之相。**深長者誠信著，寬厚者功名先。**若得深長者，著有誠信之行。寬濶者，早立功名。**微如一綫之緋，**補耕反。人以繩直物也。**身填**音田。**溝壑。**但人中微窄如一綫之緋痕者，主死填於溝澗。人中無形，為僕猶損主。**明猶破竹之仰，家世貂蟬。**董巴輿服，貂蟬侍中冠。金鐺附蟬為文，貂尾為餚也。若如破竹之仰，長遠有棱理者，則祖庭高貴。如劈筒，主榮祿高遷。**唯口者，語言之鑰，是非之關。**鑰，音藥。發言為開口之鑰，口開則是非無不至也。《玉管照神》曰：口為言語之門，飲食之具，萬物造化之關，又為心之外户，賞罰之所出，是非之會也。端厚不妄談，謂之口德。誹謗多言，謂之口賊。方廣有棱者，主壽貴。形如角弓者，官祿。橫濶而厚，福富。正而不偏，厚而不薄者，衣食。如四字，足富。尖而反，偏而薄，寒賤。不言自動，又如馬口者，主飢餓。鼠口，讒毀嫉妒。如吹火者，孤獨。狗口者，貧下。縱理入口者，飢餓。紫黑色，多滯。上唇長者，毀謗。下唇長者，破財。口齒露者，無機，早夭。有黑子者，主酒食。口如含丹，不被飢寒。口如一撮者，貧薄。口能容拳者，出將入相。口濶而豐，祿食萬鍾。無人獨語，其賤如鼠。唇為口之城郭，舌者口之鋒刃。城郭欲厚，鋒刃欲利。厚則不陷，利則不鈍，乃善相也。舌欲紅不欲黑，舌欲赤不欲白。舌紅如朱者，赤如血者，食祿。舌至鼻者，位至封侯。舌上有長理者，位至公侯。舌上多紋，有馬成群。舌大口小，貧薄折夭。小而短者，貧下。舌紫而黯者，貧厄。舌出如蛇者，毒害，夭。口勢欲深，形欲方，口色欲紅，口音欲亮，口德欲端，口唇欲厚。《靈臺秘訣》曰：夫口者人身之海門也。上通溝壑，下連承漿，左右井竈、細厨二部，五嶽曰恒山，五方曰北，五臟内應於心，乃水火既濟，又為出納官，乃水星所居之位，接飲食之户，徑滋身體之根源，為言語之鑰，是非之關。夫海者，受納百川。口者，受納百味，滋養形體。夫口貴者，棱角分明，合勢欲小，開勢欲寬,上下二脣相副,形以角弓,意如噙水,勢若含環,方城四字,更色如噀血,狀若含丹者,貴。口雖如此,脣薄不貴,多好歌樂,貴人不攜。如吹火者,酸寒。鼠口者,讒妒。二脣相副,好文章。女人脣齒不相蓋者,產厄。下脣過上者,妨夫。上脣過下者,多詐。孕婦左青色入口,是男。右紅色至口,是女。繞口黑色者,子母難全。口角下垂者,賤,主多悲啼,不爲妾必作婢。如含丹者,貴。笑露齒,多無止。尖無棱角,不歇心。脣粗厚紫色者,無夫。語略綽者,少信難和。**禍福之所招,利害之所詮。**音痊,擇言也。口爲禍福之根[①],禍福乃利害之本,惟其人之所招。故言不可不慎也。聖人曰:言悖而出者,亦悖而入。此之謂也。**端厚寡辭者,定免乎辱。**吉人之辭寡。若能謹厚寡辭者,定免恥辱於身。誹音非,議也。**謗**補礦反,毀也。**多言者,必招其愆。**過也。誹謗多言者,謂其專談人之過惡也,如是之人,必招其禍咎及身。**肥馬輕裘,由方成於四域[②]。**乘肥馬,衣輕裘者,由口若四字。**出將入相,蓋大容乎一拳。**出爲將帥,入爲宰輔者,蓋口大而能容其拳也。**脣欲厚,語欲端,音欲朗,色欲鮮。**平聲。脣貴乎秀厚,語貴乎端嚴,音貴乎高朗,色貴乎明鮮。**上下紋交,子孫衆。周匝棱利,仁信全。**周匝棱利,別本作周回棱鍔。脣上下紋交者,子孫甚衆。如周迴有棱利者,仁信皆全。**噀血餘資,似括囊而貧薄。**括,結也。括囊,謂口如括結囊之口也。脣如噀血者,主有殷富之資。如括囊者,貧寒孤老。**含丹多藝,如吹火以酸寒。**古相云:脣若含丹多技藝,口如吹火必孤寒。**合勢欲小,開勢欲寬。**口不欲收。故合勢欲其小,開勢欲其大。**狗食馬餤,**弩罪反,飢也。**鼠讒蜂單。**薄也,孤也。凡人食物若似狗之貪食,餓馬之喃,單如鼠蜂之偷食,皆下賤之相也。蜂口者,主孤單。歐公言曰:有僧相我,脣不着齒,無事得謗,其言頗當。**大言寡信者,略綽。**謂上下不相當,如上下略綽不收。脣無棱理,言語自滿不謙,凶徒寡信。**無機促齡者[③],偃蹇。**脣若偃蹇者,乃爲無智之人,又當夭壽。如人中騫起,下脣越上。**青黑禍發,黃白病**

---

① 口,《神相全編》作"言"。
② 域,《神相全編》作"字"。
③ 齡,《太乙照神經》作"掀"。

纏。口唇青黑者，惡禍將至。色見黃白者，大病臨身。**左右紋粗，定凶惡**。其口之左右有粗紋者，定是凶徒之士，多遭刑憲。法令紋外有美穴紋，美穴紋外有貧薄紋，貧薄紋外有縱理紋，侵斷法令紋，主餓死也。**上下急蕩，多迋遭**[①]。須連反，行不進貌。夫急蕩者，爲不言而唇自動，多孤苦之難。唇薄言語急疾，不噴禍害。**如鳥喙** 許穢反，口喙也。**者，高人多難共處**。若口如鳥喙者，與人難以爲交，又不可與之同行。上唇尖也。**同劍鐔** 音尋，又音潭。**者，義士可與交歡**。鐔者，劍之隔手。同劍鐔者，主有信義，宜與相結爲親友。**惟壽算之前定，以牙齒之可觀**。其於壽算，故爲前定，觀其牙齒而預可知矣。齒者，骨之餘。筋血壯則齒堅，衰則齒落。齒者，筋骨盛衰之候也。齒欲大而密，長而整，又欲排而堅，不欲漏風而斜。堅牢固密者，長年。紅白者，貴。牛齒者，富。鼠齒者，貧。色如榴，錢布九州。齒黑而細，屯蹇多滯。疏漏短缺，夭，破折。數至三十已上者，終始富貴。當門齒內學堂，齊大者，主信行。疏缺者，不令之相也。《軀鑑》云：鋸齒食肉，齒平食菜。取象於狼虎牛馬也。義曰：鋸齒非謂齒鋸也，亦非前缺也。上尖下濶，狀如鋸齒。齒粗者，性粗橫。齒密，性淳和。齒白而長，富貴。齒如劍鋒，三品。齒疏參差，無信。齒疏唇薄，好遊不休。齒一寸，利將兵。齒如金玉，二千石。齒牙鋒畔齊密者，少病長命。齒撩亂，主多病，亦短命。齒二十四，下賤。二十六、二十八，貧賤。三十二，貴壽。三十四、三十六已上者，命長而貴。齒短密辨細小者，邪諂姦佞人也。上齒蓋下，先妨父，亦破家。後黑者，多病，短命人也。**康寧** 無患難也。《書·洪範》：三曰康寧。**者齊且密，賤夭者疏不連**。康寧之人，其牙齒齊固而密。賤夭者，則稀少而疏。**上覆下兮少困，下掩上兮老鰥**。《孟子》曰：老而無妻曰鰥。上覆下者，則幼年困滯。下掩上者，晚歲鰥寡。上牙蓋下牙，爲鼠齒。下掩上，謂下牙蓋上牙。**班馬文章，白若瓠犀**《詩·碩人》：齒如瓠犀。瓠中之子，言其方整潔白，而比次整齊也。**之美**。愚謂班，漢班固也。字孟堅，扶風人。後漢明帝時人，仕至中護軍，撰《漢書》，作《司馬遷傳》。馬謂司馬遷，字子長，左馮翊人。漢武帝時，爲太史令，撰《史記》百三十篇，可謂文章矣。班馬者，爲駿馬也。爲馬有班紋可尚，貴難得也。如人之牙齒若

---

① 迋遭，《太乙照神經》作"是非"。

瓠犀之美者，亦爲難得，乃高貴之人也。喬松壽考，瑩如崑玉之堅。愚謂喬，乃王子喬也，周靈王太子晉也。好吹笙，乘白鵠而去。松乃赤松子也。神農時雨師，服水玉，能入火自燒，皆出《列仙傳》。可謂得其壽考矣。喬松者，爲高松也。若能享喬松之壽者，其人齒白瑩，堅如崑山之美玉也。當門二齒缺，則命蹇於没世。當門二齒缺者，其命蹇滯，終身困窮。長齒在後，不齊，運五十後貧薄。缺落者，屯否。學堂一官全，則聲聞於普天[1]。聞，去聲。當門二齒爲内學堂，若大而明者，主名聞四海[2]。焦黑困乏[3]，鮮明足錢。若其牙齒焦黑者，乏困貧窮。鮮明者，錢財豐足。二十四兮命折，三十六兮壽延。二十四齒，疏而不連者，謂之鬼形，主其命夭。三十六齒者，主其長年。尖若立錐，必乏衣食之士。齒尖如錐者，必爲闕衣乏食之人。齊如編貝，優登廊廟之賢。貝，海介蟲也。今雲南使用貼子也。編貝海物，色白而瑩，枝枝相同。齒若齊如編貝，足爲賢相，以登廊廟。惟舌者，以短小薄鈍爲下，以長大方利爲先。鈍，音遁，不利也。舌短小薄鈍者，爲下愚之人。若其長大而方利者，則爲上卿。相曰：舌到準頭必作公侯。《龜鑑》云：夫舌以顔色厚薄爲占。吐舌滿口者，富貴，位至公侯。舌厚方上如錡文者，富貴。舌赤如丹，長命亦貴。舌上紋通裏直者，二千石。上横紋通達者，富貴三公。舌二理紋通達舌頭者，封侯。舌狹長，下賤。舌薄，貧賤。舌白，多妄語下賤。舌無紋，下賤。舌尖饒舌多少信，舌上黑點惡心人云云，在口部下。方長者，咳唾成玉。舌方長者，主有才德，文高四海，出語可爲珠玉。短小者，皂隸執鞭。短小者，俗謂之舌禿，則皂隸執鞭之僕。夫皂隸者，乃臣僕至下之人，言其賤之甚也。黑子凶惡，粟粒榮遷。舌上有黑靨者，多爲凶惡。有粟粒者，則必居官食禄。黯紫，布衣而肘露。舌上色若黯紫之色者，當終世貧寒。若能粗得布衣遮身，尚猶以露其肘，言其貧之甚也。鮮明，金帶而腰懸。舌若鮮明廣瑩者，則有腰金之貴。七星理明，可享千鍾之禄。舌上有七星靨者，可享上卿之厚禄。三川紋足，

---

① 普天，《太乙照神經》作“後人”，《神相全編》作“天下”。
② 名，原作“多”，據《神相全編》改。
③ 困乏，《太乙照神經》作“少食”。

必食萬户之田。舌上有紋如川者，必享萬户之食。**允謂瘦人項短致災殃**，瘦人本宜項長，而以項短者，決致災禍。《玉管照神》云：肥人項欲短，瘦人項欲長。反此者，不貧則夭。項者，一身之旅，所以安於體而扶於首也。方隆光潤者，大貴。豐圓堅實者，大富。側小而弱，非梁棟之器也。或太長如鵝，太短如豕，或大如瘦木，小如酒罌者，皆不令之相表也。項有結喉，散走他州。《竹輪》云：瘦人結喉尚自可，肥人結喉逢災禍。項後豐起者主後福。項下有皮如縧者，上壽之相也。**肥人項長必夭横**。去聲，不順理也，非正命死也。肥人本宜項短，而以項長者，必當横夭。**如罌如瓶總非吉**，罌、瓶皆瓦器也。項下垂若器者，非爲吉，乃凶之兆也。**似鵝似豕皆不令**。去聲，善也。鵝項太長，豬項太短，咸不得中也。如是之人，皆主惡死，不善終也。**豐圓厚實多財産**，項若豐圓厚實與背相稱者，財産多而富足。**光隆温潤足權柄**。其項光隆温潤者，足掌樞機重柄。**瘦人結喉身孤兆，肥人結喉刑剋證**。瘦人結喉者，身必孤獨。肥人結喉者，必遭刑害。**項後豐起，定爲厚福之人**①。**頷下條垂，永保遐齡之慶**。項後骨豐而起者，是爲厚福。頷下餘條雙垂者，永保遐齡之壽②。**夫背所貴者豐隆，身乃恃而安定**。恃，猶賴也。夫人之背貴於豐隆，必以體之上下安恃而爲可稱。《洞微玉鑑》云：背一身之基址也。人不論肥瘦、輕重，皆欲有背。夫有背者，號爲上，須得豐隆不俗。如龜背而廣厚平濶，前看如昂，後看如俯者，福相也。或屈而視下，頭低而陷者，非也。貴人無背，名爲借禄。借禄者，言其不久長也。《玉管照神》曰：背欲長而不欲短，欲厚不欲薄。坑陷者，貧賤。凡欲前見如仰，後見如俯，不貴則富。背者，後主子孫。《龜鑑》曰：夫背者，負戴於後也，亦强禦之情也。背薄則怯弱，厚濶則剛決。高起者，彌佳。背如龜形，富貴一品。凡言龜背者，謂竦骨高起，兩邊應之是也。直而邊起者，非也。許負曰：胸背廣厚，所爲長久。背成三晟者，壽而貴。背如圓扇，二品。背後有渠道深者，皆貧賤勞苦。管輅曰：背有三甲，肚無三壬，額無主骨，鼻無柱梁，目無守睛，

---

① 厚，原作"後"，據《神相全編》及下文改。
② "瘦人"至"之壽"，原無，據《神相全編》及《統會諸家相法》補。

筋不束骨，形不附內，此不壽證也。**貧夭絕嗣者，偏側欹斜①**。貧窮壽夭無後者，蓋爲背之偏側欹斜不正。**富貴有後者，潤厚平正**。富貴有子者，則背潤澤潤，堅厚而平。**勢若據山之蹲**別本作坐字。**虎，利賓於王**。《易》觀卦爻：利用賓於王。註：猶言宜利用以賓禮於王國。背勢似山中坐虎，有威力者，當利賓於王，足爲王佐賓友之臣。**形如出水之伏龜，考終厥命**。《書·洪範》：五曰考終命。註：成全終命之數，而不死於非命也。背如出水龜，則壽考而善終，五福全矣。**龍骨欲長而充實，虎骨欲短而堅硬**。龍骨者，臂。虎骨者，膊。上爲君，下爲臣。上壯下細者，龍吞虎。下壯上細，虎吞龍也。**鳶**音緣。**肩者騰上必速，恐不多時**。鳶者，鴟類也。若如鳶鳥之肩者，騰上迅速，早而困乏。故馬周鳶肩火色，任之要職，壯歲辭聞，故有急流勇退之人。**犀膊**音博。**者爲儒早亨，優於從政**。犀者，犀牛也。爲人犀膊，豐而圓厚，則爲文明之士，幼達，長於從政。**指節欲其纖直，腕節欲其圓勁**。音更，去聲，堅也。手指欲纖而長，腕節欲圓而勁。《玉管照神》曰：手欲柔而長，脚欲堅而短。膊欲平而厚，肘欲圓而低。腕節欲小，指節欲細。龍骨欲長，虎骨欲短。骨露而粗，筋浮而散，皮緊生纇，肉枯如削，非美相。其白如玉，其直如符，其軟如綿，其滑如苔，福壽之相也。**厚而密者，謀必有得。薄而疏者，心多不稱②**。去聲。掌中豐厚而柔，指節瑩光而密者，則足知多謀。如其掌薄骨硬，指節疏露者，平生志多不遂。**勢若排竿，**一作笋。**貴可羨③。色如噀血，富可競④**。可，別本作無。凡人指節若排笋者，身必貴顯。其掌如噀血者，家必殷富。**身卑才薄⑤，涉中滿而起傾**。別本作涉⑥。中滿之色起是也。若掌中心澆薄，周圍而起骨，謂之起傾，如是之人，主卑賤寡學，由手心薄也。**禄**

---

① 偏側欹斜，《太乙照神經》作"空薄凹斜"。

② 心多不稱，《太乙照神經》作"財總不存"。

③ 貴，《統會諸家相法》、《太乙照神經》皆作"富"。

④ 富，《統會諸家相法》、《太乙照神經》本皆作"貴"。

⑤ 身卑才薄，《太乙照神經》作"掌單財薄"。

⑥ 可見此本亦非薛註所據之原本。

厚官榮①，有駟馬之形勝。官禄榮高，謂掌中有印旗之形，謂掌厚背厚，四節有穴。**橫紋下愚，縱理慧性。**凡人掌中若有橫紋而短者，乃爲下愚。如有紋縱者，至聰明而多智慧。**骨露筋浮者，主身殘②。皮堅骨枯者，愁囊罄。**空也。手若露骨浮筋，主身貧下賤者。皮堅硬肉乾澀者，當愁囊篋空乏，亦貧窮相也。**家殷而黑子斯明，用足而橫紋乃亘。**居鄧反，竟也，延袤也。若手心有黑子，主家之豪富。如有橫紋通直者，爲握刀之紋，則可財豐富足。**富貴之相，若苔之滑而綿之軟。**別本作柔。富貴賢明之士，手滑軟而若苔，若綿。**壽安之人，如笋之直而玉之瑩。**康寧遐齡之人，則手之端直如笋，而白如玉。**心宰視聽，內主魄魂。帥六府之氣，統五臟之神。**心乃身之主也。掌其視聽，運行百脈，帥主五臟六腑之神。故《內經》曰：心爲君主之官，神明生焉。《玉管照神》云：心爲五臟之主，宅神魂，宰視聽，居形體內不可得而見也。其可得而見者，心之外表也。是知心乃人之宮室，玉戶金關，智慮之所居也。心欲寬平博厚，不欲坑陷窄狹。寬博者，智慮深。狹側者，愚而賤。心頭生毛，其性剛豪。心頭骨凸，貧賤下劣。《鬼眼》曰：凡相之至理，規戒未語。凡學相者，先視其目，以知其心。目善則心善，目惡則心惡。眼神緩慢平視，性情不急。不論善惡，有恢廓大度，心多賢哲。目視萬回，偷眼覷人，近視睹物，側頭不正，衆中小語，微笑薄談，主姦，多疑，作事計較，慳吝散財，羨人財帛。眼視白多，出遠方，不顧父母，不友昆弟。聲焦散亂，鼻光堯堯，多招是非，輕薄無信，自衒自長。眉目陡起，對人矜誇。語言喧闐③，談吐荒虛，記問淺詐，強作聰明，心狠如狼，妒賢嫉能，小人之相也。心藏神，肝藏魂，腎藏智，肺藏魄，脾藏志，外六湊空者爲府。**顔色始變，是非已分。**凡人顔色喜怒，方有所變，則一心之明鑑而能預知之。**惡則禍結，善則福臻。**至也。人之所行善惡，咸以發之於心。若其舉而行惡，則當禍結。如能舉而行善，其福應臻。《書》曰：作善，降之百祥；作不善，降之百殃。斯言可謂明鑑矣。**胸凸者躁而多劣，毛長者剛而好嗔④。**胸

---

① 禄，《太乙照神經》作"暖"。

② 殘，《神相全編》及《太乙照神經》皆作"賤"。

③ 言，原無，據十萬卷樓本補。

④ 長，《太乙照神經》作"多"。

膚骨高起者,主性急躁而多劣。若其生毛者,主多輕怒,此皆不仁寡合之相也。胸堂上有毛,主性急剛。乳上有毛,三根之上,十根之下,主足財禄。乳頭像椹,足財。**坑陷淺窄,愚暗而多居下賤。**凡人之胸膺貴其平濶,若坑陷淺窄者,多爲愚蠢、下賤之人。**寬平博厚,賢明而早廁縉紳。**廁,雜也。縉,插也,插笏於紳大帶也。縉,音晉,又音箭。若其寬平博厚者,則幼年而居官,明賢而享禄。**腹爲水穀之海,臍爲筋脈之源。包萬物而獨化,總六府以中輪。**海爲百谷王也,無水不朝,故海大而能容之。人以三時所食,皆受於腹,包萬物而制造化,以養其神,故腹爲水谷之海。臍者,總六府以居中,以爲筋脈之源。由是腹欲大而圓,臍必廣而深。相曰:腹大垂囊,食禄無疆。《玉管照神》云:腹者,身之爐冶,所以包腸胃而化萬物也。欲圓而長,厚而堅,勢欲下而垂,皮欲厚而滑。故曰:腹圓向下,富貴,主壽長。腹墜而垂,智合天機。腹近上,不賤則愚。腹儉而短,食不滿椀。腹如抱兒,四方聞知。臍爲筋脈之含,六腑總領之關也。深濶者,智而有福。淺窄者,貧而薄。向下者,福智。向上者,貧愚。低者,思慮遠。高者,無識量。大能容李,名播人耳。其或凸出,淺而小,非令相也。《龜鑑》曰:牛肚貪婪,財帛自淹。馬腹籠籠,玉帛豐穰。狗肚塞縮,恒衣食粥。蝦蟆肚者,懶。《鬼眼》云:喫食肚不起,富貴常常喜。微食肚大,財帛常敗。腹不容百粒,聲不遠十步。**圓厚富安①,儉薄乏食②。**腹若圓大而厚者,主家富安閒。如其腹薄而儉小者,必至乏食。**深寬貴富③,淺窄孤貧④。**腹寬厚者,主能容物,乃富貴之相。淺薄窄狹者,謂之囊罄,故主孤寒。**勢若垂囊,風雷四方之震。**凡人之腹垂之若囊者,主聲名貫世,如風雷震於四方。**深能容李,芝蘭千里之聞。**臍深廣能容其李者,主美譽播於邦畿之外。若蘭之馨香聞於四遠,言其美德之盛盈也。**足者枝之謂,身者幹之云。枝以蔽其幹,足以運諸身。**枝以蔽其幹,足爲枝也,身乃幹也,枝當蔭其幹,足可運之身。《玉管照神》曰:足厚而正,閒樂官榮。橫側小薄,辛苦惡弱。下有黑子,二千石也。足下無紋,愚

① 厚,《太乙照神經》作“深”。
② 儉,《太乙照神經》作“低”。
③ 深寬,《太乙照神經》作“寬闊”。
④ 淺窄,《太乙照神經》作“窄小”。

賤之相也。雖大而薄，亦主貧下。足則有根，富及子孫。足下旋紋，名譽出群。脚心黑緊，官祿。大抵貴人之足，小而厚。賤人之足，薄而大。**豐厚方正者，多閒暇。薄澀橫窄者**①，**必苦辛。**足若豐厚方正者，平生閒樂②，其祿自至。若以足之薄窄枯澀者，必當辛苦終身。**無紋身賤，有毛家溫。**足底無紋者，身必貧賤。若以足面有毛者，家必殷實。**富累千金，蓋有弓刀之理。**家積千金之富者，蓋足底有弓刀之紋理。**官封一品，由成魚鳥之紋。**官高一品之極者，由足底有魚鳥之成紋。**短小精悍**音旱。悍急強狠也。**者，形不足而神有餘。長大孱**音山，懦弱也。懦奴亂反，弱也。**者，形有餘而神不足。**人身短小精悍者，蓋其形雖不足，神乃有餘。若雖長大，孱懦無力者，是形有餘而神不足也。故形之不足，未可為慮。若神之不足，深可憂也。《金書寶印》云：形有清、奇、古、怪者，須得神與氣合。若神氣不爽，則露粗俗寒薄輕沉，非貴相也。清如寒冰，奇如美玉，古如嵩松，怪如盤石，雜千萬人中，見而異之者，乃清、奇、古、怪之貴相也。凡有此者，必須操修過人，功業隆厚，聲聞天下也。形有五寬、五短、五慢、五露、五急、五藏。何謂五寬？曰器識，曰行坐，曰飲食，曰言語，曰喜怒。全此五者，必遠大。何謂五短？曰頭，曰項，曰手，曰足，曰腹。全此五者，中流之相。何謂五慢？曰神，曰氣，曰性，曰情，曰行。全此五者，有壽，發必遲。何謂五露？曰眉，曰鼻，曰耳，曰齒，曰眼。全此五者，清烈孤貴，異顯之相也。神更露，必夭折。何謂五急？曰神氣，曰言語，曰行步，曰飲食，曰喜怒。全此五者，發早易喪也。何謂五藏？視藏神，聽藏氣，貌藏色，思藏息，言藏聲。全此五者，清貴遠大之相也。前此六說中有可採，宜更考思，定有所得。黃正公嘗論五惡殺曰③：眼中赤筋，眊仄強視④，此名闥亡殺。兩眉尖短，眼常如淚，此名卒暴殺。鼻折準直，頭斜羊視，此名自吊殺。肉橫四起，暴露不檢，此名凶暴殺。目睛黃動，睡不合唇眼，此名扛屍殺。人有一焉，定不能善終。余常以此言為克當也。**伊形神而俱妙，非賢聖而孰得。**形者，發乎外。神者，藏於內。其形神俱妙者，非賢聖孰

---

① 澀，《太乙照神經》作"露"。
② 閒，疑當作"閑"。
③ 黃，原作"董"，據十萬卷樓本及下文改。嘗，原作"常"，據《照膽經》改。
④ 仄，《照膽經》及《太清神鑑》皆作"反"。

能得之。**藏於内者，如淵珠之粹。**音崇，純一不雜也。神藏於内者，如淵水驪珠之精粹。**發乎外者，若焰光之燭。**神發乎外者，若清夜焰燭之美光。**善惡在人之憎愛①，清濁由目之照矚。**照，一作瞻。矚，一作美。凡人之善惡皆已著於目神，美則人愛，惡則人憎。若分明清濁，瞻視則足可知之。**質以氣而宏充，氣以神而化育。**養也。質者，形也。人之以氣而養形，故以神而主氣。**質寬則氣宏而大，神安則氣静而覆。**人形體寬大，則心氣宏。若其神之所安，則氣順而能静。**如是寵辱**寵，丑勇反，恩也。尊榮也。辱，如欲反，恥也，傮也。**不足驚，喜怒不足觸。**突也，犯也。人之所養，氣定而後形固，形固而後神全，神全而後心正。誠能育之至此，則寵辱不足驚，喜怒不足觸。**有氣無肉者，譬若寒松。有肉無氣者，譬若蠹**音妒。**木。**人之形體雖臞瘦，而有神氣者，譬若寒松之堅，可享其壽。如其形體雖肥，而無神氣者，猶似蟲之蠹木，故枯朽而速敗也。故曰：有肉不如有骨，有骨不如有氣，有氣不如有神，故神爲人之主也。**李嶠耳息而享百齡，**嶠，渠妙反。嶠，字渠山。趙州贊皇人。年十五通五經，有文辭。事唐高宗、武后、中、睿、玄五朝，官至特進同中書門下三品。龜息者，氣自耳出，故享其壽。李嶠乃古之異人，亦如靈龜，耳中出息，故得享遐齡之壽。**孟軻内養而輕萬斛。**音斛。十斗曰斛。軻，字子輿。鄒人，魯公族孟孫之後。游事齊宣王，不能用。適梁，亦不用。退而作《孟子》七篇。夫孟氏之養氣，能以四十而不動其心，故曰：氣者，體之充也。志者，氣之帥也。夫志至焉，志爲至要之本。氣次也，氣能充其四體。又曰：我知言。我善養吾浩然之氣。其爲氣也，至大至剛，以直養而無害，則貫通纖微，洽於神明。爲其養之以義，無毫釐私欲之蒙，故能塞乎天地之間，施德教於無窮之極。雖齊宣王授以萬鍾之禄，爲仁義之道未能格君心之非，慮生民不能被至化之澤，辭去卿相之位。終爲萬世大賢，配祀先聖，垂訓無窮，可謂養氣之至者也。**和柔剛正之謂君子，隘狹急暴之謂士卒②。**隘，烏懈反。狹音峽。凡所養之氣和寬剛正，皆爲君子。若以氣之隘狹急暴，咸爲士卒。**如龜之息兮保其遠大，如馬之馭**

---

① 憎愛，《太乙照神經》作“性情”。
② 士，《太乙照神經》作“賤”。

音御,使馬也。**兮重其馳逐。**息,喘也。又曰:一呼一吸謂之一息。龜息之細,渺然不聞。蓋能惜其氣如龜息者,可保長年之氣。若如馬馭駕者,生平有馳逐之重勞,可謂辛苦百至相。喘息條條,緩而長者,長命人也。喘息急卒,出入不等,短命人也。**身大音小禍所隱,身小音大福所伏。**身大音小者,謂形聲之不相應,故隱其禍而待其發。身小音大者,乃神氣之足有餘,故藏其福而待其時。**夫聲音之所發,自元宮而乃臻,於心氣以相續。**夫聲音之發,起於丹田,與心氣相續而出也。**琅然其若擊石,曠然其若呼谷。斯乃内蘊道德,終應戩**音剪。**穀。**盡善也。《小雅》天保章:俾爾戩穀。聲清則琅然若擊磬之音,聲濁則礦然如呼幽谷之奧,此謂内外道德之人,終當享其厚禄。**謂之羅網者,乾濕不齊。謂之雌雄者,大小相續。或先急而後緩,或先緩而後速。是謂粗俗之卑冗[①],焉遂風雲之志欲。**聞人之聲音,有聲乾聲潤,出而不等,謂身之羅網也。若聲大聲小,相續而亂出者,謂之雌雄不一也。或先迅急而後緩慢,或先緩慢而後迅急,皆爲粗俗卑下之徒。終身定無官禄。**辨四時之氣,如春蠶吐絲之微微。察五方之色,若浮雲覆日之旭旭。**音項。《說文》曰:日出貌。辨四時氣者,別其氣之五色所屬也。青、白、紅、黑、黃乃四時之正氣也。在於皮上者,謂之色。皮裹者,謂之氣。氣者,如粟如豆,如絲如髮,藏於紋理之中,隱於毛髮之内,細者若春蠶之絲。欲察五方,正如浮雲覆日之微,在乎熟詳而辨之。《洞微玉鑑》曰:氣一而已矣。別而論之,則有三焉。曰自然之氣,曰所養之氣,曰所襲之氣。自然之氣,五行之秀氣也。吾稟受之,其清常存。所養之氣,浩然之氣也。吾能自安,物不能擾。所襲之氣,乃邪氣也。若所存不厚,所養不完,則爲邪氣所襲矣。又推而廣之,則有青、黃、赤、黑、白五色。黃正公論神與氣有曰:神大爲神有餘,神怯爲神不足。氣過於神爲氣有餘,氣下於神爲氣不足。此說甚妙,宜以意考,斷可驗矣。氣通五臟,則有所見。今之人喜怒哀懼一至於心,則色思變矣,又況疾病死生乎?論五色吉凶,應時生死於後。黃色,土也。其敷潤貼肉,不浮不凝者,爲正色也。紅紫二色同,皆主喜悅。

---

① 粗俗之卑冗,《太乙照神經》作"粗濁之俗氣"。

若凝滯煙雲,污泥者,初年曰土犯,主三十年。中年曰土病,主二十年①。末年曰土死。應甲乙寅卯年,旺戊己辰戌丑未年,日月皆同,下準此。青色,木色也。其色榮暢條達,如竹葉柳者,爲正也。若乾枯凝結,閃閃不定者,初年曰犯木,主二十四年。中年曰木病,主六十年。末年曰木死。應庚辛申酉年,旺甲乙寅卯年。赤色,火色也。其色光澤華秀,如脂塗丹,爲正色。若焦烈燥煩,如火炎熾者,初年曰犯火,主二十年。中年曰火病,主四十年。末曰火死。應壬癸亥子年,旺丙丁巳午年。白色,金色也。其色溫潤如玉,經久不變者,乃正色也。若塵蒙乾枯,無紅潤,色如乾衣者,初年曰犯金,主二十七年。中年曰金病,主十八年。末年曰金死。應丙丁巳午年,旺庚午辛未年。黑色,水色也。其色調暢,風韻光彩,有鋒鋩顯露者,爲正色也。若如煙霧昏昏四起,污濁不明者,初年曰犯水,主十八年。中年曰水病,主十一年。末年曰水死。應戊己辰戌丑未年,旺壬癸亥子年。氣形圖詳後氣色門。**地閣明而饒田宅,天獄暗而罹**音離,遭也。**桎**音質。**梏**②。音谷,械手曰桎,械足曰梏。古之所以拘罪人之物。《易》蒙卦曰:用説桎梏。地閣光明者,田宅多廣。天獄昏暗者,刑獄多憂。《靈臺秘訣》曰:夫地閣者,人身之地,一體之基。上有承漿波池之部,下臨重樓,左右兩頤,勢如奴婢。學堂之部,田宅牛馬之宮。此部應陰之八數。方則榮,厚則富,朝接則貴,虎頭則雄,燕頷則勇,擁肉財豐。如滿月者,富貴兩全。朝天,貴。朝人,次之。方厚更加頂平,得祖業。尖,不得產業力。頤陷,不得奴僕力。肩骨陷,不得生財力。地閣尖長,多破祖,孤立於他鄉。頦分有瑕,田宅不足。頤大頦小,祖財無力。頦大頤小,他鄉再立。偏薄皆爲賤。頦分,必另居。承漿下有紋短立者,主莊田墳宅長有人爭。斜紋,主妻多奸淫。重頤,多富。頦薄,疊則不實。髯分頦露者,狡猾。有鬚正者,得外人田宅。不正偏者,爲破。大抵方厚圓滿,平正朝接者,爲富貴。偏狹尖陷,痕瘢破缺者,皆貧賤。**粟黃繒紫多豪貴**,繒,疾陵反。粟黃者,如粟粒之點嬌黃也。繒紫者,如紫綫之亂盤也。是爲青龍之氣,若面部四時常見者,乃豪貴之人也。**脂白苆青合賢淑**。人之面色其白如脂,其青若苆者,是爲賢明之士,可登廊廟。**若相**

---

① 二,《神相全編》作"三"。
② 獄,《太乙照神經》作"嶽"。

者精究其術而妙悟於神，安逃禍福①。安逃禍福，別本作信無所逃。其禍福，若相者惟當細玩此書而能得其神妙，則禍福殊無逃也。歌曰：嗟嗟世俗不知因，妄將容貌取其形。若得正形爲大貴，依稀相似出群倫。形滯之人行必失，神滯之人心不開。氣滯之人言必懶，色滯之人面塵埃。形神氣色都無滯，舉事心謀百事諧。色在皮而氣在血，脈聚作成多喜悦。散則成憂静則安，部位吉凶皆有訣。又曰：欲窮禍福貴賤，除觀諸家相文，聽聲觀形察色。有肉神、音神、眼神，總欲觀之，則自然明矣。又曰：迷而不反，禍從惑起，災自奢生。《老子》曰：天之道，利而不害。聖人之道，爲而不争。此之謂也。

氣形圖應時則喜，逆時則憂。

此氣見如水波紋②，喜，應三十七日，主陰人財帛。憂，應四七日，主災水厄血。

此氣見如棗核形，喜，應四時辰日，主名聲官禄。憂，應六八日，主危疾失職。

此氣見如圓珠形，喜，應一五日，主禄音財信。憂，應二六日，主官文字虚驚。

此氣見如草根向下，喜，應一日，主財。又曰：主禄位。憂，應二日，主官擾血火。

此氣見如雲行形，喜，應三七日，主上位提攜。憂，應二七日，主大服重災。

此氣見如雙魚形，喜，應四九日，主職遷官升。憂，應三九日，主水災。

此氣見如粟米一絲，喜，應七七日，主名聲禄位。憂，應三七日，主心腹疾。

此氣見如草根向上，喜，應四時辰，主文字至吉音。憂，應七時辰，主火血驚撓。

此氣見如粟米散五絲，喜，應三七日，主職遷轉升。憂，應二七日，主印落官減。

此氣見如蠶絲散亂，喜，應二十日，主有橫財。憂，應二五日，主失財。

---

① 《統會諸家相法》此句作"若能精究其術，禍福莫逃"，後尚有數句："借使修德於心，吉凶可易。故曰：相逐心生。又云：相隨心滅。骨格雖自生成，心術實由我決。觀此者當慎於修心，則相貌不足憑也"。

② 見，原作"動"，據十萬卷樓本改。

此氣見如筆峰，喜，應三九日，主喜文字進。憂，應三八日，主官筆動。

此氣見如弓形，喜，應四九日，主職因公改。憂，應三九日，主失職。

此氣見如亂髮，喜，應三日內，主音急遞急。憂，應一日內，主公私撓。

此氣見如龍頭，喜，應三七日，主擢名位升。憂，應二七日，主危兵動戰。

此氣見如梅花點，喜，應七九日，主生子孫。憂，應一季內，主子孫病死。

此氣見如龍鱗，喜，應四七日，主名聲顯揚。憂，應五七日，主水火驚。

此氣見如鳳尾，喜，應三八日，主遷轉。憂，應四九日，腳手大災。

此氣見如玉印，喜，應四七日，主現遷朝官。憂，應六七日，主削官獄死。

此氣見如火焰，喜，應五九日，主吉音報。憂，應二九日，主發血死。

此氣見如連珠，喜，應六八日，主三遷進祿。憂，應四八日，主病失重物。

此氣見如圓月，喜，應三七日，主顯名位大。憂，應二九日，主血病死。

此氣見如半月，喜，應四九日，主吉音至。憂，應三九日，主凶信至。

此氣見如蠶行，喜，應七九日，主進財。憂，應六九日，主失財。

此氣見如劍刀形，喜，應三九日，主武功成。憂，應二九日，主刀兵厄。

　　已上氣圖，共二十四形。各更用目力精別，看首尾上下在何部位，何方隅，何時日，是何色及形部善惡，年運如何，須內外推究，方有應驗。以此憂喜註論事，應者亦隨其氣形緊慢云爾。氣色應候。黃、紅、紫氣則同應清明後三日，穀雨後五日①，小暑後三日，大暑後九日，寒露後四日，霜降後八日，小寒後八日，大寒後十日。青氣應立春後一日，雨水後二日，驚蟄後三日，春分後四日。赤氣應立夏後二日，小滿後四日，芒種後七日，夏至後九日。白氣應立秋後四日，處暑後六日，白露後五日，秋分後七日。黑氣應立冬後三日，小雪後五日，大雪後六日，冬至後八日。已

---

　　① 穀，原作"穀"，據文意改。

上氣候吉凶，各有定數，更看陰陽順逆如何爾。

雜論應剋及生死

朝見。帝座上有黃紫氣，龍鱗筆峰。受官。司空上有紅黃氣，如玉印連珠。遷轉。隨上下位有黃紫氣，如草根向上。得禄。禄倉上有紅紫氣，如棗核雙魚。帶職。神光上有黃白氣，如刀劍弓形。科甲。日月角上有紫氣，如雲行龍頭。移動。驛馬上有青紫氣，如雲月圓。典刑。刑獄印信上有白紅紫氣，如筆鋒。提擢。隨上下位有黃紅氣，如連珠。金穀。倉庫上有紫氣，如水波紋。奏功。隨大小上下有紫赤氣，如印形。用武。邊地上有白氣、赤氣，如刀劍火焰。守土。準頭權印上有黃紫氣，如圓珠。簽佐。輔角上有黃氣，如偃月。赦書。隨上下位看帝座上有白氣，如龍頭。省文。府座上有紅黃氣，如鳳尾。詔誥。禄倉上、司空上有正紫氣，如粟米。邊信。邊地及印信上有赤氣，如珠。吉信。印信及山林上有黃氣，如筆鋒。憂信。驛馬、準頭有氣，如偃月草根。剝印。印座至司空有赤氣，如一粟五絲。急病。食倉上有青赤氣，如亂髮。解官，禄庫權準上有赤黑氣，如雲行。落職。神庭、金櫃上有青黑氣，如弓形。內服。中部有白赤氣，如梅花。外服。下部有白赤氣，如蠶行。祖墳。塚墓上赤氣，應則動。屋宅，地閣有青赤氣，應則遷動。公訟。準上唱喝有赤氣，動如筆鋒。私撓。準上、眉毛有赤氣，如圓珠草根。刑獄。食倉刑上有青氣，主下獄。山林。上有氣赤青，主火燒山林。陂池。上有黑氣入口，主死及水災。父母。內外三陽有氣，動則應。兄弟。年壽間有氣，動則應。伯叔。司空上有氣，動則應。子孫。正面上及人中有氣，動則應。妻妾。左右眼尾及眼下有氣，動則應。奴婢。承漿傍有氣，動則應。六畜。食倉去二分有氣，動則應。進財。準上連年壽間，黃氣動如連雲行。退財。倉庫準上有青赤氣，如蠶行。怪夢。夢堂有氣如絲散亂，隨即凶應。見怪。陂池上有赤氣，如水波草根。水災。下部及準上有青黑氣，如煙。馬驚。

眉上二分有赤氣，如刀劍弓形。**血火**。印堂左右墙壁，赤氣如絲散亂。**刀劍**。兩眉頭尾有白氣，如弓刀形。**發迹**。準頭上有一點，如粟米漸開。**心病**。赤氣浮滔不貼肉，赤點如草根向上。**肺病**。白氣浮淡，白點如珠，皮膚燥。**肝病**。青浮枯如煙，成條如綿，主恐懼。**腎病**。黑氣如煙凝散，主勞倦神不安。**脾病**。黃氣凝滯不通，如舊服見日。**心絶**。唇如裂帛，上如黑煙，一季。青，一年。**肺絶**。毛髮乾枯，皮無神。黑，一年。青，三年。**肝絶**。眼忽無神，頭低。黑，一月。青，一季。**腎絶**。面上如黑水漆白壁，耳上粥衣。黑，一月。青，半年應。**脾絶**。面眼耳鼻齒爪乾黃。黑，半月。凡觀氣色者，取四時旺相休囚，察人之已發未發神氣色者。古聖言曰：顯青憂驚，黑疾病，白孝亡，赤官事，紫黃二色皆爲善慶。蓋神又別氣，氣又別形，形又別神，神又別色。如此四者，骨則是形，目則是神，氣如煙霧，色若毫毛。青在肝，黃發於脾，黑發於腎，赤發於心，白發於肺。且如春三月木，東方甲乙，在顴骨是也。顯青氣色，旺相也，亦先驚憂而後喜。顯赤青者，相生也。雖相生，先顯其口舌或因官司後成大喜。顯白色者，囚也。乃金剋木，爲牢囚也。顯黃黑二氣色者①，死也。故木剋土也，以此死亡矣。夏三月火，南方丙丁，額是也。顯赤色者，旺也。先官司口舌，後吉。顯黃白二氣色，相生也。雖相生，白色先吉後凶，黃色先凶後吉。顯黑色者，囚疾病也。顯青色者，死也。秋三月乃金，西方庚辛，右顴是也②。顯白色者，旺，先號咷而後笑，主吉。顯黑色者，相生。故先病後吉。顯青色者，囚。顯赤色者，死也。冬三月曰水，北方壬癸，地閣是也。顯黑氣色者，旺。雖旺而先病後吉。顯青氣者，雖相生，先驚而後吉。顯黃赤二色者，囚。顯白氣色者，死。《玉管照神》同。

---

① 黑，《神相全編》作"紫"。

② 右，《神相全編》作"左"。

回谷先生人倫廣鑑集説

[舊題]吳　緝　編著

牟　玄　點校

【題解】

萬斯同《明史·藝文志》五行類星相小類下録有吴緝《神相編》，不題卷數。《千頃堂書目》子部五行類録有吴緝《神相編》，下云"秀水人"。又《(雍正)浙江通志》五行部相類亦録有《神相編》，云："萬曆《秀水縣志》吴緝著"，亦不題卷數。或者爲同一書。吴緝，浙江嘉興人，其餘生平不詳。

此書現存明吴緝刻本，兩册有圖，藏於中國國家圖書館，《續修四庫》據以影印。計十卷，每半葉 10 行，行 20 字，白口，左右雙邊。是書通篇爲詩歌形式，以斷語及所問事由爲次，頗簡明便利。註文中廣引前代書籍，保存大量佚文，亦可資輯佚。本書即以明吴緝刻本爲底本，酌加點校。

回谷先生人倫廣鑑集説目録

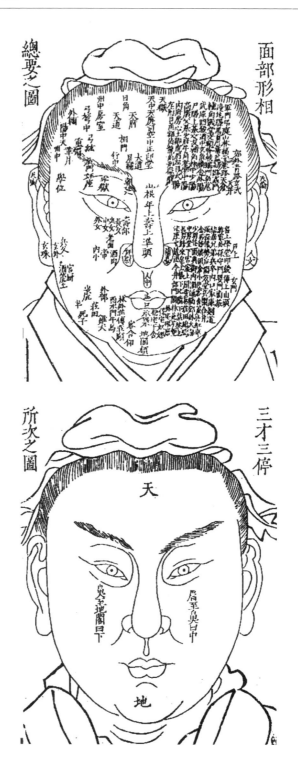

兩行上爲二府，兩輔骨爲四府，兩顴上爲六府①。

---

① 顴，原作"權"，據圖改。

詩曰：太陽太陰左右眼，羅睺計都屬兩眉。紫氣位中居印內，月孛山根不用疑。

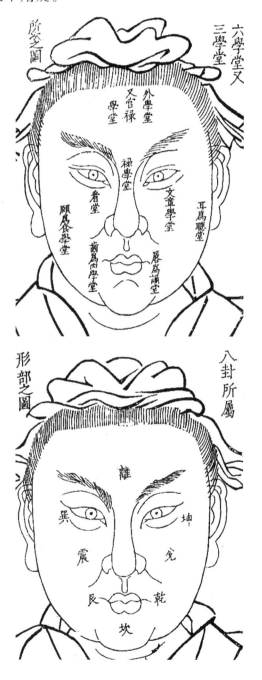

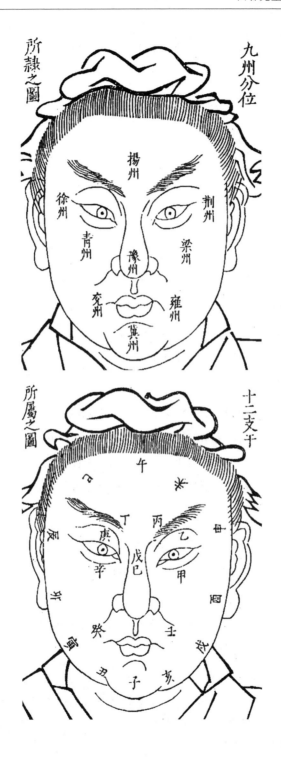

九州分位
所隷之圖

揚州
徐州 荆州
青州 梁州
豫州
兗州 雍州
冀州

十二支干
所屬之圖

午
巳 未
丁 丙 乙 申
庚 戊己 甲
辛 酉
卯 壬
癸 戌
寅
丑 子 亥

卷之一

大略第一

閱人先欲定三停^①，

《肘後賦》云：大凡閱人，必先閱三停。既有神色之至，還窮骨氣之清。《玉管》云：身上三停頭足腰看，他長短欲勻調。上停長者人多貴，下短如差祿不饒。《冥度經》云：凡天中至印堂曰上停，山根至準頭曰中停，人中至地閣曰下停。《鬼箭歌》曰：額尖初主失，鼻偏中限遭。欲知臨晚歲，地閣要方圓。

次察陰陽氣與神^②，

《貧女心鏡》云：骨爲陽，肉爲陰，骨多陽勝，肉多陰勝，陰陽平和，災害不生。陰陽相勝，則禍患荐至矣。《黃帝內經》云：一陰一陽謂之道，偏陰偏陽謂之疾。王朔云：氣所以養形而化神者也。《易》曰：神者，妙萬物而爲言者也。《玄談神機》云：相形先得神所主，決定言人有重輕。故貴賤賢愚皆本乎神氣之所主也。

萬象依稀求髣髴，

《洞元經》云：人之取形由氣之有象，以天、地、風、雷、水、火、山、澤之八物以配八卦，而取法之法，不異乎此也。然正形者，回牛、舞鳳、戲獅、伏黿、游鵝、浮鴨、攀猿、坐猴^③、盤龍、踞虎、搏雁、望鶴之類，得之髣髴者，皆可取也。呂尚《無形歌》云：依稀似乎髣髴體。《玉管》云：龍虎爲時瑞，鸞鳳作世英。豬蛇鷄犬鼠，貧薄自無成。

五行制化忌相刑，

---

① 定三停，《神相全編》之《純陽相法入門》作"辨五行"。
② 氣與神，《純陽相法入門》作"精氣神"。
③ 猴，原作"候"，誤，改。

　　五行謂金、木、水、火、土以象五行也。金形方正潔白,而肉不盈,而骨不薄也。木形挺而勁直,瘦而露節,骨堅不謂之有餘,肉少不謂之不足。水形圓而重,厚而實,腹背巍垂如水之就下。火形鋭而豐下,色焦氣枯,動静不常,反露焦躁。土形敦厚塵俗,露臂露背。吕尚云:木瘦金方乃常談,水圓土厚何須竟。《麟鳳記》云:相剋於中塞難多,金木水火由非和。袁客師云:金木不可以相守,水火不可以相並。此之謂也。

　　耳聰目視心須察,

　　陳圖南云:先聲,次氣色,後形骨,則禍福無差矣。劉康國註云:上相之相察聲,中相之相察色,下相之相看骨,三者既備,純粹之人也。《通神論》云:聽欲聰,視欲遠,心欲通,三者不失,孰可逃也哉。

　　色辨休囚淺與深,

　　《鳳髓經》云:色究休囚旺相死。《玄談》云:識取休囚旺相性。假令春三月肝旺,以水爲休,金爲囚,木爲旺,土爲相,火爲死,以旺相休者爲吉,死囚爲凶。深濃者爲急,淺淡者爲緩。餘仿此。

　　部位虧盈須審實,吉凶貴賤自然明,

　　李筌云:面分一百二十部,五嶽四瀆相經緯。自天中至地閣左右均分,凡百五十三部,而五嶽四瀆九州八卦各總其分野而名之,非其數也。須審其豐滿缺陷,瘢疵黑痣,精意推之,則玄秘妙理豁然明矣。

觀人八法《郭林宗秘訣》

　　一曰威;

　　尊嚴可畏謂之威,主權勢也。如豪鷹搏物而百鳥自驚,怒虎出林百獸自戰。蓋神色嚴肅而人所自畏也。

二曰厚；

風貌敦重謂之厚，主福禄也。其量如滄溟，其器如百斛，引之不來，而摇之不動也。

三曰清；

精神翹秀謂之清，如桂林一枝，崑山片玉，灑然高秀而不染也。或有清而不厚則近乎薄也。

四曰古；

骨氣嚴棱謂之古，古而不清則近乎俗也。

五曰孤；

形骨孤露而項長，肩縮，脚斜，腦偏，其坐如搖，其行如躍，又如水邊獨鶴，雨中鷺鷥，主孤獨也。

六曰薄；

體貌劣弱而輕，氣怯色昏而不明，神露而不藏，如一葉之舟而泛重波之上，見之者皆知其微薄也，主貧下，縱有衣食必夭折也。

七曰惡；

體貌凶頑，如蛇鼠之形，豺狼之聲，或性暴神驚，骨傷節破，主凶暴也。

八曰俗：

形貌昏濁，如塵埃中之物而淺俗，縱有衣食亦多迍也。

貴

貴門第二

　　自從鑿開混沌殼，二氣由來有清濁。孕其清者生貴賢，孕其
濁者生愚樸。

　　二氣者，天地清濁之氣也。輕清者上爲天，重濁者下爲地。《靈樞經》云：人稟天
地之氣，清濁之形，爲萬物之至靈也。《無形歌》云：道爲貌，天爲形，默受陰陽稟性情。
陰陽之氣天地精，化出塵凡幾樣人。正元君曰：大道無形而生有形，舒之彌六合，卷之
不盈握，包絡天地，稟受群生者也。故云：孕其清者生貴賢，孕其濁者成愚樸。

　　貴賢之來固非一，或自修行或神匡。星辰謫降或精靈，或自
神仙假胎息。

　　《洞元經》云：貴人之來固有自矣，或自修行中來，或自神祇中來，或自星辰中來，
或自精靈中來，何以驗之。成和子云：形貌清古，舉動飄逸，性善氣平，言涉方術，雖在
朝廷，常有修煉之志，此自修行中來。形貌敦厚，舉動嚴整，性靈氣直，言涉威福，雖在
朝廷常有祭祀之敬，此自神祇中來。形貌奇美，舉動端愨，性明氣剛，言涉造化，雖在
朝廷，常有恭敬之心，此自星辰中來。形貌醜怪，舉動險惡，性酷氣暴，言涉邪穢，雖在
朝廷，常有戰伐之意，此自精靈中來。形貌秀異，舉動風生，性靜氣和，言涉至理，雖在
朝廷，常有山林之趣，此自神仙中來。五者之中，神祇、精靈以武貴者七八。性稍從
善，自其曾種善根，亦可以進乎道也。若帶刑刃，稍享安逸而不敗者，幾希矣。

　　精神澄澈骨法清①，

　　陳圖南云：精神澄澈如止水之淵，驚之不瞬不隨，語行不因境起，神仙之人也。又
云：察其神之清濁，知其骨之豐厚。白閣道者云：神者，百閣之秀裔也。如陽氣舒而山
川秀發，日月出而天地清明。《玄談》云：眼神隱靜必台輔，眼神端靜須臺諫。謝靈運
云：家清神粹聲謳達，必作朝廷輔弼臣。

　　剛毅汪洋誰可識，

---

　　① 法，《神相全編》作“隆”。

朱建平云：丈夫之氣欲其剛毅，女子之氣欲其和媚。剛毅不懦，必至高位。和媚不淶，亦主清貴。呂尚云：器宇汪洋有容納，志量深遠有深謀。動作使人不可料，時通亦爲公與侯。實此論也。

巉巖器宇旋旋生，

郭林宗云：倉皇狀貌生塵垢，磊落風姿久愈清。若非臺諫簪纓士，必是清賢館閣臣。《通仙録》云：巉巖器宇旋旋露，有類古獄埋干將①。《清鑑》云：旋有旋生終可久。

行若浮雲坐碇石，

宋齊丘云：坐如碇石起浮雲，性厚性寬説與君。端厚謹嚴多禄食，須知榮宦四方聞。鄂禄華云：人之行也，如水之流，雲之浮，飄飄然不凝滯，無所往而不濟也。張景藏云：獨坐巍然如碇石，官崇位顯子孫榮。若忽行坐不正，不爲貴也。

身小聲大隔江聞，

《貧女心鏡》云：身小而聲大，曰器不足而聲有餘。身大而聲小，曰器有餘而聲不足。《肘後歌》云：不足事難遂，有餘名四馳。《通仙經》云：身小聲大隔江聞，千里看看騰羽翼。

日角龍顏額懸壁，

梁高帝日角龍顏，重嶽虎步，舌紋八字，額如立壁，項有浮光，身映日無影，有紋在左手曰武。《心鏡》云：額如懸壁，又如覆肝。陳圖南云：天廣地闊，日月麗天，五嶽附地，法主貴也。《冥度經》云：日角龍顏形大貴，額如立壁位三台。

目光爛若曙星懸，

《鬼靈經》云：眼長而深者，大貴。《龜鑑》云：用之張收之藏，目光爛爛若巖下電，極貴之相也。隋帝曰：公目如曙星。（曉星也。）言其光芒輝徹而有威也。

鼻梁聳貫天中出，

《肘後歌》云：鼻與山根直，求婚帝室通。《玉管》云：鼻如懸膽身須貴，木曜當生得地來。若見山根從額起，定知禄位至三台。

背後接語身不轉，

魏武祖問司馬宣王曰：相汝狼顧，欲驗之。召使前行，復令反顧，面正向後，而身

---

① 干，原作“于”，誤，改。獄，疑當作“岳”。

不動。謂太子丕曰:司馬懿非人臣也,汝宜念之。後稱晉。李氏《通仙錄》亦具此事。

體細面粗情性釋,

諸葛孔明曰:形細面粗,由如松柏,皮膚枯槁,文理滋潤,内有根蒂之實,外無風雨之患。一日華秀,名揚天下。《泠泠歌》云:身細面粗蘭麝馥,二千石禄坐專城。《通仙經》云:面粗身細手如綿,早入金門受通籍。謝靈運云:情性疏散,渙若冰釋,色莊而溫,言寡理益,行若流水,坐如安石,名列廟堂,身登蘭室。

眉根細緑新月分,

《軀鑑》云:眉根細緑,至老榮禄。《玉管》云:更如新月樣,名譽四方聞。《肘後》云:眉疏秀而有彩,眼收藏而有神。《竹輪經》云:眉要曲又怕直,曲直愚人省不得。曲者多學足聰明,直者刑妻少子息。

獨坐如山腰背積,

柳清風云:腰背俱生坐若山。《金麗經》云:獨坐如山身必貴,腰圓背厚亦如然。《麻衣》云:坐如山嶽精神緩,鶴壽松筠福海深。

不帶芝蘭身自香,

《通仙録》云:一牀連睡息不覺,不帶芝蘭身自香。《肘後》云:膚如凝脂兮肉不停垢,體非蘭麝兮肌有餘香。無氣而止乎伯牧,有神而位及侯王。

上長下短手垂膝,

上長下短公侯相,昔日孫權霸一方。沈希云:面粗身細手垂膝,少年平步入青雲。

重瞳二肘人難會,

貧女問希夷子曰:舜目重瞳,項羽、勾踐目亦重瞳,然皆王天下,而爲一萬世規模,一則滅身敗國,何其應也。希夷子曰:堯舜之狀,重瞳方額,神氣和,内稟靈白之誠,外有恬淡之相,德施群品,形貌奇異,所以爲萬世規模。項羽、勾踐皆長頸鳥啄,雖有重瞳之異,可與同憂,不可與同樂。故敗國亡家者有矣。夫湯臂二肘,如肉印之狀。

龍顙鐘聲面盈尺,

齊高帝龍顙鍾聲,鱗紋徧體。桑惟翰爲人醜怪,身短而面長,常臨鏡以自奇,曰:七尺之軀,不如一尺之面,真不誣也。

糞如疊帶溅濺珠,

《通仙録》云:溅必疾兮屎必方。《玉堂歌》云:糞如疊帶仍遲細,必是榮名食禄人。

柳清風云：尿散如珠濺，形清食禄榮。

膚似凝脂目如漆，

《詩》云：膚如凝脂，齒如瓠犀。《龜鑑》云：體如凝脂，富貴相宜。鉗徒云：肉貴厚而瑩，目欲黑而光。宋希商云：睛如點漆，聰慧文筆。鄂禄華云：睛如點漆神機秀，膚似凝脂肉細清。若匪玉墀台輔相，必應邊郡立功勳。

身如具兮面如田，

陳圖南云：面似田兮身似具。《冥度經》云：形方而腰直，不欹不側，前看如負物，後視如具字，形端表正，貴之漸也。李安仁，明帝大會新亭，按勞諸軍，主樗蒲爲戲，安仁五擲皆勝，盧帝大驚，目安仁曰：卿面方田，封侯相也。

虎驟龍奔自飄逸，

《心鏡》云：虎至龍驤，位至公王。鵝鴨之步，家累豪富。《玉管》云：虎驟龍奔定貴榮，腰身端厚福來親。累財積穀家肥盛，看取牛龜鵝鴨行。

顴骨隆平玉枕豐。

《清鑑》云：須知顴骨有四般，入耳無過福壽寬。插向天倉須兩府，入鬢監司兼守土。陳圖南云：鼻之勢起於邊地，名曰學堂之基址。《造神録》云：鼻聳顴豐正面成。丁表云：顴豐者有正面也。《通仙録》云：顴骨成峰玉枕高，必作廟堂賢輔弼。

舌至準頭有長理，

金梁鳳云：舌至準頭，位必封侯。《肘後歌》云：舌大温紅長至準，口方四字貴難同。《麻衣》云：舌紋牛齒鼻梁洪。又云：舌上橫紋身必貴，温紅兩掌主聰明。

相對咫尺不見耳，

《通仙録》云：對人數步不見耳，齒白唇紅手如藕。袁天罡云：耳輪貼肉招名譽。謝靈運云：耳伏於肉，衣食豐足。胡僧《異相》云：面欲方而瑩澤，耳欲厚而隱伏。《龜鑑》云：倉門容指人聰慧，貼肉過頤食禄崇。

正面巍然如隱指，

《麻衣》云：陰隲肉多魚尾長，正面開闊有神光。《肘後歌》云：正面連顴勢，光隆隱指開。《清鑑》云：更有眼下一正面，常調之中幾曾見。

口丹背負皮生鱗，

裴行儉云：口如撥砂，食禄榮華。《聖凡論》云：口如抹丹，不處飢寒①。袁天罡云：口如四字撥砂紅，棱角雙垂向下弓，齒齊周正排珂密，清舉中年五品中。《通仙録》云：龍體形長骨聳峭，口丹背負如皮鱗。

天地朝歸生骨起，

《聖凡論》云：額者天也，頦者地也。一應君，二應臣。天地相朝，如拱相揖，貴之相也。《應合論》云：天高而清明，君臨臣也。頦古而圓高，臣重君也。天地高厚，覆載之道昭矣。《竹輪經》云：天不圓兮日月暗，地不厚無甘泉。《泠泠歌》云：頦額相朝中嶽正，連綿清舉未能休。丁表云：生骨者，額骨也。

清中藏濁濁中清，

唐舉云：形清神濁，骨氣粗俗者，清中濁也。形濁骨清，精神翹秀者，濁中清也。桑倪云：太清曰孤，太濁曰愚。孤而露則賤，愚而乏則夭。《竹輪經》云：清亦貴，濁亦貴，真清真濁方始是。白閣道者云：濁中清，清中濁，此是藏真最爲約，君還認得是藏真，三品公侯必須作。

足下生毛兼黑痣，

朱建平云：足掌生毛更茸軟，痣生紅紫定遷榮。《仙骨經》云：足掌藏雙痣，生皮貴莫論。

龍來吞虎指圓長，

《聖凡論》云：自臂至肘曰龍骨，象君，欲長而大。自肘至腕曰虎骨，象臣，欲圓而細。龍來吞虎者貴，虎去吞到者賤。《白猿歌》云：龍來吞虎身須貴，虎去吞龍必賤寒。《洞元經》云：手如綿囊，衣食盈倉。指如酥笋，衣禄不窘。

肉角出頂聳雙耳，

《通仙録》云：足下生毛兼黑痣，肉角豐隆定貴強。《玉匣秘要》云：巨鼇突起如雙角，遙刺橫行到玉堠。宋齊丘云：耳如掣起，名播人耳。

九州相繼驛馬豐，邊地隆高無蹇否。

《洞元經》云：乾雍州、坎冀州、艮兗州、震青州、巽徐州、離揚州、坤荆州、兌梁州、山根豫州，相繼不失其位，平潤光澤，則歷要權之人也。《心鏡》云：驛馬在邊地之側，

---

① 飢，原作"肌"，據文意改。

吊庭之隅，欲光滿如立壁，則主監司五品。或有蹇剥，則驗其破壞紋理。《肘後歌》云：驛馬不究邊地削，此生勞苦受辛勤。

卷之二

富

富門第三

五行敦厚形豐足，

宋齊丘云：凡在五行俱有祿，只宜豐滿不宜偏。《識人論》云：端厚嚴謹者，不貴即
富。淺薄輕躁者，不貧即夭。

地閣方平耳伏垂，

有天者貴，有地者富。又云：震宮高聳，須知僕馬無虧。地閣方平，必主肥家積

穀①。《通仙録》云：耳不在大小，輪郭要重城。《玉管》云：輪郭分明有墜珠，一生仁行最相於。

語帶喉音甕中響，

《識人論》云：氣出於聲，聲爲韻。《無形歌》云：有聲無韻俗骨格，有頤無面俗神氣。《洞元經》云：清清冷冷如澗中水，瑯瑯落落如甕中響。《玉匣秘要》云：出語一如深甕裏，瑯瑯餘韻富田園。《錦溪歌》云：試問季倫何得富，貌似神仙聲似鼓。桓温何事貴顯名，誕下或驚啼似虎。

齒如榴子項餘皮，

謝玄暉云：齒細排珂密，慈仁富不貧。柳清風云：齒如石榴，錢布九州。《心鏡》云：項有餘皮，足食豐衣。

背聳三山如負甲，

《混儀》云：巍垂壬甲，利禄雙全。《造神經》云：三甲三壬背聳珍。

臍深納李腹垂箕②，

《肘後歌》云：臍孔宜深大有容。《玉管》云：居上則智，居下則愚。《識人論》云：腹者，福也。爲一身之爐冶，包腸胃而化萬物矣。皮欲厚而垂，勢欲圓而下。甘吉云：腹墜而垂，智合天機。又云：腹墜而垂，富貴相宜。

三陽卧蠶如卧指，

《無形歌》云：陰隲龍宮有肉生，亦主子孫居貴位。《肘後賦》云：卧蠶眼下，雖云子息之昌。榮紋亂其間，深恐晚年之偃蹇。

鼻準隆平樂且宜，

《冥度經》云：準頭豐大如懸膽，富足能容樂且宜。《龜鑑》云：鼻如大蟲齒如榴，腹背俱生福緩修。四水不傾財穀聚，五倉俱滿福須遒。

虎頭燕頷山林秀，

許邵云：燕頷虎頭，飛而食肉。王朔云：燕頷形豐潤，垂頤性緩柔。管輅云：横死定知魚目者，建功多是虎頭人。

---

① 穀，原作“穀”，據文意改。後同，不再一一出校。
② 此句原作“腹垂向下若懸箕”，據《神相全編》及下註文改。

日角珠庭揖兩眉，

李珏舉明經，李絳見之曰：日角珠庭，非庸人相，明經碌碌，非子所宜，後更舉進士高才。《貧女》曰：日角珠庭眉對起，名利雙全復何疑。

四水通流不相返，

《識人論》云：眼目鼻口曰四瀆，津液涕流曰四水。欲灌溉流通，不反走註，謂之四水歸池，主富貴耳。

五倉俱滿福遲遲，

《識人論》云：荊、徐州曰天倉，頦爲地倉。故云五倉也。欲豐滿不陷，無瘢疵黑子之害者，富饒。

首尾不欺中嶽正，

《心鏡》云：左顴羅睺曰首，右顴計都曰尾，揖讓不欺，主權衡之事。《麻衣》云：首尾不爭中嶽正，清權食祿兩相宜。

鼻如懸膽鬢毛微，

宋齊丘云：鼻爲一面之主，只要高隆不要尖小。裴行儉云：鼻梁聳直如懸膽，鬢髮清稀福壽人。《靈臺記》云：罕見交眉相，稀逢突髮夫。丁表云：蓋髮不欲厚而眉不欲交也。

胸前平正四字口，

《肘後歌》云：胸中藏萬事，爲神之宮庭。闊厚錢財積，平長祿食榮。《通仙錄》云：口如四字神清徹，端厚堪同掌上珠。

牛嚼羊吞悉有儀，

《韓詩》云：合口細嚼如牛食。《通仙錄》云：咀嚼凝然不浪驚。《玉管》云：端詳遲緩仍相應，牛嚼羊吞祿自豐。

虎臥龍蟠息不聞，

《識人論》云：凡行屬陽，坐屬陰。陽動陰靜，理之常也。夫人之臥也，如龍之蟠，虎之踞，身不動而息不聞矣，乃龜息也。柳清風云：坐如山嶽睡無息。《通仙錄》云：一牀連睡息不覺。《冥度經》云：喘息綿綿而緩者，富而壽也。肥而息重者，夭。

眉疏有彩眼藏神，

《通仙録》云：眉疏秀而有彩，眼收藏而有神，是爲天心有應。《鬼箭歌》曰：神隱心聰俊，眉疏識見明。

山根不斷年壽潤，

《麟鳳記》云：兩眼之間山根之所曰豫州，戊己之位，土之宮庭也。欲明而不暗，滿而不缺，上接印堂，下連年壽。無墩埇之害，則衆善之所歸。反乎此者，則剋妻刑子之相也。

輪郭分明貼肉羊，

《通仙録》云：耳不在大小，輪郭要重城。朱建平云：耳有重城輪貼肉，風門容指壽仍堅。

三停端正雙角起，

王朔云：三停不側身腰直，雙角隆然額上生。《通仙録》云：三停端正眉骨起，料君富貴應難比。白閣道者云：最忌上輕空下重，上重下輕人無用。假饒衣食有些些，一身否泰常相送。

五嶽隆高八卦盈，

《龜鑑》云：五嶽謂兩顴骨、額、鼻、頦也。《混儀》云：五嶽不正，相君終始薄寒。八卦高隆，須是多招財禄。

鵝行鴨步身腰厚，

《玄談神機》云：鴨步鵝行主富豪。管輅云：雀跳蛇行多窘迫，鵝行鴨步足豪奢。《玉管》云：鵝行鴨步身腰厚，須信榮家世世傳。

肉滑筋藏骨更清，

《幽玄論》云：肉滑仍光膩，筋寬骨更清。不惟家道泰，名譽達天庭。《玉管》云：貴人肉細滑如苔，紅白光凝富貴來。揣著如綿兼又暖，一生終是少虛災。

欲識始終終富者，滿面塵埃骨法成。

《洞元經》云：人有貴相異骨而爲雜色所撓，猶遠山之有奇峰秀景而被雲霧所蔽[①]，不可得而見也。一遇匝地清風，當天熾日，非特可以觀覽，亦使人留意難捨。此之謂也。

---

① 猶，原作"由"，誤，改。

壽

壽門第四

富貴在人誠易見，世所難知惟壽焉。休將形肖定長短，龜鶴未必其可然。

下表云[①]：世之謂龜鶴之形皆得上壽者，誠不然耶。請考其部位虧盈，驗其骨法清濁，審而斷之，萬無一失矣。非祇認龜鶴使亨壽也。

神粹骨明肉又堅，

《神解》云：虛化神，神化氣。神爲骨之苗裔，骨爲神之根株。將全其形，先須理神。精實氣固則神安，血枯氣敗則神亡矣。神亡則形骨枯槁，筋肉離散，皆不壽之相也。《肘後歌》云：骨肉相滋不相反，精神湛粹壽康寧。

琅琅聲韻谷中傳，

《洞元經》云：夫氣有二焉，有外氣，有內氣。散如煙霧，聚如毛髮，見於皮膚之上。有青、紅、白、黑、黃五色之辨，曰外氣。大人之氣，出於丹田，其息深，蓋所養者遠，所

———

① 下，疑當爲“丁”字。

發者厚。小人之氣,出於肝膈,如猴呼鼠嘯,其來疾,其應淺,不惟賤薄,亦不壽也。

背膊如龜行亦似,

《肘後歌》云:背膊如龜樣,優游壽若山。《錦溪》云:龜骨遠參楚班一,象形深類漢張倉。二者皆百餘歲。許負云:龜形人聰明而壽。《麻衣》云:細看背骨如龜樣,又聽聲圓骨秀清。

人中髭滿手如綿,

王朔云:人中髭交,富益長壽。又云:手如綿囊,衣食盈倉。謝靈運云:溝洫深長髭長極,雖然長壽不安閒。

笏紋隱隱朝書上,

裴行儉云:魚尾笏紋朝兩耳,善歸七十未爲稀。李思謙云:笏紋朝耳條條去,書上相干號壽紋。

法令相侵地閣邊,

《心鏡》云:自蘭庭二部有紋,委曲下過地閣曰壽帶,主壽考。來和云:壽帶雙垂侵地部,年高少疾福仍堅。

鶴形龜息頭皮厚,

《玄談神機》云:鶴形龜息壽彌高。《鬼箭歌》云:綿綿龜息緩,遷遷鶴壽長。甘吉云:頭皮寬厚滿,少病多壽長。

顴骨斜飛與耳連,

《清鑑》云:須知顴骨有四般,入耳無過壽數寬。《龜鑑》云:顴骨連雙耳,耳後聳餘地。

毫生耳肉眉長白,

秋潭月云:盈耳似茸過百歲。《肘後歌》云:毫生眉耳皆長壽。《詩》云:黃者眉壽。《玉管》云:眉濃髮厚人生賤,眉逆毛粗不可論。若有長毫年九十,愁容促短乏田園。

項下雙縧成骨,

《通仙錄》云:借問何人年過百,耳內生毫眉半白。項下雙縧成一條,此是人間壽星魄。《心鏡》云:眉毫不如耳生毫,耳毫不如項下縧。又云:耳堅成骨壽齡遠闊。此之謂也。

陽不輕輕陰不膩，

白閣道者云：陽忌輕，陰忌狂，有大交加性不常，當中更有神氣主，雖有官資不久長。陳圖南云：陽形陽盡人須死，陰體陰虛壽亦虧。《麟鳳記》云：陰體清明陽重實，陰陽不返始延期。

精實神靈及省眠，

《清鑑》云：大都神氣賦於人，有似油分又似燈。人安本自精之實，油清然後燈方明。《肘後歌》云：神靈省睡人遐壽，神濁昏朦足賤貧。

伏犀三路貫天梁，

《識人論》云：伏犀骨在印堂司空之間，起如覆瓜隱指是也。自天中直起聳入泥丸曰天梁骨。《玉匣秘要》云：天梁巍入頂，人間老壽星。《雲嶽經》云：伏犀勢接天梁去，直入泥丸壽者材。若得文星相佑助，中年祿位至三台。

溝洫深平闊更長，

《識人論》云：人中欲長而深，溝洫之象也，如水之通，不隘即吉。姑布子卿云：人中深長，壽考福昌。

陰隲龍宮深更滿，

《指迷賦》云：臥蠶黃紫色，營陰隲之田。金櫃光明，顯屬子孫之貴。又云：隱指部豐。

荆徐揚豫冀相當，

《肘後賦》云：九州繼序兮欲相輔，五行秀聚兮有所主。荆徐接邊地之疆，揚冀輔豫宮之土。蓋欲成就，不失其治也。

壽堂有骨須隆起，

《麟鳳記》云：耳後有骨曰壽堂，骨堅隆不破陷者，壽相也。《識人論》云：欲知人壽考，耳伏玉樓成。《麻衣》云：細看玉樓入雙耳。

固密齊平瓠齒方，

《詩》云：齒如瓠犀。《靈秘經》云：齒齊端正排珂密，福壽相期八九餘。

目有守睛神隱藏，天庭生骨居中央。更若天根在雙踵，三甲三壬入老鄉。

　　管輅嘗自謂曰：吾額上無生骨，目中無守睛，鼻無梁柱，脚無天根，背無三甲，腹無三壬，皆不壽之相也。是知天與我才，而不與我壽，恐四十七八間，不見兒婚女嫁也。後果如其言。

卷之三

天

天門第五

　　欲識人間速死期,山根青氣號魂離。

　　《玄秘經》云:陰地花準上客,山前數見人頭黑,鑑知只在掌中間,不知如在雲頭隔。又云:山上不須鋪白練,堂前爭忍見烏鴉。《識人論》:黑氣四起曰死氣天羅。管輅云:魂不守宅,血不華色,精爽煙浮,若槁木,此人鬼幽,斯人得此者,魂已去矣。

　　少肥氣短色浮緊,

　　《雲嶽經》云:馬肥則氣喘,人肥則壽夭。少肥氣喘,速死之兆。《白猿經》云:形愛魁又怕肥,魁主身榮肥死期。《竹輪經》云:肉緩筋寬色又嫩,三十六前是去程。《清鑑》云:少肥氣短色光緊,四下之人大可驚。

　　眼浮神光肉似泥,

謝靈運云：夭壽之人，神離睫泛而不收，無所守也。沈希云：肉緩如泥，筋骨不收，陰太過而陰不足夭也[①]。《通仙録》云：問君何者是行屍，眼泛神光肉似泥。

蛇行腰折筋寒束，

《心鏡》云：腰折，步斜，頭搖，手掉，坐立不正，如鼠蛇之形，主惡死。管輅云：筋不束骨，脈不制肉，起立傾敧，若無手足，得此非壽相也。

鷺鼻眉攢蹙似悲，

《玄珠論》云：鼻門軒露直見梁者，曰鶴鼻，亦曰鷺鼻，主客亡。《龜鑑》云：眉蹙如攢，神悲不安。不惟夭折，亦主孤單，不令之相也。

中正生毛眉八字，

來和云：寒髮生中正，斯人足苦辛。《通仙録》云：眉生八字復蹙額，深恐臨岐倒路傍。《錦溪歌》云：兩目光鮮眉帶劍，少年橫死亦堪嗟。

耳薄無根弱且低，

宋齊丘云：耳薄向前，賣盡田園。《靈秘經》云：耳薄如紙，貧下早死。袁天罡相馬周云：耳後無根，薄而反側，恐非壽相也。又云：耳無根，後不隆，壽不高也。馬年四十三卒羈旅中。

人中漸滿唇先縮，

《黃帝內經》云：肥人唇縮，人中平滿，曰肉疾。《通仙録》云：人中漸滿唇先縮，遠去應無百歲期。《黃金髓》云：人中肥卷，壽不長遠。

失志溶溶坐立敧，

唐舉云：維維失志起，改常神已去矣。《鬼箭歌》云：荒唐失志神無宅[②]，不到中途即夭亡。《肘後歌》云：精哀血竭氣將涸，失志溶溶不自持。鬼谷子云：坐立不正，如折樹敧墻，若不能搘持者，主夭亡。《錦溪歌》云：滿面神光神却露，肉紋薄急壽難言。

睛凸露兮項欲折，

陳訓云：睛凸人剛狠。郭林宗曰：目睛凸露神堂反，歇滅無成壽更虧。樓嵒子云：項骨偏折目露睛，不到中途即夭折。

---

① 後一"陰"字當爲"陽"字。
② 唐，原作"堂"，據文意改。

耳鼻如綿聲輕嘶，

《心鏡》云：耳鼻如綿壽不延。《玉管》云：忽然暴夭人誰識，只爲喉乾似鴨聲。管輅云：談論氣不接，天齡苦不多。

頂陷背深腰又薄，

袁客師云：欲知人夭賤，頂陷背成坑。沈希云：蜂腰背削，終無榮樂。又云：肉多背削梁柱小，恐比顏淵年齒同。

邊地全無驛馬贏，

陳訓云：驛馬傾斜邊地削，早無成立晚無終。王朔云：驛馬低贏，親疏祖離。邊地欹削，壽匪遠期。

精神不醉看如醉，

管輅云：精神怯弱，如醉如驚，壽止四十，事無一成。神解云：不醉看如醉，非愁却似愁，笑驚神不足，榮樂半途休。

鼻毛反出鬢黄垂，

來和云：鼻毛反露，夭而孤苦。成和子云：鼻毛反露人貧賤，卷髮黄垂壽不延。

眉交鎖印妻刑剋，

陳圖南云：眉長交印堂，中年必夭亡。年不過四十，剋子害妻房。《金鎖經》云：眉不欲交，交則印破。一則無禄，二則無壽。

氣冷形單壽豈宜。

《鳳髓經》云：氣冷色單，禄壽皆難。蓋骨寒而無氣以御之，則不壽之兆也。又云：命門有囚氣，亦主夭。

貧賤

貧賤門第六

欲知貧賤人形貌，鼻䯇無梁齒露牙。

白雲子云：鼻如鷹嘴人心詐，䯇鼻無梁定乏財。《靈秘經》云：䯇鼻露竅，人不善終。《玉管》云：孔仰家無隔宿錢。《玄珠論》云：唇軒齒露齦，孤貧祇一身。

雀腹下輕空上重，

張子美：鳶肩雀腹，寄食人家。白閣道者云：最忌上輕空下重，上重下輕人無用。假饒衣食有些些，一生否泰常相送。

攢眉蹙額髮交加，

《玉管》云：面容憔悴髮交加。棲嵓子云：眉攢愁人常劫劫。《金鎖經》云：攢眉蹙額，終無歡悦。

背陷成坑胸骨露，

《肘後歌》云：背薄如坑井，奚堪負戴辛。鬼谷子云：背陷胸窄，肩寒齒疏，行欹不開，手足寒束，善步如走，謂之七薄。《風鑑》云：凡近乎薄者，不可取也。

乳細如鍼額削瓜，

《心鏡》云：乳細如鍼，家無一金。白雲子云：額尖如削乳頭小，男爲奴僕女風塵。極大亦賤。

腰闊露臂眉壓眼，

陳圖南云：臂肩露者俗。王朔云：眉濃尤自得，壓眼不堪論。

身粗藏黑面如華，

《肘後賦》云：身粗黧黑，徒勞。臉似妍華，足薄太平，不用。手如酥笋，若非亡家之子，必是伶倫，不然走吏之曹，定應。童行面細身粗乃爲八極。

開口欲言涎已墜，

《玄珠論》云：唇開涎墜齒疏短，夭薄孤單招是非。《錦溪歌》云：對人談論涎欲濺，不是高堂富貴人。裴行儉云：欲言涎已墜，貧薄老無成。唇常乾者亦賤。

膝攣肩卓步欹斜，

鉗徒相劉元祐曰:公鼻露耳反①,巨肩膝攣,雖處公位,終非久長。爾後果因事從海島寄死野人之家。《玉管》云:步折腰斜人最賤。

口尖一撮如吹火,

許負云:口如吹火家門破。袁天罡云:口尖唇薄人無信。金梁鳳云:口如一撮吹而露,門户生災財帛傷。

掉臂搖頭喜歡嗟,

鉗徒云:木搖則葉落,人搖則財散。故小人之行如火,身輕脚重,掉臂搖頭,不令之質也。謝靈運云:鎮鎖眉頭喜歡嗟,神愁氣惨破人家。

四水返傾神似困,

沈希云:揭目露堂,揭耳露輪,揭口露齒,揭鼻露梁,四水返走,財不聚也。《混儀》云:莫教四六五六,必主凶亡②。更忌神昏八九,也無稱遂。

三停上短鼻門賒,

《白猿歌》云:上停短下停長,多成多敗只空亡。縱饒立得成家計,猶如熾暑下秋霜③。《混儀》云:欲知衰困之人,定是風門昂露。

食遲混速如屍睡,

《竹輪經》云:食遲混速肉如泥,睡起無時懶著衣。開眼卧時如一字,爲奴無子早刑妻。謝玄暉云:食遲登混速。許劭云:氣粗屍睡驚難覺,男則爲奴女婢材。《錦溪歌》云:睡時多伏面,乞丐走他鄉。

縱紋入口號騰蛇,

許負相鄧通騰蛇入口當餓死,後果如其言。又相周亞夫曰:君七年之後將相皆備,不九年則餓死。條侯曰:即富貴,焉得餓死。許負指其口曰:君縱紋入口,此餓死紋也。亦果如其言。

蜂腰步速及聲乾,

白雲子云:蜂腰近折,聲乾無韻,淺薄之器也。《泠泠歌》云:蜂腰步速更肩寒,風

---

① 反,原作"返",據文意改。

② 《神相全編》之《純陽相法入門》此句引作"四水莫教淺,五六主凶亡"。

③ 猶,原作"犹",據文意改。

雨投林鶴一般。《洞元經》云：聲輕則無權，聲乾則無財。

氣短來從肝膈間，

《洞元經》云：小人之聲出於肝膈之間，其源淺，其來疾，其喜怒易以見，享福者不然也。

形過於神神不足，

《靈秘經》云：神過形者，貴。形過神者，賤。《玉管》云：神足於形爲貴相，形過神者賤無疑。

氣囚其色色奚安，

《玄珠論》云：色者氣之精華，神之胎息也。氣太過而色不及，乃受囚之色也。滯者三年，陰數盡則復散爾。

準頭垂肉頤尖短，

《萬金髓》云：準頭垂肉，貪婪不足。袁天罡云：鼻如鷹嘴，算人骨髓。棲嵒子云：頤頦尖且短，貧賤少資糧。

壽上懸鍼口縮囊，

《金鎖經》云：年壽生紋理，貧窮足苦辛。鬼谷子云：縱紋年壽刑妻數，更主衷心喜竊偷。《心鏡》云：口如縮囊，缺乏餱糧①。

青藍滿面生塵垢，

《通仙録》云：青藍滿面多迍滯，色帶微黄必少榮。管輅云：滿面塵埃氣亦昏，區區只可倚他門。《混儀》云：滿面青藍，多逢災否。紅黄不滯，定主榮華。

皮若枯柴禄食慳，

《肘後賦》云：皮若枯柴，定知貧賤。《錦溪歌》云：婦人何所賤，肌體若皮鱗。白雲子云：若見皮粗毫遍體，知君銜燥立無成。

眼堂枯陷姦門聳，

《心鏡》云：堂囊枯陷如枯井，卓起姦門濫亦娼。《萬金髓》云：神宮最怕流而媚，更忌姦門若起峰。皆主夭賤。

---

① 餱，原作“喉”，據詞意改。

笑語無規身束寒，

《混儀》云：頭尖若削，浪語無規。《對談》云：言而有信，謂之口德。浪語無規，謂之口賊。白閣道者云：輕輕寒無收拾，此般皆是下人形，形神貴也多拘執。

蛇行雀竄聲雄濁，蠅面毬頭法主姦。口臭生髭兼顧步，勾紋鼻上切須看。

《識人論》云：蛇行雀跳，雄聲蠅面，毬頭口臭，生髭顧步，鼻有勾紋曰九醜。《竹輪經》云：九醜六反只得一，男爲僧道女風塵。

卷之四

孤苦

孤苦門第七

人生孤獨事因何,頰骨高兮氣不和。

張子美云:頰如鷄子只單身。《幽室論》云:氣冷不和常自怒,終身奔走寄他門。
又云:頰如突頤如削,鰥夫寡婦誰同樂。

更兼魚尾枯無肉,

《肘後賦》云:嬪門魚尾,愛豐滿而大,怕乾枯。海角承漿喜容指,而最嫌尖凸。金
梁鳳云:魚尾枯乾,妻寡夫鰥。

喉結眉交鼻骨矗,

《竹輪經》云:瘦人結喉尤自可,肥人結喉多災禍。陳圖南云:眉長交印堂,中年必

主亡。《心鏡》云：鼻蠡横曲，難立孤獨。

耳薄無輪唇略綽，

《混儀》云：金水相欺反又傾，忌無輪郭主孤貧。耳薄無輪，祖散如雲。謝靈運云：耳薄齒疏唇略綽，孤寒妄語日荒亡。姑布子卿云：耳無輪郭，片雲孤鶴比生涯。唇少鎌芒①，浪迹蓬蹤無定止。

涙堂坑陷及肩峨，

《識人論》云：涙堂坑陷如嵌，常是悲啼不絶。《混儀》云：鼠食峨肩，得而禍至。

立理人中應抱子，

《玉管》云：人中立理主養他子。《通仙録》云：立理人中應抱子。《冥度經》云：立理若在人中見，主養他兒亦恐難。

山根斷折六親孤，

王朔云：山根斷折及生黑痣瘢疵，主不利妻子及外族。袁客師云：山根斷折無紋理，偃蹇艱勤骨肉無。《白猿歌》云：涙堂深山根折，少懷悲泣何曾歇。

行如馬驟頭先進，

裴行儉云：馬食雀行形不美。《玉管》云：行如驟馬躞如猿，終日區區不可言。《靈秘經》云：猿躞則腰裊而身側，馬驟則步破而有聲，皆不令之相也。

食似豬餐淋漓多，

《軀鑑》云：飲食淋漓，倒死路岐。袁客師云：羊食狼餐多鄙賤，虎吞牛啖却榮華。《肘後歌》云：咀嚼發豬福豈餘。謂浪鳴多淋漓也。

項短齒疏顴骨聳，

來和子云：項短人夭壽，顴高足苦辛。《靈嶽經》云：齒牙疏漏，必知詑詑之人。上下包昂，豈是文才之客。

突胸削額皮如鼉，

《玄珠論》云：胸高額削人瘦苦。《神機》云：身如鼉皮必下愚，面若灰塵當乞化。

眉揭露棱羊目狠，

---

① 芒，原作"茫"，據文意改。

棲嵓子云：眉揭露棱，性莫可犯。許負云：羊目不慈，賤妻貴子。《鬼箭歌》云：羊目流四白，刑妻及哭男。

吊庭低窄髮生過，

《玉匣秘要》云：吊庭邊地髮生，眉尾相過，則徐、荆二州已失所治，而安有享福壽者哉？《錦溪歌》云：髮際要深廣，低垂不可論。《肘後歌》云：邊地欹斜無一指，此生無復得榮華。

色帶桃花仍不立，

陳圖南云：色如春花易成易敗，惟一時之可觀，不久必反。鬼谷子曰：桃花色重仍侵目，迷戀歌姬寵外妻。又云：色嬌氣嫩邪人也，縱有成立亦不久矣。

喉音焦細走奔波，

郭林宗云：一曰雌聲，二曰蠅聲。如微奏曲玉磬聲流，或如秋蟬噪晚，蚯蚓發吟，皆賤薄之相也。《通仙錄》云：勸君用意休讀書，古曰蠅聲人不貴。又云：飢鼠病猿之聲，皆不令之相也。

輔骨露筋年上紋，

張子美云：輔骨筋纏露，辛勤難息心。王朔云：年上生紋理，區區役失身，婦人主剋夫。

準頭常赤汗何頻，

《萬金髓》云：食即準生汗，非庸即苦辛。裴行儉云：準頭色赤汗流濕，碌碌無成老苦辛。

舉步脚跟不至地，

謝玄暉云：如雀之跳馬之躍，身先去而脚跟不至地者，主辛苦夭亡。

眉短何曾覆眼輪，

《玉管》云：眉不覆目，兄弟不足。管輅云：眼長眉短不相副，親者如疏自用心。

日角缺陷足橫平，

《識人論》云：日角父位，月角母位，既缺陷，則少孤破家。《玄珠論》云：足薄橫平，衣食艱辛。《肘後賦》云：足薄橫平，此世定知鄙賤。

絲髮渾驚弱冠人，

顏回年十八而髮白，三十二而夭死。夫髮者，血之餘，心主於血，思慮營營，勞傷心志，則血氣枯而髮早白也。

尺陽紋理兼卑賤，背陷成坑易主貧。

《肘後賦》云：尺陽與高廣，唯忌亂紋侵。《鬼箭歌》云：尺陽紋貫天中去，橫事相干未易休。

名標門第八

耳白於面光凝脂，聳過雙眉若挈時。

《玄珠論》云：耳白於面，聲聞天下。《風鑑》云：耳白過面且貴，亦有科甲之名。《靈秘經》云：耳如挈起，名播人耳。

腹若抱兒臍納李，

來和子云：腹如抱兒，四方聞知。《心鏡》云：腹圓向下，聰明文思。又孔子與董卓臍深七李。棲嵩子云：臍能容李，名播人耳。

學堂豐潤頗相宜[①]，

郭林宗云：耳前一部曰學堂，欲豐滿明潤，怕缺陷塵埃。劉康國云：或如升，或如斗，或如鵝卵，或如口，大而方，直而光，匡內青絲起處，將軍案上藏金寶，不在人中與印堂。

日月光隆驛馬肥，

《靈秘經》云：日月角高邊地靜，初年奮躍過龍門。《萬金髓》云：驛馬高，魚尾朝，伏犀如瓜起，逸步履青霄。又云：驛馬高肥，穩步丹墀。

司空平滿神光威，

《金鎖經》云：司空位至三台位，切欲隆平忌破紋。郭林宗云：精神可畏謂之威，主權勢。如豪鷹搏物，百鳥盡驚。猛虎出林，群獸自伏。人所畏也。

將軍案上生紅紫，

---

① 頗，《神相全編》作“額”。

白雲子云:案上紅光聲名顯。《龜鑑》云:正面紅黃連帝座,名高台輔列朝廷。

骨堅肉食走如飛,

許劭云:骨堅肉虛名位相并。《玉管》云:但看朝廷卿與相,骨隆肉緊步如飛。

睛如點漆耳門寬,

《玉匣秘要》云:睛如點漆,神復澄徹,舉止雍容,清名遠烈。《心鏡》云:聽堂只欲寬宏大。《混儀》云:風門容指主聰明。《貧女》云:視德惟明,聽德惟聰。聰明之實,乃爲天下之英物。

書上豐隆肉不乾,

袁客師云:書上光明潤,聰明貴且清。許劭云:欲知慵懶性,書上肉乾枯。

虎視更加獅子鼻,

《玄談神機》云:虎視耽耽威勢現。《指迷賦》云:龍瞻牛哺角生而貴。莫云乎虎視猿躋,鼻大乃位崇者也。《鬼箭歌》云:準如獅子神威重,萬里邊陲振盛名①。

眉疏清薄秀且灣,

《玉管》云:眉是人倫紫氣星,棱高疏淡秀兼清。一生名譽居人上,禄食榮家有政聲。又云:若如新月樣,名譽四方聞。

四瀆清明及印堂,

《洞元經》云:眼、耳、鼻、口曰四瀆,及印堂則曰五官,欲清明不反者爲貴。《玉匣秘要》云:目屬肝,曰司視之官,謀慮出焉。耳屬腎,曰作強之官,伎巧出焉。鼻屬肺,曰相傅之官②,治節出焉。口屬脾,曰倉廩之官,五味出焉。印堂爲一面之表,内應於心,則曰君主之官,神明出焉。故眼清則謀慮遠,耳伏則伎巧明,鼻洪則治節正,口方則倉廩實,印堂宏瑩則神明俱矣。

犀牛望月最爲強,

《通仙録》云:犀牛膊厚肉須豐,望月爲儒名早了。

日月麗天頦額古,

《玉匣秘要》云:頦額如朝鼻,君臣慶會焉。定知遷驟貴,日月麗乎天。《風鑑》云:

---

① 陲,原作"郵",據文意改。
② 傅,原作"傳",據文意改。

天廣地闊，日月麗明，五嶽附地，法主貴也。

　　膚薄色黃年少昌。

　　《肘後歌》云：形厚紫黃人晚達，膚薄色黃年少昌。《通仙錄》云：紫黃皮厚發必晚，膚薄色黃年少作。

卷之五

蹇難門第九

瘦而露骨誠多難，

《識人論》云：肥不欲露肉，肉露則偏廢。瘦不欲露骨，骨露則辛苦。《靈秘經》云：瘦而露骨，終身歇滅。

火色鳶肩事必乖，

岑文本云：相馬周，火色鳶肩，騰上必速，恐不能久，必致摧折。

氣色不常隨語變，

《洞元經》云：或言未已而色先發，或聲未止而氣先絶，曰雌雄天羅，非令質也。《麟鳳經》云：對人接語氣先變，内無造物外無神。若不修行離祖去，定知短命喪其身。

陰陽相返面塵埃，

白閣道者云：陰陽不辨形容悴，平生衣食何周全。《鬼箭歌》云：陰陽相返多貧賤。又云：陰返於陽嬈且賤，陽生陰氣立無成。清真子云：滿面塵土應非遂志之人，顧準隆平必是榮家之士。又云：陰陽相返事乖張，得此者不賤即夭。

形豐上銳筋纏束，

《心鏡》云：形豐上尖，成敗中年。《肘後歌》云：形豐偉特頭尖小，秪恐爲官蹇難多。棲嵩子云：筋纏骨上招辛苦，毫抹枝干性急剛。

顧視精神昏不開，

《泠泠歌》云：神昏暗慘滯平生。《識人論》云：神昏正視則如紗帛瞑之，頃之則明，故曰神滯。凡八年，以陰數盡而復開。陳圖南云：神滯八年，氣滯五年，色滯三年。

眉逆毛旋並壓眼，

《混儀》云：忽然眉促旋螺，縱守官清喪節。裴行儉云：壓眼眉濃人蹇滯，更加髮厚亦如之。

　　懸鍼破印步如雷，

《泠泠歌》云：懸鍼入印刑妻位。謝玄暉云：印堂欹陷又生紋，進退中年多蹇剝。王朔云：行步如雷響，乞食倚他門。

　　眉顰口小山根折，

《通仙録》云：敢問堂堂面豐聳，賣盡田園無屋居。定知眉聳山根折，不然口小鼻梁迂。

　　食物欲吞須哽噎，

《肘後歌》云：食物無詳度，吞時被噎聲。假饒居仕位，客死在程途。《通仙録》云：食物欲吞如哽噎，縱有衣糧主客亡。

　　不知喉結兩三重，

《靈秘經》云：一結二結，人多歇滅。結至三四，財離親絶。《玄談神機》云：結喉露齒多貧賤，騾嘴豬唇心最勞。

　　定應肌骨如冰鐵，

《肘後賦》云：體如冰冷，爲人多歷艱難。肉滑仍香，名著金門之籍。鬼谷子云：肌如冰鐵冷，自勝不能榮。

　　聲似損鑼云不足，

《混儀》云：聲破而長，其爲散也。沈希云：或如塤篪之聲，或作破鑼之韻，爲之廢聲，不足取耳。蓋客有餘而主不足也。又云：堂堂聲破散，成敗不堪聞。

　　面若塗膏名沐浴，

《玉匣秘要》云：面若塗膏名天洗天羅，沐浴最爲凶。

　　北人重濁露胸臀，南體乾枯形踜踞。

《玄珠論》云：北人俗於軒昂，南人俗於輕清，而太過者反爲累矣。反乎此者，不貴則富。

忠信慈孝門第十

　　當門兩齒號學堂，齊大而平信有常，

郭林宗云：額爲官學堂，眼爲禄學堂，耳前爲文學堂，正齒爲内學堂。額貴方如立壁，眼欲清長有神，耳前欲豐厚明潤，正齒欲齊大固密。鬼谷子云：齊大而平有誠諾，露斷疏缺語非真。又云：齒高終暴死，神突定凶亡。

若論忠信與慈孝，定知潔白氣温黄。

王朔云：凡人鼻滴，目眇，頤削，鼻毛露，皆無信行也。棲嵓子云：口方四字齒齊白，色帶温黄忠孝全。《玉管照神論》云：貌恭氣和者忠孝，面開準黄者施惠。又云：額尖眉秀口微方，耳聳唇紅信義良。《詩》曰：面小形容白又清，出言人盡喜聞聲。胸中自有封侯印，忠孝傳家表令名。又云：眼媚頭長額又方，口唇丹起有鎌鋩。身形起坐看端正，秉節懷忠佐聖王。

卷之六

愚僻凶暴門第十一

目細而深名隱僻，下斜偷視亦如然，

《龜鑑》云：目細深長，執拗無良。《肘後歌》云：細深多執僻，清長性敏恭。《玄珠論》云：下視斜窺人毒害。袁客師云：斜窺近視神無力，姦賊貪婪性却聰。《玉管》云：細深多是無心腹，斜視之人不可逢。又云：點睛在上，蛇螫在心。

人中上廣及狹下①，

鉗徒云：人中不明，廣上狹下，性酷氣暴，真無義者。柳清風云：人中上廣及狹下，不順人情與世緣。

冷笑無情露兩顴，

《混儀》云：面容清冷，獨勝多能。色嫩氣嬌，老無成立。《泠泠歌》云：冷笑無情聲帶驚。裴行儉云：冷笑無情，機深內重。王朔云：顴尖者孤躁。

突然項後肉粗起，

《玄珠論》云：天柱餘肉粗突曰弛肩，主愚僻。《通仙錄》云：突然項後肉粗起，雖即爲儒性不賢。

静坐不言口自褰，

《龜鑑》云：口不言而動如驢馬，主姦毒咀謗。《肘後歌》云：驢唇馬嘴自褰合，謗讟慳貪心似蛇。

搖頭弄舌胸堂窄，

《靈秘經》云：無事常將舌舐唇，搖頭擺尾意沉吟，姦巧一生多妄語，孤窮寒薄謾勞

---

① 上，原作“長”，據下註釋及文意改。

心。來和子云：胸窄性亦窄，胸寬性亦寬。相形先相此，貴賤不難觀。

　　寐語狂言豈是賢，

《神解》云：心爲神之宮庭，晝居於目，夜息於心。人之夢寐蓋想而成，或見而至，皆神仙之所由也。謝玄暉云：若於夢寐生狂語，日向人前謾語多。

　　眉斜如草豎還長，

棲嵩子云：眉濃卓起人多暴，粗濁而長性亦剛。王朔云：眉如掃箒，恩情不久。

　　皮肉橫生性暴剛，

《通仙錄》云：面肉橫生心妒嫉。《萬金髓》云：皮肉橫紋多酷虐，莫教神露倒街衢。

　　睫下看人神反射，

甘卓爲歷陽太守，陳訓相之曰：甘侯頭低而視昂，法曰眄刀。又有赤縷自外而入，不十年必主兵死。後被王敦所殺。

　　豺聲蜂目神光鮮，

潘滔見王敦而目之曰：處重蜂目已露，豺聲未振，若不噬人亦當爲人所噬。《玄論神機》云：夭壽之目神離散，橫死之目神光鮮。後漢王莽爲人侈口蹙頷，露眼赤睛，大聲而嘶，長七尺五寸，反鷹高視，瞰臨左右。相者議曰：莽所謂鴟目虎吻，豺狼之聲，故能食人，亦當被人所食。

　　鳶肩虎吻並長鷔，

公孫涅目王莽之論，如前之論。

　　赤縷干瞳氣不藏，

袁天罡相竇軌曰：君伏犀貫，玉枕輔角全起，十年且顯。但赤縷貫瞳，方語而浮，赤入大宅，公爲將必多殺，願自戒。後坐事，幾不得免。

　　音似破鑼枝幹折，心多姦賊主凶亡，

《玉匣秘要》云：音似破鑼聲帶殺，赤縷貫睛眼帶殺，枝傷節折形帶殺，好行盜賊性帶殺，已上皆涉惡相剛暴，涉惡深者，主凶中亡。

紋理門第十二

　　覆月司空家富盛，小車紫字守藩垣，

温珪云:司空覆月,富貴豪傑。白雲子云:車紋生紫字,位顯鎮藩方。

橫過中臺瘟火厄,斜飛入眼極刑干[①]。

《靈秘經》云:中庭橫過入蘭臺,須防遭火及瘟災。《玄珠論》云:穿睛飛入眼,徒配兩三迴。《萬金髓》云:若見飛刀斜貫眼,定知縲絏未嘗離。

浪痕耳珠憂水厄,山紋額角列朝班,

棲嵓子云:銀河耳上分明見,舟楫溪橋主橫災。《金鎖》云:額角如山字,官榮四品中。

地閣縱橫財穀散,年上山根仔細看,

《肘後歌》云:地閣亂紋田宅失。鬼谷子云:地閣紋橫,破家無祖。《心鏡》云:年壽橫紋並黑子,刑妻少子病纏身。

山根細斷誠多難,印肉如絲恐没官[②],

《指迷賦》云:豫州細斷,外族妻子俱傷。印肉橫紋,僕馬官榮盡失。王朔云:山根若有橫紋斷,剋子刑妻少弟兒。

居準自然乖準望,祖宅若有見貧寒,

王朔云:在準事難準,居顴難立權。《肘後賦》云:準頭紋亂,尋思富貴難期。祖宅絲纏,賣盡田園自立。袁客師云:祖宅如絲亂,終須賃屋居。

掌中橫紋心無智,立理人中子息難,

《通仙録》云:掌中橫斷心無智,若也無紋亦乏糧。又云:立理人中應抱子,上尖下廣亦空牀。

龍角天庭須伯牧,交勾鼻上盜仍姦,

袁客師云:天庭宛宛如龍角,職居伯牧守專城。溫珪云:鼻上勾紋終惡死。朱建平云:年上交勾必濫偷。

法令過頰知壽考,縱紋入口死無糧,

周亞夫爲河內太守,許負相之曰:君三歲而封侯,八歲而將相,持國秉政,後九年而餓卒。笑曰:既富而貴,又何餓死,請指示我。負指其口曰:縱紋入口,此餓死法也。

---

① 干,原作"平",據文意及《神相全編》改。
② 肉,《神相全編》作"内"。

後因人生變，下廷尉，不食五日，嘔血而死。

舌上縱紋身必貴，溫紅在掌福峥嶸，

裴行儉云：舌紋牛齒，相之一貴。來和子云：舌上生紋理，如蛇禄食榮。《通仙録》云：掌散紅紋多貯積。《玉堂賦》云：掌如噀血，終身不被貧寒。手薄無紋，此世定知卑賤。西洛風僧云：舌有繡紋賢。

三壬居腹宜天壽，八字寬宏主少亨，

《識人論》云：三壬疊疊居臍下，五福康寧壽考長。張子美云：八字居壬上，心寬早奮亨。又云：三壬三甲人多貴。

姦門亂理多淫蕩，魚尾修長老不閒，

《指迷賦》云：姦紋亂理，常懷姦盜之心。地閣煙飛，必是破家之子。《靈秘經》云：魚尾筋紋長入口，雖云眉壽最勞心。魚尾坑宂，亦主難妻耳。

井字陰陽終自縊，酒池縷縷喪波瀾，

樓嵒子云：井紋陰地上，自縊橫亡人。溫珪云：嘆嗟，三陰生井紋，自縊喪其身。王朔云：懸鍼破印傷妻位，酒池紋亂溺波瀾。

懸鍼入印刑妻位，破匱侵顴權位艱，

《泠泠歌》云：懸鍼入印刑妻數，終是勞心不暫閒。《肘後賦》云：懸鍼過匱傷顴勞，權位不勞宜守閒。

孛帶刃兮人好殺，若臨紫氣性無寬，

《混儀》云：左眉紫氣，右眉月孛。《識人論》云：紫氣紋傷心褊窄，右眉或有見刑侵。有紋侵紫孛性褊，亦多凶。

祖墓墳塋遷復改，必然四墓亂縱橫，

王朔云：面有四墓之地，曰父墓、上墓、林苑、下墓。若生紋痣，則主墳墓遷徙不定也。故云：四墓亂縱橫。

驛馬定應游宦子，口如裙摺只孤單。

謝靈運云：驛馬紋侵亂，知君遊冶郎。《通仙録》云：口邊不得皮皺裂，有子應須出外鄉。張子美云：口如裙摺樣，飢饉日無餘。許劭云：口邊如綫並裙摺，至老單寒止一身。《靈秘經》云：海門城郭紋如綫，縱有餱糧必客亡。

卷之七

骨節門第十三

　　骨節要豐隆，天中向上攻，

　　白氣子云：天中骨實起，隱隱定遷榮。《靈秘經》云：天中髮際隆然聳，福壽相期主貴榮。

　　橫生主封爵，鷄子定孤窮，

　　《識人論》云：額骨平方橫且闊，定知名譽冠人臣。《冥度經》云：不欲天中冠圓骨。謝玄暉云：額如鷄子只單身。

　　龍角如雙柱，陞朝有始終，

　　樊賦額上雙柱骨直起如龍角，張子美相之曰：須貴，但止乎陞朝矣，過之必厄。《玄珠論》云：依依雙角如雙柱，賦位高遷五品郎。又云：天中有骨橫垂耳，定作明君左右人。

　　印堂三寸起，伯牧位相同，

　　成和子云：隱隱印堂三寸骨。管輅云：印堂左右貴人起，定作邊廷忠正臣。謝玄暉云：印堂連額起，藩鎮總兵權。

　　鼻與山根直，求婚帝室通，

　　樓嵩子云：鼻連戊己如懸膽，妻位極品家。《靈秘經》云：山根聳直，婚連帝室。

　　兩顴欹更露，權勢盡成空，

　　《玉匣秘要》云：顴者，權也，勢之事。若尖露而不豐厚者，主當權反復。顴骨欹斜狹又尖，更兼頤頷食倉偏。易盈易滿心懷暴，縱守清官立也難。

　　懸壁須豐起，欹斜禍必逢，

　　《靈秘經》云：懸壁欹斜，迍災纏繞。《肘後賦》云：懸壁豐高，知四隅之有土。或欹或削,定三主之無餘。謂土有城池,懸壁不倒,則富貴之兆也。

巨龜連腦户,宰輔位尊崇,

《心鏡》云:巨龜貫腦少人知,貴禄綿綿福壽期。成和子云:神粹巨龜伏,禄位拜三公。

精舍林中廣,仙風道骨藏,

林中、精舍有骨隆起,直入髮際,曰仙風道骨,主修養,好慕神仙之人也。

伏犀三路起,僧道骨爲良,

《清鑑》云:紫衣師號何由得,伏犀骨向頂門生。甘吉云:伏犀學堂瑩,遥刺列功勳。袁天罡相馬周曰:君伏犀貫腦,背若有負,貴驗也。郭林宗曰:伏犀須得文星助,陷了文星没貴名。

驛馬連邊地,兵權守一方,

《心鏡》云:欲識兵權千里外,看他驛馬插邊庭。來和子云:驛馬連邊地,方隆禄食榮。《月波洞中記》云:驛馬分茅列上尊。

金神分五指,極品在巖廊,

《靈秘經》云:印堂有骨隆起,如分五指貫入髮際,曰金城骨,一曰五柱骨,主大貴。隋文帝未貴時,相者目之曰:公額上五柱入髮,願自護之,後貴不可言。果如其説。

武庫宜爲將,傾危必主凶,

袁天罡云:生骨隆隆武庫間,定知功蓋鎮天山。忽如坑井兼懸刃,還恐身殂藪澤間。王朔云:骨隆宜主將,缺陷爲兵誅。

玉梁具耳鼻,清顯富文章,

陳圖南云:鼻之勢起於邊地,名曰學堂之基址。鄂禄華云:有骨横起,自鼻至耳上下,方正端如馨底,卧蠶不缺,蘭堂不毁,正面方平,學堂基址,並主富貴享壽。

大海尖如指,枝干慎折傷,

《鬼箭歌》云:大海狹仍尖,須防黑氣纏。乘舟須忌溺,鞍馬折傷兼。《錦溪歌》云:折臂三公自此來。

姦門欲平闊,尖凸定媱娼,

《通仙録》云:姦門孤骨如蜂凸,混亂閨房常不離。《識人論》云:黑子並尖凸,男淫女必娼。王朔云：姦門魚尾須豐厚，或見尖斜性不良。

玉樓如伏臂，名位拜三台，

《靈骨經》云：名曰天柱骨，腦後有骨圓如鷄卵覆杯者，曰玉經骨。或長如伏臂，橫貫兩耳，曰玉樓骨，一曰三台骨。《龜鑑》云：玉樓連兩耳，名位拜三台。

牛角連虎眉，直起宜侍衛，

郭林宗云：虎眉牛角將軍位，直起終爲侍衛臣。《麻衣》云：牛角連邊地，光隆富貴來。天中相對起，必作廟堂材。

日角父康寧，月缺母難備，

《玉匣秘要》云：日、月角爲父母宫。《洞元經》云：太陽日角父位，太陰月角母位，豐厚則吉，缺陷則妨害矣。

項後見兩頤，兄弟多不義，

《玉匣秘要》云：兩頤頭爲兄弟宫。來和子云：項後見頤，兄弟情乖。張子美云：頤尖兄弟似仇讐。

欲知壽綿遠，耳後聳餘地，

袁天罡云：耳有根者壽考。《貧女》云：耳後有骨曰耳根，乃壽相也。

頦額方且平，揖讓最爲貴①，

《應合論》云：額方而覆下，頦骨圓而厚載，是謂天地相合，主富貴之兆也。

更忌虎吞龍，粗露切須忌，

《聖凡論》云：臂前曰龍，肘後曰虎。《玉管》云：龍虎不須相剋陷，筋纏骨下賤堪憂。王朔云：骨粗橫露遭迍蹇，骨實清圓貴壽期。《洞元經》云：骨聳者夭壽橫者凶暴。此之謂也。

既聳堅且明，巍巍堂廟器。

陳遵，人相之曰：長頭大鼻，面有奇骨，容貌甚偉，主貴顯。

黑子門第十四

天中貴位不宜居，男妨父母女妨夫，

---

① 揖，原作"楫"，據文意改。

棲嵩子云：黑子見天中，孤中復見凶。來和子云：幀間黑子多迍蹇，父母宮中難保全。

若見天庭憂市死，印堂官事或財儲，

《麟鳳記》云：黑子天中星點點，最宜積德免凶亡。王朔云：天庭生黑子，暴烈性非安。若見眼神露，市死免應難。《肘後歌》云：舌即杖兮堂即印，忽然破壞禄應無。《靈秘經》云：印堂左右生紅痣，大似櫻桃性必乖。

壽上妨妻尤自得，承漿若有醉中殂，

《心鏡》云：或生壽上壽先折，戊己山根子亦無。許劭云：或在承漿，終因酒亡。又云：不惟剋父母，男女亦空虛。鉗徒云：承漿藥部不宜有。

女人地閣須憂產，詔獄或見死囚拘，

《指迷賦》云：紋侵金匱兮刑科疊疊，痣生地閣兮產厄重重。男得之見金即盛，女逢之遇火尤凶。《鬼箭歌》云：或生詔獄并家獄，官訟因兹歲歲繁。

橫事相妨左廂出，若臨高廣二親無，

《貧女》云：左廂天獄連連出，橫事才過又復生。郭林宗云：黑子生高廣如丹，父母孤。

尺陽主往他鄉没，魚尾姦門姦盜辜，

《靈秘經》云：尺陽須潤澤，黑子異鄉亡。秋潭月云：魚尾姦門生黑痣，一生媱蕩不堪言。

華蓋暴亡天井水，太陽官舍外陽迍，

《肘後經》云：華蓋福堂光隆即昌，懸鍼則刑害而致死，黑子則没溺而身亡。《靈骨經》云：三陽黑子多悲泣，眼眦官災走異鄉。

武庫主兵邊地遠，游軍亡陣或兵誅，

《龜鑑》云：武庫乃兵戌之部①，或骨直而豐厚，即其真也。或生黑子及縱理者，雖兵權恐不善死。鉗徒云：將軍難免刀兵厄，武庫須權死亦如。

或生書上憂無學，井部宜防井厄虞，

---

① 戌，原作"戍"，據文意改。

《肘後歌》云：黑子生書史，昏蒙性懶愚。若臨玄武上，竊盜犯無辜。王朔云：井竈相連廚帳下，隄防水火厄來侵。

小使伎堂并內閣，生無侍養自區區，

《靈骨經》云：僕馬伎堂并小使，細廚內閣審須看。若生黑子並瘢痣，獨自勞心不暫安。

不修幁帕看門閣，祖宅如生没故廬，

棲嵓子云：幁帕不修何以驗，比鄰門閣痣生紋。鉗徒云：祖宅如玄豆，終須異處成。

命門作事無終始，學館看來學豈餘，

正口囁嚅多齟齬，帳廚妻室恐難胥，

《造神録》云：海門城郭四維間，五彩俱成不是賢。朝朝口舌隨形有，造化生成理自然。《麻衣》云：黑子海湄，自然有富貴，亦主是非。

山根準鼻兼廷尉，家業飄零骨肉疏，

《造神録》云：蘭臺廷尉準俱同，年壽山根盡主凶。財傷祖失人離散，婦問三堂少落空。

眼下悲啼常不絕，耳根雙出倒商途①，

《心鏡》云：眼下有黑痣曰淚痣，主哭泣不止。《風鑑》云：耳根雙黑子者，主道路中死。又云：玄珠有者，生子孝。

正面所爲皆不遂，人中或有立身孤，

《靈秘經》云：正面與顴生黑子，居官失職富傷財。《鬼箭歌》云：人中黑子多孤獨，貧薄無成徒爾爲。又云：人中雙黑子，婦人必雙生。

坑塹陂池并大海，諸方不見始安舒，

鉗徒云：自天中至地閣十三部，若不見紋痣黑子，並以輕重好惡斷之。丁表云：此所謂面無黶是也。

擁旌杖節何由得，有痣深藏足底膚，

安祿山少賤，事張守珪。爲之濯足，因停手視之，守珪曰：何也？祿山曰：見公足

____

① 商，不辞，疑當作"商"。

下有黑痣。曰：吾之擁旄杖節者，得此痣也。禄山再拜，曰：賤人不幸，雙足俱有。守珪遂優之。凡屬痣圖具載不一。凡人心上有者，不佳。足指有者，離土。紅痣生兩腋下者，主好道釋。

五彩如龍下繞臂，梁武貴嬪生赤痣，

梁武帝因登樓望樊城漢濱，五彩如龍下繞女子。遂詔而問之，曰：臣左臂有赤痣，上有五彩。帝奇之，因贈金環，納爲后。

七星左脇貴爲郎，未若班班七十二。

漢高祖左股有七十二枚，貴有天下。

卷之八

識刑門第十五

木瘦而長衆所知，

木形人瘦直修長，如木之直，色清氣秀，得其正也。若腰偏而背薄，非木之善。

火炎鋭上水圓肥，

火形人形豐上尖，如火之炎，色赤氣枯，得其中也。或銜露浮躁，則熛灼之過歟。《風鑑》云：一露即曰火，面深即曰土，似有揭露，皆云火也。水形人圓厚，背負腰圓，色玄氣靜，肉重而骨輕，是其常也。或筋緩肉流，此謂枝不補幹，則泛溢而無所守也。

方正骨堅金本質，

金形人方而正，骨堅而肉實，陰陽不欺，色白而氣剛，得其中矣。或局促而欹側，骨少而肉多，則柔弱而不堅剛也。

土形腰闊背如龜，

《洞元經》云：土形人面深，腰背露，形貌軒昂，肉輕骨重，色黃氣瑩，則得其稱矣。或骨重肉薄，神昏無力，乃淹滯之土矣。

或有兼形分駁雜，

《玉匣秘要》云：人之形貌所受異同取像非一，而兼形則擇其多者而爲主矣。《靈秘經》云：若要兼形做好官，須是相生與相公。

先將氣色細尋推，

《清鑑》云：金得金剛毅深，木得木資財足，水得水文學貴，火得火武威大，土得土富財庫。王朔云：五行純一，不爭不奪，貴之次也。

相生相養云官在

《靈秘經》云：始方相次肉圓厚，金水相逢道泰亨。餘仿此。

相尅相刑曰鬼衰，

《玄談神機》云：且如木形主修長，項短肩縮初年亡。忽然乍肥與乍白，定知客死在他鄉。

相尅於中蹇難多，金木水火誠非和，

《洞元經》云：水火不可以相守。犯之者，不令之相也。金木亦類此①。

縱然得禄亦不達，四十之年不可過。

識部位第十六

第一天中對天嶽，左廂内府相隨續。高廣尺陽武庫同②，軍門輔角邊地足。

第二天庭連日角，天府房心父墓角③。上墓四殺戰堂前④，驛馬吊庭分善惡。

第三司空額角前，上卿少府位相連。交友道中交額好，重眉出相—作山林。看聖賢。

第四中正龍角頭⑤，虎眉牛角位相遊⑥。輔骨玄角并斧戟，華蓋福堂郊外求。

第五印堂交鎖裏，左目蠶室林中起。酒樽精舍對嬪門，劫路巷路青路尾。

---

① 木，原作“本”，誤，改。
② 尺，原作“尸”，誤，改。
③ 《麻衣相法》及《神相全編》此句皆作“龍角天府房心墓”。墓，原作“基”，據部位圖改。
④ 墓，原作“基”，誤，改。
⑤ 龍，《麻衣相法》及《神相全編》皆作“額”。
⑥ 眉，《麻衣相法》及《神相全編》皆作“角”。

第六山根對太陽,中陽少陽并外陽。魚尾姦門天倉接①,天井天門玄武藏②。

第七年上夫座參,長男之後更三男。禁房金櫃盜賊動,游軍書上經史庵③。

第八壽上甲匱依,歸來堂上正面時。姑姨顴勢好兄弟,外甥命堂學堂基④。

第九準頭蘭臺正,法令竈上宮室盛。典御囷倉後閣連,守門兵卒記名姓⑤。

第十人中對井部,帳下細廚內閣附。小使僕從伎堂前,嬰門博士懸壁路⑥。

第十一正口閣門對,比鄰委巷通衢至。客舍兵欄家庫中,商旅生間山頭繼。

第十二承漿祖宅安,孫宅外院林苑看。下墓莊田郊郭外⑦,荒圩剗道邊勢盤。

第十三地閣下舍隨,奴婢碓磨坑塹危。地倉陂池及鵝鴨,大海舟車無憂疑。

---

① 天倉,《麻衣相法》及《神相全編》皆作"神光"。
② 天井,《麻衣相法》及《神相全編》皆作"倉井"。
③ 經史,《麻衣相法》及《神相全編》皆作"玉堂"。
④ 甥,原作"生",據《神相全編》改。
⑤ 名姓,《麻衣相法》及《神相全編》皆作"印綬"。
⑥ 士,原作"上",誤,改。
⑦ 郊郭外,《麻衣相法》及《神相全編》皆作"酒池上"。

卷之九

氣色門第十七

夫氣色者,五臟六腑之司候也。朝見於面,暮還於肺。如湯面之氣騰騰,鬱熾然四起者,氣也。其散如毛髮,聚如粟粒,望之有形,按之無迹者,色也。且春青,夏赤,秋白,冬黑,理之常矣。惟土發中央之正色,爲四季之主,每季各旺一十八日,如縞裹瓜蔞之色,餘即隨部位推之。凡觀氣色之理,澄神熟視,究其虛實。故陳圖南先生云:凡色之無光,不足謂之色。蓋無光即虛色也,災喜皆不成,不必斷也。先視其主休囚,然後遍看諸部吉凶善惡,審而言之,萬無一失耳。

辨氣色法第十八

謾向空中設綵絲,齊分六色發神輝。舉心佇目徐徐視,妙理無過細察之。

五色所屬第十九

春青只各三陽取,夏赤須於印內求。秋白但看年壽上,冬觀學館黑黃浮。

占五臟安第二十

心善三陽光點點,脾安準鼻見黃明。丹田無病耳輪赤,壽上紅光六腑清。

占五臟病第二十一

肺病準頭如血點①,腎邪耳畔黑煙生。病心只看年中赤,肝病須看眼計青。

占夢第二十二

命門黑盛多船水,年壽炎炎煙火焚。白見陂池登嶮涉,青臨離位見山林。

占亨通第二十三

三陽紅紫心神喜,陰位微紅福德生。或見準頭明更净,等閒有土是亨通。

---

① 肺,《神相全編》作"脾"。

占破財第二十四

地閣煙生田宅毀,更兼地閣侵倉庫。印堂黑暗金匱昏,懸壁無光珠玉去。

占行人第二十五

欲問行人早晚歸,虎眉黃色稱心時。青路色囚多不意,隔月經年未有期。

占印信第二十六

若占音信及文書,華蓋明堂驗實虛。黃色黃光爲定得,黑色黑光定應無。

占獄訟第二十七

凡人獄厄以何期,帝座垂黃是赤脂①。忽生青黑咸池畔,變吉成凶定可知。

---

① 是,《神相全編》作"更"。

占酒食第二十八

飲食之部食廚帳，色似流星口舌疑。下來朝口爲天賜，色重無人可療醫。

占姙孕第二十九

鳳池水聚知生女，土火龍宮定是男。黯慘不明如濕土，子應難保母難堪。

占婚姻第三十

黃如筯點多金匱①，納綵成婚貌亦妍。或暗或明青與黑，時間爭競－作憂禍。不堪言。

占捕獲第三十一

七門俱暗應難獲，有土濕黃即可謀②。更得印堂微見火③，自然成喜不須求。

---

① 《神相全編》此句作“龍宮魚尾紅黃紫”。
② 《神相全編》此句作“眉上紅黃儘可謀”。
③ 火，《神相全編》作“紫”。

占死氣第三十二

魚尾相牽入太陰,遊魂無宅死將臨。下侵口耳如煙霧①,不日形軀殁水津。

運氣口訣三十三

水生一數金三歲,土厚惟將四歲推。火起五年求逆順②,木形二歲復何疑。金水兼之從二下③,若云火木反求之。土自準爲初住限,周而復始定安危。

---

① 下,《神相全編》作"黑"。
② 年,原作"羊",據《神相全編》改。
③ 二,《神相全編》作"上"。

卷之十

九仙會源相氣訣 凡十七首。

太歲臨門，額上昏昏。春夏不散，年多災迍。

奏書一部，印綬黃光。準頭相映，百事皆昌。

金神一部，左右天倉。或紫或赤，朝見君王①。

太陰青紫，右眼眉側②。君子傷財，小人杖責。

博士三陽，宜紫宜光③。春青孕婦④，黑赤男殃。

力士兩顴，青黑之色。男忌徒刑，女憂產厄。

眉上黃光，喜樂年當。天官地潤，穀麥盈倉。

大耗一位，地位乾燥。赤黑交加，必遭劫盜。

面色青黑，年遭日遊⑤。亦宜依舊，出厄他州。

眼鼻赤色，命帶飛廉。女遭產厄，男病風癱。

黑氣入口，印綬如煙。五鬼絕命，破敗家田。

心多驚悸，面無顏色。休問年幾，命逢吊客。

眼下喪門，白如粉痕。若有哭泣，必有爭論。

白氣朝口，多號白虎。恐遭毒藥，困傷道路。

---

① 見，原作“現”，據《神相全編》改。

② 右，原作“左”，據文意及《神相全編》改。

③ 光，《神相全編》作“黃”。

④ 《神相全編》此句作“女黑產厄”。

⑤ 日，《神相全編》作“邑”。

黄幡豹尾，鼻柱兩傍。常要清净，黑氣火殃。

大煞一位，眉頭眼角。忽然雜色，不宜動作。

五虛六耗，長憂口繞。身心不寧，破家之兆。

論形俗

蜀人俗於眼，閩人俗於骨，浙人俗於清，淮人俗於重，宋人俗於口，江西人俗於色，魯人俗於軒昂，胡人俗於鼻，太原人俗於重厚。

六格觀形

富格
形神正而氣色不開者，始貧而終富。

貧格
氣色嫩而形神不藏者，始富而終貧。

貴格
五嶽朝揖而未開，五星分明而未露者，始賤而終貴。

賤格
五位磊落而俱走，五星分明而促局者，始貴而終賤①。

夭格
部位峻而急，形色嫩而光，故富貴而夭。

壽格
部位開而伏，氣憬而沉，故貧賤而壽。

---

① 賤，原無，據文意補。

袁天綱相女人貴賤論

　　凡相婦人，骨法峭峻，神色威嚴，持重而少媚，五嶽寬大，舉動快如流水而無聲者，如石中之韻者，后妃相也。五嶽端厚①，骨氣磊落，神色温潤，瞻視施爲不凡者，是夫人相也。若見九醜之相，主貧賤孤淫相也。詩曰：有威無媚精神正，行不動塵笑藏齒。無肩有背骨如圭，此是夫人同一體。有媚無威舉止輕，此人終竟落風塵。假饒不作風塵女，尚是屏風後立人。

---

①　嶽，原作“骨”，據《神相全編》之《達摩婦人相》改。

相嬰兒訣

　　凡小兒初生叫聲連延者，壽。絕聲復渴者，不壽。額有旋毛，早貴。枕骨不成，能言而亡。睛大而光，富貴難量。囟門不合，八歲防厄。數歲未言，神定，必爲重器。陰入如無，頭上髮稀，身有汗血，通身柔軟，臍小而低，小便如膏，並夭。早行，早坐，早語，早齒，頭成四破，啼而聲散，並不成人。陰大，富壽。

相 兒 經

［舊題］嚴　助　撰著

牟　玄　點校

【題解】

【題解】

此書一卷,見録於《大梅山館藏書目》子部風鑑類、《藏園訂補邵亭知見傳本書目》子部術數類命書相書之屬。《中國醫籍大辭典》"相兒經"條云:"不分卷。題嚴助原撰。清程永培(字瘦樵)編。約成書於清乾隆五十九年(1794)。系《程刻秘傳醫書四種》之一。"(上海科學技術出版社二○○二年版,頁九三三)按《古今圖書集成》(1701 始修,1728 成書)中即載有《相兒經》,又方以智在《物理小識》中已引用《相兒經》,可見《相兒經》成書當早於康熙年間,臺灣"國家圖書館"藏有明末刻本《相兒經》,亦可見此書明代即已流行。《諸子集成補編》有《相兒經》提要,云:"《相兒經》一卷,舊題漢嚴助撰。嚴助,會稽吳人。郡舉賢良,武帝以爲中大夫。嘗使南越,後拜會稽守。與淮南王劉安交好,劉安謀反事敗,被殺。《相兒經》言命相以占吉凶禍福。該書不見於《漢書·嚴助傳》及《隋書·經籍志》,當爲後人僞託。該書對研究古代命相術有一定的參考價值。有宛委山堂《説郛》本等。"(四川人民出版社一九九七年版,頁七一五八)

作者嚴助,有版本題爲漢,有版本題爲晉。如《諸子集成補編》有《相兒經》提要所説,皆爲僞託,不煩詳考。此書篇幅短小,皆由小兒情況而言其夭壽,可資醫學中兒科參考。

此書現可見版本主要有:1.明末刊本,藏於臺灣"國家圖書館"。2.清順治間周南李際期宛委山堂刻《説郛》百二十卷所收本。3.明刊《五朝紀事魏晉小説》所收本。4.《古今圖書集成》所收本。5.《神相鐵關刀》後附本。6.香港中文大學圖書館藏本。

本書以《古今圖書集成》本爲底本，參校以《説郛》百二十卷
所收本、明刊《五朝紀事魏晉小説》所收本及《神相鐵關刀》後
附本。

論相

兒初生，叫聲連延相屬者，壽。

聲絕，而復揚急者，不壽。

啼聲散者，不成人。

啼聲深者，不成人。

臍中無血者，好。

臍小者，不壽。

通身軟弱，如無骨者，不壽。

鮮白長大者，壽。

自開目者，不成人。

目視不正，數動者，大非佳。

汗血者，多厄不壽。

汗不流，不成人。

小便凝如脂膏，不成人。

頭四破，不成人。

常搖手足者，不成人。

早坐，早行，早齒，早語，皆惡性，非佳人。

頭毛不周匝者，不成人。

髮稀少者，不成人。

額上有旋毛者[①]，早貴，妨父母。

兒生枕骨不成者，能言語而死。

---

① 額，《神相鐵關刀》作"頭"。

尻骨不成者，能倨而死。

掌骨不成者，能匍匐而死。

踵骨不成者，能行而死。

臏骨不成者，能立而死。

身不收者，死。

魚口者，死。

股間無生肉者，死。

頤下破者，死。

陰不起者，死。

陰囊下白者，死。赤者，死。

卵縫通達黑者，壽。

兒小時，識悟通敏過人者，多夭。

小兒骨法成就，威儀迴轉，遲舒稍緩①，精神雕琢者②，壽。

小兒預知人意，迴旋敏速者，夭。

①　緩，原無，底本作小字"缺"。《神相鐵關刀》作"緩"，據補。《五朝小説大觀》作"成人"二字，其意不明。

②　雕琢，《神相鐵關刀》作"充足"。

照膽經

［舊題］白雲道者　撰著

牟　玄　點校

【題解】

此書又名《通神照膽經》，一部一册。見録於《文淵閣書目》列字號陰陽類。《國史經籍志》子部五行相法類記爲一卷，題白雲道者①。《孝慈堂書目》相法類亦記有此書一卷，題白雲道首德充②。《萬卷堂書目》子部五行類、《絳雲樓書目》相法類記録同《經籍志》。白雲道者，生平不詳。《汲古閣珍藏秘本書目》子部記此書一本，舊抄，五錢。《脈望館書目》張字號雜術門類風鑑小類記此書爲一本。《述古堂藏書目》相法類記此書爲《通神照膽鏡》一卷一本，抄。《也是園藏書目》子部相法類題名及卷數皆與《述古堂藏書目》同。

李開先《李中麓閒居集》中有詩云："相法要知生共剋，《通神照膽》乃奇經。面顔長帶明而潤，氣色惟嫌黑與青。自喜山容兼野態，元非日角及珠庭。何人寫照浮其實，炯炯雙瞳類曙星。"或許此書在明代甚爲流行，然此書所記之相法與今傳本相書多所不同。

此書現可見主要版本有：1.《古今圖書集成》所收本。2.上海博物館藏本。3.民國十四年（1925年）中華書局印本。4.日本静嘉堂文庫藏十萬卷樓舊藏寫本。本書以《古今圖書集成》本爲底本，參校以《太清神鑑》、《人倫大統賦》等書。

---

① 許頤平在《圖解古代人體使用手册——照膽經》中提到《照膽經》爲紫府真人所撰，不知何所據。（陝西師範大學出版社二〇〇九年版，頁二四）

② 筆者以爲此處刊刻有誤，疑當爲"白雲道者德充"，德充或者即爲白雲道者之名字，可能據《莊子·德充符》篇得名。

照膽經上

總論

　　夫形有四相：曰怪，形狀怪異如盧杞，鬼貌藍色。曰古，形貌古樸。孔子面如蒙供，皋陶色如削瓜是也。曰清，形貌清奇。晉衛玠神清、形清是也。曰秀。神清秀美。陳平顏如冠玉，張良如美婦人是也。怪而無神謂之粗，神以使氣，蓋有神則氣旺。怪而無神爲粗，然未至於枯也。古而無神謂之露，骨格淺露，然未至於孤也。清而無神謂之寒，形單而骨寒，未至喪節。秀而無神謂之薄。形貌薄弱，未至無志。粗而無氣謂之枯，氣以養神，故氣全而神安。粗而無氣，猶草木之枯槁也。露而無氣謂之孤，形狀孤特，如水邊鶴、雨中鷺，主孤立也。寒而無氣謂之失節，人有所守而不變者，其惟節操乎。若骨寒而無氣以養之，則所守不堅矣。薄而無氣謂之無志。志者，神之帥。苟無氣以充之，則志不遠矣。四者如陰陽寒暑也，能御乎此者，貴。不能御乎此者，賤。陰陽寒暑相代，所以相成相推，所以相生，皆本乎造化之妙。人之相貌不出乎清、秀、古、怪，然皆本乎神氣之相御。雖有清、秀、古、怪而神氣不能以御之，不足以爲美矣。故有形不如有神，有骨不如有氣。得之者存，失之者亡。而復以山川風土爲驗，宜細詳之。閩人不相骨，胡人不相鼻，浙人不相清，淮人不相重，宋人不相口，蜀人不相眼，江西人不相色，魯人不相軒昂，太原人不相重厚，東北人不相背。如此者即曰風土，反此者皆貴也。

　　夫神者，百關之秀聚也。察其神知人骨之豐厚，是知神清則骨清，何以驗之？如陽神氣舒而山川秀麗，日月出而天地清明。神之在人亦猶是也。神有四流，寐而神處於心，寤而神遊於目。故知眼爲神遊息之宮，察其眼之善惡，可以見其神之清濁。故論眼之四流者，即知神也。眼波慢而長，如瀉寒波，大勢端美，又有遠視如五星之明，光芒不動者，上也。天地廣闊，日月麗明，五嶽附地，相主極貴。天廣謂額顙圓大，地闊謂頦頤豐厚，日月謂兩眼清明。大而長，精神端靜如寒波之澄潔，視遠惟明若五星之輝耀，湛然不動始爲宰輔，終作神仙也。用則張，收則藏。左顧右盼，機杼萬里，凝然不動者，次也。神發於外則如虎視物，凜凜有威，人莫敢犯，所謂用則張。神斂於內則如珠在淵，如玉在石，不可得而取之，所謂收則藏也。左右顧視，機慮深遠，使人不可得而測者，貴之次也。或光流上，或光流下，視物如射，思慮表裏者，又其次也。夫眼貴有光，流上，仰視也。光流下，平視也。視物如射，言有力也。思慮表裏，內外相應也。有此相者，又其次也。其餘白上白下，久視則退，如嬰兒者，不可取也。眼目分明，主見事明了。白上白下者，睛少而白多也。久視則退者，神不足也。嬰兒，言其目力短。此爲常人不足取也。更有瞟視者、視短者，此二者有聰明而貴者，有凶惡而賤者。蓋有上下堂厚實，眼波長闊有性格而貴。若瞟更短，無上下堂，眼瞳短小而薄者，主破財，犯刑偷盜。無心相，若更有好處，部位得力，却有衣食，亦有心腹無情而短折者。神不可發於外，當發於內。發於外者，如焰火之光，久視則暗，乃主易盈易竭，縱有小小稱意，亦不久也。發於內者，如珠在淵，如玉在石，久而視之，取之不能，舍之不得，此爲晚享兼有實學，識見出人。內外之説，更分虛實，可見早晚之限。凡神韻和粹，識與不識，見而説之者，此相極貴，此謂之神和，神和之人，天地人應之，故能如此。語言動作無故令人惡見，不必更問，坷坎終身。此謂之人惡，人惡之人，見者必惡之。神深者，雖在曠野，如在深室，愈久愈明，其相必貴。其深而雄者，如入深山大澤，磅礴幽曠，龍盤虎踞，凜凜有威，此尤貴也。神之深者久視乃見。粹者，如玉隱然，溫潤從中發起，比以他物，迥然不及。又如秋月，光潤耀徹，此極貴相也。神之貴者，氣貌出群，非常人也。夫氣不在剛健强明，在乎堅實清韻。山有寶則谷響，人有實則氣清。此察聲之道也。聲無形也，考其虛實清濁而已。浙人、淮人俗於氣。淮人氣重而不響，浙人氣明而不清。北人氣深而不韻。氣出於聲，聲終於韻。氣與肉同也。肉欲堅而實，氣欲安而和。二者相須而不相偏廢則可謂成質矣。今人有肉而無氣者何也？猶如蠹木，內已不充，外有皮膚之美，暴風迅雨，不能久禦，不欲發於外也。今人有氣而無肉者何也？猶如松柏，皮膚枯澀，文理滋潤，根蒂深遠，一日華秀，名動天下。所養者深，所發者厚也。夫神滯八年，形以養血，血以養氣，氣以養神。是神出形之表，猶日月之光，外照於萬物，則其神清而和，明而徹者，富貴之根也，安得爲滯哉？若昏而柔，濁而怯，虛而急，癡而緩，所謂滯矣。神滯主於八年者，言其陰數盡而復亨也。氣滯五年，形者，質也。氣者，所以充乎質也。質宏則氣寬，神安則氣靜。得喪不足以暴其氣，喜怒不足以動其心，是氣也，豈有滯哉！若懦而不清，濁而不正，急促不均，暴然而發者，所以爲滯矣。氣滯而至於五年者，言陽數盡而後亨。次於神者也。色滯一二年。神者，氣之主。氣者，色之源。色者，容之表。氣充於內，色形乎外。有金、木、水、火、土五形之色以應旺、相、休、囚亨滯之徵。若其色明潤而光徹者，豈有滯哉？如昏暗而伏於肉下，浮雜而見於面上，此皆所以爲滯矣。而言三年者，次於氣，其滯輕也。又看驛馬發之如何。驛馬在邊地、司空二部之間，主遷官出動。若色好明潤，主發。若色暗昏浮雜，主滯。有已發滯者，有未發滯者。已發滯者，神氣直而聲清透，色却浮雜。未實也，謂之已發而滯。未發滯者，神氣俗而聲硬濁。未和也，謂之未發而滯。更有精神未見，亦有見時但看身才、面部、骨氣凜凜，異於衆矣，更神氣慢者，此由生處有陰德。二十年以前性鈍，纔一日性通，騰達於青雲之上矣。謂人之相未易觀也。或得之於動作起居，或得之於顰笑瞻視。真情之發，善飾者不能自藏矣。惟真有術，然後能解此。大都形部骨氣全，須要眼有上下堂。上堂高闊而光潤，下堂豐厚而相應，如此者富貴也。謂神氣所發多在乎眼。

夫色者，一身之光華也。氣剛色嫩者，邪人也。言語開論，微如笑容，冷面不伏衆，自是好勝之人，却多能也。此察色之道也。聲發乎内，色見乎外。一身貴賤必考聲骨，目前災福不出氣色也。唐生曰：色無光不足謂之色。是知色光即心静，作事有準。色昏則心亂。兼性情窄不能容物，畢竟多誤，定無終始。又曰：色者松柏之枝葉，久而清光，名曰色老。色貴於内隱然中出，久而後見，不容浮於面上。色者面與身如一也。有如草木，一日百變百秀，所謂合中道，真貴人也。骨法老成，神氣瑩徹，色澤秀潤，愈看愈出，譬如草木百變百秀者也。色帶嬌嫩，不能經久，曰色嫩。如花易盛易衰，惟一時可觀，曰色雜。此爲退色，正如春花不久而謝也。今人只知有色而不知無色。不震不動，不萌不蘖，其静如地，如槁木者，至人之色也。夫色與心相應，與氣相合，物莫能懾，物莫能引，則不震不動矣。外無意於是非，内無意於得喪，則不萌不蘖矣。静與陰同德，然後其静如地。心如灰死，然後色如槁木。非若槁木之枯也，澹然獨與神明俱，寂然不與萬物對，無能感之者，聖人事也。故壺丘子林有天地壞文之相，列禦寇有五漿先饋之見。由乎内誠不解，形諜誠光，則聖人所養可知矣。色者如浮雲蔽日，發在外也。光者如秋月連天。表裏見也。神與氣相合。子母相養之道。神能留氣，氣不能留神。氣能留色，色不能留氣。古之善觀人者，不觀其形，觀其使形者。神與色無迹，有氣然後有形，有形然後有質。氣質常在而神與色日變而不留。故人喜怒哀樂之機，有萌乎内則吉凶禍福之兆不旋踵而見乎面。故下文云：神散色亂，不可取者也。神散色亂人，不可取也。神散則心亂，心亂則形色變。縱有剛氣，亦如秋花之茂盛也。秋花之盛者，言其不能久也。面有無求之色，舉動有不可屈之氣，内重之人也。夫人之心與意色相爲表裏者也。其心如此，則其意如此。觀其意色以求其心，人焉廋哉？有人於此面有無求之色，舉動有不可屈之意，則其内重也，可知矣。取非其義，則雖三公之位不如屠羊之肆。外物之輕，則千仞之雀不彌隋侯之珠也。豫若冬涉川，猶若畏四鄰，儼若對客，渙若冰將釋，敦兮若朴，曠兮若谷，至聖盛德之人也。實而有守，虛而有容，至聖盛德之人，此符老氏之言。色温而莊，欲語先喜，言簡理足，默造仁意，舉止詳緩，方智自足，進取之人，亦足貴也。此雖不及盛德之士，亦真全之人也。色勁氣果，面多廉隅，睛如點漆，神復澄澈，舉動真率，多近自然，富貴中能勇退之人也。神清氣真，亞乎真全者也。

　　閩人俗於骨，胡人俗於鼻，浙人俗於清，淮人俗於重，宋人俗於口，蜀人俗於眼，江西人俗於色，魯人俗於軒昂，太原人俗於重厚，如此者即風土也。此謂閩人多骨，胡人好鼻，浙人多清，淮人多重，宋人好口，江西人色多明潔，魯人多狀貌軒昂，太原人重厚。如其氣俗神昏，則在所不相。惟有蜀人之相，當取其神也。故下文言雖有蜀人之俗，亦在神乎。雖有蜀人之俗，亦在神乎？神藏於心，顯於目，故雖有蜀人之俗，如此有神，不可偏廢。

　　揭眉露毫，揭鼻露竅，揭口露齒，眉露而毛直則性狠，鼻井竈皆露則衣食不足，唇不相副主短折之相。揭目露堂，揭項露喉，揭眼露白。目露外堂，無子之相。喉露孤獨。眼露四白，主兵死。

　　有腰有背者曰真火也。金、火、土、水各取腰背全，獨木形人只取腰不取背也。無腰者，坐立不正也。無腰者不貴，無背者不富。木形人瘦，故不取背。如人坐立不端，謂之無腰。欲取貴人，必責其全，故下文言視聽表裏與腰背也。名動天下者，不可獨取神與氣也。當取之視聽表裏與腰背。神氣雖貴，復相腰背。腰背既全又貴。表裏視聽之表，則聰明是也。書曰：視遠惟明，聽德惟聰。惟聰明之實不蔽於物，不牽於情者。視聽之表，耳目外秀。誠明內足，視聽之裏也。有如此者，名動天下之英傑也。視者，神也。聽者，心也。天下之聞也，耳白過面，聲動天下。夫術業有動人之聲，於身無得喪者，此亦是也。此謂凡相不備，惟耳白於面者如此。

　　眼欲有上下堂，鼻欲圓而光。眼在乎三陰三陽不陷，鼻不在大小也。鼻折不在梁，取在口上方。龍宮成就，鳳池不陷，雖折而貴，口要有四圍也。更欲眉上長，須觀息之長。眉要覆眼。夫人喘息者，命之所存也。喘息綿綿，狀長而緩者，長命之人。喘息急促，出入不等者，短命之人。莊子曰：至人之息以踵，眾人之息以喉。此之道也。眉露不露骨，眼露不露睛。眼光不偷。行露不露臀,立露不露肩。此是露而不露爲破,相眉以下四角,亦是大人。眼露,凶死。亦有貴而享壽者,用則張,收則藏,此言用則露,收則不露。臀肩露者俗。行立則露。眉眼全露,黑睛又深者,此陷極法之人也。此相極惡。鼻之勢起於邊地,名曰學堂之址。學堂者,衆善之所歸。命門前一部爲學堂,與邊地相接。若鼻起於邊地,則學堂豐隆也。或如升,或如斗,或如鵝卵,或如口,大而方,直而光,匱裹青絲起處剛,將軍案上藏金寶,不在人中及印堂。此一章乃富貴壽全。言學堂或方,或圓,或大,或小而皆光潤成就。有如此者,謂八處皆有,不在人中與印堂也。齒枯神散,黑睛無光,眼反,顴高,堂深,嘗不稱意,皆不得其死。齒貴密而衆,神貴聚而和。無光者,無神。眼反者,露白。顴高無主而堂深上下陷也。梁侯景廣顙高顴,色赤少項,低視屢顧,後爲羊鯤所殺。鼻門通竅,直上見梁者,郊野中死。揭鼻露竅者,主不善終。一曰鶴鼻,二曰鷺鼻。鼻急神慢不過四十,骨露氣藏不過三十。鼻貴隆高,神貴深重。氣柔骨散有祿多難,神重肉慢老在貴宦。骨是主,氣是客。主客不相稱,神重宜晚達也。神重肉緊,作事有準。笑不露唇,深藏不測。思慮遠矣,不可同謀。若人骨肉緊,端慤之士也。坐而斜視,所思不正。語論見舌,主多口過,及見刑傷。蓋竊盜之相,則所思不正。口淺露舌者,賤相。齒來覆唇,一生心不足。刑傷外道,又破家計。口急見齒,老無成立。下唇短,心不足。唇薄口小,貧相。鼻梁直紋若至準頭,必主凶。若至年壽二部,主二十七八自刑。縱理直下破諸部位,短折之相。行步坐立不正者,多好自强,或有小技藝。無腰無背,雖强無立。縱有所長,技藝之小者耳。五行之形,皆要正。眼紋入耳,老有貴官。眼紋入耳謂之筯紋,亦主有權。耳白且潤,亦有科甲。又骨細者,主少達。耳白過面,名聞天下。骨細肉膩,早年發祿。神深須見四十方有科名。或神氣不相合者,又加之年歲。謂以四十之外,神氣相合,方定年月。耳根雙黑子者,道路中死。眼垤見黑睛者,必至極刑。

準勢端正者,官五品。準勢端直,準頭洪美,此皆五品之相。骨細滑而色不嫩者,可爲三品。骨爲主,色爲客。相應而不粗雜者,皆三品之相。耳門有三子者,亦三品。耳堂深者,學問廣記。眼無角者,作事無機。眼無角,神不深也。神散氣聚,少孤破家。氣散神聚,作事少定。鼻尖準小者,少禄。鼻貴隆高,準貴高大。耳堂塞者,少智。肥人耳下無肉,曰肉病。肥人耳下無肉員起,及懸壁陷,主無貴也。骨細及肉重者,老及郎官,早達多災,晚達即吉,早年主厄難。神癡人,壽不過四十。面肉橫燥,不過五十。五或作三。肉橫、紋赤、色燥皆主壽短。面深即曰土,露即曰火,五事俱分明,貴爲真宰輔。金、木、水、火、土謂之五形。視、聽、言、貌、思謂之五事。眉、目、耳、口、鼻皆端秀成就也。驛馬或先發,禄庫或未分,貧中得高位。驛馬、禄庫兩皆豐厚,主得貴禄,驛馬部氣色未發,禄庫上要氣色分明。若二部不陷,乃得貴禄。又在少年中。禄庫官禄起。眉長交印堂,中年必主亡。不過四十歲,剋子害妻房。眉不欲交,眉交印堂,主破。人無印堂,即年壽皆不得位矣。堂囊雖廣,肉不相應。堂囊謂眼豐厚如囊而廣闊不陷,骨肉貴相稱也。更加暗氣,有學無官。謂氣伏於肉下,黯慘而不明,氣肉不明,徒有聲譽。神剛剋妻,神貴和。無腰無財。況無背乎。印堂邊有黑子,即曰官災。印堂若平滿,津潤不缺陷,主有印綬。如有黑子,謂之破印,名曰官災。立露肩,人無子。面平,子貴。口動不見唇者,主有兵馬之權。口要有四緯。口欲方而嚴,端正紅厚有棱角,謂之四緯。耳低少科名。耳聳過眉者,有科名。鼻梁小,無膽氣。面上黑氣多,主生三女。黑者,北方之色。陰氣多主生女。眼下肉圓方,亦可入廟堂,又主子孫昌。謂眼下豐厚如臥蠶,主福厚及生貴子。項中骨如龜,若再鼻中隆,亦可封侯王。項骨圓厚,狀如龜形,鼻勢隆高,年壽二部豐隆,主貴官。唇薄齒齊,或在富貴,亦主是非。耳輪與堂,或生黑子,必爲陰人所害。更得眼尾應者,得陰人財。行若見臀,語若見唇,有禄不存。身長手短，不過五十。貴人肢體相稱也。劉先主身長七尺五寸，手垂過膝。若身長手短，必主壽夭。少有稱意，老無成立。眉後暗氣曰克陰德，更入邊地，福堂在眉尾近上。若生暗氣，主剋陰德。邊地在額角，近於髮際。游魂相守。魂不守宅也。魏管輅往族兄家，見二客去。輅謂兄曰：二人天庭及口耳之間，同有凶氣，異變俱起。雙魂無宅，流魂於海，骨歸於家。後果溺死。法令紋入口角，至老主餓死。法令紋在鼻蘭臺邊直下文是也。漢周亞夫縱理入口，許負相之曰：此餓死法也。後遷丞相，爲人上告下獄，五日不食，嘔血死。耳、鼻、口、眼、印堂俱清明者，早有科甲。父母有善根。耳不明，過三十。謂聽不遠。眼不明，過三十八。視不清徹。鼻不明，終身無禄。其位陷而露。骨不明，四十二。客勝主。印不明，二十四。氣浮色不明，過二十六七。根蒂虛，其餘衆破衆陷。神氣不足曰絕禄也。神氣不足謂無福[①]。畢世貴者，神思淳淡。謂無嬌嫩之色。貴人有輕有厚，有清有秀，有粗有細，有瘦有肥，皆要秀媚，不在形骨部位全也。形骨部位全而無秀媚之氣，縱貴且不近聖主也。古之善擇地者，五行聚處爲吉地，不問五音。相人之面不出於此。五行聚處則爲秀氣，不在厚薄粗細。皆欲五行之氣聚，五行不聚，雖盛無益。肥淺有秀媚之氣者，四十後近聖主。肥深有秀媚之氣者，三十後便近聖主。或有瘦薄而骨清者，有聲望，早年雖近聖主，且多滯，須得行儀爲相助。取表裏之法。更有秀媚之氣者，六十後位方顯。五行聚處爲秀氣。人面五行所備，貴其聚也。上貴須要腰背全，及眉間骨天庭三路如爪，或入髮際者，主神遊三清。天庭、林中、精舍三部在眉上，若有奇骨聳秀，上接天庭不斷，入山林有勢，三路如爪樣，主神遊三清，是有仙風道骨之人，不獨貴顯，主修養好道，終遇神仙。面生黑色主疾病，赤色主破財，白色主哭泣，青色主憂驚，黃色主喜慶。凡此色並以四

---

① 兩"神氣"重複，疑其一有誤。

時判之。春三月青旺，赤色相，白色囚，黃、黑二色皆死。夏三月赤色旺，白、黃二色爲相，青色死，黑色囚。秋三月白色旺，黑色相，赤色死，青、黃爲囚。冬三月黑色旺，青色相，白色死，黃、赤爲囚。若五行之色得旺相者，吉。得囚死者，凶。眼堂上下黑色或青色，陰人病。謂三陰三陽上有青黑色氣，主骨肉疾病，又主憂疑。眼生溟濛曰天羅入眼。淺則家破身災，深則失禄下賤。庶人則死近矣。眼有浮氣者，欺心多貪，因貪致敗。大抵諸位皆要明潔，終身無過矣。視遠者，多智。視下者，多謀。視平者，有德。視專者，多狠。視反者，多陰賊。睛屢轉移者，多奸詐。視無還，睛轉而復反爲還。悠然静，淡然止，驚之而不瞬不隨，語行不因默止，此神仙中人。心不關於世慮則目無動止，神仙之人一日三瞬。詐偽之人，百瞬百止，此其異也。霍如電開，視有餘威，註睛收視，欯然若龍虎遊，才德威武，出倫之相。人臣得此，出將入相，名動四海。如此者，亞於神仙，將相有謀之人也。凡瞻視無力者，不可與立事。大抵瞻視要有力，精神不欲浮溢。初視若浮，久視愈徹者，不害也。雖不能害，然有滯也。牆薄易壞，酒薄易酸，絹薄易裂，人薄易亡。謂形骨淺薄，多主夭折。凡近乎薄者，相之最賤，風鑑所不論也。意趣促迫，窮見事情，聞過輒喜①，輕忘人恩，薄相也。未至高位，預作富貴。性實浮華，佯爲沉厚。羞貧賤交，輕變鄉土語音，薄相也。聞聲即動，遇事如風火，瞻視不常，隨人上下，薄相也②。於所薄者厚，不睦九族，善奉外人，薄相也。忘近務遠，好利與名，内不自飭，外要虛譽而不自愧，薄相也。坐起不正，手足屢揺，詞煩理寡，言語無序又多虛誕，薄相也。喜怒徇性，多憎多愛，難事易悦，薄相也。如此者，皆不足取。然薄中又有可取者，雖所爲近薄者，其相反貴。如喜

---

① 依文意，此處似有誤。

② 薄，原作“簿”，據文意改。

怒任性而恩讎分明，窮見事情而時有縱舍，佯爲沉厚而居之不疑，矯情徇物而遂非不悔，好執小數操切上下，棄恩用讎果敢斷決，如此等人，必須有成立。然雖成立，亦是小人，不可共也。_{薄相之相，法所不取。其間雖相應，亦是奸邪之小人，不可親近，近則害人。}獸瘠則祿薄，禽肥則身滯。_{虎形等人貴厚重，骨格若露，則祿不豐。鳳形等人貴清秀，骨格重厚，則飛不遠矣。}額臨頦，頦朝額，天地相應也。五嶽聳而相揖，四瀆深而不反者，五行相應也。_{五嶽者，額爲衡山，頦爲恒山，鼻爲嵩山，左顴爲泰山，右顴爲華山。五嶽欲其聳峻圓滿，四瀆欲其深大成就。四瀆者，鼻爲濟，口爲河，目爲淮，耳爲江也。}一應得君，盡應得民。欲知人之所爲，嚮合動得人心者，不惟道德所致，皆其身多應也。若少應，又部位多走，雖有高才之人，數奇不偶矣。神不足以固其身，則雖應無益，故無神亦不足論應也。凡相人之法，上至髮際，下至頤頦，既視其左，復窺其右，舉止爲前，瞻視爲後。富貴論其眉目，_{眉既疏秀，眼復澄澈，富貴之人也。}貧賤驗其頤頦，_{頤頦貴豐滿，主福厚。淺薄窄狹，主貧賤。}智慧窺其皮毛，_{肌膚細膩，毛髮柔澤，多智慧。}苦樂觀其手足。_{手足者，身之枝榦。若多節近薄者，謂之廢財，主勞苦。若手足白如玉，纖如笋，滑如苔，足方而厚，富貴之人也。}上相之相審聲，中相之相察色，下相看骨。_{凡相先聲，次氣，次形骨。聲者心之原，五臟虛實之證也。色者精之候，骨者肉之本。然則聲徹而和，重而亮，上相也。精實而定，色明而潤，中相也。骨柔而立，聳而圓，下相也。三者既備，純粹之人也。}

論異形篇①

　　形有清奇古怪者，須得神與氣合者也。神氣不爽則孤露粗

---

　　①　此篇又見於《太清神鑑》，名爲"金書寶印上篇"。《人倫大統賦》註文亦有引用。可見此篇最晚成於元代。

俗,寒薄輕泛,非貴相也。須得清如寒冰,奇如美玉,古如巖松,怪如磐石,雖千萬人中見而異之者,乃清奇古怪之貴相也。凡有此相,必須操修過人,功業隆重,聲聞天下也。形有五寬、五短、五慢、五露、五急、五藏。

何謂五寬?曰器識,曰行坐,曰飲食,曰言語,曰喜怒。全此五者,必遠大也。

何謂五短?曰頭,曰項,曰手,曰腹,曰足。全此五者,中流之相也。

何謂五慢?曰神,曰氣,曰性,曰情,曰飲食。全此五者,有壽而發遲也。

何謂五露?曰眉,曰眼,曰耳,曰鼻,曰齒。全此五者,清烈孤貴,異世之相也。神更露者,夭折。

何謂五急①?闕。全此五者,發早而易喪也。

何謂五藏?視藏明,聽藏氣,言藏聲,貌藏色,思藏息②。全此五者,清貴遠大之相也。

前此六說中有可採,宜更致思,定有所得。

董正公嘗論五惡殺曰:眼中赤筋,眼反強視,此名鬥亡殺。兩眉尖短,眼常如淚,此名卒暴殺。鼻折準曲,項斜羊視,此名自吊殺。目睛黃動,睡不合唇③,此名扛屍殺。橫肉四起,暴露不檢,此名凶暴殺。若此五殺,人有一焉,定不能善終。

---

① 《人倫大統賦》註文引"五急"爲"曰神氣,曰言語,曰行步,曰飲食,曰喜怒",《太清神鑑》之"五急"爲"神、氣、性、皮、骨",可參。

② 《太清神鑑》之"五藏"作"視藏神,言藏聲,見藏色,思藏息,聽藏氣",可參。

③ 睡,《太清神鑑》作"口"。此句《人倫大統賦》註文作"睡不合唇眼"。

論風土刻應篇

　　山川粗秀，百里不同。此人生形性所以有厚薄重輕清濁之異也。故閩山清聳，人俗於骨。浙水平而土薄，人俗於清。胡土重厚，人俗於鼻。淮水泛，人俗於重。若宋人俗於口，蜀人俗於眼，魯人俗於軒昂，江西人俗於色，如此類者，皆風土之異故也。論相而及此，其幾於神乎？昔唐舉論相，不好言形而好言色，不好言聲而好言氣，予謂此深得其妙者也。蓋形聲則一定而不變所以易，氣色則屢變而不一所以難。蓋唐公者，是欲精其難能者也。常得渠著《論氣色篇》云：夫人之氣色皆内發於心，營於肺，觸於肝，散於腎，暢於脾。故氣色光則心静血通，飲食流暢，喜之候也。氣色昏則心亂血滯，飲食脹逆，憂之候也。憂喜之候外見，則浮如薄氣蔽日；内見，則隱如圭玉有瑕。或盈溢慘舒，或發露倏忽。長者如絲，細者如髮，圓如粟，長如麥，斜如倚竿，皆氣色之現也。能切致目力，徹旦視之，憂喜足驗矣。

辨形

　　似龍者爲文吏，似虎者爲將軍，似牛者爲宰輔，似馬者爲外吏，似狗者爲清官，似鼠者爲巨富，似豬者爲大貴，似猴者爲大貴。

發滯

金形發在巳年，申年、酉年入旺相之鄉，餘形準此。若修學，二十四上發禄，三十四食禄。若全無學堂，不在此論。

木形須要三清，若全有，二十四上發禄。加之骨秀學堂又全者，台輔之位，好談古，常太息。

水形肥則發遲。若肉多無骨，壽不過四十。若骨多肉少，有禄，三十一發，四十一、五十一方入仕。

火形多滯。二十二以前必行惡運，漸有凶惡之相。中年有厄，至四十五方旺。得正形者，十九發。

土形面肥，三部圓鬚髯。三十五方發，五十以前得禄。土形不忌濁，只取其厚重，不看本而看末者多矣。

五行正形

金形方，平正聳緊，其相在腮頤、坐立、言聲之間。

木形長直，清瘦條達，其相在眉髮、顴壽、手足之間。

土形寬大，肥輕肉散，其相在耳腹、腰背、行坐之間。

火形上尖下大，不肥不瘦，其相在性情、緩急之間。

水形圓厚豐隆，寬不逼迫，其相在背準、腹頤之間。

定五行要訣

正金方正潔白四。金木員白少，清瘦多三。金水員白少，肥濁多一。金火員白少，枯燥多二。金土員白少，重厚多五。

正木修長清瘦三。木金清瘦少，員白多四。木火清瘦少，枯燥多二。木水清瘦少，員厚多一。木土清瘦少，肥厚多五。

正水員厚黑濁一。水金黑濁少，員明多四。水土黑濁少，肥厚多五。水木黑濁少，清瘦多三。水火黑濁少，枯燥多二。

正火炎燥枯陷二。火金炎燥少，員白多四。火木炎燥少，清瘦多三。火土炎燥少，肥厚多五。火水炎燥少，黑濁多一。

正土重厚肥濁五。土金肥厚少，員白多四。土木肥厚少，圓瘦多三。土火肥厚少，枯燥多二。土水肥厚少，黑濁多一。

天地間人生形貌不同，若以五行論之，無出此二十五形者。如不合此格，則民斯爲下矣。然則二十五形之中，須當詳辨，不可毫釐差池，則限數不可憑也。觀審之際可不謹焉！

神論

夫天一生水，於物爲精。地二生火，於物爲神。人之動，其神示而不藏。然欲觀其所在者，於眼則得之。蓋眼爲肝之竅，肝屬木，木所以生火，故神在眼。若掩其目則神安在乎？此固無所逃也，論有十四説云。

神藏

瞻視平正，初如無神，坐久乃現，如美玉明珠，光彩蘊蓄，愈視愈清，其光自麗，及其顯示，溫粹淳然。不變怒，不强發，人自畏之。此爲神藏，上相也，盛德大業之人也。

神静

一見恬然，再見寂然。愈久視之，淡薄自若。唯光彩内見，中有所得。宜著意深測，默有可見。若論其真，可以思致，不可以言傳也。此爲至人之相，不與世俱者也。

神和

温粹恬純，不喜似喜，雖有怒色，其喜常存，遠遠視之，已見其和，不必久視而後見也。此爲解除胸襟，不妒忌，不偏僻，蕩蕩然至聖之人，有德君子之相，故人見而悦之也。

神鋭

志鋭則氣鋭，氣鋭則神鋭，神鋭見於言詞，作爲相貌之間，自矜飾，不謙損，若久而不挫，必有失。如鋭然正熾，遇折傷見血，水火驚恐則發也。若無此候，終乃自喪其志也。

神馳

馳者如馬之馳，一坐之頃，其神如有所之，不言不矜，默默自馳，此須以意見也。若馳而不反，久必狂，非善相也。

神露

露見不藏，其睛凸，不怒似怒，又爲神怒。四白若見，必主刑傷夭折，貴亦不能久。若眉高有覆，應則吉。

神耽

視下曰耽，如虎之視物，四白通見，若在物上，此惡毒狼虎貪殘之相也。更久不回睛，必淫亂，受刑死於郊野，非善相也。

神驚

驚者，心氣不足，茫然如失，又如臨深履危，青氣盈面，有所怯懼，睡不安，坐不久，口常急動，眼頻回睛，久而不安，縱不失神，此下愚無立之相，縱貴亦夭折，非良器也。

神慢

慢者，見於動靜作爲之間，皆慢也。其候在眼不轉睛，視物難忘，雖有急難，其慢不更，終不成大器也。

神疑

疑者，動多猶豫，遲疑不決，行步舉止如有所思，欲作不作，欲言不言，一坐之間，其色屢變，亦非貴相也。

神醉

醉者，坐立不正，常如醉人，癡還不癡，狂眼豪視，如隨物去，又爲神迷，此愚賤之人，縱貴亦夭折也。

神昏

昏見於色，滿面之間，如煙雲四起，浮露隱隱，不分不明，雙眸雖大，久視無光，事有所著，言不能辨，此貧賤無立之人。

神急

急者，閃閃不定，洋洋自得，滿面常光華，又爲喜，氣不貼肉，中年有驚恐、血災。神若一退，可以成器，常急終不久。

神脫

脫者，常見有，忽然不見，如土木偶人，縱能行坐、飲食、言語，而亦無氣，此號爲行屍。若有此候，不過一年。色悴者，一季。

訣曰：妙相之法在何方？觀其神氣在學堂。若人認得神與氣，富貴貧賤當審量。一點真，一點真，悟了方爲善相人。不悟真如魂夢裏，徒勞兩眼去觀人。神恍恍，氣爽爽，似有似無在面上。一點神光俱不散，此人定作公侯相。清亦貴，濁亦貴，清濁交加方始是。若人辨得濁中清，便是人間公卿位。清怕寒，濁怕實，又怕毛骨粗是一。神清骨秀兩分明，早佐皇家爲柱石。

聲論

相中唯聲最難辨，大抵只得完全清潤響快，不宜焦烈沉濡，刑破短促。人大而聲小者，非遠器也。人小而聲大者，乃良器也。又須於五行中辨論，聽五聲合與不合，宜以意斷制，不可以言論也。略舉五聲正訣於後。

金聲韻長清，音響遠聞，完潤則貴，破則賤。木聲韻條達，初全終散，沉重則貴，輕則賤。火聲韻清烈，條暢不濡，圓潤而慢則貴，焦破而急則賤。水聲韻清響，急長細則貴，重濁則賤。土聲韻厚重，源長響亮，遠聞則貴，近細則賤。論五聲又不可與形類，惟聲無形，但耳聽而意會，則詳酌其理，然後校其吉凶，萬不失一①。

聲

金聲和潤木音高，水音圓急火聲焦，土聲如居深甕裏，韻出

---

① 此篇内容與《太清神鑑》之論聲篇後半部内容相同，可能即截取自彼。然順序及個別文字略有不同，謹列《太清神鑑》之部分如下："金聲韻長，清響遠聞，金圓潤則貴，金破則賤。土聲韻重響亮，遠聞重則貴，近薄則賤也。火聲清烈調暢不懦，完潤而慢則貴，焦破則貧賤。木聲韻條達，初全終散，沉重則貴，如輕則賤也。水聲韻清細響急，長細則貴，如輕則賤也。論五聲又不以形類，蓋爲聲無形，但聽而會意，則詳酌其理，然後較其吉凶，萬不失一也。"

丹田富貴饒。夜半聽聲，白日看形。語笑面赤，不藏事迹。語笑
面黑，心性秘密。言笑淡泊，常病不樂。笑而不媚，壽短妨滯。
語笑如哭，至老孤獨。或緩或急，語失信，無憑據。忽見高聲，語
無來歷，便有浮災。輕變鄉音，薄劣人。男雌聲妨婦，女雄聲妨
夫。多言多語似顛狂，臨老少兒郎。語未出，舌先見，好説他事
及有刑傷。喉音高而聞一二里者，有壽。聲濁而飛散，細嗄撩亂
者，賤。語實人，無病。語言詳審，不疾不徐，舉止温雅，喜怒不
變，謂之神有餘，多招禄位。語言不辨，舉止倉皇，不笑似笑，不
嗔似嗔，多遭凌辱。見人羞出，乃神不足，多招牢獄。

骨論

骨者四體之幹所受，宜清滑長細，内外與肉相稱。若骨沉重
粗滯而皮肉厚者，近於濁也。若骨堅立輕細而皮肉薄者，又近於
寒也。大抵須要聳直，不橫不露，與肉相應者，此乃善相也。

骨

骨爲君，肉爲臣。君臣得其位者，貴。骨不得少，肉不得多。
五行只要正，骨肉要相應。金骨細，肉滑如綿，多貴有錢。木骨
瘦而青黑色，兩頭粗大，多窮厄。水骨兩頭尖，富貴不可言。火
骨兩頭粗，無德賤於奴。土骨大而皮粗厚，子繁併富。有骨露氣
藏，不過三十。胸骨露，多辛苦。顴骨高，妨三夫。富貴在於骨
法，憂喜在於氣色。骨堅硬，壽而不樂。體肉軟弱，樂而不壽。
骨細或重，晚禄自來，早發多災。骨陷者，妨父。地倉骨起，身多

藝。骨不明，四十二亡。酒池骨起，主病酒。骨好須三輔學堂，一取天中有骨，二取左顴有骨，三取右顴有骨。伏犀連後生者，英雄之士。若前後不相輔，初年祿，中年破。腦後有骨，皆吉。或如指大，上有棱者，位極人臣。如兩指大者，作有名僧道。如小勝無如連珠者，曰三山骨，多壽有譽。骨多肉少，尊上。骨少肉多，卑下。兩顴骨爲面，一名輔骨，若見青白色氣，立身不寧。赤氣惹公事，不爲災。

神氣

三停不穩須看神，無顏有神是貴人。有顏無神空有顏，無顏無神不須論。有氣有神爲貴人，有氣無神是富人。有神無氣僧道相，無神無氣一生貧。神晃晃兮氣洋洋，似有似無三輔上。骨堅肉緊兩分明，此人定是公卿相。

二儀

頭圓法天，天欲富。足方象地，地欲厚。

三才日月

額爲天，頤爲地，鼻爲人，左目爲日，右目爲月。天欲張，地欲方，人欲深廣，日月欲光。有天者，貴。有地者，富。有人者，壽。日月好者，茂。

三學堂

眼爲看堂，口爲誦堂，耳爲聽堂。

三停所主

眉上至髮際爲上停，眉下至準頭爲中停，鼻下至地閣爲下停。上停爲天，主父母貴賤。中停爲人，主兄弟妻子。下停爲地，主田宅六畜。

三尖

頭尖不得父母力，地閣尖不得產業力，口尖不得善終力。

五官六府

目，監察官，在六府上。口，出納官，在六府前。鼻，審辨官，在六府中。耳，採聽官，在六府中。人中，保壽官，在六府中。人中，一作眉。兩眉上爲二府，兩輔角爲四府，兩顴上爲六府。一官好貴十年，一府好富十年。官府俱好，富貴終老。左爲文，右爲武。

七門正^①

眉頭兩鬥門，眼尾兩奸門，耳下兩命門，年脊一庭中。

八極

自鼻而望，八方成形，不相傾者，良。

儒

儒惟要三學，但得一處好者，終貴。全無者，碌碌之輩。及要聲清、面清，全者，早擢巍科。若面貌雖福相，齒黑黃及缺者，但富而已。

道

道惟要天全。天者，額也。狀如覆肝，無缺陷及齒明白，髭髮細麗而黑光，聲清骨秀而有顴骨，終至宮觀。若貌只敦龐，無天等者，但受福而已。

---

① "正"字疑衍。

照膽經下

目

木主春，春主肝，肝主目，目主仁，長生之行也。額之上，目爲主，眉爲客。目力多，相可學。眼無角，作事錯。目下赤，休鬥敵。目定而光，志氣高強。黑眼端定，七十終命。牛頭虎視，富貴無比。蜂目豺聲，能武事人。點睛近下，多隱山野。目下黑枯，絕子妨夫。目紋入耳，老有官制。坐而斜視，所思不正。目無光彩，望塵而拜。點睛近上，習下劣相①。赤紋貫睛，死不全身。睛朝鼻管，謹謹和緩。目視人頭，殺害相謀。目不相似，異母兄弟。豬目常瞪，刑福相仍。羊目直視，妨妻害子。鷹視狼顧，心懷嫉妒。羊目四白，外夫入宅。猴目多窮，魚目多凶。豬眼羊眼，睛黃者賤。目拗瞅，屈强②。目頭爲淚堂。目下一字平，所作皆分明。目下卧蠶紋，當生貴子孫。眼眶黃氣發，修道終須達。目光兼媚好，積德多陰報。青色在中央，七日有災殃。目中赤砂起③，法死須防己。露目不露光，爲官亦無妨。兩目不分明，不過三十八。目反及顴高，一生不稱意。眼尾兩邊垂，一生多別離。眼中忽白黃，作客路中亡。黑暈及兩眼，三日中散財。黑霧

---

① 此句《人倫大統賦》註文作“志意下劣”。
② “屈”，疑當作“倔”。
③ 目，原作“日”，據文意改。

長居三陽上，家中必主自縊人。兩睛凸出兼無貌，平生無路不稱意。眉目俱長，睛如點漆，富貴不日。目下無肉，一子相逐，亦主陰毒。目要神光，顴勢相朝。黑多者，貴。眉目皆露，黑睛又深，必陷極法。目下肉圓方，亦可入廟堂，更主子孫昌。視遠者，多智。視下者，多毒。視平者，多德。若瞻視無力，不可與共事。洪目龍顙，絲綸定掌。黑氣入兩目，六十日亡。只入右目，百二十日亡。左目小，妨妻；右目小，妨夫。左目小，先損父；右目小，先損母。虎目鳶肩與牛腹，貪利無饜足。兩目白色通井竈，百日內暴亡。視專者，多陰狠。視反者，多陰賊。睛屢轉者，多奸計。左目屬日，父象也。右目屬月，母象也。重瞳卿相位，目大多貪愛，近覷無遠知識。雞目蛇目，好作竊賊。龍目黑睛大，鳳目長入髮，猴目白多黑少。目圓而金色全似者，貴。目多青色真貴人。目爲神遊息之宮，目小終無禄，睛懸主獄亡。目有三角，心性凶惡。目左右爲卧蠶部，若肥起及光彩者，主大富。女人目下青黄，平安。赤黑，產厄。目上下堂青黑，忌妻的親陰人亡。兩目無神光，不病似病者，謂之神去，六十日裏亡。左目爲三陽，右目爲三陰，三陰三陽俱在眉。上眉、下眉頭太陽，次中陽，次少陽，乃財禄之庫。如見赤色，慎火防瘟。目有些小病，必定主心毒。病輕毒輕，病重毒重。兩頭爲牢獄部，若見赤氣形如鷹嘴，主徒刑①。目忽腫赤，或誤損者，不出十日有喜，男左女右方吉。左目頭下青，一月內哭父、兄弟、長男。從左目頭下第一是父，次兄弟，次是男。右目頭下青，哭母、次姨妹、次女，依前斷之。眼似含笑，心裏不良。兩目頭直下，如見白氣與紅相合直下者，主

---

① 刑，原作“形”，據文意改。

哭泣，亦主宅内不寧，宜禱祠。若丹砂灌於兩目白下者，宅内必久有陰私奸盜事。目大眉小，中年厄。紫黃氣從印堂直下侵兩目頭，主孕，子孫之喜。先看三陽上，青氣是男。後看三陰上，紅氣是女。若見黑白灌之，主子母離隔。眼睛朝眼尾，多輕忽。目尾後有穴如粟大，謂之聰眼。眼生濛溟，名曰天羅入目。淺主破家，深主失禄，庶人亡。目有浮氣，欺心而多貪，及終必敗。諸位明白，終身無過。男女單目者，謂之桃花殺，常愛色慾。目赤，好殺。兩目尾爲奸門，要光淨。如破陷，多奸盜牢獄事。以子午卯酉歲占之，亦名妻位。

口

火主夏，夏主心，心主舌，舌主禮，豐盛之時也。口之主唇，朱名誦堂①。開口睡，命夭滯。唇微缺，財歇滅。舌宫秃，財不足。唇青厚，命不久。水星得地，唇口必方。唇多紋理，子孫必貴。黑子在唇，命有食人。口不見唇，主兵馬權。黃色臨口，橫財入手。口寬舌薄，心好歌樂。唇如四字，多財有智。口如縮螺，常樂獨歌。口開齒露，無基失所。語若見唇，有禄不存。口急見齒，老不成立。唇下黑氣，冬有春亡。口上紫色，貪財好色。口如縮肚，多子多妒。唇細橫長，多言少信。口如吹火，無子寒飢。哆口食物，無情輕忽。唇口不佳，出言不信。口邊無媚，好揚人惡。舌上長理，當爲三公。舌至準頭，必主封侯。唇急齒露，親朋不顧。唇有黑子，妨害長子。口部黃氣起，千日内朱紫。

---

① 朱，疑衍。

脣紫足衣食，脣赤爲上客。脣寬端正好，出語有文章。脣上下相當，必好習文章。脣上薄下厚，母位化成塵。口薄兩角垂，多是被人欺。口小餐美食，食羅多嘔逆。齒來覆脣下，刑傷破家財。脣紅齒白食天禄，多藝多才又多福。未語脣先進，心性奸邪多不足。女人脣齒不相蓋，妨産終傷害。下脣過上必妨夫，上脣過下又多癡。口邊黑色貫地閣，切是防毒藥。上脣不相蓋，常懷偷物，終身不富。上脣不蓋下，主刀兵下亡。脣紅過面，五十七年稱意。口薄人不提攜，被人毀譽。口大言多妄。鼠口讒毀人，口尖愛争競，縱理入口多飢餓。口急如禽語，或撮聚，多口舌。女脣紫，夫早死，亦妨子。脣黑色，路死厄。下脣長，貪食忙。口頭小，貴。法令紋入口角，填溝壑。婦人貴在脣紅齒白，縱有貌而齒黃黑者，終賤。脣薄與齒齊，富貴兼是非。孕婦左畔青色至口，是男。右畔紅色至口，是女。黑氣從口中入耳，七日内亡，左男右女。繞口青色女多奸。口部青，百二十日多災。白，九十日破財。黑，一千日亡。父母脣蹇齒露，雖是惡相，視其脣與舌而紅色，觀其口方正有棱角，視其齒清白而平長，如此六相，自不妨貴。

鼻

　　金主秋，秋主肺，肺主鼻，鼻主義，收藏之倉也。面之主，蘭臺起，聲譽美。鼻端妍，聲譽傳。鼻高昂，主官昌。鼻如截，富不歇。鼻柱薄，主立諾。鼻破缺，多薄劣。鼻梁小，無膽志。蜣螂鼻，無意智。鼻廣而長，伎藝非常。鼻如懸膽，財帛積萬。鼻偏無妨，得地須正。鼻如獅子，聰明達士。鼻如縮囊，至老吉昌。

蘭臺黑色，防州縣厄。鼻梁柱折，男多防厄。鼻梁柱曲，男多淫慾。鼻有黑子，子不得力。鼻孔仰天，貪色無厭，亦主客亡。鼻不分明，無禄位人。鼻有縱理，主養他子。鼻高而孤，一子相呼。鼻毛出外，謗毀亡害。無準相應，作事不準。鼻頭短小，意智淺少。鼻上多橫，胡人有者貴。鼻曲人情薄，鼻小永無官。毒人鷹嘴。鼻準小，休求禄。山根青，三日內逢貴人。山根紫，七七日得財。山根黃，七日內遠書喜至。山根白，多疾厄。黃白，病。黑斑駁，主宿疾，或犬傷。山根平美，及有奇骨伏起，爲婚骨，主得極貴妻。先看骨法，有勢無勢。鼻要直，至山根上無破，一生懷抱忠信。山根黃色連準頭地閣者，冬有春得官。山根骨陷，子孫夭散。山根白，五十日內外服。山根黑，六十日內公撓。山根赤，二七日內慎火。若山根陷，次看人中，有不分明，及鼻有縱理，刑却不孤，止一子，不可止憑一處遽定子孫，餘形準此。年上青，十日內得財。年上赤，一千日內死。年上白，外服厄。年上黑，怨至。年上黃，二十日內見陰人喜。年上紫，七日內生貴子。年上紫色下貫壽上者，喜至。年上紅色紫赤，有官事。欲知食禄在久任者，先看年上發色長短。長一分，主一年。二分，二年。準此細詳。若惡色相間者，當年不利。年上、壽上赤色，十日墜井。年上黑子，男妨妻，女孤獨，亦主父母橫亡。年上、壽上黑色，四十日亡。年上、壽上青色，主長病。年上、壽上非時生氣色，吉少凶多。年上、壽上光，一生少病。壽上四時黃，官顯而壽長。女人壽上黃，懷孕得平康。壽上黑，二十七日亡。壽上白，半月小口亡。壽上青，六十日家闈。萬物發生於土，土在鼻中央。五色之氣或起於年上、壽上。準頭紫，七七日進陰人。準頭四季生光，吉。準頭黃與甲匱相連，稱意立至。準勢正者，老爲五品官。繞準黃色轉者，三日內得大財。準頭黑色，百二十日亡。準頭白，九十日亡。準頭赤，百二十日厄。準頭青，九十日災。準頭紅綫赤如鈎，損財又損牛。準頭低曲，鼻孔小縮，慳吝無足。無蘭臺而有法令，官職終難進。蘭臺端正升蘭省，法令圓長理訟平。左為蘭臺，右為廷尉。鼻竅上是也。鼻竅兩名蘭臺。鼻之勢起於邊地，乃學堂之基址。鼻要聳直而圓，闊而光，洪而長，厚而剛。鼻不高則山不靈，眼不深則淵不清。鼻乃面之主山。鼻狹高危兄弟少，鼻平無媚主愚癡。鼻柱不平主他姓，鼻上橫理主憂厄。中年鼻滯垂，末年萬事無依。鼻若狹小，常有黑斑氣貫之，主宿疾。男鼻有靨，主刑亡。女鼻有靨，先私情。青色從鼻入風門，四十日內殺妻。鼻竅仰天，夭女淫不廉。鶴鼻、鷺鼻，鼻急神慢，皆不過四十。鼻曲向左，先損父。鼻曲向右，先損母。鼻兩竅下為風門。鼻大口小，末年厄。

耳

　　水主冬，冬主腎，腎主耳，耳主智，萬物伏匿之日也。頭為主，左為城，右為闕。耳生毫，壽數高。耳露輪，無科名。耳穴塞，智見没。耳尖多辛苦，右耳小是也。男耳如刀環，名勒燕山。耳如田字，名標青史。耳輪貼肉，滿堂金玉。耳邊無媚，心拙性鄙。耳無輪廓，久虛囊橐。頭大耳小，多弱多拗。命門有痣，長壽多智。元珠有痣，主子孝義。青色出耳，不久官事。天輪有痣，歡樂百歲。天城有痣，一品之位。耳穴深且圓，心虛而識元。耳根雙黑子，定去他鄉死。耳青黑而皮又粗，為客異鄉居。耳薄賣田無祖業，晚年縱得自營生。肥人耳下內白生，防病多災危。

青黑氣在兩耳下，宿冤索命冤難釋。耳白過面，聲聞天下，亦主五十七年遂意。善相耳，先相色，後相形。耳高於目，合受他禄，後爲人師。耳高眉一寸，永無病貧困。耳須朝大海，輪竅要分明，垂肩方是貴。耳孔小，骨節曲，没意智。命門黑子，男聰明，女夫缺。女人左耳厚，先生男。右耳厚，先生女。女人青黑從口入耳，懷孕男女子。耳上尖者，一生無積財。中反者，作事無記。下反者，無藏庫。耳輪與堂生黑子，必遭陰人害。若得眼尾相應者，無害。耳大小不等，主異父母。左異父，右異母。鼠耳全似，殺之不死，亦主偷物。耳反，人無識。耳不明，不過三十。耳門外有三立理紋者，學道成立。在神光後有青色入左右耳，乃陰陽相通，不久父母災。青黑色從左耳直連福堂上橫過，乃元索之氣，七日內自縊死。黑氣從耳來至地閣，日下亡。從耳到食倉上，來年卯巳月亡。青色從耳出，到年上、壽上，名曰垂闕。若子有，災父；父有，災子；子有，災母；母有，災子；兄有，災弟；弟有，災兄；姊有，災妹；妹有，災姊；夫有，災妻；妻有，災夫，詳細驗之。兩耳忽出赤氣，十日內墜馬卒。耳大永無知，似禽者不相耳。鼻如鸞鳳者，雖耳鼻不佳，人中短促，自不妨貴與壽。以理推之，禹耳三漏，文王四乳，然則世人亦有四乳者，駑馬一毛似驥也。

人中

土主季夏，季夏主脾①，脾主唇，唇主信，萬物結實之月也，人中之主。人中赤，多讒鬥。人中曲，愛淫慾。人中淺，多破財。

---

① 季，原無，依文意補。

人中廣平，養子不成。人中橫紋，若朋非朋。人中交紋，溺水招魂。人中白色，七日哭聲。人中短小，子孫失夭。人中高厚，受命不久。人中平長，有壽無郎。人中分明，正直如神。人中立理，妨子無義。人中青白氣，必定見乖離。人中不分明，無子是非人。人中黑入口，百日内受餒。人中雙黑子，婦人必雙生。人中青，十日内喜至。人中紫，七日内得財。人中黃，百二十日内生貴子。人中上狹下闊，巧計人。人中黑子，主養他子，亦主善終。人中雖深闊，中間却高，子晚方成。人中有痣，娶妻容易。

眉

堯眉八彩，舜目重瞳，非以其似八字也。眉毛平，尊貴人。眉過目，智過人。眉露骨，多夭卒。眉間黃，喜事長。眉細彎彎，學識多般。眉直頭昂，意氣雄強。眉有陣雲，武藝成名。眉疏而散，暫富終貧。眉上立理，女妨夫婿。眉過鬢生，常懷不足。眉濃髮厚，心賊損壽。眉過眼角，兄弟五六。眉如掃帚，兄弟八九。眉毛婆娑，兒少女多。眉短於目，多主孤獨。縱有兄弟，非是同腹。眉分八字，眉裏三紋，女終再嫁，男主再婚。眉中黑子，必有術藝，男主妨妻，女必妨夫。眉心赤氣滿三陽，七日妻滿牀。眉毛左右旋，豪子正當權。重眉主勇健，眉如弓者善。眉連休望祿，又好偷錢穀。不得強攢眉，多招橫禍隨。郭林宗曰：久攢則紋深。深者，謂之破家煞。眉中直上有紋，耽酒賭錢。人眉心有紋如水字，雖貴終獄死。倒生眉，多是非。眉毛逆起，怨雙親。眉缺，無信。眉如畫者，一生得陰人財。眉上有骨陡高者，謂之久縮骨；常上包含之志。重眉上爲官祿，其上要橫而闊，潤而光，一生無官殃。眉重，初年厄。眉心十月丹砂如雲霧起者，乃牢獄發。眉頭兩邊爲交友、驛馬，青，主失脱；白，不宜出入，主半路回程。左邊眉尾淡，妨三妻。右邊眉尾淡，妨四妻。兩眉尾都淡，果有患。眉爲山，鬢爲林。眉粗闊而厚重者，多滯。有髭鬚相應者，亦可也。

手足

手臂須長，語須如簧。項須粗短，足須厚方。手足厚長，立使在傍。指如春葱，食禄萬鍾。臂如過膝，貴人提攜。手掌無紋，作事遭論。指臂紋多，一世蹉跎。手足如綿，榮貴終年。臂長好捨，臂短好取。手如噀血，富貴不絶。手如竹節，衣食歇滅。指頭方黜，見事遲退。苦樂觀其手足，智慧察其皮毛。指有鵝皮紋，方知淳善人。手如豬蹄，志氣昏迷。兩足薄，在路多。無脚跟，夭壽人。手狹長，福禄强。手中黑子或紋痣，有者皆吉利。手足虛搖，坐立不正，倔强少定。身長手短，不過五十，少有稱意，老不成立。指尖細或委媚，多仗義，能樂器，或妙藝。貴人臂滑如綿，直而圓，龍吞虎者是也。男子通關文，先期兩度婚。女有，妨夫。

手

左手短者，主無文；右手短者，主無武。左手指屈者，不安；右手指屈，橫發財而橫失。左手多指而舉者，初貧後富；右手多指而舉者，貧賤。左手指併連者，孤貧；右手指併連者，孤賤夭折。左手多指齊集者，貴晚；右手多指齊集者，貴早。爪下白者，好淫。如剛堅者，貴氣也。爪如薄而易斷者，下人也。左爪反凹者，主武功。右爪反凹者，奴隸也。左手四指齊平者，主文貴；右手四指齊平者，主武貴。

足

左足短者，主孤貧；右足短者，幼賤長貧。左足指勾掘者，下賤；右足指勾掘者，主刑己。左足指多而舉者，孤寒；右足指多而舉者，流離貧賤。左足多指齊集者，清貴；右足多指齊集者，傍貴。左足五指平齊者，宰執；右足五指平齊者，名將。左右爪下白者，夢遺。左足爪凹反者，刑己；右足爪凹反者，橫己。左足指併連者，孤寒；右足指併連者，刑死。

上局四

其一曰文貴學堂。在眼，須得長秀，黑白分明，動有神光，下如臥蠶，主文章聲譽高貴也。

其二曰禄貴學堂。在耳，須得紅潤，色白於面，圓厚不缺，主爵禄豐厚，衣食充足，富貴非常人比也。

其三曰聰貴學堂。在耳前二分，須得平完清潤展闊，看有異光如珠蚌色，主聰貴天下。

其四曰天印學堂。在上中二部間，有平如半指，一二指，大及三指，若鏡無瑕而有異光，中或有紋及異氣，主符印刊文之貴。

中局四

其一曰武貴學堂。在邊地，隱隱一骨入兩眉，與耳相接，下印堂，至山根，有彩，主武威聲動天下。

其二曰諫諍學堂。在眉準間，聳直有劍紋，首尾生逆毛，視有清氣，準勢掀烈，直有劍脊露鋒，主清廉，公正不屈。

其三曰天壽學堂。在耳後一二指，有骨如準，明淨紅潤，主福壽遠大，逾九九之數，神仙多有此骨。

其四曰清貴學堂。在顴壽間一骨聳直入耳，與眉骨相應而有光彩，主清高隱逸孤貴。

下局四

其一曰智勇學堂。在眉尾，二骨豐隆聳起，秀有奇文，露棱骨，主心智勇敢，多信義，亦清貴。

其二曰平準學堂。在準頭，圓淨光潤，主作事平正無虧歹。若圓而露尖者，非也。

其三曰技藝學堂。在正面眉間，面平潤，眉彎曲，手纖長，骨細，主文藝方技精善概世也①。

其四曰禄食學堂。在齒，端正不邪側，縝密完滿，無破缺，光淨如銀，主多禄食，身體充悦。

---

① 概世，依文意似當作"蓋世"。

十二煞歌

孤獨煞 君看孤獨煞，額上有寒毛。左見煙雲起，呼爲殺父刀。

天羅煞 三尖光徹骨，浮露號天羅。妻子終難保，衰亡奈若何。

暗金煞 二眉尖又逆，名號暗金星。傷殺臨邊陣，顧高敗又成。

刀劍煞 赤脈貫瞳子，雙眸首尾尖。不惟凶惡死，仍恐行傷廉。

内奸煞 奸門痕瘍黑，黑子更斑斑。男子多淫慾，雙妻命不還。

天刑煞 左眼一頭破，青痕定有刑。命中遭橫禍，那解見功成。

天獄煞 右眼頭邊破，名爲獄户開。一生安静坐，也解有災來。

貪饕煞 尖鼻曲如鈎，貪饕卒未休。縱饒君積富，終見子孫憂。

橫亡煞 橫肉面生筋，逢人恰似嗔。中年應暴死，凶暴累雙親。

短命煞 唇掀兼齒豁，舌縮見身亡。若更咽喉結，知君死異鄉。

悖逆煞 耳反兼烏黑，名爲悖逆郎。只宜孤獨立，不解順忠良。

破敗煞 地閣傾還破，脣掀敗爾家。若還聲不潤，怎得見
榮華。

看部位吉凶必準之要

凡額上有骨皆爲奇，如伏犀，如日月，如龍角、虎角，諸部之
骨皆欲隱隱，不宜太露。或額上骨磊塊如峰，或如雞子圓突，謂
之僧骨。高則主孤，低則主夭。若作一片平起，必許富貴壽考。

凡眉疏薄如無，其中晚年或有數根長者，福壽子孫，必皆許
之。粗硬濃重，俱長過眼寸餘者，謂之羅漢眉，獨主壽耳。孤蹇
駁雜，絕後無嗣相也。

凡印堂多有青痕交亂者，謂之鬼門關，二七十四俱跳不過。
印堂毫連如色目人，無害。如南人，則早失怙恃，年不過三十。
凡眼下無肉，淚堂陷，除火、木形外，俱孤。臥蠶明黃細起，子嗣
三五數斷之。

凡眼下晚年、中年肉緩爛如囊垂者，謂之爛蠶，平生多子，臨
終時俱見傷剋，無收成。眼上下堂包有血點如粒粟者，主孝服。
上則應上人，下則應下人，一年內見如應即消。

凡兩顴高齊，天倉陷，必以孤剋妻子斷之。如木、火二形，則
不妨妻子，不可一概論。

凡天倉諸部，水土形人自是豐滿，火、木形人個個缺陷。或
有豐滿，貴不可量。

凡顴骨垂下者，必賤。若入耳，不過壽耳。如隱隱插入天倉
而入鬢者，必主甚貴。

凡鼻，木形人貴隆，水、土人貴平端，金形以圓明爲上，火形

則凸凹不齊。面大鼻小，謂之耗土，平生多蹇。面小鼻大，謂之滯土，中晚一年一破不少。井竈昂露，皆爲窮苦。如或梁柱隆直而下，雖露不妨，但怕梁陷柱偏而露。

凡耳小而高者，聰明而不富貴。貼肉垂珠者，富而少貴。白過於面，貴而少富。耳堅而大，竅內毫長，壽而少樂。不以大小而拘。

凡口須要緊密，不可略綽。如上唇掩過下唇者，剋妻無疑。齒高陷入於裏者，損子必準。

凡看肉骨法，俱欲峻起，不欲陷。論骨則木直金圓，水土貴藏，火形尖陷，亦自無妨。論肉則不欲緩垂而急繃。緩而垂囊，破敗相也。急而繃鼓，短折相也。如土形稍緩，又加燕頷以承之，則無傷也。面上肉光薄，神在眼浮流，不壽不貴，相之大忌者也。

三元星度紀例總括

夫相之大要，以定形爲先，然後即五行而起限度，形定則限定矣。是以按天地之三元，班十一曜之部位。起限之法：如水形則其數水一、火二、木三、金四、土五，皆欲辨其形之真實，而取則不易。或形之全，則兼取之，如金、木、土、火之類是也。然但以第二字爲主，上一字則夾帶而已。凡兩部星辰之管限，亦各有次序焉。初主天元，火獨十年，而後羅、計共十年，氣則五年而交承中主矣。中主人元，掌五年，而後日、月共十年。繼之以土，獨十年則歸之末主矣。末主地元，金、木共十年，繼之以水十年。三元之星共司七十年之限，地極一轉而回天矣。凡星辰之發用，全憑化曜爲準繩。化善則以吉爲壽,化惡則以凶爲夭。化曜之善惡已定,則吉凶壽夭無差矣。然禍福又無關於星辰,亦必有氣也。夫色上察氣,如雪上認霜,不可輕發。色自色,氣自氣,須觀發於何部耳。春觀印堂,夏觀準頭,秋觀牆壁,冬觀日、月角。春青,夏赤,秋白,冬黑,此四時之定色。若無比和反逆,當以五行生剋定之,決無差矣。凡看氣色,大要以準頭爲主。準既明矣,諸部昏暗,凶中必吉;諸部雖明,準頭昏暗,吉中必凶。形局既定,變曜無差,又從而詳之以氣色,如此而不準者,未之有也。

六氣

青龍之氣,如祥雲襯日。朱雀之氣,如明霞映水。勾陳之氣,如晚煙和霧。螣蛇之氣,如草木將灰。白虎之氣,如凝脂塗油。玄武之氣,如黑風吹雲。六氣唯有青龍爲吉,其餘主哭泣、破耗、傷殘等事。氣浮者,死。氣亂者,死。氣沉者,死。氣散者,死。黑氣四起,謂之死氣天羅。天之蒼蒼,其色正也。雲霞煙霧乃其氣耳。夫色上察氣,如雪上認霜。騰騰熾然四起者,氣也。夫色者,春青,夏赤,秋白,冬黑,唯土爲中央之正,每季各旺十八日,如瓜蔓之狀。

氣色滿庭芳

春色青黄,眉間額角,兩邊顴骨相鮮。文書財帛,目下喜無邊。印上紅花明潤,家添人口,喜氣綿綿。破財主,面俱白色,是驚恐來纏。青光兼氣,耳中邊地,災病應先。口邊重黑,應破財災延。人口凶橫有害,五十日禍至由天。須仔細,看之不錯,卒亡暴死堪言。

夏色紅黃,天倉地邊,準上直至印堂。七旬二日,財祿喜榮昌。吉象驟然而至,十分稱意事徜徉。耳紅赤,官災憂惱即至,必難防。眉間青黑色,妻兒骨肉,破耗血光。二旬二日應,禍至難量。眼下微微白色,百日內,妻子兼傷。火光盈面,先爲獲利,目下便驚惶。

秋裏瓜蔓,氣生眉眼,四七財帛重來。文書自有,舉動却非宜。小人奴僕失脱,自身不至有他非。庭準亮,增添女子喜事,定應知。赤色盈面上,破財非橫,外事驚疑。孕婦產厄有憂悲。黑色來充,眼下邊地,遭訟無疑。目下見,青秋天氣,高事可詳推。

冬看冬害,印堂郊外,四畔黃色光明。文書即至,財帛坐求成。生月中間而見,高人須著眼。眼青赤,能求橫寶春後,事猶奇。青藍兼黑色,印堂準上,若非重服,必是分屍。天倉白色,金匱耳畔相輝。財須破,只宜求仕,春主喜相隨。

四時之色,春青夏赤,秋白冬黑,若是正氣無雜,皆吉。加以黃色主喜,更看人所屬命數。金木水火土無相犯正色,皆吉。若更相剋,不應時則皆凶。若以遠年期許,却隨宮分部位詳之。又推旦晚酒色之候,不可一例求之。宜定神默,運自以真氣,方可看人禍福。

白雲歌

人之所稟氣與形①，以火爲神水爲精。火本爲心水爲腎，精合而後神方生。神生而後形方備，形備而後色分明。是知色隨形所出，自然氣乃逐聲鳴。有形又不如有骨，有骨又爭如有神。有神又不如有氣，神氣相得旺如春。大都神氣賦於人，有若油兮又似燈。神安本自精之實，油清而後燈方明②。其間認取清中濁，有時又有濁中清③。要看生就與未就，一時旋生終不久。或然未好色先好，花未開時子已生。老人不欲似少年，少者還須帶老成。男人不欲帶女相，女人不欲帶男形。陰反夫陽夫必死，老帶嫩容壽必傾。丈夫女人兩般相，女要和柔男要剛。婦人屬陰本要靜，未言先笑即非良。良人有威而無媚，娟婦有媚而無威。令人一見便生侮，所以生身落賤微。木要瘦兮金要方，水肥土厚火尖長。形體相生最爲貴，忽然相剋便爲殃。金得金福禄生，木得木資財足，水得水文學貴，火得火有成果，土得土多倉庫。金不金多伏吟，木不木多孤獨，水不水多官鬼，火不火多災禍，土不土多辛苦。且如形體本先瘦，次後若肥最爲妙。忽然始瘦又乾枯，木帶金兮災與俱。金形體兮本方正，須後背隆最相應。若見面方下脚尖，金帶火兮災與添。初看最好未爲好，後看好兮福到老。一見好兮未爲好，轉看轉好方爲好。遠看不好近看好，上馬

---

① 氣與形，《太清神鑑》之《神秘論》作"在精神"。

② 《神秘論》此句後有"夜宿此心如寂寂，日居於眼覺惺惺"兩句。

③ 《神秘論》此句後有"更兼風韻細數藏，坐久凝然力轉强。如此之人堪立事，輕浮淺薄便尋常。其次更看形與骨，骨細皮膚軟而滑"六句。

大兮下馬小。借問相法何爲貴，面似田兮身似貝。前看方兮後看員，遠看直兮近看正①。近看有媚遠有威，久視愈明始似晦②。信知顴骨有四般，入耳無邊壽最寬③。插入天倉須兩府，入鬢監司并守土。少年登第步青雲，眉目分明神骨清。眉目不明神骨俗，只有文章負空名。早發之人眉目秀，發遲之人眉目粗。發兮又還身澀滯，肥人肉多瘦人枯。能作文章眉目秀，少年科第顯當年。不貴似貴終須貴，不貧似貧終須貧。貧中反貴何由決，看他驛馬位起骨。貴者得貧又何分，肩高骨寒神多昏。視遠之人志必遠，視高之人氣必高。平視之人心必善，下邪凶視主凶豪。清奇古怪媚秀端，七者之中亦合看。清而無神謂之寒，奇若無神安有官。古而無神謂之俗，怪若無神須主辱。秀而無神謂之薄，媚若無神多苦削。端而無神謂之粗，有神七者與常殊。要知南人體似北，身大而長并水色。欲知北人似南人，體瘦形清骨又清④。南人似北終須富，北人似南亦貴榮。富人不過在於形，貴者須當辨骨神。貴在眼兮仍在額，富同貴看誤於人。肥忌乎粗又忌濁，氣若短兮須夭折。瘦忌乎寒又忌削，骨若露兮壽無著。肥人取之於項間，瘦人取之於地閣。肥人以肩背爲主，瘦人以地閣爲主。大抵相人土要強，無土之人貴發揚。稱意之人自可識，要取三光并五澤。忽然有事不如心，其位自然多暗黑。形滯之人行必重，神滯之人眉不開。氣滯之人言必懶，色滯之人面塵埃。形神氣色都無滯，意舉心謀百事諧。大凡人間氣與色，氣在於皮色

---

① 《神秘論》此二句作"有時舉眼隨身起，有時接語和身轉"。

② 《神秘論》此句後有"更有一法何所謂，只有鋒鋩始爲貴。器宇瀟灑風韻美，如此之人豈常類"四句。

③ 邊，原作"過"，據《神秘論》改。

④ 骨，《神秘論》作"氣"。

在血。聚爲氣兮散爲血，但看從於何處發。來時如葉去抽絲，去似鳥毛方欲徹。爲福自然成點亂，爲災直須滿面聚①。不拘青黑白兼黃，但看發時於何部。若然隨色以觀之，足知爲喜與爲悲。淚堂深陷山根折，少逢悲泣何時歇。父母防刑欲見之，須於眉眼看高低。切妨兄弟眉粗短，耳無輪廓主無兒。更有一法辨妨妻，結喉露齒要須知。羊眼四白多孤獨，眼下無肉人情稀。飛禽走獸有數般，莫將禽向獸中看。瘦長但向禽中取，肥短之人獸裏觀。似虎之人取頤項，似羊之人取額角②。似鳳之人取眼長，似鶴之人取身削。吁嗟時俗不知音，妄於飛走取其形。若入正形須大貴，依稀相似出群人。日角龍文雖謂奇，所爲不吉仍何爲。三尖五露不入相，所爲若吉福須隨。若不辨心而論相，是將人事逆天時。天時人事若相應，相逐心生信有之。

湘陽歌

渾淪一氣居杳冥，至虛含元天一精。陰精澹然火神降，精神遘遇形乃成。頭圓足方象天地，四體運動均五行。奈緣所稟有殊異，清濁不同分富貴。或壽或夭或貧賤，憑君一鑑何如是。大都形骨既豐隆，風韻切須看仔細。曰清曰奇曰古怪，粗薄輕寒非遠大。眼如皎月四分明，神氣淳和終有賴。龍蟠虎踞凜威風，王朝受命重金帶。聲韻長兮氣和裕，直視不宜長急怒。肥人色嫩貴溫和，瘦人不喜三峰露。額上有骨圓且平，聳秀青雲終有路。

---

① 滿面，《神秘論》作“終日”。
② 《神秘論》此句作“似犀之人取其背”。

借問誰人老有錢，龍堂一指深且圓。耳下肉峰朝地閣，垂腹如囊手如綿。腹有三壬背三甲，後俯前昂形不雜。忽然眉上迸長毫，貴壽百年始周匝。欲知貴人入台位，聲骨輕清合神氣。隆隆雙角上天庭，諫諍至公無黨比。本人何以命夭亡，唇縮聲雌深又黃。額上雲煙青四起，定知年內入泉鄉。一生屯厄歷辛苦，手大身粗面如女。身大腳小體不平，初若有財終不聚。手多舉止必貧窮，左多自小親凶橫，右多中歲顛狂死。左多齊必貴相因，右多齊富人閑樂。足多舉止禍難伸，左多齊者霜臺貴，右多齊爵曹掾人。大凡手足齊多喜，生若枝柯終不貴。太原有個重厚兒，身上無衣口無語。問君相之何以然，到此還須認風土。<small>閩人骨，胡人鼻，浙人清，淮人重，宋人口，蜀人眼，江西人色，魯人軒昂，此皆風土所可辨。</small>混同一世養天和，得喪教人爭奈何。我言富貴不言壽，請君誦此《湘陽歌》。

面部五色

男人面要昂，女人面要方，乃合天地也。面有十二部，每部管十歲。諸部無陷，壽滿一百二十。先看何部中有陷處，壽不永也。一部破，滯十年。諸部豐滿者，名曰善部。正面在眼下一寸二分，光潤有喜，宜細看之。

春三月青色出面，木旺也，有更變喜美之事。紅色出面，木生火也，因妻妾上喜，三七日裏至。白色出面，金剋木也，主官鬼相擾，二七日至。黑色出面，水生木也，二月間有死亡之事。黃色出面，木剋土也，木為主，七七日賀得財。

夏三月紅色出面，火旺也，得貴人提攜，三五日至。青色出面,木生火也,父母上有喜慶事,七日至。白色出面,火剋金也,防陰人上刑害事,三十日至。黑色出面,水剋火也,諸事欠吉。黃色出面,火生土也,子孫上喜,二七日可至。

秋三月白色出面,金旺也,七日內獲陰人財,金屬西方,是陰財也。青色出面,金剋木也,主拾得橫財、青色古器之物,三七日內至。紅色出面,火剋金也。因訟損財,三十日至。黑色出面,金生水也,主兄弟哭泣,二七日至。黃色出面,土生金也,父母有封贈,常人得財,七日或二十日內至。

冬三月黑色出面,水旺也,雖得時,不足爲喜,防官訟,雖有而無患,四十日至。白色出面,金生水也,得貴人扶持,七七日至。紫色出面,紫屬火也,水剋火,水火相交爲水,家得地也,獲陰人財,亦宜交易貨,三五日至。青色出面,水生木也,主父母上喜慶,七七日至。黃色出面,土剋水也,三七日內失財。黑色若四季有者,死亡將至。

五色者,但取五行。相生相剋,有勢無勢,四時定,期災祥。金生水,水生木,木生火,火生土,土生金。金剋木,木剋土,土剋水,水剋火,火剋金,準此消息。面忽五色起者,三年內暴貴。人心不同,有似乎面。面白腰曲,壽數短促。面如黃瓜,富貴榮華。面毛牙疏,妨子孤獨。面多火色,常口吻厄。面皮薄小,破家之兆。面無好黶,頭無惡骨。面如鍾馗,投老無歸。面如麵袋,頭妻妨害。面皮肉橫,不過五十。面小身大,財物多破。龍泉曰:七尺之軀,不如一尺之面。正合此説。面瘦身肥,少病長命。面無五種色,心毒自招厄。面忽黑色起,大病明朝至。殺婦三拳面,離夫額不平。滿面蜘蛛網眼生,三日臥荒坑。面多青色笑無顏,久病住人間。面上黑氣若驟起,初胎生三女。如煙滿面生青氣，數年不稱意。面雖醜，身光滑，晚年有享。面欲圓，胸欲闊，尻欲厚，背欲員，上欲長，下欲短，五嶽成，四瀆清，真貴人。貴人面光澤，賤人面塵色。面毛茸茸，無風而塵者，賤。面忽肥忽瘦者，命夭。面皮厚而紫棠色者，貴。面與準頭一色者，貴。三拳面，多義子。牛虎等形，面要肥。若骨目巖露者，多失祿。面乾燥者，爲天羅。面如抹油者，爲濕天羅，有者皆滯。面如水洗光白者，犯破家殺，乃天羅也。面上忽生白斑點者，主月內死。凡面上有黑靨，左邊生者，左邊衣下定有靨。右邊有者，同前斷之。面長身短，無祿。面長而身亦長者，方應也。

九州災祥

乾左笑靨下。乾位起於西北角，天門也。面朝北而數之。

雍州位黄色，宜求祿，白、黑、青皆凶，紫宜事天神。若陷，主多憂枯，主兄弟弱。

坎口唇下，正北。

冀州位青，加職，小人得財。紫潤，喜至。黄，主家不寧。白，陰事凶。赤，陷人主下獄。

艮右笑靨下，東北。

兖州位黄，正月見者，吉。秋、夏憂父母。白，加官，常人喜財。青，防橫災。赤，主先悦後悲，主姻事。黑，防盜賊。

震右顴骨上，正東。

青州位白，宜出入得財。赤，宜含忍事。黄，十日內見，喪服。黑，主宅不安。青，宜守舊。碧，防水厄。紫，主橫疾。

巽右眼尾下，東南。

徐州位赤，宜求事。碧，生貴子。黑、白，俱病。青，防陰人口舌。紫，吉。黃，凶。

離印堂，正南。

揚州位忽黃潤，大人除拜，小人喜慶。赤，大人吉，小人凶。青，主男哭別。白，宜道術。

坤左眼尾下，西南。

荊州位黃，喜。青，憂。白，辱。碧，災。赤，失物。黑，心疾。紫，喜陰人私通。凡色光圓即吉，成橫紋者凶。

兌左顴骨上，正西。

梁州位黃，得橫財。白，子孫災。赤，主文字相干。青，謀陰人，凶。

豫鼻梁中。

豫州位黃，喜。青，驚。白，吉。赤，災。紫，主酒食。黑，主家不睦。

天中、天庭、天倉三部災祥

天中青氣起，一百日喜。

天中赤氣旺，二百日拜相。

天中白氣盛，五十日內陰小病。

天中黃氣奇，百二十日主帥。

天中紫氣來，四十九日得大財。

天中生黑氣，有心願未遂。

天庭青氣起，百廿日相位。

天庭常赤，作郎官職。

天庭白氣光，百廿日橫亡。

天庭黑色，千日内破家。

天庭黃氣旺，三十日拜相。

天倉青氣來，九十日内財。

天倉赤氣來，百廿日内財。

天倉白色，不成災厄。

天倉黑如霧，千日受貧苦。

天倉黃氣正，六旬牽復起。

天倉滿，得天禄。

地倉滿，多財穀。

諸部位氣色吉凶

印堂主天下印綬，一名闕庭。印堂青，六十日内移官。在私，產貴子。印堂紅色變紫，神光喜慶至。印堂赤，七日内慎火。印堂白色，一月裏厄。印堂黑，半月内病。印堂黃氣起，七十日内喜。印堂紫，一月内轉官，私主橫財。印堂上有紫色三道，直從司空、天中上去，大赦免罪，七日内驗。印堂廣闊，加官。潤澤，位過三品。印堂缺陷，永無官宦。印堂黑子，市上法死。印堂不明，三十四。色不明，三十六七。其餘破陷，神又不足，絕男絕禄。印堂鼻眼皆清明，冠歲得利。歌曰：淡淡微微起印堂，或如點漆最難當。家憂小口入冥去，又恐牽連公事殃。

學堂青，懶學。學堂赤，百廿日公撓。學堂白，無學。學堂黑，學之不成。學堂黃，聰明。學堂缺陷，不學常人。有學堂，巨富，方應三輔之部。

魚尾青色，六十日水厄。魚尾赤，六十日災。魚尾白，六十日見厄。左魚尾黑，四十日法死。右魚尾黑，百廿日卒。魚尾部黃，作賊不敗。魚尾道交，水厄傾遭。魚尾豐隆，不犯贓。

驛馬青黑色，大馬常趑避。驛馬見紫黃氣，三七日僕馬至。凡遇遷移，先觀驛馬，如見光澤，一生宜出入，得貴人延留。髮蓬濃厚，遮過驛馬，奴僕相也。

兩顴是面之關節，不宜高露。在官者，災祥向此定之。兩顴青氣來，兄弟及妻災。兩顴赤，生怒。兩顴白，喪服厄。兩顴黑來，退職免災，常人破財。兩顴黃，恩命至。兩顴灰色，父母災厄。顴上有毛，足作權豪。

歸來位在正面後，鬢腳前。歸來赤色，防口吻厄。歸來白色，信至。歸來黑色，閑信至宅。歸來黃色，宜歸有喜。

天門者，面之道路，在眼尾鬢前。明淨，永無淹。天門青紫，得陰人力。天門白，主淫邪。天門、子信、壽宮三位常紫，主貴子。天門有痣毫，聰明識貴人。

盜門青氣，防官事起。盜門赤色氣生，盜賊先防避。

壽門白氣正如絲，父母主分離。

命門黃氣，財帛至宅。

額角高，朝廷擢用。額角陷，天中窪，主多淹抑。額促而窄，至老窮厄。

日角黃色，兄弟有喜。青色，三日內墜馬。左日角陷，無父。右月角陷，無母。月角黑氣，一月內亡己。

姦門在目尾，近在玄壁。紫，三旬內受官。子位黑子，貴子一位。子位平淨，多子孫。子位赤，生貴子。

龍角豐隆，官居八座。龍骨纖直，三品侯伯。無元角，退官爵，額長性慢。

鬼穴痣毫，不畏神祇。鬼穴上常有青氣或黑氣者，曰冤氣，宿世有冤。唐舉云：宜葬路旁之骨，可解。

太陽紅光又帶黃，財至喜非常。

天羅紋在額角上，十數條者，曾遭火殃。犯天羅地網紋者，焚身破敗。輕者小災。

五嶽成，終不貧。五嶽聳而相揖，四瀆深而不走，五行相應也。成者富貴，不成者貧賤。五嶽偏其一，終是不爲吉。

天地陷者，一生貧。

司空黃，五十日得財。

旗庭紫氣，轉官資。

牢獄部圓平，一世不遭刑。

廚帳位有紫氣，不日進奴婢。若是黃氣起，奴婢來相累。

邊地高，作權豪。

絳龍潤滿及有毫痣者，異人。

山林張，額闊方，祿位強。山林乾黑，狼虎驚。山林有痣，山澤之官，逸士主徵。山林位青，枉入幽冥。

上墓青，墳不安。

離宮赤色，貫入海門，主月內卒。

武庫陷缺，陣前身滅。

細廚光潤，酒食來請。

池塘、鵝鴨部皆要豐厚，主多血財。破陷，主損。

金縷要豐隆或紅黃色，巨富。

鵝鴨赤，食之得病。

法令過口，九旬之壽。

　　金匱主金銀，隆光多寶珍，在官財禄榮。須要平正，若缺陷及應紋，多破敗。金匱黃色，常得金帛。金匱黑色，賣盡田宅。

　　金甲匱、倉、財、庫四部，若相貴人，皆要豐隆光潤，乃貴。金匱發赤氣，因財爭訟起。甲匱紅氣起，財物時時至。甲匱名財府，隆高有絹絲。甲匱黃氣起，常得財物利。甲匱紫，九十日納美妾，或得心腹僕。

　　承漿，一名酒池。青，三七日喜。承漿紫，十日內得財。承漿白，七日內婦人離。承漿黑，半月內官事。承漿深廣，酒食常旺。酒池須要厚、深、聳，乃酒德也。偏陷者，不飲，或酒病。酒池有赤、黑氣，因酒上卒。

　　地閣屬坎宮，宜平正、肥滿、光潤。頭大須要地閣應，下尖無餘剩。地閣爲宅，又爲田，肥厚富天然。地閣厚起，世家子弟。地閣尖狹，客居未達。地閣青，十日內外吉。地閣赤，常求乞。地閣白起，七日哭泣。地閣黑來，半月失財。地閣黃，七日內財帛吉。地閣紫氣起，二七日財至。

雜論

　　凡相次觀十二位，從左邊起丑寅，連連而去。若一宮有缺陷者，斷其年有災。若光滿平澤，一生受福不淺。斑駁破陷，看其甚年上。若臨於寅，若臨於卯，斷其年春有災。若臨於辰巳，春末夏初有災。準此消息。次看上停，然後斷厚薄。上停好，初主旺。中停好，中主旺。下停好，末主旺。次看上自髮際，下至頤頦。既看其左，復看其右。次看牆壁、腮項、三輔，面圓者爲將軍。凡三百六十部，俱要平滿。若缺陷、瘢疵、黑紫者，妨害。天有五星,地有五行。人具五行足者,有禄。若四畔牆壁偏陷者,無禄。五行部偏,莫斷作官。牛頭四方,富貴隆昌。虎頭燕頷,福禄自來。象頭高廣,福禄長旺。虎頭圓粗,富貴有餘。獐頭鼠目,休求福禄。蛇頭偏薄,財物蕭索。蛇頭薄曲,衣食不足。鳥嘴魚腮,志淺性乖。雀腹豺身,貧窮賤人。腰如蜥蜴,性慢情密。項腰須廣長,腹肚須垂囊。腰短禄難期,多被人奪取。項腰曲,不自立,依人食。腰腹相稱,高視廣步,九品之位。脊成渠,賤。身方腰圓者,貴。樓臺者,腰與頭也。若頭垂腰曲者,死。謂頭屬火,腰屬土也。腹有三壬,背有三甲,富貴聰明。腹如抱兒,名振京師。腰近上,多貴相。臍深廣,福禄旺。臍突出,命夭卒。富貴論眉目,貧賤論頤頷。眼目象日月,聲音象雷霆。貴看眼,賤看耳。頭為五藏,定主吉昌。頭小足薄,貧賤客作。男額窄妨婦,女額窄妨夫。額窄又性氣不定,額上忽如塵污者,五十日內墜井死,名曰橫殃休廢。額上橫紋者,妨夫。項下有雙縧,先期壽數高。繞項赤色,常遭凶厄。禿頂無鬢脚,始終人情薄。野狐鬢,難期信。鬢中靨,吉。赤,主陣亡。三毛肉一穴,位顯多賢哲。髭亂生,性好爭。髭赤黃,好喫食。齒如龍齒,養子多貴。當唇兩齒為內學堂。明白,有學。黃黑,無學。齒三十六及三十二者,貴。齒高,身暴卒。齒露,終不和。齒疏缺欠,狂妄窮夭,却主記誦。笑不見齒,深藏不測。鋸齒,食肉。齒平,食菜。齒黑多妨剋,三十以後多不遂意。露齒結喉,貧賤終年。若只結喉,無害事,不利頭妻併長子,亦不妨貴,但清苦。瘦人結喉尚可,肥人結喉多禍。一呼一吸謂之息,一晝夜計一萬三千五百息。肥人則氣短,或臥而不喘,謂之龜息,壽相也。肥不得露肉,瘦不得露骨。若面貌反露者,終賤。胸膛闊者,貪財爭競。腦後見腮，莫與往來。形容初見雖平淡，久視精神愈出奇。男身似女，破家。女身似男，妨夫。四倉俱滿，骨角俱明，一品位人。素不相識，見而似識者，極貴。語言動止，無故令人惡見者，終身迍滯，更勿究災祥。獨坐如山者，貴。下停長者，賤。肩露臂露，多貪多妒。身短小，命蹇夭。遠小近大，貴。遠大近小，賤。喘息急促，命夭福薄。中部屬人，有人者，壽。壽帶從鼻兩邊生而垂至口前者，是也。顴上黑子，刀劍下亡，主好竊，男左女右。顴骨不相朝，兄弟不相饒。顴骨圓起，兄弟和美。顴骨仰，老無妻。兩顴破，終身禍。食急者，肥。食慢者，瘦。食次多遺飯，錢財多星散。食疾少病，心明如鏡。暫坐而搖膝，或翹足，或邪坐，或眼劄者，心多不足，秀而不實，乃中心無主也。女人掩口笑，無故掠眉頭，倚物閒來立，隨人走外州。女人因對話，低首弄衣襟，欲識個中意，私情似海深。

五聲

宮聲發喉，喉聲雄亮。雄亮者，如鐘，黃鐘之鐘也。

商聲發舌，舌聲清泠。清泠者，如錚，錚太常之錚也。

角聲發牙，牙聲泄洪。泄洪者，如角，晚角之角也。

徵聲發齒，齒聲疏豁。疏豁者，如篪，篪樂官之篪也。

羽聲發唇，唇聲嗚乎。嗚乎者，如竽，芋匏竽之竽也。

以上五聲，言其發也，成言之間爲五音。凡人得一聲而全，全而不雜者，富貴也。又須以形相合，纔的當。與形殊別，可以勝者，或有富而不貴，貴而不富也。

宮聲人

得金形。宮屬土，是土生金，内生於外，此不過守財産，爲官不大。

得土形。宮屬土，與土比和，不過富有資財，貴爲縣令也。

得水形。宮屬土，是土剋水，内剋於外，此不過先貧後富，强蓄資財，貴爲五馬監司也。

得木形。宮屬土，是木剋土，外剋於内，此不過因營富貴，中遭刑戮也。

得火形。宮屬土，是火生土，外生於内，此四季月生，至宰相。他月生，入八座。

商聲人

得土形。商屬金，是土生金，外生於内，此主宰相，吉。中秋生，封王。他月亦吉。

得金形。商屬金，與金比和，此不過有資財，貴爲縣令也。

得水形。商屬金，是金生水，内發於外，此不過富有資財，爲官不大。

得木形。商屬金，是金剋木，内剋於外，此應先貧後富，起爲五馬監司。

得火形。商屬金，是火剋金，外剋乎内，此不過因營富貴，中遭刑戮也。

角聲人

得土形。角屬木，是木剋土，內剋於外，此不過先貧後富，官至五馬臺院。

得金形。角屬木，是金剋木，外剋於內，此因營富貴，遭戮。春月生，雖至相位，亦見殺也。

得水形。角屬木，是水生木，外生於內，冬月生，至宰相封王，吉終。他月生，亦八座。

得木形。角屬木，木與木比和，此不過富有資財，官爲縣令。春三月生，主爲天子耳目之官。

得火形。角屬木，是木生火，內生於外，此主富有資財，官至五馬監司。春三月生，入爲侍從。

徵聲人

得土形。徵屬火，是火生土，內生於外，此主富有資財，爲官不大。夏月生，爲武帥守臣。

得金形。徵屬火，是火剋金，內剋於外，主營富貴，官至五馬監司。夏月生，爲武太尉。

得水形。徵屬火，是水剋火，外剋於內，此主入相位。夏月生，封王，終不免刑戮。

得木形。徵屬火，是木生火，外生於內，春夏生，主拜相封王，他月亦八座。

得火形。徵屬火，與火比和，此不過富有資財，爲官百里。

夏月生，亦主察院。

羽聲人

得土形。羽屬水，是土尅水，外尅於内，此不過先貧後富，貴由富中，不善終。

得金形。羽屬水，是金生水，外生於内。秋冬生，拜相封王。春夏生，當方面。

得木形。羽屬水，是水生木，内生於外，不過有資財，爲官不峻。冬月生，主武帥。

得火形。羽屬水，是水尅火，内尅於外，此主先貧後富，官至五馬監司。冬月生，爲大將。

得水形。羽屬水，與水比和，不過富有資財，貴爲縣令。冬月生，位入霜臺。

五形

瘠而潤者，金之形。瘠者，骨節之露也。潤者，澤而不油，油則賤。

滿而脆者，水之形。滿者，四平無缺也。脆者，肥而不急，急則暴死。

修而疏者，木之形。修者，貌長而古也。疏者，四靈不蹙，蹙則貧賤。四靈：耳、目、口、鼻。

銳而隆者，火之形。銳者，尖上而下闊也。隆者，四靈皆起，不起則下賤。

平而敦者,土之形。平者,方而不露也。敦者,匾而方整,不整則下賤。

瘦宜黃,枯黃則死無日矣。白則喪服,黑則失財,赤則官刑,蒼則勞苦。此乃時下之形也。常枯,疾病而夭。常白,一生貧。常黑,貧賤下流。常赤,沒世官刑。常蒼,一生孤苦。惟黃而潤,潤而不枯者,終身富貴。此平生之形也。

滿宜白,擁白則死無日矣。黃則官刑,赤則孤苦,黑則貧,蒼則喪病。此乃時下之形也。常擁,疾而病夭。常黃,沒世官刑。常赤,平生孤苦。常黑,終身貧寒。常蒼,賤而不立。惟白而脆,脆而不擁者,終身富貴。此平生之形也。

修宜蒼,露蒼則死無日矣。黃則夭賤,赤則孤喪,黑則勞苦,白則官刑。此乃時下之形也。常露,疾而貧夭。常黃,沒世貧寒。常赤,孤寒不易。常黑,一世貧勞。常白,沒世官刑。惟蒼而疏,疏而不露者,終身富貴。此平生之形也。

銳宜赤,焦赤則死無日矣。黃則貧沒,白則喪病,黑則官刑,蒼則失財。此乃時下之形也。常焦,疾而貧夭。常黃,一世貧勞。常白[1],疾病不離。常黑,沒世官刑。常蒼,貧寒下賤。惟赤而隆,隆而不焦者,終身富貴。此平生之形也。

平宜黑,浮黑則死無日矣。黃則災病,白則失財,蒼則官刑,赤則賤沒。此乃時下之形也。常黑,疾而病夭。常黃,刑而夭亡。常白,貧而勞苦。常蒼,沒世官刑。常赤,孤寒不易。惟黑而敦,敦而不浮者,終身富貴。此平生之形也。

黃而擁者,貧寒。露則夭,焦則刑,浮則下賤。

---

① 白,原作"曰",據文意改。

白而枯者,刑夭。露則賤,焦則刑,浮則貧乏。

蒼而焦者,貧賤。浮則邪僞,枯則孤貧,擁則夭賤。

赤而焦者,夭折。擁則貧寒,露則夭折,浮則失所。

黑而枯者,夭折。擁則貧乏,露則刑戮,焦則下賤。

以上聲形五行,不分男女生時,失令皆斷其孤。失令者,如火聲人,不生春夏,生於秋冬也。

冀州人宜水聲形,青州人宜木聲形,徐、揚州人宜火聲形,荆、豫州人宜土聲形,秦、雍州人宜金聲形,不如此富貴有減。

問平生氣數,以三朝早晨觀之。聲形如一,則可斷也。如三朝早晨聲形如一,上壽。聲正形小殊期,中壽。聲正形大殊期,壯壽。形正聲小殊期,壯壽。形正聲大殊期,夭折。斯在賢者,默識而詳。言之上壽,九十餘。中壽,五十。壯壽,三十。以下爲夭折。

問時下氣數,以問之日起數,以六十日爲聲形吉凶之限也。

十看

一看他趨蹌而進,步緩情閑,氣色垂豫,言簡,坐不動,情不率者,貴人也。

二看他進見之間,人客衆多,彼來如傍若無人見,揖舒伸躬,坐如塑者,貴人也。

三看他飲食之間,不自惶顧,情閑如家庭者,貴人也。

四看他缺。

五看他鬢網不牽不動者,貴人也。鬢網,鬢邊之脈。

六看他心有大惡,性情閑暢,舉止不惶者,貴人也。

七看他退去之際，如蛇入穴不惶者，貴人也。

八看他退去，步履安緩，如水如風，流行自然，不蹶不逆者，貴人也。

九看他道傍相見，閑情有餘，不自揮霍者，貴人也。

十看他言不枝蔓，事不泛雜者，貴人也。

右十相，舍此皆下賤。縱然聲形有取而貴，非刑則夭，及孤露貧窮。此月屋口授者，故錄於帙後云。

圖書在版編目(CIP)數據

人物志:外十種 /(魏)劉邵等撰;關長龍,牟玄
點校. —杭州:浙江大學出版社,2022.11(2025.7重印)
ISBN 978-7-308-20546-7

Ⅰ.①人… Ⅱ.①劉… ②關… ③牟… Ⅲ.①人才學
—中國—三國時代 Ⅳ.①C96-092

中國版本圖書館 CIP 數據核字(2020)第 167992 號

人物志(外十種)
RENWU ZHI WAI SHI ZHONG
(魏)劉　邵　等撰
關長龍　牟　玄　點校

出 品 人	褚超孚	
總 編 輯	陈　潔	
項目策劃	宋旭華	
項目統籌	王榮鑫	
責任編輯	胡　畔	
責任校對	趙　静	
責任印製	范洪法	
封面設計	周　靈	
出版發行	浙江大學出版社	
	(杭州市天目山路 148 號　郵政編碼 310007)	
	(網址:http://www.zjupress.com)	
排　　版	大千時代(杭州)文化傳媒有限公司	
印　　刷	杭州宏雅印刷有限公司	
開　　本	710mm×1000mm　1/16	
印　　張	35.25	
字　　數	500 千	
版 印 次	2022 年 11 月第 1 版　2025 年 7 月第 4 次印刷	
書　　號	ISBN 978-7-308-20546-7	
定　　價	168.00 圓